"十三五"江苏省高等学校重点教材

(编号：2017-1-021)

普通高校经济管理类立体化教材·基础课系列

企业战略管理
（第三版）

徐 君 主编

王 冠 秦建辉 李 莉 副主编

清华大学出版社
北京

内容简介

《企业战略管理(第三版)》秉承了第一版和第二版的编写特色，更加注重"从对象出发、从问题出发、从实际出发"的理念，将企业战略管理理论与企业战略管理实践相结合，将理论教学与管理案例分析相结合。同时，引入了企业战略管理理论研究的新成果、近三年最新的案例等内容。本书中的概念表述更为简洁精练，理论介绍也更为通俗易懂，内容更加系统和完整，更便于教学及读者的学习，进一步突出了企业战略管理理论的实践性和应用性。

本书既可作为普通高等院校经济管理相关专业本科生和研究生的教材，也可作为企业管理人员的培训教材或参考资料。

本书封面贴有清华大学出版社防伪标签，无标签者不得销售。
版权所有，侵权必究。举报: 010-62782989，beiqinquan@tup.tsinghua.edu.cn。

图书在版编目(CIP)数据

企业战略管理/徐君主编. —3版. —北京: 清华大学出版社, 2019 (2021.1重印)
(普通高校经济管理类立体化教材 基础课系列)
ISBN 978-7-302-51828-0

Ⅰ. ①企… Ⅱ. ①徐… Ⅲ. ①企业战略—战略管理—高等学校—教材 Ⅳ. ①F272.1

中国版本图书馆 CIP 数据核字(2018)第 275678 号

责任编辑: 刘秀青
封面设计: 杨玉兰
责任校对: 李玉茹
责任印制: 杨 艳

出版发行: 清华大学出版社
网　　址: http://www.tup.com.cn, http://www.wqbook.com
地　　址: 北京清华大学学研大厦A座　　邮　编: 100084
社 总 机: 010-62770175　　邮　购: 010-62786544
投稿与读者服务: 010-62776969, c-service@tup.tsinghua.edu.cn
质量反馈: 010-62772015, zhiliang@tup.tsinghua.edu.cn
课件下载: http://www.tup.com.cn, 010-62791865

印 刷 者: 北京富博印刷有限公司
装 订 者: 北京市密云县京文制本装订厂
经　　销: 全国新华书店
开　　本: 185mm×260mm　　印　张: 20.75　　字　数: 504千字
版　　次: 2008年5月第1版　2019年1月第3版　　印　次: 2021年1月第4次印刷
定　　价: 49.80元

产品编号: 074343-01

前　言

"三年发展靠机遇，十年发展靠战略"，因此，企业要谋求长远发展、基业长青，真正做一番事业，必须重视战略管理。随着我国市场经济体制的逐步完善，以及国内市场与国际市场的逐步接轨，企业制定并实施战略管理，不仅有利于企业的可持续发展，而且有利于行业的可持续发展，也充分体现了企业家对企业和行业的负责精神。在西方发达国家，战略管理的理论和方法已深入人心，不仅为众多的管理学家所推崇，也为大多数企业家所接受，并得到广泛的推广与应用。随着我国改革开放的不断深入，战略管理的重要性也日益凸显，并引起社会各界的重视。

企业战略管理是一门关于如何制定、实施、评价企业战略以保证企业组织有效实现自身目标的艺术与科学，主要研究企业作为整体的功能与责任、所面临的机会与风险，重点讨论企业经营中所涉及的跨越如营销、技术、组织、财务等职能领域的综合性决策问题。目前，企业战略管理已经成为高校管理类专业的主干课程之一。通过本课程的学习，学生可以对战略管理的基本思想、基本理论和基本方法有一个全面的了解和掌握，从而构造企业战略管理的基本思想，初步具备战略与创新的思维能力，为将来从事企业战略管理奠定理论基础。

本书由江苏师范大学、中国人民大学、河南财经政法大学、河南理工大学、新疆农业大学、广西财经学院等几所高校从事企业战略管理教学和研究的教师在总结教学实践的基础上编写而成。自 2008 年 5 月第一版、2013 年 3 月第二版出版以来，深受广大学生、教师、战略管理理论研究者及企业管理者的欢迎，使编者感到无限的欣慰。借此机会，向所有使用本书的师生和读者表示诚挚的谢意！根据出版社的再版建议以及四年来读者的反馈意见和各位编者的教学体会，本着"宽、新、实"的原则，我们对第二版做了修订，完成了第三版的编写工作。

本书主要做了如下改进和完善：一是吸收了近年来国际及国内企业战略管理新的理论与实践，特别是将互联网的发展对企业战略管理的影响及企业如何顺应客观社会经济环境的变化、进行有效的战略管理等内容引入教材。例如，互联网时代企业三大竞争战略：平台化战略、"锚"战略、价值领先战略等，使战略管理理论更具有时代性。二是完善、更新案例。将近几年发生的一些事件(如雄安新区规划、摩拜单车创新模式、供给侧结构性改革等内容)作为案例，更能反映企业战略管理理论在当代企业管理中的实际运用。

本书由徐君(江苏师范大学)编写大纲、统稿和修订，并编配部分图表、案例和习题。具体章节编写分工如下：徐君编写第一章和第二章，刘战豫(河南理工大学)编写第三章和第四章，李贵芳(中国人民大学)编写第五章和第八章，王冠(广西财经学院)编写第六章和第十章，李莉(新疆农业大学)编写第七章和第九章，马栋栋(河南财经政法大学)编写第十一章和第十二章，秦建辉(河南理工大学)编写第十三章和第十四章。

在本书的编写过程中，我们参阅了国内外大量的专著、教材、文献资料及网络资源，这对书稿的完成起到了一定的指导意义，特向这些作者致以崇高的敬意并表示感谢。本书的出版得到了清华大学出版社的大力支持和帮助，在此一并表示感谢！

由于编者水平所限，书中难免会有一些疏漏和不足，敬请各位专家和广大读者批评指正，以便我们完善提高。

编　者

目　　录

第一篇　管理基础篇

第一章　战略管理导论 ... 1

第一节　战略管理的内涵 ... 1
　一、战略概念的演变 ... 1
　二、企业战略的含义 ... 3
　三、战略管理的含义 ... 6
　四、战略管理的作用和本质 ... 8
　五、战略管理的边界 ... 10
第二节　战略管理的产生与发展 ... 11
　一、战略管理产生的历史背景 ... 11
　二、战略管理的演进过程 ... 11
　三、战略管理的发展趋势 ... 13
第三节　战略管理的要素和层次 ... 14
　一、战略管理的要素 ... 14
　二、战略管理的层次 ... 17
第四节　战略管理的过程 ... 19
　一、战略分析 ... 19
　二、战略制定 ... 20
　三、战略实施 ... 21
　四、战略控制 ... 22
第五节　战略管理理论的演进 ... 23
　一、战略管理理论的发展历程 ... 23
　二、战略管理理论的发展规律 ... 24
　三、战略管理理论的发展趋势 ... 25
本章小结 ... 26
复习思考题 ... 26

第二章　企业的远景、使命和战略目标 ... 27

第一节　企业的远景 ... 27
　一、企业远景的概念 ... 27
　二、企业远景的要素 ... 28
　三、企业远景的作用 ... 29
第二节　企业的使命 ... 30
　一、企业使命概述 ... 30
　二、企业使命的表达 ... 37
第三节　企业的战略目标 ... 41
　一、战略目标概述 ... 41
　二、战略目标的特征 ... 43
　三、战略目标的制定 ... 44
　四、战略目标的表达 ... 47
本章小结 ... 50
复习思考题 ... 50

第二篇　战略分析篇

第三章　企业战略外部环境分析 ... 51

第一节　企业宏观环境分析 ... 51
　一、政治法律环境 ... 51
　二、经济环境 ... 52
　三、科技环境 ... 53
　四、文化环境 ... 54
第二节　行业环境分析 ... 54
　一、行业经济特征及关键因素分析 ... 55
　二、行业演变的过程 ... 58
　三、行业能力与潜在优势矩阵分析 ... 62
　四、行业竞争力结构分析 ... 63
　五、行业内战略集团分析 ... 65
本章小结 ... 67
复习思考题 ... 68

第四章　企业战略内部环境分析 ... 69

第一节　企业资源与价值分析 ... 69

一、企业资源的概念 69
　　二、价值和经济附加值分析 70
第二节　企业战略能力分析 71
　　一、企业能力分析 71
　　二、企业业绩分析 73
　　三、企业核心能力分析 74
第三节　SWOT 分析 75
　　一、SWOT 分析的基本原理 75
　　二、SWOT 分析方法的应用 76
第四节　投资组合分析 78
　　一、波士顿矩阵分析法 78
　　二、通用矩阵分析法 80
　　三、产品-市场演变矩阵 82
　　四、三种矩阵的选择 83
第五节　企业的价值链分析 83
　　一、价值链分析的基本原理 83
　　二、价值链的构造及其应用 84
本章小结 86
复习思考题 87

第三篇　战略布局篇

第五章　企业总体战略 89

第一节　稳定型战略 89
　　一、采用稳定型战略的原因 90
　　二、稳定型战略的主要方式 90
　　三、稳定型战略的优缺点 91
第二节　增长型战略 92
　　一、密集增长战略 92
　　二、一体化战略 97
　　三、多元化战略 101
　　四、企业并购战略 105
　　五、战略联盟 111
第三节　紧缩型战略 114
　　一、转变战略 114
　　二、放弃战略 116
　　三、附庸战略 117
　　四、清算战略 117
第四节　战略组合与战略选择 117
　　一、战略组合 117
　　二、实践中的战略选择 118
本章小结 119
复习思考题 120

第六章　企业竞争战略 121

第一节　三种基本的竞争战略 121
　　一、成本领先战略 122
　　二、差异化战略 128
　　三、集中化战略 132
第二节　动态竞争战略 134
　　一、进攻战略 134
　　二、防御战略 139
第三节　不同行业的竞争战略 143
　　一、新兴行业中的竞争战略 143
　　二、成熟行业中的竞争战略 146
　　三、衰退行业中的竞争战略 149
第四节　互联网时代的三大竞争战略 151
　　一、平台化战略 152
　　二、"锚"战略 154
　　三、价值领先战略 157
本章小结 159
复习思考题 159

第七章　战略协同与战略联盟 161

第一节　协同效应理论 161
　　一、协同的概念 161
　　二、协同的类型 162
　　三、协同效应的评价 163
第二节　协同效益的实现 165
　　一、协同机会的挖掘 165
　　二、协同效益的实现方式 167
第三节　战略联盟 170
　　一、战略联盟的概念 170
　　二、战略联盟的形式 171

三、战略联盟建立的动因..................173
　　四、战略联盟的优缺点..................176
本章小结..................179
复习思考题..................180

第四篇　战略制定与选择篇

第八章　战略的制定与评价..................181

第一节　战略制定的程序和方法..................181
　　一、企业战略的形成..................181
　　二、战略制定的原则..................182
　　三、战略制定的程序..................183
　　四、战略制定的方法..................186

第二节　战略的评价..................188
　　一、战略评价的步骤..................188
　　二、战略评价的方法..................193

本章小结..................195
复习思考题..................195

第九章　战略的选择..................196

第一节　战略选择的影响因素..................196
　　一、影响战略选择的领域..................196
　　二、影响战略选择的行为因素..................197
　　三、影响战略选择的文化因素..................198
　　四、影响战略选择的社会、政治因素..................199

第二节　战略选择的方法..................200
　　一、波士顿矩阵及其改进..................200
　　二、通用电气公司法..................206
　　三、产品-市场发展矩阵..................210
　　四、生命周期理论..................212
　　五、逐步推移法..................214

本章小结..................215
复习思考题..................216

第五篇　战略实施与控制篇

第十章　战略的实施与控制..................217

第一节　战略的实施..................217
　　一、战略实施的概念..................217
　　二、战略实施的基本原则..................218
　　三、战略实施的主要任务..................220
　　四、战略实施的主体及其职责..................220
　　五、战略实施的阶段..................221
　　六、战略实施措施..................222
　　七、战略实施模式..................222
　　八、企业战略计划..................225
　　九、战略计划的制订程序..................228

第二节　战略的控制..................230
　　一、战略控制的概念及特征..................230
　　二、战略控制的基本原则..................231
　　三、战略控制的内容、作用和条件..................231
　　四、战略控制的方式及过程..................233
　　五、战略控制的系统设计..................236

本章小结..................240
复习思考题..................240

第六篇　战略管理拓展篇

第十一章　企业国际化经营战略..................241

第一节　企业国际化经营战略概述..................241
　　一、企业国际化经营战略的内涵..................241
　　二、企业国际化经营战略的特征..................242
　　三、企业国际化经营战略的类型..................242

第二节　企业国际化经营战略的动因与影响因素..................243
　　一、企业国际化经营战略的动因..................243
　　二、企业国际化经营战略的主要收益..................244
　　三、企业国际化经营战略的影响因素..................245

第三节 企业国际化经营战略的模式与选择 249
 一、企业国际化经营战略的模式 249
 二、企业国际化经营战略的选择 251
第四节 企业国际化经营战略的规划与控制 252
 一、企业国际化经营战略的规划 252
 二、企业国际化经营战略的控制 262
本章小结 264
复习思考题 264

第十二章 企业技术创新战略 265
第一节 技术创新的概念及其基本特征 265
 一、技术创新的概念 265
 二、技术创新的基本特征 267
第二节 技术创新战略的概念、特征和类型 269
 一、企业技术创新战略的概念 269
 二、企业技术创新战略的特征 269
 三、企业技术创新战略的类型 270
第三节 技术创新战略的选择与制定 277
 一、企业技术创新战略的选择 277
 二、企业技术创新战略的制定 279
 三、我国企业技术创新战略的选择和制定 281
本章小结 285
复习思考题 286

第十三章 企业战略与组织结构 287
第一节 战略与组织结构概述 287
 一、组织结构的内涵 287
 二、战略与组织结构的关系 290
第二节 企业组织设计过程 295
 一、企业组织设计的原则 295
 二、企业组织设计的程序 297
第三节 企业组织设计的基本模式 299
 一、职能式结构 299
 二、事业部式结构 301
 三、矩阵式结构 303
 四、区域式结构 304
 五、多维立体式结构 305
 六、网络式结构 306
本章小结 307
复习思考题 307

第十四章 企业战略与企业文化 308
第一节 企业文化概述 308
 一、企业文化的概念 308
 二、研究企业文化的原因 309
 三、企业文化的分析方法 309
第二节 企业文化的构成要素 310
 一、核心价值观 310
 二、行为规范 311
 三、形象与形象性活动 311
第三节 企业文化的管理 312
 一、分析影响因素 312
 二、企业文化诊断 313
 三、确定企业文化内容 315
 四、培植企业文化 315
 五、"互联网+"时代企业文化的塑造 316
第四节 战略与企业文化的关系 317
 一、企业文化是企业战略的基石 318
 二、企业文化是维持企业战略优势的条件 318
 三、企业文化与战略的适应及协调 318
 四、企业战略的稳定性与文化的适应性 319
 五、不同战略类型下的企业文化特质 321
本章小结 322
复习思考题 322

参考文献 323

第一篇　管理基础篇

第一章　战略管理导论

联想的战略发展之路

学习目标

本章作为全书的开篇章节，主要介绍企业战略内容的一些基本概念，如企业战略的定义、企业战略管理的内涵、企业战略的要素和层次，以及企业战略的管理过程和一些主要的企业战略管理理论，如经典战略管理理论、竞争战略管理理论和核心竞争力理论等，并依据时代特征和企业内外部环境对企业战略的发展趋势做出了一定的合理分析和展望。

通过本章的学习，读者应重点掌握战略管理的定义、战略管理要素、战略管理层次与战略管理过程、战略管理理论的演进；同时，了解战略管理的产生与发展。

关键概念

战略 (Strategy)　　　　　　　　　　　战略管理 (Strategy Management)
战略管理的要素 (Strategy Management Element)　战略分析 (Strategy Analysis)
战略管理的层次 (Strategy Management Level)　　战略制定 (Strategy Making)
战略实施 (Strategy Implementation)　　　战略控制 (Strategy Control)

第一节　战略管理的内涵

一、战略概念的演变

中国以它伟大的民族性、历史性、传承性，而拥有丰富的历史文化和思想遗产。它是最早产生战略概念和战略理论的国家。理论著述之多，战略实践之丰富，是任何国家都难以比拟的。长期的战争实践和军事战略实践，给后人留下了丰富的军事战略文化遗产。在这份沉甸甸的古代战略遗产中，既有成功的经验，也有失败的教训，更包含了中华民族生存与发展的线索与智慧。宋朝名臣范仲淹曾说过："将不知古今，匹夫勇而。"通古才能知今，通古才能察来。所以，通晓和借鉴古代战略理论是非常重要的。清朝大学士陈澹然也有句名言，"不谋万世者，不足谋一时；不谋全局者，不足谋一域。"这说明干大事者，没有战略头脑和战略眼光是不行的。战略领域，是统帅的世界，是伟人的天地，更是学者的舞台。战略是谋划，是计划，是对环境的判断和对全局的把握，要想成就一番大业，就必须学习和研究战略问题，包括研究和继承中国古代战略理论的精髓。所谓中国古代战略，顾名思义，就是中国古代历史上对战争实践的理论反映和理论实践以及理论完善。研究中国古代军事战略问题，首先必须对中国古代战略概念的产生及中国古人对战略本质的认识有所了解。

战略及战略概念是伴随着战争而产生的。一旦有了战争，就要有指导战争的战略。战略是战争的伴生物。从理论上讲，应该是一有战争，就有战略。但是原始社会时期，基本上还谈不上有战略和战略指导艺术。我们现在看到的有文字记载的人类历史上第一次战略谋划，应该是公元前17世纪的商汤灭夏之战。在这次战争中，商汤制订了灭夏的一整套战略计划。例如，针对夏王朝内部的社会矛盾，采取与夏相反的政策，稳定自己的内部；运用离间计，分裂夏王朝的团结，挑拨夏王朝与诸侯各国的关系；采取先弱后强、由近及远，剪除羽翼，而后进行决战的战略方针等。其后的战争中，几乎都有战略上的运筹谋划，但是，"战略"这一概念的出现远比战争实践和战略实践晚得多，而且战略概念可以说是分别在我国和西方国家互不联系的基础上发展起来的，直到近代，东西方的战略理论才开始互相交流和影响。

在我国古代，最初的"战略"一词并不是现在的"战略"这个词，而是与"战略"一词意义相近的一些词。我国古代典籍中常使用的"计、谋、画、策、算、韬、略、战道、将略、方略、兵法"等词，所包含的意义，实际上已经接近现代的"战略"一词的定义。例如，《孙子兵法·谋攻篇》中讲"上兵伐谋"，这个"谋"字就是指军事战略。《军争篇》中讲："不知诸侯之谋者，不能预交"，这个"谋"字主要指的是政治战略。再比如《史记》《淮阴·侯列传》记载韩信破齐后，武涉劝他背汉与刘、项三分天下，韩信说："臣事项王，官不过郎中，位不过执戟，言不听，画不用。"这个"画"字，实际上是指韩信为项羽谋划的大计，即取威定霸的战略。

尽管军事战略实践和战略理论的发展源远流长，但真正意义上的"战略"一词的出现，距今只有1700多年的历史。西晋史学家和军事思想家司马彪曾撰写了《战略》一书。明朝的茅元仪撰写了《廿一史战略考》，汇集了春秋至元代的战略史实和权谋形势，总共有33卷，613节，是其所编辑的《武备志》的一部分。可以说在古代，战略在中国源远流长，并具有比较完善的理论形态和存在形式。"战略"这个概念的出现，从战争实践上来看，它是随着战争的发展，人们对战争的认识越来越深刻，对战争的指导也日益成熟和自觉，才促进了战略概念的形成和战略的发展。从语源学上看，战略一词可能是从"战道""韬略""方略""将略"等词衍化组合而来，即从"战道"的"战"字和"方略""将略"等的"略"字组合而成"战略"这个词。鸦片战争后，近代西方战略理论开始影响中国。清末湖北武备学堂刊印了《中西武备新书》，其中辑入了日本人石井忠利的《战法学》。1908年，陆军预备大学堂印行了由应雄图编辑的《战略学》(有人认为应雄图可能是被聘来华作步兵教习的日本步兵大尉樱井文雄的化名)。十月革命后，马克思列宁主义军事理论传入中国，为无产阶级的战略理论奠定了基础，在中国革命战争中，以毛泽东为代表的中国共产党人，把马克思列宁主义军事战略理论发展到了新境界，形成了中国特色的无产阶级战略概念与战略理论。

西方国家的"战略"(Strategy)一词来源于希腊文Strategicon。该词的词根为strategos，相当于现在的"将军"之意。在这个概念的基础上，发展出"战略"一词。18

世纪时，欧洲国家的语言中才出现了"战略"这个词。首先使用这个概念的是法国人梅兹鲁亚，他在 1771 年首先把"战略"这个概念用于军事书籍中。在梅兹鲁亚之后，德国资产阶级军事科学的奠基人比洛也使用了这一概念。然而，在比洛所处的时代，"战略"一词仍然未能进入其他欧洲国家的词汇。例如，1802 年出版的英国军语辞典中，就没有"战略"一词，这反映了当时战略概念在西方仍然没有受到重视。

19 世纪，瑞士的约米尼和普鲁士的克劳塞维茨，分别撰写了《战争艺术概论》和《战争论》，进一步揭示了战略的本质，成为近代战略理论的一个里程碑。从 19 世纪到第二次世界大战，西方战略思想日益活跃，新战略学派和战略思想家不断涌现，马汉的《制海权》、杜黑的《制空权》、福煦的《论战争原理》、鲁登道夫的《总体战》等理论非常有影响，现代意义上的战略概念也就形成了。中国古代战略和西方古代战略是在两大不同文明体系的沃土中并蒂成长起来的两棵战略之树。

1960 年以前，企业管理领域还没有明确提出"战略"一词。当时商学院的课程中称为"企业经营政策"，并把"经营政策"认为是职能管理的整合。经营政策的意义在于在一个更加宽阔的视野中把企业看作一个整体——将各种职能的专业知识整合起来。

由于社会生产力水平的提高，科学技术的高速发展，竞争日益激烈，企业外部环境更加复杂，企业经营难度增大，许多企业加深了对生存竞争的认识，产生了研究和运用战略的需要，于是就提出了企业战略。进入 20 世纪 60 年代后，企业管理领域正式提出"战略"一词。1965 年美国专家安索夫发表了其成名作《公司战略》，"战略"这个概念就进入了企业领域。从此，制定和实施企业战略，被看作企业成功的关键，逐步普及起来。战略的影响从军事走向企业，并成为独立的战略体系。军队从事战争，企业从事竞争，两者虽然本质不同，但都存在一个"争"字。企业竞争的目标是通过赢得市场来盈利，战争则是要占领领土与资源；企业是通过赢得顾客和市场来战胜竞争对手，而战争则是通过消灭战争对手来获胜；企业竞争游戏的最重要规则就是"第三者(消费者)决定"，而战争最重要的是靠实力来取胜。

二、企业战略的含义

随着企业竞争的日益激烈，战略一词被广泛应用到企业管理中来。与管理的定义和内涵一样，战略的定义和内涵也是林林总总，很难有统一的定义。几乎可以认为，有一本战略管理的书籍，就有一个出自于作者有关战略的定义。以下列出关于企业战略的主要观点。

(一)早期的战略定义

纽曼(Von Neumann)和摩根斯顿(Morgenstem)在 1947 年出版的《博弈理论与经济行为》一书中将企业战略定义为"一个企业根据其所处的特定情形而选择的一系列行动"。很多学者都认为，真正为企业战略下定义的第一人是钱德勒(Chandler)。他在其《战略与结构》(1962)一书中将战略定义为："确保企业基本长期目标、选择行动途径和为实现这些目标进行资源分配。"

(二)安索夫的定义

美国著名战略学家安索夫(H. I. Ansoff)是战略管理第一次浪潮的代表人物。他认为战略是一条贯穿于企业活动与产品(市场)之间的"连线"。这个"连线"由四部分组成：产品与市场范围、增长向量、竞争优势以及协同作用。自从他的战略定义提出以后，西方战略管理文献一般便将战略管理分为两大类：企业总体战略和经营战略(竞争战略)。企业总体战略考虑的是企业应选择进入哪种类型的经营业务；经营战略考虑的则是企业一旦选定了某种类型的经营业务后，确定应该如何在这一领域内进行竞争或运行。

(三)魁因的定义

魁因(J. B. Qbinn)是美国达梯莱斯学院的管理学教授。他认为，战略是一种模式或计划，它将一个组织的主要目的、政策与活动按照一定的顺序结合成一个紧密的整体。一个制定得较为完善的战略有助于企业根据自己的内部能力与弱点、环境中的预期变化以及竞争对手可能采取的行动而合理地配置自己的资源。魁因对此定义做了进一步的解释。

(1) 有效的正式战略包括三个基本要素：①可以达到的最主要的目的或目标；②指导或约束经营活动的重要政策；③可以在一定条件下实现预定目标的主要活动程序或项目。在魁因的定义下，确立一个组织的目标是战略制定过程中不可分割的部分。

(2) 有效的战略是围绕重要的战略概念与推动力制定的。所谓战略推动力是指企业组织在产品和市场这两个主要经营领域里所采取的战略活动方式。不同的战略概念与推动力会使企业的战略产生不同的内聚力、均衡性和侧重点。

(3) 战略不仅要处理不可预见的事件，也要处理不可知的事件。战略的实质是建立一种强大而又灵活的态势，为企业提供若干个可以实现自己目标的选择方案，以应付外部环境可能出现的例外情况，不管外部力量可能会发生哪些不可预见的事件。

(4) 在大型组织里管理层次较多，每一个有自己职权的层次都应有自己的战略。这种分战略必须在一定程度上或多或少地实现自我完善，并与其他的分战略相互沟通、相互支持。

(四)"5P"综合性的战略定义

20世纪80年代以来，随着社会环境的发展、竞争程度的加剧，战略管理日益引起企业和学者的关注，其理论有了很大的发展。加拿大麦吉尔大学的明茨伯格教授在对以往战略理论进行梳理和深入研究的基础上，借鉴市场营销学中四要素(4P)的提法，即产品(Product)、价格(Price)、地点/渠道(Place)、促销(Promotion)，提出了企业战略由五种规范的定义来阐明，即计划(Plan)、计谋(Ploy)、模式(Pattern)、定位(Position)和观念(Perspective)，这五种定义构成了企业战略的5P。值得强调的是，企业战略仍只有一个，这五个定义只是从不同角度对战略加以阐述。

1. 战略是一种计划

大多数人将战略看作一种计划，认为它是一种有意识的、正式的、有预计的行动程序。计划在先，行动在后。根据这个定义，战略应具有两个基本特征：一是战略需在企业经营活动之前制定，以备使用；二是战略是有意识、有目的地开发和制定的。借用彼得·德鲁克的话："战略是一种统一的、综合的、一体化的计划，用来实现企业的基本目标。"

2. 战略是一种计谋

在特定环境下，企业把战略作为威慑和战胜竞争对手的一种"手段"，此时，战略强调的已不是竞争性行动本身，而是要组织竞争对手正在准备中的、有可能对本企业造成严重打击的那些战略性行动。在军事上称为"威慑性战略"。

例如，一个企业得知竞争对手想要扩大生产能力以抢占市场时，便迅速提出大规模扩大厂房面积和生产能力的新战略。由于该企业资金雄厚、产品质量优异，竞争对手得知这个"信号"后，便放弃了扩大产能抢占市场的设想。一旦竞争对手放弃了扩大产能的想法，则该企业也没有将新战略付诸实施。因此，这种战略职能称为一种对竞争对手构成威慑的计划。

3. 战略是一种模式

明茨伯格认为，仅把战略定义为企业采用经营活动之前的一种计划是不充分的。因此他引入了钱德勒在《战略与结构》一书中的观点，战略是企业为了实现战略目标、进行竞争而制定重要决策、采取途径和行动以及为实现对企业主要资源进行分配的一种模式。

这种定义认为战略是一种模式，它反映了企业的一系列活动。这就是说，无论企业是否事先对战略有所考虑，只要有具体的经营行为，就有战略。这种定义将战略视为行动的结果，与企业的行为相一致，行为的最终结果说明了战略的执行情况，使之有水到渠成的效果。

4. 战略是一种定位

战略应能使组织在一定环境中正确确定自己的位置，从而使产品开发、顾客选择、市场策略等各项企业行为在正确的定位之下来进行。这种意义上的战略成为企业与环境之间的纽带，使得企业的外部环境和内部环境更加融洽。根据这一概念，战略首先要确定企业应该进入的经营(业务)领域；其次要确定在选定的业务领域进行竞争或运作的方式。

值得指出的是，战略是一种定位的概念引进了"多方竞争"以及"超越竞争"的含义，也就是说，企业在活动中既可以考虑单个竞争对手在面对面的竞争中处于何种位置，也可以考虑在若干个竞争对手面前自己在市场中所处的地位，甚至还可以在市场中确定一个特殊的地位，使得对手们无法与之竞争。

5. 战略是一种观念

战略是以思维和智力为基础的，它具有精神导向性，体现了企业中人们对客观世界的认识，它同企业中人们的世界观、价值观和理想等文化因素相联系。

首先，战略存在于战略者的头脑之中，是战略者的独创性和想象力的体现；其次，战略的观念被组织成员所共享，构成组织文化的一部分，由此而指导组织成员的意图和行动。

这些不同的定义，有助于对战略管理及过程的深刻了解，避免发生观念上的混乱。同时应该看到，这五种定义彼此之间存在着一定的内在联系。它们有时是某种程度的替代，如定位型战略定义可替代计划型战略定义，但在大多数情况下，它们之间的关系是互补的，使战略内涵趋于完美。因此，不同的定义只能说明人们对战略的特性的不同认识，不能说明哪种战略定义更为重要。例如，日本本田公司曾被当作成功地利用观念型战略定义进入计划、进入某种预想位置的典型例子而被广为宣传。使人们了解到本田公司有意识地作为一个低成本的生产厂商，以进攻型方式进入了美国的摩托车市场，打破了美国本土产品的垄断，创造了小型家庭用车市场。实际上，本田公司事先并不是有意识地进入美国市场销售小型家庭摩托车的，不过在该公司的总经理清楚了公司在市场上所处的位置以后，马上制订出相应的计划，深入占领了这一市场。这个例子说明战略的定义和顺序应根据企业自身情况采用。下面以表格的形式把五种定义的特点表达出来，见表1-1。

表1-1 企业战略的五种定义

企业战略定义	核心要点
计划型战略定义	强调计划的重要性，企业管理人员要进行事前计划，计划指导实践
模式型战略定义	强调战略要注重行动，不能流于形式。战略也可以自发产生
计谋型战略定义	强调战略是针对竞争对手采取的措施，目标是领先或击败对手，注重预期的结果
定位型战略定义	强调战略是对企业在环境中定位的导向器，企业必须适应环境进行竞争
观念型战略定义	强调战略观念形成的一致性和执行的一致性，企业需要形成凝聚力

同时在对企业战略进行理解的过程中必须全面把握其定义，企业战略的制定和执行必须放到企业的发展过程中去考虑，结合企业特点和内外部环境，从企业长期发展认识企业战略的重要性，建立适合企业发展的战略模式和战略思想，构建企业核心竞争优势。以上所列举的战略观点不足以覆盖所有研究成果。应当指出，每一种理论都有其独到之处，都能给我们一些有益的启示。

专题拓展

一些战略管理专家对战略的定义

三、战略管理的含义

对于企业战略管理，学术界存在着两种不同的理解：一种是狭义的战略管理，另一种是广义的战略管理。狭义的战略管理认为，企业战略管理是对企业战略的制定、实施、控制和修正进行的管理。美国学者斯坦纳是其主要代表，其在1982年出版的《管理政策与战略》一书中指出，企业战略管理是确立企业使命，根据企业外部环境和内部经营要素设定企业组织目标，保证目标的正确落实并使企业使命最终得以实现的一个动态过程。广义的战略管理则认为，企业战略管理是运用战略对整个企业进行管理，从宏观整体上对企业进行管理。美国企业家兼学者安索夫是其主要代表，他认为企业战略管理是将企业日常业务决策同长期计划决策相结合而形成的一系列经营管理业务。

本书认为企业战略管理是对制定、实施、评估、调控和变革企业战略的全部活动的总称，它是一个全面的、复杂的管理过程，是一门综合性、多功能决策的科学和艺术，企业战略是企业适应环境和环境影响企业互动的过程。

1. 战略管理的要点

企业战略管理的要点如下。

(1) 它是一项"综合性的管理活动"。也就是说，企业战略管理不是单指制定战略，它还包括战略的实施、评估、调控和变革等全部管理活动；企业战略管理是指企业战略的"分析与制定、评价与选择、实施与控制"，它们形成了一个完整的、相互联系的管理过程，如图1-1所示。

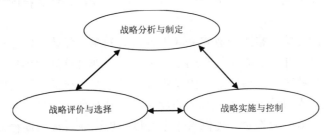

图1-1 企业战略管理图

(2) 它是一个"无止境的管理过程"。也就是说企业战略管理不是一次性的管理工作，企业战略管理关心的是企业长期稳定和高速度发展。它是一个不断循环往复、不断完善、不断创新的过程，是螺旋式上升的过程。

(3) 它是一门"决策的科学和艺术"。也就是说企业战略管理这门学科既是一门决策的科学，又是一门决策的艺术。说它是"科学"，是因为它是反映企业战略管理客观规律的系统化的知识；说它是"艺术"，是因为这门科学的真正价值就在于应用、在于实践——只要将其付诸实践，就必然会呈现出不同的风格、不同的模式和不同的效果，这也就是艺术性的不同表现形式。

2. 战略管理的内涵

在理解上述要点时，应理解战略管理以下几个方面的内涵。

(1) 企业应把未来的生存和发展问题作为制定战略的出发点和归宿。也就是说，一个好的战略应有助于企业实现长期生存和发展的目标。而要做到这一点，企业不仅要了解本身所处行业的过去和现在，尤其需要关注行业内外环境因素将来发展变化的趋势，从而把握自身的未来。在当今政治、经济和其他外部环境因素变幻莫测的时代，仅凭过去的经验和传统的分析方法已不能满足企业建立持久竞争优势的要求，失去对未来动态的充分估计和把握，企业将失去目标和方向；反之，则可能抓住有利的时机，建立自身的竞争优势，从而获得加速发展。

(2) 企业战略管理应该是在经营活动之前有目的、有意识制定的，应体现一种主动精神。尽管有人对这种事先筹划的科学性和有效性提出怀疑，且实际生活中也不乏战略自然形成的先例，但正像很多人愿意采用理性主义的处理方法一样，我们认为系统分析和理性判断对战略的形成仍然是必要的。没有这样一种事先的科学分析，战略的形成过程尤其是在高层管理水平上可能就是混乱的。同时，某些关键决策可能变得易于受个别管理人员选择偏好和流行时尚的影响,而且对直觉和经验的过分强调有可能使人们陷入新的神秘主义的泥潭之中。

(3) 企业战略管理是为了获得持久竞争优势而对外部机会和威胁以及内部优势和劣势的主动反应。战略不是凭空产生的,它的制定建立在对影响企业内外部环境因素的全面了解和分析的基础上。也就是说,它强调从内外部环境分析入手来构建自身的竞争优势,寻求有利的竞争地位,强调企业对环境的适应性。因此,在外部环境分析过程中,企业必须了解所在行业的吸引力大小、未来的发展趋势以及主要竞争对手的特点,它们既可以给企业带来重要的机会,也可能给企业带来严重的威胁;在分析内部条件和资源时,特别要注意评价企业的竞争能力如何、优劣势怎样,以便了解企业具备什么样的核心竞争能力并弥补自身的劣势。

(4) 战略管理的实质是帮助企业建立和维持持久的竞争优势,即帮助企业保持一种强大而灵活的态势。这意味着战略不仅有助于管理人员处理可预见的事件,也有助于他们处理突发的和难以预见的事件。事实上,由于管理人员很难预料各种重要影响因素之间相互作用的方式和程度,也很难预料竞争对手的反应,同时对企业本身战略调整的时机和方法也很难把握,因此,战略应为企业提供若干个可以实现企业目标的途径,以应付外部环境可能出现的例外情况。更进一步说,正像军事战略谋求"进可以攻,退可以守"一样,企业战略应使企业在市场竞争中保持一定的灵活性和机动能力,保持良好的市场扩张和收缩通道。为此,企业的战略目标不宜过分具体化和数量化,有时可能仅仅表现为一种战略意向。

从企业战略和企业战略管理的分析可以知道,企业战略实质上是一种"谋划或方案",而战略管理则是对企业战略的一种"管理"。具体地说,就是对企业的谋划或方案的制定、实施与控制,明确这二者之间的关系与区别是相当重要的。对企业界来说,有助于更好地加强战略管理;对于理论界而言,则有助于纠正将这二者混淆的错误认识。

四、战略管理的作用和本质

(一)战略管理的作用

企业管理学的发展从职能化的管理走向战略化的管理,是现代企业管理的一次飞跃,对提高企业经营绩效有着极其重要的作用。正因为如此,从 20 世纪 70 年代中期开始,西方发达国家(主要是美国)中的大中型企业越来越多地实行战略管理,并在企业组织机构中建立起了有效的战略管理系统,以帮助最高层管理者进行战略性的决策。另外,亦有许多小企业开始进行战略管理,并取得了最好的成果。

战略管理作为一种企业管理方式或思想之所以受到人们的青睐,是因为它具有以下几方面的作用。

(1) 由于战略管理将企业的成长和发展纳入了变化的环境之中,管理工作要以未来环境变化趋势作为决策的基础,这就可以使企业管理者们重视对外部环境的研究,正确地定位公司的发展方向,选择公司适合的经营领域或产品市场领域,从而能够更好地把握外部环境所提供的机会,增强企业经营活动对外部环境的适应性,从而使二者达成最佳的联合。

(2) 由于战略管理不只是停留在战略分析及战略制定上，而是将战略的实施作为其管理的一部分，这就可以使企业的战略在日常生产经营活动中充分发挥其纲领性的作用，特别是在战略实施过程中，根据环境的变化对战略不断地进行评价与修改，使企业战略得到不断完善。这种循环往复的过程，更加突出了战略在管理实践中的指导作用。

(3) 由于战略管理把规划的战略付诸实施，而战略的实施又同日常的经营计划执行与控制结合在一起，这就可以把近期目标(或作业性目标)与长期目标(战略性目标)结合起来，把总体战略目标同局部的战术目标统一起来，从而可以调动各级管理人员参与战略管理的积极性，有利于充分利用企业的各种资源并提高协同效果。

(4) 由于战略管理不只是计划"我们正走向何处"，也计划如何淘汰陈旧过时的东西，以"计划是否继续有效"为指导，重视战略的评价与更新，这就使企业管理者能不断地在新的起点上对外界环境和企业战略进行连续性的探索，增强创新意识。

战略管理具有如上所述的重要性，并非是战略管理者们杜撰出来以说服企业管理者的托词，而是经过了实践的验证。企业在采取任何管理方法时都希望能够由此而带来企业经济效益的提高。

专题拓展

李宁"中年危机"：连亏 4 年，被"90 后"战略拖垮

(二)战略管理的本质

以往的企业管理是将企业的活动分成多种职能，如生产、财务、市场营销等，对不同的职能实行不同的管理，因而出现了企业"管理职能"一词。由对企业的"职能管理"走向对企业的"战略管理"是现代企业管理的一次飞跃。

1. 战略管理是整合性管理理论

营销管理、财务管理、生产管理、人力管理等职能管理理论是从企业管理的角度来讨论管理的问题。应当承认这种解剖式的理论创建发展方式，为管理理论的发展以及深入了解某一方面的管理提供了丰富的要素。

但带来的弊端也是显而易见的，被分解的管理理论如何解决企业整体性的管理问题？因为在实际的管理活动中企业是不能分割的，它是由具有执行不同功能的部分所组成的一个统一体。如何将企业的各个职能部门协调一致，有机运作，就需要企业管理发挥作用。

企业战略管理理论从企业整体的、全局的角度出发，综合运用职能管理理论，处理涉及企业整体的和全面的管理问题，使企业的管理工作达到整体最优的水平。

2. 战略管理是企业高层管理者最重要的活动和技能

由于战略决策涉及一个企业活动的各个方面，虽然它也需要企业中下层管理者和全体员工的参与和支持，但企业最高层管理者介入战略决策是必不可少的。这不仅是由于他们能够统观企业全局，了解企业的全面情况，更重要的是他们具有对战略实施所需资源进行分配的权力。

20世纪80年代,在美国的一次调查中,90%以上的企业家认为:"企业家最占时间、最为困难、最为重要的事是制定企业战略。"对于企业高层管理者来说,最重要的活动和技能是制定战略和推进战略管理,以保证企业整体的有效性。

3. 战略管理的目的是提高企业对外部环境的适应性,使企业做到可持续发展

企业的生存与发展在很大程度上受外部环境因素的影响。当今社会,企业存在于一个开放的系统中,它们影响着这些外部环境因素,但更普遍地受这些不能由企业自身控制的因素影响。企业外部环境既复杂多样,又动荡多变。如何在这种复杂多变的外部环境中生存并持续发展,是战略管理的任务和目的。

战略管理促使企业高层管理人员在制定、实施企业战略的各个阶段上,都要清楚地了解有哪些外部因素影响企业,影响的方向、性质和程度如何,从而不断提高企业的适应能力。这就要求企业战略必须是具有弹性的、能随着环境的变化而及时做出调整。因此,战略管理的目的是促使企业提高对外部环境的适应能力,使其能够生存并可持续地发展。

五、战略管理的边界

战略管理的研究对象是企业,它研究企业成功(或失败)的原因和过程。与其他工商管理学科不同,战略管理着重从总经理的角度,把企业视为一个整体来进行研究,而其他工商管理学科仅就企业管理的某一职能管理方面进行研究,它们是战略(Strategy)与策略(Tactic)的关系。战略是长远的、全局的,而策略是短期的、局部的。战略与策略相比是目的与手段的关系,先有战略后有策略,策略必须服从并服务于战略。

如果把战略管理领域的知识创造与开发过程看作一个学科研究的链条,那么基础学科研究大致相当于基础研究,战略管理相当于应用研究,战略咨询相当于开发研究,而企业正在进行的是战略的实践。图1-2表示了战略管理学科的边界。

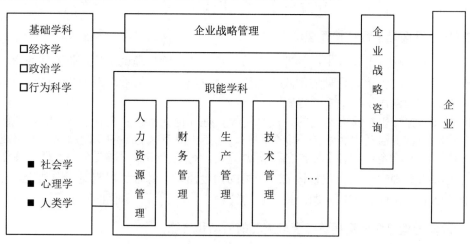

图1-2 战略管理学科的边界

战略管理研究涉及众多学科。斯达巴克认为所有与组织有关的文献都对战略管理研究有所贡献,明茨伯格甚至把这一范围拓展到所有学科领域。其中与战略管理联系比较密切、构成其理论基础的学科呈现出以下发展趋势。首先,产业经济学,尤其是建立在博弈论之上的产业经济学，可能是今后战略管理研究主要的理论基础；进化经济学估计也将产生较大影响。其次，心理学、社会学、政治学仍将对战略管理研究产生巨大影响。此外，有些学科正在逐步渗透到战略管理领域，包括人类学、伦理学等。

第二节　战略管理的产生与发展

一、战略管理产生的历史背景

从 20 世纪 50 年代起，由于科学技术的推动，全球经济特别是美国的经济在经过高速发展之后，进入了一个高度竞争的阶段。其主要特点如下。

(1) 需求结构发生变化。由于竞争的激烈开展，社会产品极大丰富，市场由卖方市场向买方市场转变，消费者对产品的需求无论从质量还是其他方面都提升了档次，对企业提出了新的要求。企业必须面对市场，依据市场的变化开发、生产产品。以市场为导向，以社会意义的价值销售促进企业的产品生产和企业长远发展。

(2) 科技水平不断提高。由于信息技术、生物技术等高科技技术的开展，各国为了保持技术领先和技术优势，不断加大对技术的投入和支持，技术的发展日新月异。企业面对日新月异的技术变化就要不断地采取措施去适应技术环境，提高企业的科技水平，配合企业战略的实施。

(3) 全球性竞争日趋激烈。企业之间的竞争已不局限于一个国家或者地区，而是面向全球竞争，企业面对的竞争更加激烈，企业力求在全球范围内获得和保持竞争优势。那么企业不仅在微观领域更要在企业整体整合出竞争优势，企业战略就要从整体上把握企业未来的发展趋势，通过战略的管理和制定、执行，形成企业自己的竞争力量。

(4) 社会、政府和消费者提高了对企业的要求和限制。企业已不是作为一个单独的主体存在于社会，社会、政府和消费者要求企业承担更多的责任和义务，企业更多的角色体现了一种社会性，而非单纯以获得利润为目的，企业的目标和使命更加复杂化。

(5) 资源短缺。由于社会的发展，国家与国家之间、企业与企业之间对资源的竞争更加激烈，资源呈现出越来越少的态势。资源是约束企业发展的关键因素，企业要发展必须去争取更多的资源控制权。

(6) 突发事件不断。由于技术和社会的发展，企业的外部环境更加复杂，突发事件呈增多的趋势，有些事件是可以调和的，有些事件是不可调和的，有些事件对企业是机遇，有些突发事件对企业却是挑战。面对这些事件，企业成了一个具有能动性的独立体。

企业面临的变革、全球化竞争、需求结构从卖方市场向买方市场的转变等多种因素使企业外部环境庞大复杂、变化频繁、难以预料。这使企业经常面临许多生死攸关的挑战，企业仅靠推断型的管理，再也不能保证自己的生存和发展，必须对新的环境进行深入分析，做出新的响应，采用新的管理方式，来谋求自己的生存和发展。企业战略管理就是在这种条件下应运而生的。

二、战略管理的演进过程

无论是在管理理论还是在管理实践中，战略管理理论皆占据着十分重要的地位。从展的历史脉络来说，企业战略管理理论大体可以分为以环境为基点的经典战略管理理论、以产业(市场)结构分析为基础的竞争战略理论、以资源和知识为基础的核心竞争力理论。

与其他任何一门管理学科一样，战略管理理论也是从科学管理理论以及现代管理理论中汲取营养，是在总体管理理论的基础上顺应时代的要求而逐步发展起来的。这里追溯一下战略管理理论的源泉以及它的发展史。

(一)计划与控制阶段

20 世纪初，计划与控制管理制度开始出现。首先，科学管理创始人泰勒强调，要通过计划工作，挑选、培训和组织工人，以便增加产量。接着，法约尔提出，计划与控制都属于管理的重要职能。

在此阶段，财务预算成为重要的计划与控制手段。企业内部既定的生产、销售、财务等部门分别制定年度预算计划。在财务预算的执行过程中，如果出现偏差，企业要找出原因，并采取必要的修正措施，以便实现既定的预算计划。这种管理制度的重点，在于对偏差的控制。其基本假定是：过去的情况必将重现。

(二)长期规划阶段

长期规划理论是战略管理理论的雏形，这一时期开始于 20 世纪 50 年代初，持续到 60 年代初期。进入 50 年代后，西方企业(主要是美国企业)的外部环境发生了很大变化，从而使企业面临着许多更为严峻的挑战。这个时期的主要特点如下。

(1) 需求结构发生变化。基本消费品的需求已经达到饱和，社会已从对生活"数量"的需要转向对生活"质量"的需要，需求发生了多样化的转变。

(2) 科学技术水平不断提高。第二次世界大战中研究开发的许多技术，一方面使许多行业陈旧过时，另一方面又使一些以技术为基础的新行业产生。由于技术革命的加快和技术革命周期的缩短，加速了产品和制造工艺的发展，生产了许多属于"创造需要性"的新产品，增加了企业的技术密度。同时，也加剧了企业间的竞争。

(3) 全球性竞争日益激烈。在这个时期，不仅产品的出口数量和范围有了很大扩展，而且出现资本输出，跨国公司迅速发展。这样就使争夺国外资源、国际市场的竞争愈加激烈。

(4) 社会、政府和客户等提高了对企业的要求和限制。由于企业一味重视获利，给社会带来许多消极影响。这一切引起了社会、政府、客户对企业的不满，从而提高了对企业的要求，并对企业提出了许多的限制。

正是这些变化迫使企业管理人员来延展传统的管理理念，由此产生了"长期规划"。这种理论的实质是根据历史的情况，通过趋势外推法对企业未来环境的变化做出预测，从而制订长期计划以应对这些变化。在这一时期，企业长期规划的主要活动集中于通过合并而实行企业经营多元化的计划和组织、跨国经营、前向一体化发展、产品—市场的革新等战略措施。

(三)战略规划阶段

这一时期开始于 20 世纪 60 年代初，持续到 70 年代初，战略规划由长期规划转变而来。应用长期规划这一管理技术有两个前提。

(1) 认为促使环境变化的主动权在于企业本身，企业对环境的变化具有很大的影响力。
(2) 认为外部环境是可以预测的，企业总可以制订计划以应对未来的变化。

但当企业进入 20 世纪 60 年代后，由于政府的管制和各种调节政策，企业失去了对环境的控制。而且由于外部环境的复杂性和相互作用使得企业难以预测环境变化。企业要发展，必须具备能够对外部环境变化做出迅速反应的能力，并且要适应环境的变化，选择灵活性的战略。因此，长期规划被战略规划所取代。

(四)战略管理阶段

在战略规划阶段，由于一些高层管理人员机械地看待战略规划过程，过分强调定量分析的作用，只注重战略规划，而忽略了对战略的评估与实施工作，使一些公司战略规划或缺少弹性，或流于形式，成为玩弄数字的游戏，丧失了战略规划应有的成效。

战略管理兴起于 20 世纪 70 年代中后期。企业战略决策者为了应付外来的"战略突变"和迅速出现的机会与威胁，必须摆脱计划周期的束缚，改变重计划不重实施的习惯做法，转为制定、评价和实施战略并重，在实施战略规划上下功夫，灵活而又富有创造性地实施战略性管理。

战略管理还具有更深一层的含义。它不一定限于完全被动地承受动荡环境的影响，单纯做出战略的反应和调整，它还具有积极的作用，即战略管理具有"预应"性质：通过制定、实施创造性的战略，它能够主动影响环境的变化，迎接环境的挑战。

进入 20 世纪 80 年代后，世界经济更加动荡，贸易摩擦、能源短缺、债务危机、股价下跌、新技术和新产品层出不穷，加剧了国际市场竞争。在这样复杂的经营环境下，推行战略管理便成为美国企业适应形势、突破困境、维持生存与发展的重要保障。

值得注意的是，企业战略管理各阶段的演进，并非是新的管理方式"替代"原有的方式，而是新方法"补充"了原有的方式。因此，最后形成的战略管理方式，包含了以往三种管理方式的内容。具体地说，企业实施战略管理，依然需要定期的计划程序，只是必须运用各种特殊的管理技术，以使企业经营管理战略更加灵活和完善，能够适应正常计划程序以外的情况，并且强化了战略实施和控制工作。

三、战略管理的发展趋势

现代的企业管理处在一个动态且不断变化的格局中，可以说一成不变地处理事情的可能性也就越来越小。从市场主导产品、到企业策略目标、到政府法制规章，没有一样不是随时在变动的。当前，战略管理呈现以下发展趋势。

(1) 制定企业战略的竞争空间在扩展。行业的界限、企业间的界限在日趋模糊，竞争已不在某一特定的区域或行业内进行，企业必须从全球的角度、从跨行业的角度来考虑配置自身的资源，在资金、人力资源、产品研发、生产制造、市场营销等方面进行有机的组合，才能获得最佳的管理整合效果。

(2) 企业的战略具有高度的弹性。企业面临的经营环境在快速变化，在不确定的风险下，在要求企业战略与外部变化节奏保持同步的条件下，企业要具备对不确定情况的快速应变能力，必须依赖战略的弹性才能伸缩自如。

(3) 不过多考虑战略目标是否与企业所拥有的资源相匹配，而是较多地追求建立扩展性的目标。因为在未来的市场竞争中，制胜的手段正在发生变化，由单纯地寻找稀缺资源过渡到寻找稀缺智力和由此产生的稀缺知识的结合，寻找的范围不仅局限于企业内部，而是着眼于对离散的、创造价值的活动的识别与整合，通过这种方式来为价值增值或扩大稀缺价值的产出。这种战略要求企业不能平均分配资源，而是要创造性地通过各种途径来整合资源，通过与知识的组合来克服资源的限制，从而为消费者创造价值。

(4) 由企业或企业联盟组成的商业生态系统成为参与竞争的主要形式。对单独的企业来讲，竞争更体现在加入或营造有影响力的、能为自己带来实际价值的企业生态系统，并且在一个系统中寻求一个更为有利的地位，当然也包括争取成为整个群体的领导。

(5) 制定战略的主体趋于多元化。由于信息技术的日益发展和应用，使得组织结构扁平，导致了在整个企业内部拥有信息的权利趋于平等。每一个个体在整个网络系统中都是一个信息传播的节点，高层主管不再居于信息传播的中心，普通员工可以有更多的机会参与企业的战略制定，可以说，他们拥有决策参与者和决策执行者的双重身份。

第三节 战略管理的要素和层次

一、战略管理的要素

企业战略一般由四个要素构成，即经营范围、成长方向、竞争优势和协同作用。安索夫认为这四种要素可以产生合力，成为企业的共同经营主线。有了这条经营主线，企业内外的人员都可以充分了解企业经营的方向和产生作用的力量，从而扬长避短，充分发挥自己的优势。

(一)经营范围

经营范围是指企业从事生产经营活动的领域，又称为企业的定域。它可以反映企业目前与其外部环境相互作用的程度，也可以反映企业计划与外部环境发生作用的要求。有的学者认为，确定一个企业的经营范围，应该以那些与企业最密切相关的环境为准。因此，对于大多数企业来说，它们应该根据自己所处的行业、自己的产品和市场来确定经营范围。就是说，只有产品与市场相结合，才能真正形成企业的经营业务。企业确定经营范围的方式可以有多种形式。

从产品角度来看，企业可以按照自己产品系列的特点来确定经营范围，如半导体器件公司、机床公司等。企业还可以根据产品系列内含的技术来确定自己的经营范围，如计算机公司、光导纤维公司等。

从市场营销的角度来看，企业可以根据自己的市场来描述经营范围。这种描述可以有两个出发点：一个是企业的使命，另一个是企业的顾客。两者是截然不同的概念：从某种意义上讲，企业的使命是指企业如何能够满足市场上顾客对现有产品的需求；而顾客是指产品的现实购买者。这两者的关系有时是一致的，即企业现有的产品可以满足顾客的需求；有时又是不一致的，顾客可能有多种需求，需要不同的销售渠道和不同的产品来满足。因此，企业在描述自己的经营范围时，就应该考虑从哪个角度出发，才能真正符合企业和社会的利益。

在一般情况下，企业的使命与顾客的需求是不矛盾的。但是，在多种经营的情况下，企业不能只从某一行业的角度来定义自己的经营范围，需要多方位、多层次地研究自己的市场和顾客，尽量保证自身经营范围定义的准确性。

(二)成长方向

成长方向又可称为增长向量，用以说明企业从现有产品与市场相结合向企业未来产品与市场移动的态势。下面通过图1-3来说明增长向量。

(1) 市场渗透是通过对目前的产品在现有市场上的营销活动促使本企业产品的市场份额增长，并达到企业成长目的的一种战略模式。

(2) 单纯的市场开发是企业的现有产品与一个新开发的市场的组合。通过这种组合力图为企业现有的产品寻找新的消费群，从而使现有的产品承担新的发展使命，以此作为企业成长的增长点。

(3) 单纯的产品开发是指企业推出全新的产品，以逐步代替现有产品，从而保持企业成长的态势。

(4) 多种经营则是一种企业变革较大的战略模式，通常都会给企业带来较大的变化，形成独有的特色。对于企业来讲，它的产品与使命都是全新的，也就是说，企业通过这一战略的实施，会步入一个新的经营领域。这一战略模式追求的是更高的目标和更大的发展空间。

	现有产品	新产品
现有市场	市场渗透	产品开发
新市场	市场开发	多种经营

图1-3 企业增长向量矩阵

在市场渗透、市场开发和产品开发这三种选择中，其共同经营主线是明晰的、清楚的，或是通过实施新的市场销售方案，或是开发新产品和新技术，或是两者同时进行，来实现战略目标。但是在多种经营战略中，其共同经营主线就显得不十分清晰了。所以，在当代经济社会中，确定一个企业，尤其是一个大的或同时具有跨国经营业务的企业的经营性质，单从行业的概念去判断，已不容易做到。

应该看到成长方向指出了企业在一个行业里的变化方向，而且，它能指出企业战略方向所要跨越行业界限的方向，以这种方式描述共同经营主线是对以产品与市场范围来描述企业经营主线的一种补充，有利于更清晰地界定企业的经营范围。

(三)竞争优势

竞争优势是指企业通过其资源配置的模式与经营范围的正确决策，所形成的与其竞争对手不同的市场竞争地位。20世纪60年代以来，无论是国际市场上还是国内市场上，竞争日趋激烈，战略管理的学者们将注意力转向了经营领域里的竞争行为，试图寻找出获得竞争优势的道路。有的学者认为个别产品和市场的特性可以给企业带来强有力的竞争地位。有的学者认为，企业的竞争优势来源于企业所选择的资源、技能和应用方式。实际上，竞争优势既可以来自企业在产品和市场上的地位，也可以来自企业对特殊资源的正确运用。

竞争优势可以来源于三个层次：①通过兼并方式，谋求并扩张企业竞争优势；②进行新产品开发并抢在对手之前将产品投放市场；③保持或提高竞争对手的进入壁垒，例如，利用专利和贸易壁垒等。

(四)协同作用

协同作用是指企业从资源配置和经营范围的决策中所能发现的各种共同努力的效果。就是说，分力整体大于各力简单相加之和。在企业管理中，企业总体资源的收益要大于各部分资源收益之和，即"2+2>4"的效果。一般来说，企业的协同作用可以分为以下四类。

(1) 投资协同。投资协同作用产生于企业内各经营单位联合利用企业的设备、共同的原材料储备、共同研究开发的新产品，以及分享企业专用的工具和专有的技术。

(2) 生产协同。生产协同作用产生于充分地利用已有的人员和设备，共享经验曲线形成的优势等。这里的经验曲线，是指当某一产品的累积生产量增加时，产品的单位成本呈现下降的趋势。

(3) 销售协同。销售协同作用产生于企业使用共同的销售渠道、销售机构和推销手段来实现产品销售活动。老产品能为新产品引路，新产品又能为老产品开拓市场；老市场能为新市场提供示范，新产品又能为老产品扩大范围。这样，企业便可以减少费用，获得较大的收益。

(4) 管理协同。管理协同作用不能用简单的定量共识明确地表示出来，但它却是一种相当重要的协同作用。当企业的经营领域扩大到新的行业时，如果在管理上遇到过去曾处理过的类似问题时，企业管理人员就可以利用在原行业中积累的管理经验，有效地制定和解决这些问题。这种不同的经营单位分享以往的管理经验的做法就是管理协同，这是一种无形的力量。

对企业战略构成要素的探讨有两重意义。

第一重意义是，认识构成对企业效能、效率的影响。所谓效能，是指企业实际产出达到期望产出的程度；而效率则是指企业实际产出与实际投入的比率，即实际的投入产出比。这两个概念是切·巴纳德(C. Barnard)最先在《总经理的职能》一书中提出来的，用来探讨效能和效率与企业所面临的变化之间的关系：在企业战略的构成要素中，企业的经营范围、资源配置和竞争优势一般决定着企业效能发挥的程度；协同作用则是决定企业效率的首要因素，并在企业各种特殊能力与产品和市场之间形成与发展。正值的协同作用会大幅度地增加企业的效率，反之则相反。

第二重意义是，要使管理人员认识到这四个构成要素存在于企业各个层次的战略之中。企业战略的层次不同，这四个构成要素的相对重要程度也不同。

二、战略管理的层次

一般来讲，在大中型企业中，企业的战略可以划分为三个重要的层次：总体战略、经营战略、职能战略。三种战略的基本特征如表1-2所示。

表1-2 三种战略基本特征

项　目	总体战略	经营战略	职能战略
企业目标	谋求企业生存，全面获得增长和利润	谋求在特定的产品和细分市场上获得增长和利润	谋求市场占有率、技术领先等
经营范围	投资组合与多种经营	产品和细分市场上的竞争与同心式多种经营	注重产品和市场开发，以及产品的形态和商标
资源配置	企业财务、组织与技术方面的能力	随着产品和市场寿命周期阶段而变化	不同的职能领域，产品的发展阶段以及整个竞争地位的发展变化
竞争优势	与行业相比	与特定的竞争对手相比	与特定的产品相比
协同作用	作用于各经营业务之间	作用于各职能领域之间	作用于职能领域之中
重大职能方针政策	多种经营方针 制造与购买方针 技术方针 财务与组织方针	制造系统设计 产品系统方针 市场开发方针 研究开发方针	定价方针 促销方针 生产进度方针 库存控制方针

(一)总体战略

总体战略，也称为公司战略，是企业总体的、最高层次的战略，是有关企业全局发展的、整体性的、长期的战略规划，是企业最高管理层指导和控制企业一切行为的最高行动纲领。企业总体战略包括企业战略决策的一系列最基本的因素：企业宗旨与使命、企业资源与配置、企业组织结构与组织形式、企业从事的行业或业务、企业发展速度与发展规模、企业的投资决策，以及其他有关企业命运的重大决策因素。

从战略管理的角度，企业总体战略涉及两个重要的问题。

(1) 根据内外部环境情况，从公司全局出发，选择企业所从事的经营范围和领域，即确定企业从事哪些业务领域，为哪些消费者服务以及向哪些市场发展。

(2) 在确定所从事的业务后，在公司层面对各项业务进行资源分配，以实现公司整体战略的意图，这也是公司战略实施的关键措施(内容)。

(二)经营战略

企业经营战略是企业内部各部门，在企业总体战略指导下一个特定的经营单位的战略计划。企业经营战略的重点是要改进一个经营单位在它所从事的行业中，或某一特定的细分市场中所提供的产品和服务的竞争地位。企业经营战略涉及企业在自己的经营领域中扮演什么角色，以及在经营单位内如何分配资源的问题。从企业外部来看，企业经营战略的目的是使企业在某一特定的经营领域取得较好的成果、寻求竞争优势、划分消费者群体、使自己的产品区别于竞争对手的产品、实现企业的市场定位、使企业市场经营活动适应环境变化的要求。从企业内部来看，企业经营战略是为了对那些影响企业竞争成败的市场因素的变化做出正确的反应，需要协调和统筹安排企业经营中的生产、销售、财务、研究与开发等业务活动。

总体战略主要由企业的最高层参与决策、制定和组织实施；而经营战略制定的参与者主要是具体的事业部或子公司的决策层。竞争战略的侧重点在于：一是如何贯彻企业的宗旨；二是企业发展的机会与危险分析；三是企业内在的条件分析；四是确定经营单位战略的重点和主要战略措施。

经营战略与总体战略的区别可以归纳为以下几点。

(1) 总体战略是有关企业全局发展的、整体性的和长期性的战略，它会对整个企业的长期发展产生深远影响；经营战略着眼于企业中有关二级单位(如事业部、子公司)企业的战略问题，影响的是某一具体的二级单位具体的产品和市场，只能在一定程度下影响总体战略的实现。

(2) 形成总体战略的主要是企业高层，形成经营战略的主要是具体的二级单位的经理。

(3) 一个企业在一定时期内，只能有一个总体战略。在此期间，它有多少个战略经营单位，就应该有多少个经营战略。可见，经营战略是在总体战略的指导、制约下管理具体经营单位的计划和行动，为企业整体目标服务的一种局部性的战略。

(三)职能战略

职能战略，又称职能部门战略，是指为贯彻和实施企业总体战略与企业经营战略，在企业特定的职能管理领域制定战略。其重点是提高企业资源的利用效率，使其最大化。与总体战略和经营战略相比较，企业职能战略更加详细、具体。它是由一系列详细的方案和计划构成的，涉及企业管理和经营的所有领域，包括财务、生产、销售、研究与开发、公共关系、采购、储运、人事等各个部门。职能战略通常包括营销战略、生产战略、研发战略、财务战略、人力资源战略等职能战略。实际上，企业职能战略是企业经营战略的具体化，使得企业的经营计划更为可靠、充实与完善。

如果说总体战略与竞争战略强调"做正确的事情"的话，则职能战略强调"将事情做好"。职能战略直接处理各职能领域内的问题，如提高生产及市场营销系统的效率，改善客户服务的质量及程度等。职能战略通常由职能部门管理者依据总体战略与经营战略的需要负责参与制定。

职能战略的侧重点在于：一是如何贯彻企业的总体目标；二是职能目标的论证及其细分，如规模与生产能力、主导产品和品种目标、技术进步目标、市场目标等；三是确定职能部门的战略重点和主要战略措施；四是战略实施中的风险分析和应变能力分析。

总体战略、经营战略与职能战略构成了一个企业战略的三个层次，它们之间相互作用、紧密联系，共同构成了企业的战略体系。企业要想获得成功，必须将三者有机地结合起来。三个层次战略的制定与实施过程实际上是各级管理者充分协商、密切配合的结果。如图 1-4 所示，企业中每一层次的战略构成下一层次的战略环境；同时，第一层的战略可为上一层战略目标的实现提供保障和支持。

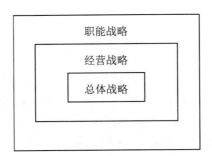

图 1-4 企业战略层次

第四节 战略管理的过程

企业战略管理大体上可分为战略分析、战略制定、战略实施和战略控制四个相互关联的阶段。

一、战略分析

企业在制定战略的时候首先必须明确一系列问题：企业面临的主要的、关键的问题是什么？威胁企业生存的关键因素有哪些？企业能够有效利用的机会在哪里？企业具有优势的领域是哪些？企业的主要竞争对手是谁？等等。如果企业在制定战略的时候，对面临的问题并不十分清楚，就不可能制定出符合企业实际情况的战略，制定的战略也就不可能真正得到贯彻执行。如果企业对自身面临的问题十分清楚而且加以认真总结，那么企业战略的制定就会水到渠成，战略的实施就具有较强的可行性。事实上，企业战略的制定过程就是一个不断提出问题、分析问题和解决问题的过程，战略研究的过程应该体现出一种以问题为导向的方法论。而且提出问题和发现问题不仅是战略制定的核心，同时也是战略制定的基础，只有准确地找到了企业存在的问题，才有可能制定出符合企业生存和发展的战略方案。

这里应当明确一个重要的认识问题，即战略问题应包括两个方面的含义：一是企业面临的真正问题。例如，企业自身存在的劣势，或外部环境的变化给企业造成的威胁，这些问题将会威胁企业的生存和发展。另一类问题是企业如何更好地发挥自身优势，或者如何抓住外部环境给企业带来的良好的发展机会。

在制定企业战略的时候，一般需要进行以下三方面的分析。

1. 确定企业经营宗旨

确定企业经营宗旨是战略分析的第一要务，其内容包括：对企业的主要经营范围、经营哲学、市场目标的描述，与企业有利害关系的人和组织对企业期望的估计。经营宗旨不同于经营目标，它属于口号式的，是不可以量化表示的。

2. 外部环境分析

企业处在复杂的政治、经济、文化、技术等环境之中，分析外在环境对企业的影响对战略分析至关重要。企业面临的外部环境主要有宏观环境和竞争环境。外部环境分析的目的在于评价企业所面临的机会与威胁。

(1) 宏观环境分析。这方面分析包括对宏观的政治环境、经济环境、法律环境、技术环境、人口环境、自然环境和社会文化环境的分析。

(2) 行业环境分析包括对行业内竞争者的竞争态势、行业潜在进入者的威胁、替代品的威胁、供应商和购买者(集团)的砍价能力等方面的分析以及对行业所处发展阶段的分析、行业内战略集团的构成与竞争状况的分析等。

(3) 竞争者分析。竞争者分析包括竞争者的确定、竞争者的战略目标分析、竞争者的现行战略分析、竞争者的假设及其能力分析等。

3. 内部环境分析

企业内部的各种环境因素一般分为三类：一是企业资源条件，诸如人力资源、物力资源、财力资源、技术资源、组织资源、信息资源、自然条件等；二是企业的战略能力，如营销能力、财务能力、竞争能力、适应能力、生产能力、研发能力、综合管理能力等；三是核心能力，是指居于核心地位并能产生竞争优势的要素作用力，具体包括学习型组织和集体知识，尤其是如何协调各种生产技术以及如何将多种技术、市场趋势和开发活动相结合的知识。内部分析旨在评价企业的优势与劣势。

战略分析为制定战略提供了基础。同时也很有必要了解企业现行战略和现行目标在方向及发展结果上的一致程度。现行战略能够应付组织环境变化吗？现行战略不可能与战略分析描述的结果完全相符合。不符合程度就是战略制定者面临的战略问题，有时需调整的程度较小，有时则需要做出大幅度的变动。

二、战略制定

战略制定是战略管理过程的第二个关键阶段。战略制定旨在根据企业目的、优势和劣势以及企业的外部机会和威胁拟定一系列备选方案。约翰逊和施乐斯在 1989 年提出了战略制定过程的四个组成部分。

1. 提出战略方案

需要考虑的最基本问题是"哪一种战略方向最明智？"人们在选择战略方案时往往考虑那些最显而易见的战略，因此，在制定战略过程中，可供选择的方案应较多一些。

2. 评估战略备选方案

要按战略分析的原则对各种战略备选方案，按完成企业目标的能力逐个进行评估，目的在于选出在配合企业外部环境所具备的机会和威胁与企业内部的优势与劣势两类要素时的最佳战略。人们在评估时通常使用以下两种标准。

(1) 要选择的战略是否发挥了企业的优势、克服了弱点、善用了机会，将威胁削弱到了最低程度？

(2) 战略是否能被利益相关者接受？

3. 进行战略选择

企业在选择管理层认为可行的战略方案时，可能仅有一种战略，也可能有一组战略可供选择。需要注意的是，战略的选择并不存在一个最佳的选择标准，同时战略又总是有一定的风险性，所以不可能有绝对正确的战略。最终战略的选择还是管理层的主观臆断决定的。当然企业经理的价值观和利益相关团体的价值观和期望在很大程度上会影响战略的选择，因而这种选择往往并不一定是完全理性的选择。

4. 围绕选择的可行战略方案制定政策和实施规则

选择好最优方案并不是战略制定的终结，管理层还要建立政策，确定战略实施的基本规则。所以，政策与选择的战略应一脉相承，政策是把战略制定与战略实施联结起来指导决策的指南。企业运用政策来确保所有员工以行动支持企业宗旨、目标和战略。

有些政策生命力很强，甚至比促使它们建立的某个战略还要持久；有时一些政策能变成企业文化的一部分。这些政策使战略更容易实施，但它们也会限制管理者对未来的战略选择。

三、战略实施

战略实施是贯彻执行既定战略规划所必需的各项活动的总称，是战略管理的一个重要组成部分。战略实施所需的条件主要包括以下五大方面。

1. 建立和调整企业的组织结构

为了保证战略的顺利实施，企业需要有一个有效的组织结构以适应战略计划的需要。这涉及企业是采用垂直还是横向结构，是集权式还是分权式决策机制，在多大程度上企业应划分半独立性的工作单位。

必须强调的是要运用权变观念去选择组织结构，世界上不存在适用于一切情况的组织结构。德鲁克有句名言："能够完成工作任务的、最简单的组织结构，就是最优的结构。判别一个好的组织结构的标准是它不带来问题，结构越简单，失误的可能性越小。"

2. 对人员和制度的管理颇为重要

人力资源关系到战略实施的成功与失败。在人力资源管理中，最重要的是如何挑选实施战略的管理者，使他们的知识、能力、经验、性格修养和领导风格同实施的战略相适应。

3. 企业文化建设

在战略管理中，应当注意一个问题，即企业战略与企业文化相适应。优秀的企业文化能突出企业特色，形成企业成员的共同价值观念，而且企业文化具有鲜明的个性，有利于企业制定出与众不同、克敌制胜的战略。战略制定以后，可以利用企业文化所具有的导向、约束、凝聚、激励等功能，统一员工的观念行为，共同为积极有效地贯彻实施企业战略而努力奋斗。

4. 创建企业核心能力

企业核心能力是企业竞争优势的根基，在战略实施过程中，企业必须注意创建企业的核心能力。企业核心能力的创建有两种基本方式：创新和整合。

5. 处理冲突、政治和变革

政治是企业内形成派别的基础，派别利益引发冲突，变革使其白热化。公司政治像瘟疫一样存在于企业之中，企业内部各种团体都有自己的利益要求，这些要求常常发生冲突，这些利益冲突会导致各种争斗和结盟，而战略变革往往使权力斗争白热化，因而在战略实施过程中应特别注意这些问题。

四、战略控制

战略控制阶段是对战略制定、实施的过程及其结果进行适当的评价与监控，从而确保所制定的企业战略能有效地执行并取得预期成果。即通过确定评价内容，建立业绩标准，衡量实际业绩，并将实际获得的业绩与预期目标进行比较，以发现战略制定或实施过程中的问题，从而做出纠偏行动。因此，有效的战略控制，不但需要分析战略是否按原计划在实施，而且需要分析战略是否取得了预期的效果。这一切并不是要等到战略实施完毕之后才进行，而是与战略实施过程同步进行的。企业在进行战略控制时，必须能够获得及时、精确的信息。一般来说，战略控制过程可以划分为如下四个步骤。

1. 建立业绩标准

评价的目的是确保企业战略的有效实施与企业使命和目标的顺利达成，因此业绩标准的制定必须以企业使命与战略目标为前提。企业目标是战略评价的主要关键点，相应地对于实现目标有重大影响的因素与环节，也是应该加以控制的关键点。评价业绩标准可分为定量标准与定性标准。常用的衡量标准包括销售增长、投资报酬率、销售额、净利润、市场占有率、产品质量、顾客满意度等。

2. 衡量实际业绩

设定企业战略评价的标准是为了衡量战略实施的实际业绩。因此，管理者的主要工作就是根据所确定的评价内容与标准，按时对企业运作的实际业绩进行测评与记录，从而为战略监控提供最基础的数据。实际业绩的衡量取决于有关信息的准确性与及时性，要求有关部门建立信息档案，推进检查汇报制度，并对战略工作的关键点进行重点评价与监控。

3. 进行差异分析

通过将实际业绩与预定的业绩标准进行比较，以确认企业战略管理过程是否存在偏差，并据此对实际业绩进行评估，找出产生偏差的原因，从而制定相应对策以消除偏差。若无偏差，战略管理过程将照原计划进行；若存在偏差，就需要了解偏差是否在业绩标准容许的偏差范围内。对于实际情况与目标预期之间的偏差，大到足以引起注意的程度或超出容许的偏差范围，则需要分析偏差出现的原因，以便为相应措施的出台提供依据。

4. 采取纠偏行动

在深入分析偏差产生的原因的基础上，管理者要根据不同的原因，采取不同的措施。在采取纠偏行动时，找出导致战略实施偏差的责任人是非常重要的，只有明确谁应对这些问题负责，才可采取措施，真正清除这些偏差。企业在采取纠正措施时，有三种方式可供选择。

(1) 常规方式：根据最常规的方式去解决偏差。
(2) 专题解决方式：就目前所出现的难题进行专题重点解决。
(3) 事先计划方式：对可能出现的问题事先有准备，以增强处理意外事件的能力。

战略控制要求企业始终能确保战略方向的正确性，并且能高效地运行，同时强调开放性、全局性、稳定性与灵活性的统一。战略控制的开放性指企业战略活动过程必须考虑外部环境的变革与影响；全局性指战略控制是对战略实施过程的整体评估，所依据的标准是企业的使命与总体目标；稳定性与灵活性的统一指战略控制要保证战略实施的稳定性，又要对战略变革进行管理，具有适度的灵活性。

第五节 战略管理理论的演进

一、战略管理理论的发展历程

1. 20 世纪六七十年代的战略管理理论

战略管理由巴纳德于 1938 年在《经理人员的职能》一书中首次提到，由此战略管理的研究得以发端。1962 年，钱德勒出版了《战略与结构：工业企业史的考证》一书，提出"结构追随战略"，并阐述环境—战略—组织结构之间的关系，最终形成了两个学派：设计学派和计划学派。

设计学派和计划学派分别以哈佛大学的安德鲁斯教授和安索夫为代表。前者将战略分为公司实力、个人价值观和渴望、市场机会、社会责任四个要素；而后者将战略分为产品与市场范围、协同效应、增长向量和竞争优势四个要素。设计学派认为公司应该对自己的资源进行优化配置，形成具有特色的能力，从而获得竞争优势；计划学派认为公司应该组织如何实现企业目标和使命。设计学派强调战略制定是一个企业高管负责的、有计划、周密的设计，简单但非正规的过程；而计划学派认为战略是一个由企业高管全程负责计划的、有控制、有意识的正规计划过程。由此可见，设计学派和计划学派有同有异，但都同为企业战略制定、实施提供理论支持。

2. 20 世纪 80 年代的战略管理理论

20 世纪 80 年代，哈佛大学的迈克尔·波特提出了竞争定位理论，此理论成为当时战略管理理论研究的焦点。波特认为企业战略的核心是获得竞争优势，竞争战略的选择面临两个问题：产业选择问题和竞争地位问题。竞争战略基于对有吸引力的、高潜在利润的产业这两点进行选择，之后，在已选定的产业中确定找准自己的优势竞争地位。竞争定位理论将企业战略分析的重点由企业转向行业，强调外部环境的重要性，为战略的选择过程提供了行业吸引力矩阵、价值链分析等极为有用的分析工具。

定位学派的新颖之处在于将竞争优势作为中心，将战略制定、实施有机结合起来。这和计划学派、设计学派是有区别的，计划学派、设计学派将战略制定、实施分离开来，是分开的两个过程。虽然定位学派为战略管理研究提供了新的工具，但是对企业内部分析的关注度不够。这为 90 年代的能力学派的出现及发展提供了机会。

3. 20 世纪 90 年代初期的战略管理理论

1990 年，普利哈拉德和哈默发表了《企业的核心能力》，掀起了关于核心能力的研究，形成了"核心能力学派"。他们认为"长期而言，起决定作用的是造就和增强企业的核心能力"，核心能力"是在企业管理组织中不断积累得到的学识，特别是对不同生产技能的协调以及对各种流派学识的有机结合"，这是企业的所有能力当中最核心、最根本的部分，具有外辐射性，对新能力的产生及能力的发挥具有促进作用。核心能力学说认为企业中的资源、知识和能力并不是所有的都能形成良好的竞争优势，只有稀少、异质、不可模仿、难以替代的标准，才成为核心能力。普利哈拉德和哈默理论强调对于保持竞争优势并获取超额利润来说，企业内部条件起着决定性作用，其战略目标在于识别和开发难以模仿的核心能力。

4. 20 世纪 90 年代后期的战略管理理论

在《竞争的衰亡》一书中，美国学者穆尔于 1996 年提出生态系统理论。穆尔从生物学的生态系统均衡演化的层面来描述市场中的企业活动，将商业活动分为开拓、拓展、领导和更新四个阶段。穆尔认为商业生态系统是包含了生产者、竞争者、提供商、风险承担者的组织以及个人的联合体，这些结构之间相互作用，而促进商业活动内部的共同进化。穆尔认为应从微观经济和财务的创新角度制定战略，设计战略来代替以狭隘行业为基础的战略。

1998 年，布朗与艾森哈特合作出版了《边缘竞争》一书。布朗与艾森哈特认为未来公司经营环境具有高速变化性和不可预测性。战略最重要的体现在于对变革进行管理，包括三个方面：对变革做出反应、对变革做出预测、领导变革。领导变革的意思就是要走在变革的前面，更有甚者是变更竞争游戏规则。企业应该不断对管理进行变革来构建和调整竞争优势，以取得良好的竞争优势。在不断变化的市场环境中，虽然边缘竞争战略是不可控、不确定的，但却是一种最有效的战略。

除此之外，还有许多新观点出现。动态统筹的战略管理理念，强调对企业的资源、能力和竞争能力进行动态统筹，以形成竞争优势；基于系统概念和系统方法论的新进展，对企业战略研究方法论进行了集成和创新；行业竞争结构的网络模型分析模型，用网络形式分析竞争结构，在动态和联系的基础上分析竞争情况；引入人工智能，用计算机化网络系统和人机交互方式实现动态战略决策过程，以应对新战略挑战，在战略决策过程中融合复杂性理论、博弈论等理论。

二、战略管理理论的发展规律

从设计学派到当今的"生态系统理论"，可以从其战略内容、竞争的性质、竞争优势的维持以及战略的范式方面分析，寻找隐含的规律。

1. 从战略的内容来看

"设计学派""计划学派"强调的是企业内部的计划与分析，"定位学派"则是强调外部产业结构分析，"核心能力学派"则以企业的核心能力为出发点，"生态系统理论"提出战略要考虑企业所处的商业生态系统。呈现的规律是以企业本身为参照点，强调的内容由内部到外部(企业所处的行业)，再到内部(有形或无形的内部核心竞争力)，最后又回到外部(企业所处的商业生态系统)。

2. 从竞争的性质来看

"设计学派""计划学派"倾向于要求企业内部环境与外部环境相适应，突出企业组织结构与外部环境之间互动，以获取利润并得到发展，竞争性较小。"定位学派"强调战略制定要以分析行业情景为前提，战略目标是获取行业领导地位，并获得高额利润，具有了与其他企业争夺领导地位的竞争性。"核心能力学派"认为企业要以核心竞争力打败竞争对手，甚至以竞争对手的优势来培养自己的潜能，有了更激烈的竞争性。"生态系统理论"则强调系统内部的企业共同进化，强调以合作为基础的内部竞争。竞争程度呈现由弱到强，直至对抗，然后在同一个生态系统内部的共同进化。

3. 从竞争优势的维持来看

追求有形的、外在的、短期的竞争优势转变为追求无形的、内在的、长期的竞争优势。

4. 从战略制定的方法来看

"设计学派""计划学派"等 20 世纪六七十年代的学派以外部环境是可以预测的为基本假设，强调战略制定过程是个理性的、均衡的思考过程。随着市场环境变得日趋复杂，20 世纪 90 年代的"核心能力学派"等战略理论思想承认外部环境的不可预测性，强调战略过程中的内部"核心能力"，非线性、非均衡的思考战略。

三、战略管理理论的发展趋势

1. 企业战略管理呈现动态化趋势

随着互联网以及移动互联网技术的发展和广泛应用，信息的传播速度加快，市场瞬息万变，各种不确定性因素急剧增加，像过去一样对长期进行预测已经不可能。在这种情况下，企业要想取得更好的竞争优势、盈利更多，必须更努力地研究适应全球经济变化的战略管理理论以及企业组织、人事、治理结构、生产流程等环节的动态变化。

2. 战略制定需要全员的参与

传统战略管理理论中，由企业高层管理者制定战略，首先依次确定企业的总体战略、职能层和业务层的战略，然后负责战略的实施。然而在快速变化的环境中，传统战略模式将会失效，因为面对动态变化的复杂的社会经济环境，再优秀的管理者也会受认知和信息的约束而制定出滞后的战略方案。现在的战略制定需要全员参与，特别是能最早感受到环境变化、最快捕捉到市场机会的一线员工。因此，目前形成了一种模式，高层管理者重新设计组织结构和再造业务流程，提供畅通的信息通道，实现全员参与战略制定和方案实施过程。

3. 多种研究方法的有效融合

企业应广泛借鉴战略理论的研究方法，去其糟粕，取其精华，形成具有自己企业特色的体系，这些方法包括产业组织经济学方法、博弈论方法、企业经济学方法、系统论方法等。面对不确定性日益增强的竞争环境，要适应环境的不断变化，企业要提出应对各种状态的具有博弈色彩的对策和规则，寻求方法上的突破；将其他相关学科理论知识有机的结合，用博弈分析各种状态。

案例分析

从单点突破到全方位布局，乐逗游戏的发展之路渐行渐"稳"

本 章 小 结

企业战略管理是对制定、实施、评估、调控和变革企业战略的全部活动的总称，它是一个全面的、复杂的管理过程，是一门综合性、多功能决策的科学和艺术。企业战略实质上是一种"谋划或方案"，而战略管理则是对企业战略的一种"管理"，具体来说就是对企业的谋划或方案的制定、实施与控制。明确这两者之间的关系与区别是相当重要的。对企业界来说，有助于更好地加强战略管理；对于理论界而言，则有助于纠正目前很多人将这两者混淆的情况。

战略管理理论是管理学整体理论中一门较新的学科，像其他任何一门管理学科一样，战略管理理论之所以发展到今天，是从科学管理理论以及现代管理理论中汲取了营养，是在总体管理理论的基础上顺应时代的要求而逐渐发展起来的，经历了计划管理时代、长期规划管理时代、战略规划时代和战略管理时代四个阶段。企业战略一般由四个要素构成，即经营范围、成长方向、竞争优势和协同作用。安索夫认为这四个要素可以产生合力，成为企业的共同经营主线。企业的战略可以划分为三个重要的层次：总体战略、经营战略和职能战略。在这三类战略中，战略的四个构成要素又起着不同的作用，发挥着各自不同的特性。战略管理过程分为战略分析、战略制定、战略实施和战略控制四个过程。战略管理理论的演进经历了四个阶段，并呈现出一些新的特点。

复习思考题

1. 企业战略和战略管理的含义是什么？二者有哪些区别？
2. 企业战略分为哪几个层次？各自的侧重点是什么？
3. 战略管理的作用和实质是什么？
4. 企业战略管理过程有哪几个基本阶段？
5. 简述战略管理理论发展历程，分析战略管理发展的新趋势。

第二章　企业的远景、使命和战略目标

本章导读

阿里巴巴的使命和远景

学习目标

通过本章的学习，应明确企业远景、企业使命和战略目标的含义和作用，理解企业远景、企业使命和战略目标的区别和联系；理解确定企业使命的意义，掌握构成企业使命的内容和表述方法；熟悉企业目标体系，理解确定战略目标的意义，掌握战略目标体系的构成和战略目标的设定方法和技术。

关键概念

企业使命(Mission of Corporation)　　企业目标(Objective of Corporation)
企业理念(Idea of Corporation)　　企业文化(Corporation Culture)
核心价值观(Core Value)　　企业形象(Image of Corporation)
长期经营目标(Long-term Objective)　　短期经营目标(Short-term Objective)
经营哲学(Philosophy of Operating)　　激励(Incentive)
协调(Coordination)

第一节　企业的远景

一、企业远景的概念

企业远景又译为企业愿景("愿景"一词由台湾中山大学企管系杨硕英教授于 1994 年所创)，或译作远景、远见，在 20 世纪 90 年代盛行一时。

企业远景是指企业战略家对企业前景和发展方向一个高度概括的描述。由企业核心理念(核心价值观、核心目的)和对未来的展望(未来 10~30 年的远大目标和对目标的生动描述)构成。

所谓远景，由组织内部的成员所制定，藉由团队讨论，获得组织一致的共识，形成大家愿意全力以赴的未来方向。所谓远景管理，就是结合个人价值观与组织目的，透过开发远景、瞄准远景、落实远景的三部曲，建立团队，促使组织力量极大化发挥。

远景形成后，组织负责人应对内部成员做简单、扼要且明确的陈述，以激发内部士气，并应落实为组织目标和行动方案，具体推动。

一般而言，企业远景大都具有前瞻性的计划或开创性的目标，作为企业发展的指引方针。在西方的管理论著中，许多杰出的企业大多具有一个特点，就是强调企业远景的重要性，因为唯有借助远景，才能有效地培育与鼓舞组织内部所有人，激发个人潜能，激励员工竭尽所能，增加组织生产力，达到顾客满意度的目标。

企业的远景不只专属于企业负责人所有，企业内部每位成员都应参与构思制定远景与沟通共识，透过制定远景的过程，可使得远景更有价值，企业更有竞争力。

企业远景是企业战略发展的重要组成部分。企业远景顾名思义，是指根据企业现有阶段经营与管理发展的需要，对企业未来发展方向的一种期望、一种预测、一种定位，并通过市场的效应，及时有效地整合企业内外信息渠道和资源渠道，以此来规划和制定企业未来的发展方向、企业的核心价值、企业的原则、企业的精神、企业的信条等抽象的观念或姿态；规划和制定企业的使命、存在意义、经营方针、事业领域、核心竞争力、行为方针、执行力度等细微性的工作。从而让企业的全体员工及时有效地通晓企业远景赋予的使命和责任，使企业在计划—实行—评价—反馈的循环过程中，不断地增强自身解决问题的力度和强度。

企业远景的本质就是将企业的存在价值提升到极限。传统观念认为，企业的存在价值是企业作为实现幸福的人类社会的手段与工具，在促进全社会幸福和寻找新的财富来源的过程中创造出来的。近年来在此基础上对企业的活动增加了与全球自然环境共生(如ISO14000环境管理体系)和对国际社会的责任和贡献等内容，使企业存在价值这一概念更加完整。在价值观经历全球化变革的时代，企业远景及其概念范围也有必要扩大。

在先进企业的经营活动中，很容易发现优秀企业远景的例子。例如，"重视实际和价值"的GE公司的理念，"强调人类健康信条"的强生公司(Johnson & Johnson，J$J公司)的理念，"尊重革新和创意"的3M公司的理念，"强调持续革新和改善"的Motorola公司的理念等。

二、企业远景的要素

企业远景包括两部分：核心信仰(Core Ideology)和未来前景(Envisioned Future)。

核心信仰包括核心价值观(Core Value)和核心使命(Core Purpose)。它用以规定企业的基本价值观和存在的原因，是企业长期不变的信条，如同把组织聚合起来的黏合剂，核心信仰必须被组织成员共享，它的形成是企业自我认识的一个过程。核心价值观是一个企业最基本和持久的信仰，是组织内成员的共识。

未来前景是企业未来10~30年欲实现的宏大远景目标及对它的鲜活描述。

专题拓展

全球知名企业远景

三、企业远景的作用

在快速变化和不确定的世界中，为企业规划一个预想的未来并就此进行沟通，是总经理们的领导职责。特别是对于新组织或战略方向正在发生根本性变化的企业来说，要吸引和激励员工及投资者，提出清晰的、打算把企业带到哪里去以及为什么它有成功机会的远景非常重要。管理者们自己也相信，远景是高层管理者的一个关键任务。例如，一项调查表明，98%的跨国企业高层管理者认为，传递强烈的远景意识是一个 CEO 最重要的任务，制定实现远景的战略是 CEO 最重要的技能。例如，沃沦·本尼斯和伯特·纳努斯这样描述远景的作用："为了选择方向，领导者必须首先形成一个可能的和理想的组织未来状况的蓝图……我们称为远景。远景为组织描述了一个现实的、可信的和有吸引力的未来……通过远景，领导者搭建了一座非常重要的联系组织的现在和未来的桥梁。"

拥有未来的远景可能(也确实)有助于形成优秀的战略，也能够激励企业员工实现这一战略。实际上，正如我们所见，如果企业没有说明自己所追求的长期目标，就很难明确表述战略。可以从以下几个方面来阐述企业远景的作用。

(一)远景重视对机会的把握

远景可以向企业提供未来的发展方向，为企业指明发展道路，使企业认识到未来的机会，根据远景设定战略，并根据战略正确、合理地将企业有限的资源分配到未来的机会上。

(二)远景具有凝聚功能

企业远景能建立成员与企业之间的相互依存关系，使个人的行为、思想、感情、信念、习惯与企业的目标有机地统一起来，形成相对稳固的文化氛围，凝聚成一种无形的合力与整体趋向，激发企业成员努力去实现企业的共同目标。企业远景这种自我凝聚、自我向心、自我激励的作用，构成了企业生存和发展的基础和不断前进的动力。瑞斯密罗在描述远景的重要性时说："远景是组织的第六感，使我们在这个世界上与众不同。它是真实但无形的联系纽带，培育和维持价值。它是组织肌体的脉搏，维系着关系、指导着行为。"

(三)远景对战略的制定十分重要

企业远景通常对公司决策和战略的制定具有很大的价值。管理者始终面临着一个重要的问题——放眼未来，从战略的高度思考下述问题：将来出现的新技术的影响、顾客需求和期望正在发生怎样的变化、赶超竞争对手需要采取怎样的行动、哪些内外部因素使公司有必要为其未来的发展做好准备等。如果管理者不能首先对未来发展变化的趋势做出合理的推断，并据此从多种可能的战略选择中做出基本的选择，那他就不可能称得上是一名成功的组织领导者或战略制定者。有了清楚的、经过精心制定的、组织可以遵循的发展路径，管理者在资源配置和制定公司发展方向的战略方面就有了明确的方向。如果公司的管理者忽视从战略的高度思考公司未来的发展方向，或者对于公司空间沿着哪个方向发展犹豫不决的话，公司很可能会随波逐流，不可能发展为行业的领先者。

(四)可指导企业的战略实施活动

远景规划是企业资源分配的依据,可以用来指导实施层的决策,使之与企业战略一致。特别是能够协调企业内存在的共享性资源和活动,使企业整个流程能更好地延续。同时,远景还能起到激励人们工作热情和团队协作的作用,因为每一个人都清楚自己应该干什么、应该与哪些人合作以及自己的工作对企业实现使命的作用。

(五)提供了可能的期望

企业远景为企业的客户、供应商等提供了可能的期望,是企业与外部利益集团进行交流的最好形式之一,它可使外部利益集团了解企业的发展动向、企业对自己的设想和企业努力的方向,因而能更实际地支持企业的活动。需要指出的是,既然远景是可以被外部利益集团所共享的,企业的竞争对手也会就此了解企业的原则性动向,这就是为什么企业一般不在远景中深入涉及自己的具体产品、技术等方面战略部署的原因。

远景对于战略来说并非总是必要的,更为重要的是,只有远景远远不够。一些几乎没有创新并且让人非常厌烦的战略也能获得成功,尤其是在变化缓慢而且渐进的产业中,成功的战略可能不需要远景。相反,没有战略支持的伟大远景是不可能实现的。一些企业由于缺乏支持其成功的战略而失败,远景并没有给出指导企业获取和使用资产能带来竞争优势的战略。远景至多能够指导战略规划,但绝不能代替战略。

第二节 企业的使命

有了远景,然后就是要把它落实,所以要谈到企业的使命。企业在制定战略之前,必须先确定企业的使命。这是因为企业使命的确定,常常会从总体上引起企业发生战略性的变化;此外,确定企业使命也是制定企业战略目标的前提,是战略方案制定的依据,企业分配资源的基础。

专题拓展

中国十大标杆企业的使命、远景、价值观

一、企业使命概述

(一)企业使命的含义

企业的终极目的——使命是什么?这是每个企业都必须回答的问题。在市场经济体制下,问题的答案似乎很简单——"赚钱"。事实上一个企业主要有两个目的:一个是正式发布的企业目标,或称使命;另一个是企业实际追求的经营性目标。两者虽都是企业的目标,但却是有区别的。使命强调对社会、对人类的贡献,经营性目标注重的是利润。通俗地说,使命讲的是理念,经营性目标讲的是赚钱;使命反映的是设立的目标,经营性目标反映的是实际目标;使命是企业的最终目的,经营性目标是为使命服务的一种手段,而使命并不为经营性目标服务。

企业使命描述企业的远景、共享的价值观、信念以及存在的原因，是对企业力图实现的结果带有哲理性的正式说明，是企业的座右铭，通常会载入企业的政策手册和年度报告中。它是企业管理者确定的企业发展的总方向、总目的、总特征和总的指导思想；它反映企业的价值观和企业力图为自己树立的形象，揭示企业与其他企业在总体上的差异。企业使命实际上反映的是企业自身存在的特定的理由，成功的企业通常都有简洁有力、深入人心的使命说明，如 TCL 公司的"为顾客创造价值"，诺基亚的"科技以人为本"。一般来说，绝大多数企业的使命是高度概括和抽象的，企业使命不是企业经营活动具体结果的表述，而是企业开展活动的方向、原则和哲学。

企业使命有狭义和广义之分。狭义的企业使命是以产品为导向的。例如，一家电话电报公司将自己的使命定义在电话电报上，这一表述清楚地确定了企业的基本领域；同时显然也限制了企业的活动范围，甚至剥夺了企业的发展机会。因为任何产品和技术都存在一定的市场生命周期，都会随着时间的推移而进入衰退阶段，而市场需求却是持久的。因此，广义的企业使命是从本企业的实际条件出发，以市场为导向来定义的，着眼于满足市场的某种需要。前面提到的这家公司，如果将其企业使命定义为"向顾客提供先进的通信工具，以满足顾客对高科技产品的需要"，这一表述相对比较模糊，但为企业经营活动指明了方向，就不会在未来电话电报惨遭淘汰之时失去方向，失去经营领域的连续性。在《营销近视》一文中，西奥多·莱维特提出了下述观点：企业的市场定义比企业的产品定义更为重要。企业经营必须被看作一个顾客满足过程，而不是一个产品生产过程，产品是短暂的，而基本需要和顾客群则是永恒的。马车公司在汽车问世后不久就会被淘汰，但是同样一个公司，如果它明确规定公司的使命是提供交通工具，它就会从马车生产转入汽车生产。

(二)企业使命的主要内容

使命为管理者指明了超越个人、局部和短期需要的整体和持久的发展方向。它使不同地区、不同民族、不同利益的人建立起对企业的共同期望，从而赢得社会的认同和响应。所以，精心地组织研究和清楚表述企业使命对企业发展和战略管理具有特别重要的意义。

1. 明确的目标

陈述企业使命要描述企业的性质和所从事的业务，体现企业存在的根本原因以及满足企业可持续发展的竞争要求。例如，迪士尼公司的使命是"让世界快乐起来"，所以迪士尼所有东西都是令人开开心心的，拍的电影也是喜剧，招收的员工也是快乐的人。这个明确的目标还会制约企业的经营范围和经营效果。例如，海尔公司曾经提出"出口创牌"而不是"出口创汇"的目标，所以它们首先选择欧洲市场出口产品，力求打造世界名牌。又如，海信公司曾经提出不把进入 500 强作为该公司的主要目标，所以它们实施"稳健的财务制度"，实行更为注重效益的扩张战略。

2. 企业的定位

为什么腾讯和阿里巴巴同是 IT 企业却提供不同的产品，满足顾客不同的需求？因为它们服务于不同的层面。必须把企业经营看作一个顾客满足的过程，而不是一个产品生产过程。所以，在确定企业生存目的时，应说明企业要满足顾客的某种需求，而不是说明企业要生产某种产品。阿里巴巴的使命是"让天下没有难做的生意",目标是帮助更多的小企业创业和发展,所以阿里巴巴的服务和产品都是帮助顾客赚钱,帮助顾客省钱。

3. 企业的理念

企业要不断更新理念,这样才能保证企业特色。在考虑远景和使命的时候,一定要有明确的认识,不是只讲那些空洞的口号,如"以人为本""再铸辉煌""世界领先",这样的口号界定不清,不能引起顾客、股东、员工等相关利益群体足够的重视,不利于企业的长期发展。

企业是一种什么样的文化、一种什么样的价值观,是顾客或者其他的利益相关群体达到某种吻合。比如,学日本的模式,不是在星期一早上训话、做操,这只是表面的形式。任何组织若想生存下去并取得成功,它就必须建立起一系列牢固的信念,这是一切经营政策和行动的前提。

4. 要树立一种公众形象

企业形象是指企业以其产品和服务、经济效益和社会效益给社会公众和企业员工所留下的印象,或者说是社会公众和企业员工对企业整体的看法和评价。在确定企业使命时,必须充分、全面地考虑与企业有利害关系的各方面的要求和期望,这些利害关系者可以是企业内部人员,即股东、董事会、管理人员和员工,也可以是企业外部人员,如顾客、供应商、经销商、竞争者、政府和一般公众等。这些利益群体希望企业能够按照他们满意的方式进行生产经营活动。例如,员工要求在经济收入、社会地位和心理状态上得到满足;股东要求满意的投资回报;顾客要求购买到物美价廉的商品;政府机构要求企业遵纪守法;公众希望企业保护环境、促进社会公正和进步,支持社会活动和文化活动等。企业应当在其使命中明确地阐述自己对这一问题的态度,即企业在承担遵守法律和创造利润的基本责任外,还愿意承担多少社会责任。"让天下没有难做的生意"的使命感,使阿里巴巴受到了众多客户的尊重。因为阿里巴巴这个平台,不仅解决了众多中小企业的问题,也为社会创造了很多的就业机会。

5. 沟通

一个公司的使命必须是组织能胜任而又能被环境所接纳的责任才是合理的,使命要符合所选择事业发展的趋势,而且使命的确立本身是自觉的、真诚的,并且公司所有的行为都是围绕公司的使命在进行,才能被客户、员工和社会所认可接纳,才能激励公司的员工为实现其使命而奋斗。这需要企业的高层管理人员、中层管理人员学会表达自己的理念,和利益群体实行真正的沟通,使大家能够支持企业,这样才能更好地发展。

(三)企业使命的作用

企业是社会的细胞,可以将其看作社会系统中的一个子系统。它在整个社会系统中担负着何种使命、起何种作用,这是企业在经营战略规划中必须首先确定的问题。企业的经营使命就是它在社会中得以存在的依据。企业的存在是为了在宏观经济环境中实现某种特殊的社会目的或满足某种特殊的社会需要。每个企业从其建立开始,就应该承担相应的责任并履行相应的使命。企业使命的作用主要表现在下述六个方面。

1. 界定企业的经营领域

界定企业的经营领域是所有企业明确自己使命的出发点。企业建立之初确定企业使命，决定了这个企业的初始前进方向。大多数企业在经营领域方面的问题，是将所拥有的资源与实力投入某一行业，并在该行业中找到自己的地位。这一地位可以是该行业所提供的全部产品或服务的一部分，也可以是按规模、地区或其他特点选择的一组用户，而这正是企业存在的基础。企业的所有者或经营者都会相信，企业使命传播出去，一定会被顾客接受，进而树立起良好的公众形象，因而就成了企业前进的方向。企业使命明确了企业的基本业务方向以及未来企业的理想状况，企业的经营业务的发展要坚持这一基本方向并将企业使命具体化。因此，企业使命从根本上指导着企业经营领域的界定。

2. 指导企业的经营资源配置

企业经营资源的积累和配置是企业战略管理的重要任务。企业资源的积累需要较长的时期才能完成。因此，企业需要高瞻远瞩、从长计议，避免急功近利的短期经营行为给企业资源造成的浪费。如前所述，企业使命表示一定的方向或前景，但在没有投入资源以前，任何设计都不可能产生实际效果。因此，企业使命尽管不能规定资源分配、使用的具体细节，但可确定其大概的指向，使资源为完成企业使命发挥应有的作用。企业使命应从企业未来的长期发展方向指导企业资源的配置和积累，这既有利于资源的优化配置，又有利于资源的长期积累。当然，只有正确的企业使命才能够达到这样的目的，错误的企业使命往往导致企业资源的方向性配置错误和浪费。只有有了明确的企业使命，企业才能正确合理地把有限的资源分配到真正能够保证企业使命实现、使企业兴旺发达的经营事业和经营活动中去。

3. 形成企业总的基调或组织气候

所谓组织气候，是指企业的领导方式、管理方法以及员工彼此相处的情况综合而成的企业情境。企业的使命传达出企业所追求的基本价值，由此提供了组织气候形成的基础；另外，企业使命中所揭示的"有所为，有所不为"，也建立了企业活动的某种基调。组织气候对员工的行为动机有着举足轻重的作用，它既能统一企业各级管理者的思想，也能统一全体职工的思想，使大家能有共同的价值观、行为准则、努力方向及奋斗目标。共同的奋斗目标和价值观是培育职工拥有共同的精神、文化的重要基础，这样才容易使员工对企业所倡导的行为、反对的行为产生共鸣，从而促进企业文化的形成。企业价值观、信念所起的巨大作用比技术、资金更重要。因此，企业若能凭借自己的使命创造出一种友爱真诚、奋发向上的组织气候，员工必然愿意发挥自己的才能，企业就会具有较大的向心力，即使待遇略差些也不会使员工轻易离职。

4. 激励功能

高露洁(Colgate)公司的首席执行官 Reuben Mark 认为企业使命是："当它将每一个员工召集在公司的旗帜下时，重要的是在全球树立统一的形象，而不是在不同的文化中传达不同的信息。其奥妙在于要使公司的形象简单而高大……你不要指望仅仅靠财务目标就能够使每个人都能冲锋陷阵。"企业使命能够使员工感到自己从事的工作是未来事业的一部分，它为每个员工提供了自我成长、自我满足的机会。通过对企业使命的灌输，让企业使命根植于员工的心中,使员工树立一种积极向上的价值观,这既能促使员工产生高层次的自我实现的需要,又能提高企业活动的结果对员工个人的价值,还能对员工的行为强化提供判断的标准。当员工的行为符合企业使命所倡导的价值观时就会起一种正强化的作用,否则就会起一种负强化的作用。员工们通过企业使命看到了组织奋斗的目标和企业发展的未来,从而能够满足他们成就事业的需要,产生积极工作的态度和行为。这种目标激励的作用是物质激励难以达到的。

5. 为企业战略制定和实施提供前提基础

首先,企业使命规定了企业的任务、目的和责任,指明了企业发展的方向,这一切是企业确定战略目标的依据,它规定了企业战略目标的性质、范围、项目与重点。只有明确地对企业使命进行定位,才能正确地树立起企业的各项战略目标。其次,企业使命是战略方案制定和选择的依据。企业在制定战略过程中,无论是制定备选方案还是进行方案选择,都会把企业使命及其决定的战略目标作为依据,符合其方向和要求的战略方案才是可行的,才会被选为正式方案。

6. 有利于协调企业的不同利益相关者的关系

利益相关者是指在企业中有特殊利益或权利的个人或集团。它主要有三类,即资本市场利益相关者(股东、主要资本供应者)、产品市场利益相关者(顾客、供应商、社区和工会)和组织内的利益相关者(员工、管理与非管理者)。通常,不同利益集团的要求和所关心的问题不同而且往往相互对立。例如,股东对企业的盈利尤为关注,而员工则更关心待遇和福利,顾客则希望企业的产品质优价廉,给予顾客的较高回报可能以降低资本市场利益相关者的回报为代价。明确的企业使命反映了利益相关者对自己未来的憧憬,共同的远景目标反映了利益的共同性,使他们统一思想与行动,形成整体力量。

(四)企业使命与企业远景的联系

企业使命侧重于强调企业正在从事或者将要从事的业务范围的规定,即对"我们的企业是什么"问题的回答,而远景则更加注重描述企业将来所希望达到的状态,也就是对"我们要成为什么"问题的回答。虽然一个企业的远景与使命是相似的并且经常难以区分,但是它们之间仍存在微妙的差别。

(1) 企业使命是指这个企业的目的,而远景则描述了这个企业在实现自己的使命时喜欢怎么做。

(2) 远景是个人或群体所渴望的未来的"状态",使命包括企业广泛的目标,很大程度上包括了长期的远景。

(3) 企业使命说明的是企业的根本性质和存在的理由,而企业远景说明的是在这种企业使命下企业如何做才能做得最好,或者说,企业应该怎样做才能实现企业的使命。

(4) 企业使命是比较抽象而长期的,而企业远景是比较具体的,其期限必须与战略期限相一致。

(5) 企业使命决定了企业的远景,而企业远景又决定了企业战略,先有使命,才有远景,再有战略。

(五)界定企业使命时应考虑的问题

界定企业使命时应考虑以下四个方面内容。

1. 要以消费者的需要为依据

企业使命是社会需要的反映,是企业满足社会某种需要和如何满足这种需要的说明。社会对企业的需要是多方面的,但是,无论哪个方面都是以满足消费者的需要为基础。而且,无论是社会生产需要还是社会生活需要,都会直接表现为消费者的需要。所以在确定企业使命时,要深入调查研究消费者需要,认真分析谁是企业的消费者、消费者在哪里、消费者买什么、消费者的价值是什么等问题,要以消费者的需要为依据,以消费者的需要来确定企业使命。

2. 全员性与通俗性

从上面的论述中可以看出,企业使命的完成,既不是单独靠某个部门,也不是单独靠某个成员(包括领导个人),而必须依赖于企业所有成员的共同努力。企业使命是企业文化的重要组成部分,它只有根植于成员的心中,被成员所理解接受,才能激发成员的主动性、积极性、创造性并转化为企业的核心竞争力。而企业成员的素质是参差不齐的,若要做到企业使命被企业成员普遍接受,就必须保持企业使命的通俗性。比较好的做法是以讲故事的形式向成员灌输企业使命,就像基督教以讲故事的形式宣传圣经一样。

3. 要具有鼓舞性和激励性

一个好的企业使命,要反映企业员工的长远憧憬。共同的远景目标反映了利益的共同性,这可以使企业员工的精神境界在具体的日常工作中得到升华。一个有效的企业使命,能够唤起人们对企业的好感和热情,并为之付出行动;还会使人们感到企业一定会成功,发展方向非常明确,值得为其付出时间、给予支持、进行投资。总之,要提高企业的声誉,强化企业对顾客的吸引力,促进有关部门的支持,使企业职工产生使命感、光荣感和自豪感,更加自觉地为实现企业使命而努力工作。

4. 稳定性与动态性

企业使命事关企业的发展方向,是对企业未来的一种规划,具有一定的超前性。企业使命确定后应当是稳定的,不应随便改动,这样才有利于企业使命功能的发挥,减少或避免决策失误,提高企业的运营效益。但是,当社会条件变化,企业会面临新的机遇和威胁,企业不得不对其使命做调整时,企业要重视社会条件的调查研究,及时重新审视企业的使命,调整原有的使命,以谋求动态上的平衡,争取经营管理上的主动。

(六)企业使命的界定

由于企业使命所体现的是企业发展的大方向,所以在界定企业使命时不能太过狭隘,这样会限制企业的经营范围。狭隘的企业使命往往将目光局限于自身生产的产品和提供的服务上,而忽视了满足市场和消费者需求这一原则。以美国铁路业为例,因为决策人将其经营范围定为"铁路业"而非"运输业",以致受到其他运输业的打击而一蹶不振。美国好莱坞电影业也是如此,开业初期,好莱坞大亨强调其是"电影制作者"而非"娱乐业",结果几乎惨遭毁灭,后因及时调整其经营范围才重振雄风。不过,企业使命也不能定得太宽泛。范围太宽往往会流于空洞,而无法发挥实际指引的功用,或者由于过分理想化,导致仅仅是堆砌陈词滥调而无法实现;范围太宽也会使企业投身于非力所能及的虚幻事业上,对公司极为不利。例如,像"服务社会,造福人民"这样的企业使命,好像做什么都符合使命,反而无法产生实际指引的效果,也会使企业的员工无所适从。

企业使命的界定是在对自身业务清晰界定的基础上进行的。从战略角度来讲,企业可以从三个方面界定自己的业务。

(1) 顾客的需求,即企业需要满足顾客哪方面的需求。一般来讲,企业产品或服务只有在满足顾客的某种需求和需要的时候才具有重要的意义,才真正成为企业的一项业务。

(2) 顾客群,即企业需要满足的对象是谁。企业必须对此做出明确的回答。因为顾客群代表的是一个需要提供服务的购买者的类型,需要覆盖的市场和地理区域。

(3) 满足顾客的需求的方式,即企业采用什么样的技术和活动来满足顾客的需求。这一点的重要性表现在企业如何满足顾客的需求,即企业生产经营活动的重点放在价值链的哪些方面。

这其实就是要企业回答三个基本问题:"什么、谁以及什么方式"。在实践中,企业能够用一个简单精练的句子回答企业所要满足的需求、所要满足的对象以及开展活动的方式是件不容易的事。各个公司的表达方式是不一样的,因而它们所要实现的战略也是不同的。麦当劳公司在回答"什么、谁以及什么方式"时是一个典型的例子。该公司界定自己的使命时,宣称是:"一张有限的菜谱,质量一致的美味快餐食品,快速到位的服务,超值定价,卓越的顾客服务,便利的定位和选址,全球的市场覆盖。"

企业使命是由企业的高级管理层界定的。在界定企业使命时有许多因素可以参考,比如:可向股东、顾客、经销商等有关方面广泛征求意见,并且必须考虑如下诸因素。

1. 企业的历史和文化

每个企业都有自己的历史,它不仅记载着企业的辉煌业绩,也反映了其经验教训。现实和未来是相互连接的,不了解过去,就无法规划未来。一家向来以大众市场为服务对象的零售企业,一夜之间转向高档市场,即使这是一个有利可图的机会,也常常使人感到有悖常理而难以接受。贾维顿认为,企业使命的界定取决于对组织目前的现实(文化、历史、建立的环境)的理解,并且对组织的将来有一个明确的方向,这极大地受领导者个人固有的价值观和哲学观的影响。

2. 企业周围环境的发展变化

市场环境不是一成不变的。企业周围环境的发展变化会给企业造成一些威胁或市场机会。企业要抓住机会,避开威胁,形成顺应时代潮流的企业使命。

3. 企业资源

企业资源是实现其使命的物质基础,它往往决定企业的使命。不同的企业,资源条件必然不一样。资源条件的约束,决定了一个企业能够进入哪些领域、能够开展哪些业务。例如,文莱皇家航空公司的使命如果是"成为世界上最大的航空公司",这显然是不切实际的。

4. 企业的所有者和高层管理者的意图和想法

每一个领导人，都存在着个人世界观、人生观和价值观方面的差异，对公司各种问题会有自己独特的偏好。这种偏好对企业使命的界定有很大的影响。企业的所有者或董事会，对企业的发展和未来有一定的考虑和打算；企业的高层管理人员，也会有自己的见解和追求，这些都会影响企业使命的界定。

5. 核心能力和优势

企业应把它的使命放在它能最好地为其工作的业务上。每个企业都能从事很多业务，但是只有它最擅长的和肯定优于竞争者的特长，才能够成为它的优势所在。界定企业的使命必须结合它的核心能力，使之能够扬长避短，倾注全力发展优势，才能有出色表现。例如，日本本田公司在培育它的核心能力——生产引擎。它设计和改进引擎的技术为它进入摩托车、汽车、割草机等最终产品打下了基础。

下面列举一些著名的使命界定实例。

(1) 维萨信用卡(Visa)：将该企业使命界定为顾客"交换利益"的事业。因此顾客可以任何资产，包括现金存款、寿险或住宅权益等，来交换其他任何价值，甚至是世界任何地方的任何事物。

(2) 美国电话电报公司(AT & T)：原先界定为"电话事业"，后来改为"通信事业"，而后又重新界定为"信息事业"。

(3) 露华浓化妆品(Revlon)：我们出售希望。

(4) 密苏里太平洋铁路：我们是人与货物的运输者。

(5) 哥伦比亚制片公司：我们营销娱乐。

(6) 劳力士手表：我们卖的不是手表，我们卖的是奢侈品。

企业在战略管理中，必须经常注意界定自己的使命，这意味着它不能一成不变。实际上，企业要繁荣兴旺，就必须不断对其使命进行审视，尽管这要耗费一定的时间。对企业使命进行审视，有助于人们明确企业为何存在，并提醒人们注意环境提供的机遇。但是，要获得效能，企业使命需要保持一定的连续性。因为只有有了连续性，才会有相应的稳定性。否则，企业行为难以预测，甚至前后矛盾，企业也会为此付出不必要的代价。因此，企业领导者必须设法在企业使命的可变性与连续性之间保持平衡。

二、企业使命的表达

企业使命是其目标的最一般的说明，是对其存在理由的一种表达。如果一个企业对使命定义存在各种分歧，在确立企业目标与战略方案时，就难以达成共识。如何表达企业使命，并不存在唯一的最佳方式，在长短、内容、格式等方面，都可随着企业特定条件的不同而有所不同。

为了对企业使命有一个好的说明并使其非常有用，应该强调以下方面。

(1) 应该是富有想象力的，并且可以持续很长时间。这是企业持续稳定发展的基础，在此基础上，企业的具体目标与战略方案可随时间与环境的变化而进行相应调整。

(2) 应该清楚企业的关键目标，明确企业为什么而存在，应该描述企业的关键业务和企业希望在行业中所取得的地位。

(3) 应该阐明企业的主要价值观,尤其要说明有关利益相关者的态度。

(4) 企业应该有愿望且有能力完成企业的使命。

(5) 尤其应该关注的是如何兼顾各相关利益者的要求,使用顾客、股东、员工、社会等都可以接受的措辞,并突出"顾客导向"的思想。

(6) 在兼顾企业文化与经营性质的基础上,在目前业务领域上提高一个层次,并考虑实际经营的可能性。

(一)评价企业使命表达的参考指标

(1) 顾客——谁是企业的顾客。

(2) 产品或服务——企业的主要产品或服务是什么。

(3) 市场——企业主要在哪一个地区或行业展开竞争。

(4) 技术——企业采用的基本技术是什么。

(5) 对生存、发展和盈利的关注——企业对近期、中期和远期的经济目标的态度。

(6) 经营理念——企业的基本信仰、价值观念和愿望是什么。

(7) 自我认知——企业最独特的能力或最主要的竞争优势是什么(企业是否也应该了解自身的主要竞争劣势,在企业使命中渗透些企业的劣势因素并表达自己不断努力的意愿,可以使企业更具真实性)。

(8) 对公众形象的关注——企业希望的公众形象是什么。

(9) 对员工的关注及其他利益相关者的协调——企业对员工的认识和态度怎样,企业使命的表述是否有效地协调和反映了各相关利益主体,如顾客、股东、员工、社区、供应商和销售商的要求。

上述 9 个基本要素(见图 2-1)是绝大多数企业所共同关注与重视的,企业使命表达的范围一般都在上述要素所涉及的内容里。因此,可把上述要素作为确定或评价企业使命表达的参考指标。

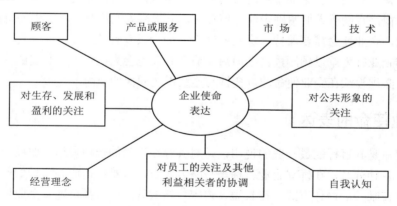

图 2-1 企业使命表达的主要要素

(二)企业使命的表达应注意的问题

1. 表达应是"需求导向"而不是"产品导向"

立足需求特别是创造需求来概括企业的存在目的,可以使企业围绕满足不断发展的需求，开发出众多的产品和服务，获得新的发展机会。表 2-1 比较了企业以"需求导向"与"产品导向"两种不同的思路表述使命的差异所在。

表2-1 "需求导向"与"产品导向"的使命表述

公 司	"产品导向"表述	"需求导向"表述
玛丽化妆品公司	生产女士化妆品	创造魅力和美丽
美国电话电报公司	生产电话设备	提供信息沟通工具
埃克森公司	出售石油和天然气	提供能源
迪士尼公司	提供娱乐场所	组织娱乐休闲

2. 企业使命表达的宽窄度

表述使命的难点在于限定业务范围的"宽"与"窄"的问题。表述的范围太宽或太窄都会给企业战略运行带来不利影响。范围太宽可能超出企业的能力，有使企业缺乏业务核心和分散精力的危险，从而丧失了企业的特色；范围太窄，会由于语言上的局限而失去指导意义，限制创造性，失去与目标市场相似领域中的重要战略机会而限制企业的发展。

最好的办法是，在企业目前产品需求的基础上提高 1～2 档的抽象水平进行措辞，并注意多元化发展企业可有较宽泛的使命。这样做既有利于企业进一步的发展，又不致失去具体的业务方向。

在这里，关于提高一档抽象水平，还可用下例来进一步说明。例如：对于一个生产纸张的企业，在回答"业务是什么"这一问题时，直接回答是"生产纸张"。再问"纸张有何用"，回答是"载体"。再问"承载什么"，回答是"信息"。这样不断问下去，可能得到"传递信息""促进人际交流"等回答。而在这个例子里，所谓提高一档抽象水平，指的就是"载体"。至于为什么说提高一档抽象水平比较合适，主要是因为停留在对业务的直接描述，会使企业安于现状，看不到更宽范围与层面的竞争；而抽象层次太高，又可能会脱离企业实力现状，使企业在操作上感到无从下手。对于多元化发展企业可再提高一档抽象水平，应有较宽泛的使命。

3. 企业使命表达是动态的

企业使命表达是动态的，要根据外部环境条件的变化及时调整。前面我们已多次提到，这里不再赘述。

(三)企业使命说明书

为了更好地表达企业使命，企业决策层应以书面报告形式——企业使命说明书，提出本企业的使命。企业制定使命说明书是为了让它们的经理、员工在许多场合与顾客和其他公众共同负有其使命感。根据国外一些企业的经验，这不是一件轻而易举的事，有的甚至要花上一两年的时间，才能完成一份令人满意的使命说明书。

企业使命说明书的形式多种多样，它具有如下共同要素。

1. 明确企业的活动领域

表达企业要在哪些方面发挥作用、参与竞争。一般可从以下角度说明。

(1) 产业范围，说明企业拟在哪些产业开展活动。有的企业始终坚持在某一产业领域内，有的则喜欢跨行业、多元化经营。例如，杜邦公司钟情于工业市场，而道化学公司则愿意兼顾工业品与消费品市场。

(2) 市场范围，指企业拟为哪些市场或类型的顾客服务。有的企业以城市市场为主，有的深入农村市场；有的专为高收入顾客服务，有的以大众化为其特色。例如，资生堂生产高级化妆品，而花王主要迎合低档市场。

(3) 纵向范围，指企业内部自给自足生产的程度。纵向范围的一个极端是企业完全依靠自身力量，完成许多相关的生产经营活动。比如，美国福特汽车公司，曾经拥有自己的橡胶园、玻璃制品厂和一些钢铁厂。另一个极端是完全依靠外部力量，即社会分工和专业化生产。就像某些"皮包公司"，只有一个人，守着一部电话和一张办公桌，进行设计、制造、营销和实体分配。

(4) 地理范围，即企业希望活动的区域。一个极端是公司只在一个特定城市经营；另一个极端是跨国公司，它们几乎在全世界所有的国家都有业务。

2. 阐述企业的主要政策

使命说明书要强调企业在其活动领域准备实施的主要政策，用以指导员工如何对待顾客、供应商、经销商、竞争者和一般公众，目的在于使整个企业的全体员工在重大问题或原则上能够步调一致，有共同的标准参照、遵循。使命说明书规定的方针，必须尽量缩小个人任意发挥和自主解释的余地。

3. 提出企业远景和发展方向

使命说明书要提出或揭示企业今后若干年，比如，未来10年、20年的远景和发展方向。一般来说，企业的任务不需要随着经济形势的变化或无关的新机会出现每隔两三年就改变一次。当然，当使命对企业失去可靠性或不再成为企业的适宜路线时，企业必须重新确定其使命。

在制定使命说明书时，使尽可能多的管理人员参与是很有必要的。这样做，有助于管理人员了解公司目标任务制定的全过程，反映他们的看法，从而增强他们对公司的责任感。所以，制定战略使命说明书的过程实际上又是一个上下级之间互动与学习的过程。一般来说，大多数公司在制定使命说明书时要经过以下五个步骤。

第一步，建立一个由外聘专家和高级管理人员组成的公司目标使命说明书起草委员会，并由该机构专门负责有关的事宜。

第二步，由委员会负责挑选几篇同行业中其他公司目标使命说明书的范例，交给公司所有管理人员作为背景材料参考，并要求每一个管理人员在规定的时间内独自为公司撰写一份目标使命说明书。

第三步，委员会负责把管理人员撰写的目标使命说明书收集起来，并在综合各种意见的基础上制定出公司目标使命说明书草案。

第四步，将公司目标使命说明书草案分发给所有的管理人员，要求大家提出各自的修改意见，并在此基础上进行修改。经过如此几次反复的征求意见和修改，最后形成正式的版本。

第五步，设计出合理的目标使命说明书的宣传方法，并在公司全体员工和用户中开展广泛的宣传工作。

第三节　企业的战略目标

企业要制定正确的企业战略，仅仅有明确的企业使命和功能定位还不够，还必须把这些共同的远景和良好的构想转化成各种战略目标。企业使命比较抽象，战略目标则比较具体，它是企业使命的具体化。

专题拓展

把战略目标清晰地描述出来

一、战略目标概述

(一)战略目标的含义

战略目标是企业战略构想的基本内容，它表明的是企业在实现其使命过程中要达到的具体结果，其时限通常为 5 年及以上。前面所讨论的企业使命和功能是对企业总体任务的综合表述，一般没有具体的数量特征及时间限定；而战略目标则不同，是为企业在一段时间内所需要实现的各项活动进行数量评价。

一般来讲，企业的目标由三个部分组成：①企业预期实现的指标；②企业实现指标的具体时间表；③衡量实现目标的指标。从管理的角度来讲，要使目标更为实用，企业应尽可能周密慎重地选择每个组成部分，并且详尽地加以说明。

目标可以是定性的，也可以是定量的，如企业获利能力目标、生产率目标或竞争地位目标等。正确的战略目标对企业行为具有重大的指导作用：它是企业制定战略的基本依据和出发点。战略目标明确了企业的努力方向，体现了企业的具体期望，表明了企业的行动纲领，它是企业战略控制的评价标准。战略目标必须是具体的、可衡量的，以便对目标是否实现进行比较客观的评价考核。

因此，制定企业战略目标，是制定企业战略的前提和关键。如果一个企业没有合适的战略目标，则势必使企业经营战略活动陷入盲目的境地。

(二)战略目标的主要内容

由于战略目标是企业使命和功能的具体化，一方面有关企业生存的各个部门都需要有目标，从不同的侧面反映了企业的自我定位和发展方向；另一方面，目标还取决于个别企业的不同战略目标。因此，企业的战略目标是多元化的，既包括经济性目标，也包括非经济性目标；既包括定性目标，也包括定量目标。

1. 利润目标

利润目标是企业的基本目标。企业作为一个经济性实体，必须获得经济效益才能够生存和发展。利润目标通常用利润额、销售利润率、资本利润率、投资收益率和每股平均收益率等来表示。如 5 年内税后投资收益率增加到 15%。

2. 市场目标

市场是企业竞争的战场，市场目标是企业竞争的重要目标。常用的指标有市场占有率、市场覆盖率、销售额、销售量、新市场的开放和传统市场的渗透等，如明年销售量达到 100 万台。

3. 产品目标

产品目标是企业赖以生存的基础，产品的水平、档次、质量等反映了企业的实力。产品目标通常用产量、质量、品种、规格、优质品率、产品线或销售额、盈利能力、新产品开发周期等来表示。例如，5 年后淘汰利润率最低的产品。

4. 竞争和发展目标

竞争目标表现为企业在行业中的竞争地位、企业的技术水平、产品的质量名次、企业在消费者心目中的形象等。发展目标表现为企业规模的扩大、资产总量的提高、技术设备的更新、劳动生产率的提高、新产品和新事业的发展等。

5. 资金目标

资金目标可用资本构成、新增普通股、现金流量、流动资本、回收期、资本利润率、投资收益率、每股平均收益率等来表示，如 3 年内流动资金增加到 1000 万元。

6. 生产目标

生产目标可用工作面积、固定费用或生产量来表示，如 5 年内生产能力提高 20%。生产率目标可用投入产出比率或单位产品成本来表示，如 5 年内工人的日产量提高 10%。

7. 研究和开发目标

研究和开发目标可用花费的货币量或完成项目、新产品开发数量、新产品开发周期等来表示，如 10 年内陆续投资 1 亿元开发一种新型汽车。

8. 组织目标

组织目标可用将实现的变革或承担的项目来表示，如 3 年内建立一种分权制的组织结构。

9. 人力资源和员工福利目标

人力资源和员工福利目标有工资水平的提高、福利设施的增加、住房条件和教育条件的改善以及缺勤率、迟到率、人员流动率、培训人数或将实施的培训计划数等。例如，3 年内以每人不超过 8000 元的费用对 200 个员工实行 40 小时的培训计划。

10. 社会责任目标

社会责任目标反映了企业对社会贡献的程度，如合理利用自然资源、降低资源消耗、保护生态环境、积极参与社会活动及支持社会和地区的文化、体育、教育、慈善事业的发展等，如 6 年内对希望工程的捐助增加 200 万元。

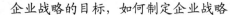

专题拓展

企业战略的目标，如何制定企业战略

二、战略目标的特征

企业战略目标是指企业在一定时期内沿其战略经营方向所预期达到的成果。在企业战略管理过程中，目标的制定及其合理与否起着十分重要的作用。德鲁克认为，企业的使命必须转化为目标。他说，并非先有工作，后有目标；相反，正是因为有了目标，才能确定每人应做的工作。企业的战略目标作为指导企业生产经营活动的准绳，必须是恰当的。不恰当的经营目标，非但难以起到应有的指导作用，还会对在各种内外条件制约下，本来就已十分复杂的企业经营增添人为的矛盾和摩擦。战略目标应具备以下特征。

1. 可接受性

企业战略的实施和评价主要是通过企业内部人员和外部公众来完成的，因此，战略目标首先必须被他们理解、符合他们的利益。但是，往往不同的利益集团有着互不相同而且经常是冲突的目标。

例如，在企业中，股东追求利润最大化，员工需要工资和有利的工作条件，管理人员希望拥有权力和威望，顾客渴望获得高质量的产品，政府则要求企业尽可能多地纳税。企业必须力图满足所有公众的要求，以使他们能继续与组织合作。

一般来说，能反映企业使命和功能的战略目标易于为企业成员所接受。另外，战略目标的表述必须明确，有实际含义，不易产生误解；易于被企业成员理解的目标也易于接受。

2. 可检查性

为了对企业管理活动的结果给予准确衡量，战略目标应该是具体的、可检查的。目标必须明确，具体地说明将在何时达到何种结果。

目标的定量化是使目标具有可检查性的最有效的方法。例如，"极大地提高企业销售利润率"的目标就不如"到2015年，产品的销售额达到2亿元，毛利率为40%，税前净利率为23%，税后利润为1500万元，5年内使销售利润每年提高1%"的目标恰当。犹如企业生产目标不应是"尽可能多地生产产品，减少废品"，而应该是"2012年产品产量为4万个，废品率降至2%"。

事实上，还有很多目标难以数量化。时间跨度长、战略层次越高的目标就越具有模糊性，此时应当用定性化的术语来表述其达到的程度，要求一方面明确战略目标实现的时间，另一方面需详细说明工作的特点。

对于完成战略的各阶段都有明确的时间要求和定性或者定量的规定，战略目标才会变得具体而有意义。一般来说，企业的战略目标一经制定，应保持相对的稳定；同时要求战略目标应保持一定的弹性以应对客观环境的变化。

3. 可实现性

首先，在制定企业战略目标时必须在全面分析企业内部条件的优势和劣势以及对外部环境的机遇和威胁的基础上，判断企业经过努力后所能达到的程度。既不能脱离实际将目标定得过高，也不可妄自菲薄把目标定得过低。过高的目标会挫伤员工的积极性，浪费企业资源；过低的目标容易被员工所忽视，错过市场机会。一句话，战略目标必须适中、可行。

其次，战略目标必须是可分解的，即必须能够转化为具体的小目标和具体的工作安排，从而帮助管理者有效地从事计划、组织、激励和控制工作。企业战略目标是一个总体的概念，必须按层次或时间阶段进行分解(使每一目标包含单一明确的主题)，使其将应完成的任务、应拥有的权利和承担的责任，具体分配到企业的各部门、各战略单位乃至个人身上。

4. 可挑战性

目标本身是一种激励力量，特别是当企业目标充分体现了企业员工的共同利益，使战略大目标和个人小目标很好地结合在一起时，就会极大地激发组织成员的工作热情和献身精神。

一方面，企业战略目标的表述必须具有激发全体员工工作积极性和发挥其潜力的强大动力，即目标具有感召力和鼓舞作用；另一方面，战略目标必须具有挑战性，但经过努力是可以达到的，因而员工对目标的实现充满信心和希望，愿意为之贡献自己的全部力量。

三、战略目标的制定

(一)战略目标的作用

企业战略目标是企业使命的具体化与明确化，是企业在实施其使命过程中所追求的最终结果。战略目标的功能在于反映在一定时期内企业经营活动的方向和所要达到的水平。它既可以是定性的描述，也可以是定量的计量。战略目标是否合理，对企业战略管理有着十分重要的作用。战略目标是管理者和组织中一切成员的行动指南，规定了企业在特定时期内要完成的具体任务，从而使整个组织的工作能在特定的时期完整地融合为一体。具体如下。

第一，战略目标能够帮助企业实现外部环境、内部条件和企业目标三者之间的动态平衡，使企业获得长期、稳定和协调发展。

第二，战略目标为具有不同价值观的管理者制定协调一致的决策提供了基础。在企业内，将各利益相关主体联系起来的因素很多，但战略目标是最基本的条件，即战略目标能把各种力量、各种资源统一协调，按照战略目标的要求去发挥作用，促使企业切实地凝结为一个统一的整体。通过在战略制定活动中使管理者对目标达成共识，使其成为企业员工的共同追求，企业可减少在目标实施过程中的潜在冲突。

第三，由于战略目标具有可衡量性和可分解性，从而为战略方案的制定和实施提供了评价标准和考核依据。

第四，战略目标描绘了企业发展的远景，突出了企业的经营重点，明确了各级管理者和每个员工的要求，这是对员工的一种鼓舞、一种动员，它会激励员工充分发挥自己的积极性和创造性，为完成企业使命和任务而努力。

(二)战略目标的制定过程

一般来说，制定战略目标需要经历调查研究、拟定目标、评价和论证及目标决断四个阶段或步骤。

1. 调查研究

在制定企业战略目标之前，必须进行调查研究工作。但是在进入确定战略目标的工作中还必须对已经做过的调查研究成果进行复核，进一步整理研究，把机会和威胁、长处与短处、自身与对手、企业与环境、需要与资源、现在与未来加以对比，搞清楚它们之间的关系，才能为确定战略目标奠定比较可靠的基础。

调查研究一定要全面进行，但又要突出重点。为确定战略而进行的调查研究是不同于其他类型的调查研究的，它的侧重点是企业与外部环境的关系和对未来的研究和预测。关于企业自身的历史与现状的陈述自然是有用的，但是，对战略目标决策来说，最关键的还是那些对企业未来具有决定意义的外部环境的信息。

2. 拟定目标

经过细致、周密的调查研究，管理人员便可以着手拟定战略目标了。拟定战略目标一般要经历两个环节：拟定目标方向和拟定目标水平。

首先，企业在既定的战略经营领域内，依据对外部环境、需要和资源的综合考虑，确定出目标方向，通过对现有能力与手段等多方面的估量，对沿着战略方向展开的活动所要达到的水平做出初步的规定，这便形成了可供决策选择的目标方案。

在拟定战略目标的过程中，企业管理者要注意充分发挥参谋智囊人员和专家的作用，要根据实际需要与可能，尽可能多地提出一些目标方案，以便于对比选优。

3. 评价和论证

战略目标拟定出来之后，就要组织多方面的专家和有关人员对提出的目标方案进行评价和论证。

(1) 评价和论证要围绕目标防线是否正确进行。要着重研究：拟定的战略目标是否符合企业精神，是否符合企业的整体利益与发展需要，是否符合外部环境及未来发展的需要。

(2) 要评价和论证战略目标的可行性。评价与论证的方法，主要是按照目标的要求，分析企业的实际能力，找出目标与现状的差距，然后分析用以消除这个差距的措施，而且要进行恰当的运算，尽可能用数据说明。如果制定的途径、能力和措施，对消除这个差距有足够的保证，那就说明这个目标是可行的。还有一个要注意的倾向是，如果外部环境及未来的变化对企业发展比较有利，企业自身也有办法找到更多的发展途径、能力和措施，那么就要考虑提高战略目标的水平。

(3) 要对所拟定的目标完善化程度进行评价。要着重考察：①目标是否明确。所谓目标明确，是指目标应当是单义的，只能有一种理解，而不能是多义的；多项目标还必须分出主次轻重；实现目标的责任必须能够落实；实现目标的约束条件也要尽可能明确。②目标的内容是协调一致。如果内容不协调一致，完成其中一部分指标势必会牺牲另一部分指标，那么，目标内容便无法完全实现。③有无改善的余地。

如果在评价论证时，人们已经提出了多个目标方案，那么这种评价论证就要在比较中恰当进行。通过对比、权衡利弊，找出各个目标方案的优劣所在。

拟定目标的评价、论证过程，也是目标方案的完善过程。要通过评价、论证，找出目标方案的不足，并想方设法使之完善起来。如果通过评价、论证发现拟定的目标完全不正确或根本无法实现，那就要回过头去重新拟定目标，然后再重新评价、论证。

4. 目标决断

在决断选定目标时，要注意从以下三方面权衡各个目标方案：①目标方向的正确程度；②可望实现的程度；③期望效益的大小。对这三个方面宜做综合考虑。所选定的目标，三个方面的期望值都应该尽可能大。目标决断，还必须掌握好决断时机。因为战略决策不同于战术决策。战术目标决策常常会时间比较紧迫，回旋余地很小，而战略目标决策的时间压力相对不大。在决策时间问题上，一方面要防止在机会和困难都还没有搞清楚之前就轻率决策；另一方面又不能优柔寡断，贻误时机。

从调查研究、拟定目标、评价和论证到目标决断，确定战略目标这四个步骤是紧密结合在一起的，后一步的工作要依赖于前一步的工作。在进行后一步的工作时，如果发现前一步工作的不足，或遇到新情况，就需要回过头去，重新进行前一步或前几步的工作。

(三)战略目标的制定原则

正确的企业战略目标来自环境分析的结论和企业远景与使命的引导，企业在制定战略目标的过程中，应遵循以下基本原则。

1. 关键性原则

这一原则要求企业确定的战略目标必须突出有关企业经营成败的关键性问题及关系企业全局的问题，切不可把次要的战术目标作为企业的战略目标，以免滥用企业资源而因小失大。

2. 可行性原则

确定的战略目标必须是经过努力能够如期实现的。因此，在制定战略目标时，必须全面分析企业各种资源条件和主观努力所能达到的程度。既不要脱离实际凭主观愿望把目标定得过高，也不可不求进取把战略目标定得过低。

3. 定量化原则

企业的战略目标必须用数量指标或质量指标来表示，而且最好具有可比性，以便检查和评价其实现的程度。

4. 平衡性原则

在制定战略目标时，企业要注意以下三方面的平衡。

(1) 不同利益之间的平衡：扩大市场和销售额的目标与提高投资利润率的目标往往是矛盾的，即因扩大销售而牺牲了利润，或因提高利润而影响了销路，企业必须把二者摆在适当地位求得平衡。

(2) 近期需要和远期需要之间的平衡：只顾近期需要，不顾长远需要，企业难以在未来持续生存；相反，如果只顾远期需要而不兼顾近期需要，企业也将难以为继。

(3) 总体战略目标与职能战略目标之间的平衡。

5. 激励性原则

制定企业的战略目标既要具有可行性，又要考虑到它的先进性。所谓先进性，就是要求制定的目标要经过努力才能实现。只有那些可行而先进的战略目标才具有激励和挑战作用，才能挖掘出人的巨大潜能。

6. 权变原则

由于客观环境的不确定性、预测的不准确性，企业在制定战略目标时，应制定多种方案。一般情况下，企业应针对宏观经济繁荣、稳定、萧条三种情况分别制定企业战略目标，分析其可能性及利弊得失，从而选择一种而将另外两种作为备用；或者，制定一些特殊的应急措施，如在原材料价格猛涨等情况下对战略目标进行适当调整。

例如，一个快速发展的食品公司的发展目标是在 4 年内扩建 6 个商店，相对应的权变方案是：如果情况比预期的好，新扩建的商店就可能达到 10 个；如果经济萧条，公司不但无法扩展，而且还有可能关掉 4～10 个商店。

7. 连续性原则

战略的适应性和连续性是战略的两难选择，也是战略的两大课题。战略的本质就是适应，要求随着环境的改变而改变，快速适应环境的变化。但战略目标和战略都是关系到企业发展各阶段和各方面的决策和行动。企业战略目标的实现和相应资源的积蓄，往往都需要企业进行大量而且持续的投入。它们不能轻易决定，也不能轻易改变；否则，会打断战略的实施过程，付出巨大的甚至是惨痛的代价。

四、战略目标的表达

建立企业目标体系是企业战略管理的一个重要环节。从影响程度和时间表上来看，企业的目标体系可以分为战略目标、长期目标和年度目标三个层次。

战略目标是指企业在其战略管理过程中要实现和改善长期市场地位和竞争能力，取得满意的战略绩效的目标。长期目标是指企业为提高自己的长期业务地位而制定的目标，计划期一般为 5 年。年度目标是指实施企业长期目标的年度作业目标。

企业制定的各项战略行动及其结果，是通过战略目标表述的。由于企业内部不同利益集团的存在，目标之间不可避免地会出现冲突和矛盾。例如，企业生产部门的目标和销售部门的销量目标之间可能存在冲突，企业降低成本、增加利润的经济目标和依法纳税、保护环境的社会责任目标之间可能存在冲突等。

因此，制定战略目标的有效方法是构造战略目标体系，使战略目标之间相互联合、相互制约，从而使战略目标体系整体优化，反映企业战略的整体要求。

战略目标体系通常通过树形图来表示。从图 2-2 中可以看出，企业战略目标体系一般由企业总体战略目标和主要职能目标组成。在企业使命和企业功能定位的基础上制定企业总体战略目标，为保证总目标的实现，管理者必须将其层层分解，规定保证性职能战略目标；也就是说总战略目标是主目标，职能性目标是保证性的目标。

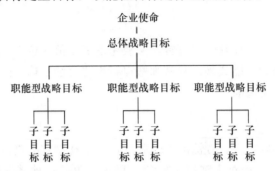

图 2-2　企业的战略目标体系

在企业使命和企业功能定位的基础上，企业战略目标一般按四大内容展开(见图 2-3)：市场目标、创新目标、盈利目标和社会目标，并且每个目标又可细分。

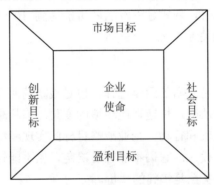

图 2-3　企业战略目标的核心结构图

1. 市场目标

一个企业制定战略目标的最重要的决策是企业在市场上的相对地位，它常常反映了企业的竞争地位。企业所预期达到的市场地位应该是最优的市场份额，这就要求对顾客、对市场目标、对产品或服务、对销售渠道等做仔细分析。

(1) 产品目标：包括产品组合、产品线、产品销量和销售额等。
(2) 渠道目标：包括纵向渠道目标，即渠道的层次和级数；以及横向渠道目标，即同一级渠道成员的数量和质量目标。
(3) 沟通目标：包括广告、营业推广等活动的预算及预期效果。

2. 创新目标

在环境变化加剧、市场竞争激烈的社会，创新概念受到重视是必然的。每一个企业中，基本存在三种创新：制度创新、技术创新和管理创新。为树立创新目标，战略者一方面必须预计达到市场目标所需的各项创新，另一方面，必须对技术进步在企业的各个领域和各项活动中引起的发展做出评价。

(1) 制度创新目标：随着生产的不断发展，引起新的组织形式的出现。制度创新目标即对企业资源配置方式的改变与创新，从而使企业适应不断变化的环境和市场。

(2) 技术创新目标：这一目标将导致新的生产方式的引入，既包括原材料、能源、设备、产品等有形的创新目标，也包括工艺程序所涉及操作方法的改进等无形的创新目标。制定技术创新目标将推动企业乃至整个经济广泛而深入地发展。

(3) 管理创新目标：管理创新涉及经营思路、组织结构、管理风格和手段、管理模式等多方面的内容。管理创新的主要目标是试图设计一套规则和程序以降低交易费用，这一目标的建立是企业不断发展的动力。

3. 盈利目标

盈利目标是企业的一个基本目标，企业必须获得经济效益，作为企业生存和发展的必要条件与限制因素的利润，既是对企业经营结果的检验，又是企业风险的回报，也是企业乃至社会发展的资金来源。盈利目标的达成取决于企业的资源配置效率及利用效率，包括生产资源、人力资源、资本资源等的投入产出目标。

(1) 生产资源目标：通常情况下，企业通过改进投入与产出的关系可以获利。一方面，提高每个单位的产量；另一方面，在单位产量不变的情况下，成本的降低也同样意味着利润的增加。

(2) 人力资源目标：人力资源素质的提高能使企业生产率得以提高，同时还能减少由于人员流动造成的成本开支。因此，企业的战略目标中应包括人力资源素质提高、建立良好的人际关系等目标。

(3) 资本资源目标：达成企业盈利目标同样还需要在资金的来源及其运作方面制定各种目标。一方面，确定合理的资本结构并尽可能地减少资本成本；另一方面，则通过资金、资产的运作来获得利润。

4. 社会目标

现代企业越来越多地认识到自己对用户及社会的责任：一方面，企业必须对本组织所造成的社会影响负责；另一方面，企业还必须承担解决社会问题的部分责任。企业日益关心并注意树立良好的公众形象，这样既可为自己的产品或服务争取信誉，又能促进组织本身获得认同。企业的社会目标反映企业对社会的贡献程度，如环境保护、节约能源、参与社会活动、支持社会福利事业和社区建设活动等。

(1) 公共关系目标：这一目标着眼于企业形象、企业文化的建设，通常以公众满意度和社会知名度作为保证、支持性目标。

(2) 社会责任目标：通常是指企业在处理和解决社会问题时应该或可能做些什么，如在环境保护、节约能源、参与社会活动、支持社会福利事业和社区建设活动等方面。

(3) 政府关系目标：企业作为纳税人支持着政府机构的运作，同时，政府对企业的制约和指导作用也是显而易见的。这一目标的达成往往可为企业赢得无形的竞争优势。

在实际中，由于企业的性质不同、企业发展阶段不同，战略目标体系中的重点目标也大相径庭，但同一层次的战略目标之间必然有先导目标。

案例分析

魅族手机品牌发展战略

本 章 小 结

本章主要介绍了企业远景、企业使命和战略目标三个基本概念，应充分认识和理解它们在制定企业战略过程中的地位和作用。

企业在制定经营战略之前，首先应确定企业的远景与使命，并在此基础上确立企业的战略目标。企业远景实际上是为企业描述未来的发展方向，回答企业会成为一个什么类型的企业。企业使命是管理者为企业确定的较长时期的生产经营的总方向、总目的、总特征和总的指导思想，考虑我们的业务是什么的问题。明确的使命表达是确立战略目标和制定战略的基础，也是企业战略管理的起点。企业的目标是企业希望实现的产出与绩效，并以此衡量企业的生产经营活动。

复习思考题

1. 简述企业远景的构成因素。
2. 简述企业使命的战略作用。
3. 简述企业远景和使命的联系与区别。
4. 试比较企业使命的产品导向和市场导向，并谈谈你的看法。
5. 简述战略目标的特征。
6. 简述确定战略目标应遵循的原则。
7. 简述战略目标体系的构成和层次。

第二篇　战略分析篇

第三章　企业战略外部环境分析

本章导读

新能源汽车外部宏观环境分析

学习目标

通过本章的学习，应掌握宏观环境分析的内容、行业经济特征及关键因素分析的内容和方法，以及行业演变过程及各阶段的特征；重点掌握行业竞争力结构分析及行业内战略集团分析。

关键概念

外部环境(External Environment)　　宏观环境(Macro-Environment)
行业环境(Industry Environment)　　行业经济特征(Industry Economical Characteristic)
行业关键因素(Industry Factor Key)　　行业演变(Industry Evolution)
生命周期(Life Cycle)　　驱动因素(Actuation Factor)
行业能力(Industry Ability)　　行业潜在优势(Industry Latent Superiority)
行业结构(Industry Structure)　　行业竞争力(Industry Competitive Power)
规模经济(Economies of Scale)　　战略集团(Strategic Group)

第一节　企业宏观环境分析

构成企业宏观环境的要素是指对企业经营与企业前途具有战略性影响的变量，是各类企业生存发展的共同空间，它是企业环境因素中一个比较广泛的方面。决定企业胜负的很多因素都存在于宏观环境之中，这些因素不只是通过影响企业所在的行业而改变着企业的生存与发展条件，有的还会对企业产生直接的影响。因此，对企业宏观环境进行分析是制定战略时必须进行的一项基础性工作。宏观环境分析的意义，就在于如何确认和评价政治法律、经济、科技、文化等宏观环境因素对企业战略目标和战略选择的影响。

一、政治法律环境

政治法律因素是指对企业经营活动具有现存的和潜在的作用与影响的政治力量、对企业经营活动加以约束和要求的法律和法规条文等，主要包括企业所在国家或地区的政治稳定状况、政治经济制度与体制、执政党所要推行的基础政策和这些政策的稳定性与连续性以及企业所在国家或地区的法律、法规条文等。这些因素常常制约、影响着企业的经营行为，尤其会影响企业较长期的投资经营活动。

从国内来看，企业所在国家或地区的政局与社会稳定状况往往是企业能够顺利开展生产经营活动的基础条件之一。内战、罢工以及与周边地区的武装冲突都会影响企业的正常经营，甚至停产关门；一国的政治经济制度与体制也是企业生产经营活动的基本影响因素，首先决定企业的产权制度与结构，进而影响企业的经营机制；一国或地区执政党的路线、方针和政策也是影响和制约企业生产经营的一股重要政治力量。以产业政策为例，国家确定的重点产业总是处于优先发展的地位，重点行业的企业增长机会多、发展潜力大；而非重点行业的企业发展速度缓慢，甚至停滞不前，很难有所发展。此外，法律是用来调整法人之间的关系的，法律的变化可能会直接鼓励和限制某些商品的生产和销售。例如，我国对爆竹、雷管和炸药等危险品行业就实行定点企业来进行生产。另外，我国禁止多数企业生产枪支、弹药和安乐死药片等。目前，世界上很多国家都对企业的商务活动做了大量的立法，它们对企业的影响和约束在不断地加强。就我国而言，党的十四大以后，我国的商业立法工作也在不断加强，已经初步形成了一个较为完整的社会主义市场经济法律体系框架，相继颁布了乡镇企业法、公司法、证券交易法、房地产管理法、反不正当竞争法、预算法、物价法、劳动保护法等法律法规。

就国外而言，从事国际化经营的企业，还要重点研究将要打交道国家的政治法律因素，如那些国家的方针、政治、法律、政局状况等。对于经常处于政局动荡、内战频繁发生的国家，像发展中的拉美和非洲一些国家，与这些国家做生意就应格外慎重。

政治法律环境因素对企业来说是不可控的，带有明显强制性的约束力，只有适应这些环境的要求，使自己的行为符合国家的政治路线、政策、法律和法规的要求，企业才能稳定而持续地生存和发展。

专题拓展

雄安新区政治环境分析

二、经济环境

经济环境是指一个国家的宏观经济的总体状况，指国民经济发展的总概况，是构成企业生存和发展的社会经济状况及国家经济政策。社会经济状况包括经济要素的性质、水平结构、变动趋势等多方面内容，涉及国家、社会、市场及自然等多个领域。国家经济政策是国家履行经济管理职能、调控宏观经济水平结构、实施国家经济发展战略的指导方针，对企业经济环境有重要的影响。

企业经济环境是一个多元化的动态系统，主要由经济发展水平、经济体制、经济结构和宏观经济政策四个要素构成。经济发展水平是指一个国家经济发展的规模、速度和所达到的目标。常用的衡量指标有国民生产总值、国民收入、人均国民收入、经济增长速度等。对企业自身来说，从这些目标中可以看到国家经济的发展状况和水平，利用全国各地区和企业自身的条件对比，可以从中认识到宏观经济形势对企业经营环境的影响，对企业是有帮助和指导意义的。

经济体制是指国家组织经济的形式。经济体制规定了国家与企业、企业与企业、企业与各经济部门之间的关系，调控和影响社会经济流动的范围、内容和方式等。因此，经济体制对企业的生存与发展的形式、内容、途径等都提出了系统的基本规则与条件。

经济结构主要包括产业结构、分配结构、消费结构、技术结构等，其中最重要的是产业结构问题。企业应时刻关注经济结构的变化动向，以便及时地调整企业经营活动内容，主动适应变化的经济结构环境，安全、健康地推动企业向前发展。

宏观经济政策是国家制定的、在一定时间内国家经济发展目标实现的战略与策略，包括全民经济发展战略和产业政策、国民收入分配政策、价格政策、对外贸易政策、物资流通政策、全面货币政策等。经济政策规定了企业活动的范围和原则，引导和规范企业经营的方向，有效地协调企业之间、各经济部门之间的关系。因此，企业必须严格遵守国家制定的各项经济政策，保证企业经营的正常运转，保证社会经济的正常运转，保证国民经济发展目标与任务的正常实现。

综上所述，以上四要素构成了企业外部的经济环境，它们综合地影响着企业的生存与发展。为了取得经营上的成功，企业的经营者必须识别出那些最能够影响战略决策的关键的经济力量，增强对企业宏观经济环境分析的意识，这样才能使企业在复杂多变的经济环境中获得生存与发展。

三、科技环境

科技环境要素是指目前社会技术总水平及其变化趋势。不但指那些引起时代革命性变化的发明，还包括与企业生产有关的新技术、新工艺、新材料的出现，发展趋势及应用前景。它具有变化快、变化大、影响面大(跨越国界)等特点。

技术的发明和进步不仅影响行业的生存和发展，而且影响多数企业具体的生产和销售活动。因此，世界上的成功企业都对新技术的利用给予了极大的重视。技术力量主要从两个方面影响企业战略的选择。首先，技术革新为企业提供了机会。表现在以下几方面：第一，新技术的出现使得社会和新兴行业增加了对本行业产品的需求，从而使企业开辟了新的市场和新的经营范围；第二，技术进步可使企业通过利用新的材料、新的生产方法、新的生产工艺等各种途径，生产出高质量、高性能的产品，同时也可能使产品成本大大降低。另外，互联网技术的广泛推广和应用可以使企业在全球范围内实现最优成本采购和全球流通配送。同时也可使企业在不同的地点完成产品研发、设计、生产、销售和售后服务等不同的活动，以寻求产品的不断增值，真正实现区位经济。其次，新技术的出现也使企业面临着挑战。技术进步会使社会对企业产品和服务的需求发生重大变化，它对某一行业形成了机遇，而对另一行业则可能构成威胁。目前许多塑料制品成为钢铁产品的替代品，塑料制品业的发展就在一定程度上对钢铁业形成了威胁。另外，竞争对手的新技术可能会使本企业的产品或服务遭到淘汰，或使本企业的产品价格过高，从而丧失竞争力。因此，企业要认真分析技术革命给企业带来的影响，注意市场对新技术和新产品的需求，认清本企业和竞争对手在技术上的优势和劣势。最终目的就是要使企业和消费者从技术发明、技术创新的新产品中获益。

四、文化环境

中华民族的文化是我国企业赖以生存和发展的基础，构成了企业的文化环境。文化环境始终以一种不可违逆的方式影响着企业，影响着企业的目标和企业宗旨，影响着企业内部文化的底蕴和色彩，进而也会影响一个企业对于社会责任的态度。因此，研究企业战略，决不能忽视文化环境对企业的影响，只有全面了解企业所处的文化环境，才能真正把握企业经营战略与文化环境的内在联系，在更深层次上掌握企业经营行为的规律性。

文化的基本要素包括宗教、语言与文字、哲学、文学艺术等，它们共同构成文化系统，是企业文化环境的重要组成部分。

宗教作为文化的一部分，在其长期发展过程中对人们的心理、风俗习惯、文学艺术、哲学思想、科学技术及政治经济生活等都会产生深刻的影响；语言文字是一种传递信息、观念和规范的基本文化手段，是一个民族得以发展和流传的直接载体；哲学是文化的核心部分，在整个文化中起着主导作用，它常以各种微妙的方式渗透到文化的各个方面，发挥着强大的影响作用；文化艺术往往是文化整体形象的具体表现，是社会现实生活的反映。它对企业职工的个体心理、人生观、价值观、道德及审美观点的影响及导向是不容忽视的。

要充分认识文化在社会经济发展中的作用：文化对于人们认识经济发展规律，调整人们的经济活动，加速或延缓经济发展有重大作用。一般来讲，文化发达、文化水平高，有利于经济发展；文化落后、文化水平低，不利于经济发展。文化与工业发展之间有着不可分割的关系，工业落后文化必然落后；文化落后工业也必然落后。文化的影响将会遍及企业生产和经营的各个领域，包括产品设计、生产、定价、促销、分销渠道的建立、产品包装及产品服务等。另外，企业一切生产经营活动都会受到环境文化价值观念的检验，有的产品受欢迎，有的产品则遭到排斥和抵制。因此，成功的企业不仅要了解环境中有关文化的具体知识，而且必须对文化有非常敏感的感受力和影响力，能够捕捉文化环境中对人们的价值观、人生观等有影响的抽象文化理念在产品以及市场中的需求和反应，这样才能客观地评价和理解企业所处的文化环境，并以此作为制定企业战略的重要依据和参考。

专题拓展

大众汽车宏观环境分析

第二节 行业环境分析

行业环境分析的目的在于弄清行业的总体情况，把握行业中企业的竞争格局以及本行业和其他行业的关系，有效地发现行业环境中存在的威胁，努力寻找企业发展的机会，理顺竞争形势，从而进行行业的选择以及行业中所处地位的选择。

一、行业经济特征及关键因素分析

(一)行业经济特征

各个行业在特征和结构方面都有着很大的差别,所以进行行业竞争性分析首先要从整体上把握行业中主要的特征。行业经济特征是行业相互区别的标志,其主要内容如下。

(1) 行业性质。
(2) 行业在国民经济中的地位与作用。
(3) 行业的市场规模。
(4) 行业竞争范围(当地性、区域性、全国性、国际性还是全球性)。
(5) 行业市场增长速度或行业所处的生命周期阶段(投入期、成长期、成熟期、衰退期)。
(6) 行业内生产厂家的数量及相对规模。
(7) 行业内买方厂家数量及相对规模。
(8) 行业前向及后向一体化的普遍程度。
(9) 到达购买方的分销渠道的类型。
(10) 技术革新(如新材料、新产品、新性能、工艺革新等方面)的速度。
(11) 产品差异化程度。
(12) 实现规模经济的可能性。
(13) 行业中某些活动是否存在学习效应及经验曲线。
(14) 供应厂家的数量及相对规模。
(15) 行业进入与退出障碍及难易程度。
(16) 行业的盈利水平。

行业的经济特征对企业的战略制定有很大影响,因此对行业的经济特征进行分析就有着重要的意义。在世界汽车行业、电子通信行业中,如通用汽车公司、沃尔沃公司、梅赛德斯-奔驰公司、摩托罗拉公司以及三星公司等,近年来的研究开发费用占销售额的比例都在10%以上,这是一个让中国绝大多数企业都感到不可思议的比例。因此,对行业的经济特征分析,有利于企业根据行业特性来制定企业自身的公司战略、经营战略及一系列的职能战略。

专题拓展

零售行业经济特征分析

(二)行业关键因素分析

1. 行业关键因素的内涵

行业的关键因素是指那些影响行业成员能否在市场上获得竞争优势的最重要的因素,是最能够影响行业成员成功的特定的战略要素。关键成功因素涉及每一个行业成员所必须擅长的方面,它们是取得行业成功的前提条件。回答以下三个问题有助于确定行业的关键成功因素。

  (1) 顾客在各个竞争性品牌之间进行挑选的条件是什么？
  (2) 行业中企业获取持久竞争优势的方法和措施是什么？
  (3) 行业中的企业拥有怎样的资源和竞争能力才能保证竞争的成功性？

 2. 行业关键因素分析的战略意义

  每家企业的资源都是有限的。那些在市场上获得成功的公司并不见得在所有方面都比竞争对手好，只是在对行业竞争有重要影响的一项或几项活动方面比对手出色而已。因此，确定行业的关键成功因素有重要的战略意义。公司的管理者如果能深刻地洞察出行业的关键成功因素，就可以把公司的战略建立在行业的关键成功因素上，然后竭尽全力地强化这些因素来获得持久的竞争优势。

 3. 关键成功因素

  几种常见的关键成功因素如下所述。
  1) 与技术相关的关键成功因素
  (1) 基础科学研究技能。
  (2) 在产品生产工艺和过程中进行创造性改进的技术能力。
  (3) 产品革新能力。
  (4) 在既定技术上的专有技能，如运用互联网发布信息、承接订单、送货或提供服务的能力。
  2) 与技能相关的关键成功因素
  (1) 员工拥有卓越的才能(员工从事专业型的服务，如咨询、会计和投资银行)。
  (2) 质量控制诀窍。
  (3) 设计方面的专有技能(在时装行业尤为重要)。
  (4) 能够开发出创造性的产品和取得创造性的产品改进。
  (5) 能够使产品快速地经过研究与开发阶段到达市场上。
  (6) 组织能力。
  (7) 卓越的信息系统。
  (8) 能够快速地对变化的市场环境做出反应。
  (9) 拥有比较多的经验和诀窍。
  3) 与制造相关的关键成功因素
  (1) 低成本生产效率(获得规模经济，取得经验曲线效应)。
  (2) 很高的固定资产利用率(在资本密集型、高固定成本的行业中尤为重要)。
  (3) 低成本的生产工厂定位。
  (4) 能够获得足够的娴熟劳动力。
  (5) 高劳动生产率(对于劳动力成本很高的商品来说尤为重要)。
  (6) 成本低的产品设计和产品工程(降低制造成本)。
  (7) 能够灵活地生产一系列的模型和规格的产品，满足顾客的订单。
  4) 与分销相关的关键成功因素
  (1) 强大的批发分销商或特约经销商网络。

(2) 能够在零售商的货架上获得充足的空间。
(3) 拥有自己的分销渠道和网点。
(4) 分销成本低。
(5) 送货速度快。
5) 与市场营销相关的关键成功因素
(1) 快速、准确的技术支持。
(2) 礼貌、周到的客户服务。
(3) 顾客订单的准确满足(订单返回很少或者没有出现错误)。
(4) 产品线和可供选择的产品很宽。
(5) 商品推销技巧。
(6) 有吸引力的款式和包装。
(7) 顾客保修和保险(对于邮购零售、大批量购买以及新推出的产品来说尤为重要)。
(8) 精明的广告。
6) 其他类型的关键成功因素
(1) 在购买者中间拥有有利的公司形象和声誉。
(2) 总成本很低(不仅仅是在制造中)。
(3) 便利的设施选址(对于很多的零售业务都很重要)。
(4) 能够获得财务资本(对高商业风险的新兴行业和资本密集行业来说是很重要的)。
(5) 专利保护。

4. 行业关键成功因素评价矩阵

行业关键战略要素评价的矩阵分析方法是通过对行业关键战略要素的评价分值比较，展示出行业内各竞争者之间的相对竞争力量的强弱、所面临的机会与风险的大小，为企业制定经营战略提供一种用来识别本企业与竞争对手各自竞争优势、劣势的工具。建立行业关键战略要素评价矩阵可按以下四个步骤进行。

(1) 由企业战略决策者识别行业中的关键战略要素。评价矩阵中一般要求 3～15 个关键战略要素。具体由战略决策者通过研究特定的行业环境与评价结论，针对与企业成功密切相关的要素达成共识。在分析中常见的关键战略要素有市场份额、产品组合度、规模经济性、价格优势、广告与促销效益、财务地位、管理水平、产品质量等。

(2) 对每个关键战略要素确定一个适用于行业中所有竞争者分析的权重，以此表示该要素对于在行业中成功经济的相对重要性程度。权重值的确定可以通过考察成功竞争者与不成功竞争者的经营效果，从中得到启发。每一要素权重值的变化范围从 0.0(最不重要)到 1.0(最重要)，且各要素权重值之和应为 1。

(3) 对行业中各竞争者在每个关键战略要素上所表示的力量、相对强弱进行评价。评价的分数通常取为 1、2、3、4，1 表示最弱，2 表示较弱，3 表示较强，4 表示最强。评价中必须注意各分值的给定应尽可能以客观性的资料为依据，以便得到较科学的评价结论。

(4) 将各关键战略要素的评价值与相应的权重值相乘，得出各竞争者在相应战略要素上相对力量强弱的加权评价值。最后对每个竞争者在每个战略要素上所得的加权评价值进行加总，从而得到每个竞争者在各关键战略要素上力量相对强弱情况的综合加权评价值。

这一数值的大小就揭示了各竞争者之间在总体力量上相对强弱的情况。

表 3-1 提供了一个行业关键成功战略要素评价矩阵分析的示例。

表 3-1　行业关键战略要素评价矩阵示例

行业关键战略要素	权重	本企业		竞争者 1		竞争者 2	
		评价值	加权评价值	评价值	加权评价值	评价值	加权评价值
市场份额	0.20	3	0.6	2	0.4	2	0.4
价格竞争	0.20	1	0.2	4	0.8	1	0.2
财务地位	0.40	2	0.8	1	0.4	4	1.6
产品质量	0.10	4	0.4	3	0.3	3	0.3
用户信誉	0.10	3	0.3	3	0.3	3	0.3
综合加权评价值	1		2.3		2.2		2.8

表 3-1 中财务地位的权重值为 0.4，表明其为关系到企业经营战略成败的最重要的战略要素；本企业在产品质量方面的评价值为 4，表示在产品质量方面本企业力量最强；竞争者 2 在财务地位与综合加权平均值方面均属最强，其得分分别是 4 与 2.8；而竞争者 1 的综合加权评价值为 2.2，表示其在综合力量方面最弱。

海尔成功关键因素分析

二、行业演变的过程

现代社会经济与技术的快速发展使行业形态处于持续的变化之中。近些年来，许多行业的内部结构和特征正发生着重大而深刻的改变。其中一些行业向着高度集中的方向发展，另一些行业则趋向分散。在这种行业的重新组合与重新界定的巨大变化中，如果企业不能准确并及时地把握其行业的发展变化趋势，势必要危及企业的生存和发展。

(一)行业演变的驱动因素分析

行业中发生的各种特殊事件、观点及经营策略都可能导致行业的特征和经营环境发生很大的变化，可以被看作行业演变的驱动因素。可能的驱动因素包括如下几种。

1. 行业顾客需求的变化

现代社会中顾客需求的含义十分复杂。它通常不是满足某种基本的生理需要，而是在价值观念、文化习俗、受教育程度、经济收入水平乃至政府政策等诸多因素共同影响下形成的生活需要，因而准确判断一个社会群体的需要变化比较困难。同时，由于经济繁荣导致了消费潮流的多样化、情感化，使得趋势性的变化和令人眼花缭乱的市场短期变化交织在一起。因此，尽管顾客导向的观念早已广泛传播且根深蒂固，但真正能够预知需求变化的人却为数很少。企业领导者只有透过短暂的现象发现顾客的真正需要，发现这些需要中隐含的、持续的、不可逆转的变化趋势，才能为企业发展赢得重大转机。

2. 行业长期增长率的变化

行业增长率的上升或下降会影响行业供应和需要之间的平衡以及进入和退出之间的平衡。市场需求的长期攀升会吸引新公司进入市场，鼓励现有厂商增加生产能力。而市场的收缩则会导致某些公司退出该行业，诱使剩下的厂商关闭效率最低的生产工厂并收缩业务量。

3. 目标顾客群以及顾客对产品使用方式的变化

这种变化可能会改变行业竞争态势，迫使行业中的竞争厂商扩大或缩小产品线、改变行业的主要分销渠道、带来不同的广泛的营销方式、转换售后服务方式等。

4. 技术进步及产品革新

技术进步及产品革新可以从根本上动摇一个行业原有的竞争格局，如重新实现行业的增长、扩大行业的客户群、加大竞争厂商之间的差别化程度、引起成本效率的大幅下降、导致企业市场地位的重大变化等。

5. 营销革新

如果竞争厂商能够成功地引入产品销售的新方式，它们就可以激起购买者的兴趣，扩大行业需求，提高产品差别度，降低单位成本。这其中的每一点都可以改变竞争对手的竞争地位，迫使竞争对手修订战略。

6. 大厂商的进入或退出

外资公司进入某个曾经为本土厂商所统治的市场，几乎无一例外地会动摇市场的竞争环境。同样，当一家有着雄厚实力的多元化公司进入新行业时，它通常会以某种创造性的方式运用其资源和经验，从而使得竞争朝着新的方向发展。大公司的进入往往会建立一些新的竞争规则，它的退出也会改变竞争结构。

7. 技术诀窍的扩散

行业关键的技术知识一旦扩散，那些因拥有这些诀窍而建立领先地位的公司，其竞争优势就会遭到侵蚀。随着能够获得技术诀窍的公司的增加，这些公司将凭借自己的低成本的制造能力同既有公司展开激烈竞争。

8. 行业日益全球化

随着产品需求在更多的国家不断增长、贸易壁垒的降低、技术转移的速度加快，越来越多的行业日益全球化。全球化竞争通常会改变行业中重要竞争厂商之间的竞争模式，并且导致各个竞争厂商的地位进一步增强或走向衰落。

9. 成本和效率的变化

行业内关键竞争厂商之间成本和效率差距的扩大或缩小往往会大大改变竞争的格局。

10. 顾客购买的差别化偏好增强还是标准化偏好增强

在某些行业中，越来越多的购买者不再被拥有过多的华而不实的特色、性能和服务的高价品牌所吸引，而转向标准化的低价产品。这种发展态势往往会使行业内的厂商展开激烈的价格竞争。与此相反的另一些行业中，对标准化产品的偏好减弱，这样的驱动因素就导致竞争厂商纷纷提高差别化的程度以压倒对方。

11. 政府政策的变化

政府的政策转变常常会给行业带来重大变化。政府对行业管制的解除或放宽、政府对行业改革的推动、政府对外资公司投资政策的放宽或限制，将会带来金融、保险、电力、电信、房地产、汽车、医疗等行业的竞争变革。

12. 社会关注点、态度和生活方式的变化

新出现的社会问题和人们价值观及生活方式的变化可以刺激行业变革。社会对环境保护的日益关注已经迫使各个行业增加经营费用，将污染控制开支计入成本，人们对健康的重视已经产生了一些全新的行业。这些变化将促使竞争厂商的反应速度更快、更富有创造力，其产品的定位目标就是新趋势、新时尚、新环境。

(二) 行业演变阶段

行业演变的各驱动因素的交互作用导致行业演变持续发生，与产品生命周期相似，一个行业的演变也可以划分为初创期、成长期、成熟期和衰退期四个阶段，如图 3-1 所示。在不同阶段，不仅市场需求和市场的增长率会发生变化，而且顾客的需求特征、五种竞争力之间的关系以及竞争的游戏规则和成功关键因素都可能发生变化。特别是在行业从一个阶段过渡到另一个阶段时，如果企业依然沿用旧的战略方针，就难免在战略决策中步入误区。因此，认清行业演变的过程以及行业在不同阶段的主要特征，可以使企业更好地识别出行业演变中隐藏的机遇和威胁，对战略做出必要的调整。

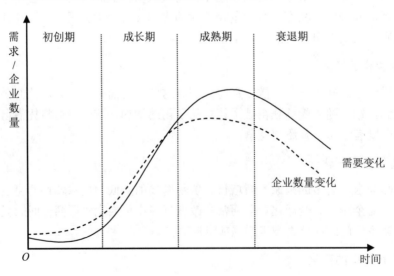

图 3-1　行业生命周期

1. 行业初创期

所谓行业的初创期，既包括一个全新行业的兴起，也包括一些传统行业的再生。行业初创期的基本特征可以归结为技术、市场和竞争的不确定性。具体表现在以下几个方面。

(1) 技术发展具有高度的不确定性。在产业初创期，由于技术体系还不成熟，无论产品还是其生产技术，都存在多种变化的可能。行业内对产品标准和技术发展方向的认识也各不相同。

(2) 顾客缺乏必要的产品知识，无法准确认定产品的优劣，甚至无法理解产品的价值，这往往成为企业开发市场的一大障碍。

(3) 竞争的游戏规则不确定。这一时期市场信息的传播机制还未形成，企业之间发生直接对抗的概率又不大，因此每个企业采用的市场开拓方式各不相同，市场开发策略具有探索性和多变性。这些不确定性使得先期进入这一行业的企业承担着很大的风险，企业要建立起有影响力的品牌或声誉还需要一定的时间。一些先期进入的企业甚至由于对市场领悟的错误或抗御风险的能力弱小，很快遭遇到失败的厄运；其他企业的市场也容易发生变化。

2. 行业成长期

行业成长期是新兴行业走向成熟的过渡阶段，技术和市场的不确定性逐步降低，竞争强度增加。这一阶段的主要特征如下。

(1) 市场需求呈现出强劲增长的势头。随着产品信息扩散和顾客产品知识的逐渐丰富，市场增长率在一定时期内居高不下。这种形势也会对行业外部的企业产生很大的吸引力。

(2) 技术发展的不确定性逐步降低。尽管技术开发永远存在风险，但技术发展方向开始明朗化；产品的功能结构逐步趋向稳定，行业的技术标准开始形成。

(3) 竞争的游戏规则由不确定到确定。市场信息的广泛传播使企业对竞争焦点的认识趋于一致，后进企业对领先企业的战略模仿也使得许多企业之间出现了相似的战略行为。

(4) 企业数量由急剧增长逐步转向减少。在成长前期，一方面有大量的外部企业试图进入这一领域。另一方面行业内的企业也会发生裂变，造成企业数量不断增多；在这一阶段的后期，激烈的竞争导致一批企业被淘汰出局，企业数量不断减少。

3. 行业成熟期

经历了一段时期的高速成长之后，所有的行业都会进入成熟阶段。这一阶段具有如下特点。

(1) 市场增长缓慢甚至停滞，行业生产能力的增长趋于平稳，市场饱和并持续保持供过于求的局面，价格竞争成为主要的竞争方式。

(2) 产品和技术更加成熟，产品标准化程度达到很高的水平，行业技术的变化更多是围绕工艺技术进行的。行业内对哪些技术是先导技术、哪些是关键技术有着广泛的共识，这些技术的开发也成为行业内技术竞争的焦点。

(3) 竞争的游戏规则格式化，企业数量逐步减少到最低水平。行业内的企业对竞争的焦点和获取竞争优势的途径已经形成相近的理解，并按照这种理解来部署自己的战略行动。行业内一些相关的活动变得很有规则。有些在竞争中处于弱势地位的企业会主动撤出这一领域，许多不能适应激烈竞争的企业被淘汰。

4. 行业衰退期

一个行业步入衰退期后，整个行业的销售额会出现持续的不可逆转的下降趋势，另外还会出现市场增长率下降、需求下降、产品品种及竞争者数目减少等特点。事实上，经历了衰退期的行业，尽管其中一些可能极度萎缩，却很少会完全消失，有些行业受到重大技术创新成果的推动，还可能进入再生阶段。在衰退期内，价格竞争将会更加激烈，不少企业将会退出衰退产业。

从行业生存与发展的环境条件出发，可归纳出以下四种类型的衰退行业。

(1) 资源性衰退。由于生产所赖以进行的资源即将枯竭，使行业无法在原有空间里继续生产。这种类型的行业大多数都是以不可再生的自然资源为原料和能源。

(2) 效率性衰退。主要是因为效率低下的比较劣势而引起的行业衰退。原先在甲地是有比较优势的行业，可能因为其将技术扩散到地租、原材料、劳动力等生产要素更低廉的乙地，而发生了比较优势的转移，使得甲地的该行业逐渐衰退。

(3) 收入低弹性衰退。因需求/收入弹性较低而衰退的行业。人们生活在由低收入向高收入的发展中，行业间因产品需求量不同而产生发展速度、方向的变化。有的高速增长，有的低增长或不增长，还有的可能是负增长，它反映了行业兴衰在社会经济发展与产品品种需求双重制约下的变化关系。

(4) 聚焦过度性衰退。因经济过度聚焦的弊端而引起行业衰退。就工业发展过程来看，行业聚焦到一定程度，就会走向反面而出现扩散。这种扩散一般由于三方面的原因：一是社会的，即通过扩散来实现社会全布局的均衡；二是经济的，过度集中已不再有经济性；三是发展上的，通过有选择地淘汰一些行业，腾出空间来发展效率更高、技术更先进的行业，它反映了生产日益社会化的条件下，行业兴衰与全社会整体要求和整体利益的相互影响、相互依存的关系是行业发展受到社会、经济、布局均衡、环境保护等多重目标制约的结果。

多数行业由初创期、成长期进入成熟期后，有的行业成熟期很短，有的行业成熟期则很长，也有的行业从成熟期阶段又回到了成长期发展。因此说，行业的演变过程有时是一个往复的发展过程，这些都是由技术、社会、经济等影响因素综合决定的。

三、行业能力与潜在优势矩阵分析

(一)行业能力分析

行业能力，指行业中每个竞争者所具有能力的总和。行业能力分析，包括对行业现有能力与未来能力、存在的问题及其成因的分析，还包括对所做决策的分析。在行业能力分析过程中，要将宏观环境分析、行业分析、行业组织、行业演变、行业寿命周期、企业能力分析等因素结合起来进行。

(二)潜在优势矩阵分析

1. 基本原理

潜在优势矩阵，是根据行业竞争优势潜力划分行业的一种方法。它根据能够取得竞争优势方法的数量来划分每个行业,以此反映对竞争者行之有效的战略的数量。还根据竞争优势的规模和变化划分每个行业,并由此反映各战略之间获利能力的差异。

2. 矩阵分析

不同的环境和机会给企业带来不同的潜在利润,从而形成不同的潜在吸引力。同时,企业利用各种环境机会,能够战胜对手取得成功的可能性也是不同的,如图 3-2 所示。

图 3-2 行业潜在优势矩阵分析图

(1) 左下象限:行业可采取的战略少,只能取得较少优势,必须获取竞争优势的新方法。

(2) 右下象限:可采取的有效战略少,企业多采用类似战略在市场份额上竞争,获利能力有较大的差异。

(3) 右上象限:企业有许多不同竞争战略,进行多样化竞争,某些企业比其他企业有较多收益。

(4) 左上象限:有许多可获取少量竞争优势的方法,努力在细分市场上进行竞争。

3. 潜在优势矩阵分析的重要性

(1) 企业可以根据行业潜在优势矩阵,了解每一种类型行业的销售量和投资量。

(2) 企业可以根据潜在优势矩阵,有效地把企业的环境与企业竞争战略联系起来,做出适当的决策。

(3) 企业可以根据矩阵,从一种竞争类型转为另一种竞争类型,能够说明行业演变的过程。

四、行业竞争力结构分析

按照波特(M.E.Porter)的观点,一个行业中的竞争,远不止在原有竞争对手中进行,而是存在着五种基本的竞争力量,分别是潜在的行业新进入者、替代品的威胁、购买商讨价还价的能力、供应商讨价还价的能力以及现有竞争者之间的竞争,如图 3-3 所示。

这五种基本竞争力量的状况及综合强度,决定着行业的竞争激烈程度,从而决定着行业中获利的最终潜力。在竞争激烈的行业中,不会有一家企业能获得惊人的收益;在竞争相对缓和的行业中,各企业普遍获得较高的收益。现将五种竞争力量分述如下。

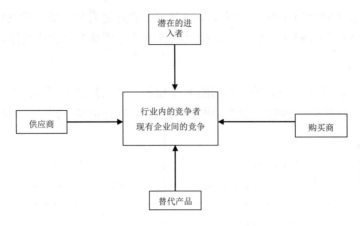

图 3-3　波特的五种竞争力模型

(一)行业新进入者的威胁

新进入者威胁的状况取决于进入障碍和原有企业的反击程度。如果进入障碍高，原有企业激烈反击，潜在的进入者难以进入该行业，进入者的威胁就小。决定进入障碍大小的主要因素有：资金需求、规模经济、产品差异化及顾客的忠诚度、分销渠道、转换成本和其他成本优势。

(二)行业内现有竞争者之间的竞争

现有竞争者之间采用的竞争手段主要有价格战、广告战、引进产品以及增加对消费者的服务和保修等。竞争的产生是由于一个或多个竞争者感受到了竞争的压力，或看到了改善其地位的机会。如果一个企业的竞争行动对其对手有显著影响，就会招致报复或抵制。如果竞争行动和反击行动逐步升级，则行业中所有企业都可能遭受损失，使处境更糟。现有企业之间的竞争在如下情况下会变得更激烈：有众多势均力敌的竞争者、行业中的总体生产规模和能力大幅度提高、行业增长缓慢、行业对企业兴衰至关重要、行业的产品没有差别或没有行业转换成本、行业具有非常高的固定成本或库存成本、退出行业的障碍很大。

(三)替代产品的威胁

替代产品是指那些与本行业的产品有同样功能的其他产品。替代产品的价格如果比较低，它投入市场就会使本行业产品的价格上限只能处在较低的水平，这就限制了本行业的收益。替代产品的价格越是有吸引力，这种限制作用也就越牢固，对本行业构成的压力也就越大。正因为如此，本行业与生产替代产品的其他行业进行的竞争，常常需要本行业所有企业采取共同措施和集体行动。下述的替代产品应引起该行业的注意：替代产品在价格和性能上优于该行业的产品，替代产品产自高收益率的行业。在后一种情况中，如果替代产业中某些发展变化加剧了那里的竞争，从而引起价格下跌或其经营活动的改善，则会使替代产品立即崭露头角。

(四)购买商讨价还价的能力

购买商可能要求降低产品的价格，要求高质的产品和更多的优质服务，其结果是使得行业的竞争者们互相竞争残杀，导致行业利润下降。在下列情况下，购买商们有较强的讨价还价能力：购买商们相对集中并且大量购买、购买商的利润很低、购买的产品占购买商全部费用或全部购买量中很大的比重、购买商的行业转换成本低、从该行业购买的产品属标准化或无差别的产品、购买商掌握供应商的充分信息、销售者的产品对购买商的产品质量或服务无关紧要、购买商们有可能采用后向一体化。

(五)供应商讨价还价的能力

供应商的威胁手段一是提高供应价格，二是降低供应产品或服务的质量，从而使下游行业利润下降。在下列情况下，供应商有较强的讨价还价能力：供应行业由几家公司控制、无替代产品竞争、供应商所供应的行业无关紧要、供应商的产品是很重要的生产投入要素、供应商们的产品是有差别的、供应商对买主行业来说可构成前向一体化。

专题拓展

腾讯公司行业竞争力结构分析

五、行业内战略集团分析

本节第四部分的行业竞争性分析的基点是确定广义的五种竞争力量的来源及强弱。这些力量决定了行业中竞争的性质和该行业中所具有的潜在利润。而行业内部结构分析则是来解释在同一行业中，企业之间在经营上的差异以及这些差异与它们的战略地位的关系。为此，按照行业内各企业战略地位的差别，将企业划分成不同的战略集团。分析行业内各个战略集团之间的关系，可以进一步认识行业及其竞争的状况，并有助于确定谁是企业最主要的竞争对手。

(一)战略集团的概念

所谓战略集团，是指一个行业内执行同样或类似战略并具有类似战略特征的一组企业。在一个行业中，如果所有的企业都执行着基本相同的战略，则该行业中只有一个战略集团。如果每个企业都奉行着与众不同的战略，则该行业中有多少企业便有多少个战略集团。当然在正常情况下，一个行业中仅有几个战略集团，它们使用着性质根本不同的战略。

在同一战略集团内的企业除了广义的战略方面外，还在许多方面彼此非常相近。它们在类似战略的影响下，会对外部环境做出类似的反应，采取类似的竞争行动，占有大致相同的市场份额。这种特征可以用战略集团图勾画出来，作为行业内部竞争分析的一种工具。在图3-4中，横轴代表纵向一体化程度，纵轴代表产品线专业化程度。对于战略集团来说，这是两个重要的约束因素。实际上，战略分析者还可以根据行业的特点和需要，确定出不同的重要的战略约束因素，以便更清楚地勾画出行业中不同类型的战略集团。一般来讲，以标志图形的大小表示每一战略集团中企业市场占有率之和。

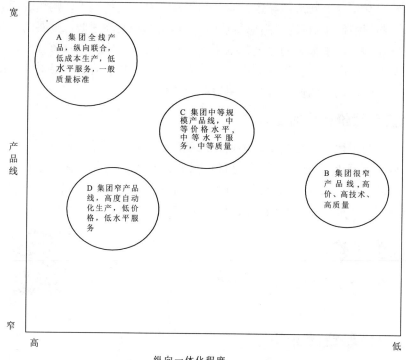

图 3-4　某虚构行业战略集团划分

战略集团图作为一种分析工具，既不同于行业整体分析方法，也不同于单个企业的个别分析方法，而是介于两者之间。它是从行业中不同企业的战略管理中找出带有共性的事物，更准确地把握行业中竞争的方向和实质，避免以大代小或以小代大所造成的缺陷。在勾画战略集团时，必须选取少数战略变量作为图轴，所遵循的原则是：①用作图轴的最佳战略变量是那些对行业中战略集团的形成起决定作用的变量。②所选的轴变量不可一同变化。例如，如果一切实行产品化的企业都具有宽产品线，则不应将这两个变量都选为图轴，而应把反映行业中战略组成多样化程度的变量选为图轴。③图轴变量无须一定是连续或单调的。④对一个行业可以勾画数个战略集团图，利用战略方向的各种组合来认识最关键的竞争问题。

(二)战略集团间的竞争

一个行业中如果出现两个或两个以上的战略集团，则可能出现战略集团之间的竞争。也就是说会有价格、广告服务及其他变量的竞争。战略集团之间的竞争激烈程度不仅影响着行业整体的潜在利润，而且在对付潜在的行业进入者、替代产品、供应商和销售商讨价还价能力等方面表现出很大的差异性。一般来说，下列四个因素决定着一个行业中战略集团之间的竞争激烈程度。

1. 战略集团数量以及它们的相对规模

一个行业中战略集团数量越多且各个战略集团的市场份额越相近时，则战略集团间的竞争越激烈。战略集团数量多就意味着集团离散，某一集团采取削价或其他战术攻击其他集团的机会多，从而激发集团间的竞争。

2. 战略集团间的市场相互牵连程度

所谓市场牵连程度，就是各战略集团对同一顾客进行争夺的程度，或者说是它们为争取不同细分市场中的顾客进行竞争的程度。当战略集团间的市场牵连很多时，战略集团间将导致剧烈的竞争。例如，在农药行业中，对所有战略集团来说顾客(农民)都相同。当战略集团将目标放在差别很大的细分市场上时，它们对他人的兴趣及相互影响就会小得多。当它们的销售对象区别很大时，其竞争就更像是在不同行业的集团间进行一样。

3. 战略集团的产品差别化

如果各个战略集团各自不同的战略可将顾客区分开来，并使他们各自偏爱某些商标，则战略集团间的竞争程度就会大大降低。

4. 各集团战略的差异

所谓战略差异，是指不同战略集团奉行的战略在关键战略方向上的离散程度。这些战略方向包括商标信誉、销售渠道、产品质量、技术领先程度、成本状况、服务质量、纵向一体化程度、价格、与母公司或东道国政府的关系等。如果其他条件相同，集团间的战略差异越大，集团间就越可能只发生小规模的摩擦。

(三)战略集团分析的战略意义

通过战略集团的分析，能够比较直观地确定企业现在的或潜在的竞争对手。一般来说，在战略集团群体图上，战略群体之间相距越近，成员之间的竞争就越激烈。同一战略集团内的厂商是最直接的竞争对手，其次是相距最近的两个集团中的成员厂商，而两个相距甚远的战略集团的成员厂商几乎没有什么竞争可言。另外，还要考察战略集团之间是否存在利润水平的差异，以及行业驱动因素与行业竞争压力是否对其中一些战略集团有利而对另外一些不利，竞争厂商试图进入一个新的战略集团所做的努力总会加剧该集团的竞争程度。

案例分析

华为公司的外部环境分析

本 章 小 结

企业作为一个开放性的系统，每时每刻都要与外界环境发生众多的物质和信息的交换。战略制定是一项分析推动型工作，它的完成不能仅依靠管理者的个人观点、个人经验和创造性的思维，还要结合企业外部的环境因素，对企业将要制定和实施的战略进行实事求是的分析。本章从战略的角度分析和探讨能够影响企业战略制定的外部环境因素，主要涉及以下两个方面。

(1) 企业宏观环境分析，主要包括政治法律环境、经济环境、科技环境、文化环境、社会与物质环境,这些因素的状态和变化趋势对企业战略往往产生着潜在而重大的影响,因此企业在进行外部环境调查时,首先应对企业的宏观环境因素进行详细的调查与分析。

(2) 行业环境分析,主要包括行业经济特征及关键因素分析、行业演变过程分析、行业能力与潜在优势矩阵分析、行业竞争力结构分析和行业内战略集团分析。

复习思考题

1. 如何理解外部环境对战略形成的作用?
2. 宏观环境分析的内容及对企业战略的影响有哪些?
3. 如何分析行业的经济特征?
4. 以房地产行业为例,试分析该行业的关键成功因素。
5. 以家电行业为对象,分析该行业内部的竞争结构和格局。
6. 行业变革的驱动因素有哪些?
7. 如何进行行业演变的阶段性划分?各阶段的特征是什么?
8. 划分行业内战略集团的标准是什么?对战略集团的分析有什么战略意义?

第四章 企业战略内部环境分析

本章导读

蒙牛内部环境分析

学习目标

通过本章的学习，应掌握企业资源的概念、企业战略能力分析的内容；重点掌握企业核心能力分析的方法和技巧，以及企业内部环境分析的方法，即 SWOT 分析法、投资组合分析及价值链分析法。

关键概念

企业资源(Enterprise Resources)　　有形资源(Tangible Resources)
无形资源(Intangible Resources)　　人力资源(Human Resources)
经济附加值(Economical Added Value)　核心能力(Core Competence)
优势(Strengths)　　　　　　　　　　劣势(Weaknesses)
机会(Opportunities)　　　　　　　　威胁(Threats)
行业吸引力(Industry Attractiveness)　波士顿矩阵法(Boston Matrix Technique)
市场占有率(Market Share Rate)　　　市场增长率(Market Growth Rate)
价值链(Value Chain)

第一节 企业资源与价值分析

一、企业资源的概念

企业资源是指企业在向社会提供产品或服务的过程中所拥有或者控制的，能够实现企业战略目标的各种要素的集合。从财务角度讲，资源是那些可供企业利用，并且在使用过程中能创造出比自身使用成本更高价值的要素。一般企业中的资源可以分为三种：有形资源、无形资源和人力资源。

(一)企业有形资源

有形资源是指可用的能量化的资产，包括企业的财务资源和实物资源，它们可以较容易地识别，而且也容易估计出它们的价值，如厂房、设备、资金等。许多有形资源的价值可以通过财务报表予以反映，当然，这些数据有时并不能完全表达战略意义上的企业有形资源的价值。例如，财务报表上的某些资产的价值，相对于技术进步和市场演进可能被高估了，但财务数据依然可对有形资源的分析起到参考和借鉴作用。在此基础上可以进一步评估这些资源的价值与战略意义以及它们和企业竞争优势的关系。

(二)企业无形资源

有形资源一般可以用货币直接加以度量，可以从市场上直接获得，也可以直接转化为货币。相反，无形资源是企业不可以从市场上直接获得，不能用货币直接度量，也不能直接转化为货币的那一类资产。通常是指那些根植于企业的历史、长期积累下来的、不容易辨识和量化的资产。由于无形资源很难被竞争对手了解、模仿或代替，所以企业更愿意将其作为企业能力和核心竞争能力的基础。无形资源正扮演着越来越重要的战略资源角色。无形资源主要可以分为两类：第一类无形资源是技术资源，它应具有先进性、独创性和独占性等特征；第二类无形资源是商誉，主要包括品牌知名度、美誉度、品牌重购率、企业形象等内容。

(三)企业人力资源

企业人力资源是一种特殊形态的有形资源，是一个组织最重要的资源。人力资源指的是企业中所有的那些能够体现在企业员工身上的才能，包括企业员工的专业技能、创造力、解决问题的能力、管理者的管理能力等。因此，企业人力资源的水平决定着企业的知识结构、技能结构和决策能力。许多经济学家也因此把这些能力称为"人力资本"。事实上，确认和评价一个企业或组织人力资本的价值是一项困难而复杂的工作，这是因为人们常常根据员工工作业绩、经验和资历来评价个人的能力和技巧。然而个人能力能否充分发挥作用还取决于他所在工作小组的状况，有时很难直接评价个人对组织工作的贡献。因此，企业通常通过间接的方式来评价个人的业绩，如考察个人的工作时间、热情、职业习惯和态度等。

二、价值和经济附加值分析

(一)企业资源竞争价值分析

不同的公司拥有的资源是不一样的，这就使得不同的公司拥有的资源强势和资源弱势不同。公司之间资源的差异可以很好地解释为什么有的公司能够在竞争中获得更大的利润、取得更大的成功。如果一家公司所拥有的资源不但充足而且恰到好处，特别是，如果公司所拥有的强势、资产、能力和成就具有带来竞争优势的潜力，那么，公司在竞争中取得成功的把握就越大。

对于一个具体的公司来说，它的资源——不管它是一项特异能力、资产(有形、人力、组织、无形)、成就，还是一项竞争能力——如果要成为持久的竞争优势的话，必须通过以下四项竞争价值的测试：这项资源是否容易被复制、能持续多久、能否真正在竞争中有上乘的价值和是否可以被竞争对手的其他资源或能力所抵消。

(二)经济附加值分析

经济附加值(EVA)的概念源于剩余收益。由于提高部门投资报酬率的活动有时会降低公司的价值，因而实业界和理论界提出一种替代的业绩评价方法，即用剩余收益来克服投资报酬率的局限性。从税前净收益中减去资本成本得到的结果就是剩余收益。增加那些收益超过资本成本的投资或减少收益低于资本成本的投资，则剩余收益会增加。由于剩余收益法有利于使企业对部门的业绩评价与使部门或企业价值最大化的活动保持一致性，因而与投资报酬率相比，具有较大的优势。20世纪90年代，理论界用经济附加值取代了剩余收益。经济附加值概念的提出从不同角度扩展了剩余收益评价方法：一方面，经济附加值是基于资本资产定价模型而推出的，体现该行业的资本成本和部门的风险特征，能得出一个专门的、以市场为基础的单独业务单位的风险水平；另一方面，经济附加值是在对因财务报告的需要而被公认会计准则曲解的信息做出调整后计算得出的。

经济附加值的概念十分简单，其公式为：经济利润=企业税后经营利润-资本成本。就是说，经济附加值方法用两个因子来界定企业的经济利润或经济附加值，即经过调整的会计利润减去企业使用的全部资金的成本，两者的差而非单单前者构成企业的真实利润，这就是经济附加值与传统会计体系的根本区别。在经济附加值方法看来，只有企业获取的利润大于或等于其投入资本的全部成本时该企业才有真实利润产生，并为企业创造出新的价值；反之，则是在毁灭价值。

第二节　企业战略能力分析

一、企业能力分析

企业能力分析主要包括如下一些内容。

(一)企业资源能力分析

供应能力的强弱将影响企业的发展方向、速度甚至企业的生存。企业获取资源的能力，直接决定着企业战略的制定和实施。企业资源供应能力包括从外部获取资源的能力和从内部积蓄资源的能力。

企业从外部获取资源的能力取决于以下一些要素：企业所处的地理位置、企业与资源供应者(包括金融、科研和情报机构)的协约和信誉关系、资源供应者与企业讨价还价的能力、资源供应者前向一体化趋势、企业供应部门人员的素质和效率。

企业内部积蓄资源的能力涉及企业整体能力和绩效，但内部资源的配置和利用则是最基本、最主要的。企业内部资源的蓄积包括有形资源和无形资源，它们形成企业的经营结构，企业经营结构必须保证在竞争市场上形成战略优势。分析企业内部资源的蓄积能力可以从以下几个方面入手：①投入产出比率分析(包括各经营领域)；②净现金流量分析；③规模增长分析；④企业后向一体化的能力和必要性；⑤商标、专利、商誉分析；⑥职工的忠诚度分析。

(二)生产能力分析

生产是企业进行资源转换的中心环节，它必须在数量、质量、成本和时间等方面符合要求的条件下形成有竞争性的生产能力。有学者认为生产竞争能力的构成要素包括以下几个方面：①加工工艺和流程；②生产能力；③库存；④劳动力；⑤质量，提供高质量的产品和服务。以上五个方面的优劣势一方面可以决定企业的成败，因此企业生产系统的设计和管理必须与企业的战略相适应。另一方面，企业战略管理者在着手制定新的企业战略的时候，要对现在的生产部门和生产管理进行认真的分析。

(三)营销能力分析

从战略角度进行的营销能力分析，主要包括三方面的内容：一是市场定位的能力，二是营销组合的有效性，三是管理能力。市场定位的能力直接表现为企业市场定位的准确性。它又取决于企业在以下四个方面的能力：①市场调查和研究的能力；②把握市场细分标准的能力；③评价和确定目标市场的能力；④占据和保持市场位置的能力。企业战略管理应结合市场营销人员这些能力的状态及自身的经验来评价在这些方面的长处和短处。

评价市场营销组合的有效性主要应把握两个方面：一是营销组合是否与目标市场中的顾客需求一致；二是是否与目标市场产品的寿命周期一致。

专题拓展

京东物流品牌营销

(四)科研与开发能力分析

科研与开发能力是企业的一项十分重要的能力，企业科研与开发能力分析主要包括以下几个方面。

(1) 企业科研成果与开发成果分析。企业已有的科研与开发成果是其能力的具体体现。例如，技术改造、新技术、新产品、专利以及商品化的程度，给企业带来的经济效益等。

(2) 科研与开发组合分析。企业的科研与开发在科学技术水平方面有四个层次，即科学发现、新产品开发、老产品的改进、设备工艺的技术改造。一个企业的科研与开发水平处于哪个层次或哪个层次的组合，决定着企业在科研、开发方面的长处和短处，也决定着企业开发的方向。一个好的科研或开发部门，应该能够根据企业战略的要求和实力决定选择哪一个或哪几个层次的有效组合。

(3) 科研与开发能力分析。企业科研队伍的现状和变化趋势从根本上决定着企业的科研开发能力和水平。分析科研队伍的现状和趋势就是要了解他们是否有能力根据企业的发展需要开发和研制新产品，是否有能力改进生产设备和生产工艺。如果没有这样的人员，企业是否能在短期内找到这样的人才。否则企业就要考虑和高等院校或科研单位合作，以解决技术开发和技术改造的问题。

(4) 科研经费分析。企业的科研设施、科研人才和科研活动要有足够的科研经费予以支援，因而应根据企业的财务实力做出预算。决定科研预算各项经费的方法一般有三种：按照总销售收入的百分比来预算，根据竞争对手的状况来制定，根据实际需要来确定。

(五)企业能力的比较分析

通过与其他企业，特别是行业领先企业的具体对比，评价自身的能力和发展。自身能力的评价是战略分析方法中的重要工具，这种方法主要经过四个阶段的分析。

(1) 弄清楚企业需要改进的活动和功能。
(2) 找到在这些活动和功能方法方面领先的企业。
(3) 与这些企业接触，包括访问企业高层，与管理人员、工人等交谈，分析他们做得如此出色的原因。
(4) 应用学到的东西重新修订企业的目标，重新设计工作程序，并改变对企业有关功能和活动的期望。

这种比较分析的方法在提高企业能力方面一直起着至关重要的作用，许多企业之所以成功是因为它们能够清醒地认识到自己在某些方面一定能做得更加优秀，而且把那些需要改进的方面作为企业战略的一部分加以完善。反过来，许多企业失败的原因在于它们不能清晰地认识到自己的不足，更不知道如何加以改进，甚至根本就未曾想过如何进行改进，从而导致企业关键能力的衰退。

二、企业业绩分析

制定出正确的战略需要全面地分析企业的经营绩效，弄清企业的发展现状，做出综合性的分析。企业的业绩分析常常从其生产经营的八个方面来进行。

1. 收益力

收益力即企业的获利能力。对企业的收益力分析主要是对企业内部各个部门的收益力进行分析。所以对收益力既要有纵向比较，又要有横向比较；既要有比率比较，又要有净利额的比较。

2. 市场地位

市场地位分析是要分析企业在市场的哪一部分、哪种产品、哪种服务方向、哪种价值上所处的地位。小企业要注意自己的市场占有率不要低得接近于边缘地位，否则，在经济状况稍有挫折的时候，临近边缘的企业就很难继续存在下去。大企业应避免使自己的市场占有率超过最高的限额。这是因为：在市场上占统治地位的企业会失去忧患意识，而企业内部会对创新产生巨大的抵触，并引起购买者不愿受垄断性供应者摆布的反抗；还会因为一个企业缺少了能够与自己抗衡的竞争对手，削弱了发展动力，限制了在产品用途和开拓新市场方面的动力和想象力，而使自己发展缓慢。

3. 生产率

生产率是投入与产出之比。产出包括产品或服务的数量、销售额、企业的利润等。投入就是人力资源、物资资源和资金资源等三大基本资源的投入。净产值反映了企业创造的价值，因此可以把三种资源的净产值率作为企业整体的生产率。影响企业生产率高低的因素是多种多样的，如知识的应用、时间的利用、产品的组合、程序的组合、组织结构、企业的各种活动的平衡等外部因素。

4. 产品领导力

产品领导力不是指产品现有的市场地位，而是指为了发展新产品与改善现有产品的品质，企业在技术、制造及市场领域等方面是否具有创造及采用最新科学技术的能力。

5. 人的能力的开发

企业的任何阶层都应该具有合适的人才，对于人的能力的开发要有计划。为保证企业随时找到合适的人才，企业应备有人才储备表并列出有能力升迁的人员比率。

6. 员工态度

企业应该把员工态度作为在各领域内发挥作用的最基本因素。因为员工态度可以反映主管人员对员工个人的基本欲求与目标的满足是否尽责。测定员工态度的方法有：员工的离职率、缺勤率、迟到、安全记录以及有关改善工作的提案数量等。管理人员应直接与员工交谈、询问以了解其态度。

7. 社会责任

毋庸赘言，企业应该对社会负责。检验企业的社会责任，可以考察如下一些内容：如对员工的工作和家属的保障、工资、工作环境及生活水平的评价；对生产、销售协作厂商的评价和调查；对工厂所在地的工资水平、谋职申请率、采用数量、向慈善机构的捐献等情况进行计量。

8. 短期目标与长期目标的平衡

只顾近期需要而不顾长期发展，企业很快就会因为环境变化而不能继续生存。相反，只顾远期，不顾近期，远期的目标也难以实现。所以企业要着眼于短期目标与企业长期的成长发展相结合，保证长期计划和短期目标融为一体。而且企业要检查长期计划与短期目标是否具体、完善和相互呼应，甚至要测算以何种成本经营，期待取得何种成果等。

三、企业核心能力分析

1. 核心能力的概念

核心能力又称核心竞争力，是指能使企业长期或持续拥有某种竞争优势的能力，它通常表现为企业经营中的累积性学识，尤其是关于如何协调不同生产技能和有机结合多种技术流的学识。放眼世界 500 强企业，几乎无一不在技术诀窍、市场网络、创新能力、品牌形象、管理模式、顾客服务等方面具有持续的独特能力。如果把一个公司比喻成一棵大树，树干和大树枝是核心产品，小树枝是业务单位，叶、花和果实是最终产品，那么提供养分、营养和保持稳定成长的根系就是核心能力。它们是企业持续拥有某种竞争优势之源，是市场竞争中的"战斗机"，更是新事业或业务发展的能力源。

2. 核心能力的识别和特征

核心能力在形成某种持续的竞争优势后，才能为企业获取超额利润提供保证。但是，并不是企业所有的资源、知识和能力在经过整合后都能形成持续的竞争优势，都能发展成为核心能力。要成为核心能力必须具备以下五点：有价值的能力、难以模仿的能力、不可替代的能力、独特的能力和可以通过一定的方式衍生出一系列的新产品或新服务的延展性。

3. 核心能力的竞争层次

未来核心能力竞争将是多层次的，了解每个层次竞争的本质，对于赢得和建立核心能力的领先地位十分重要。

第一层,开发与获取构成核心能力的技能与技术之争。第一个层次的竞争目标是获取或开发构成核心能力的技能或技术,以形成一定的核心能力。这一层次的竞争发生在技术和人才方面。

第二层,整合核心能力之争。各企业在聘用关键人才、争取独家许可、结交合作伙伴上可谓短兵相接、正面交手,但在把分散的技能整合成核心能力方面,则是比较间接的较量,尽管后者的重要性并不亚于前者。

第三层,核心产品份额之争。第三个层次的竞争主要是围绕核心产品展开的。一般是介于核心能力与最终产品之间的一种中间产品。许多企业会以原始设备制造商的方式向其他企业甚至竞争对手出售其核心产品,作为占领市场份额的一种途径。这个阶段的善用资源则是靠"借用"下游合作伙伴的销售渠道和品牌来实现的。这种市场份额的扩大及由此获得的收益和经验,可使企业加快核心能力建设的步伐。

第四层,最终产品之争。即通过扩大现有最终产品的市场份额来扩大收益,这是一条传统的竞争途径,也是一种传统的竞争方式。

4. 核心能力的培育与保护

核心能力的培育,首先应考察现有资源和能力及其在某一市场机会中的价值,然后确定与未来可能存在的商业机会所要求的资源和自身能力之间的差距,再来弥补这种差距。基本途径有:自我发展、与拥有互补优势的企业形成战略联盟和兼并收购拥有某种企业所需要的专长的企业。

专题拓展

华为核心竞争力培育的启示与借鉴

第三节　SWOT 分析

为了综合评价企业内外部环境要素对企业战略的影响情况,从而实现企业内外部环境要素的最佳配合,企业通常采用优势、劣势、机会、威胁分析,即对企业的内外部环境进行 SWOT 分析。

一、SWOT 分析的基本原理

SWOT 分析是企业内部优势与劣势和企业外部机会与威胁综合分析的代名词,它是一种能够迅速掌握、容易使用的企业竞争态势的系统分析工具。其主要目的在于对企业的综合情况进行客观公正的评价,以区别各种优势、劣势、机会和威胁因素,并将其中与战略相关的因素分离出来。

SWOT 分析可以作为企业战略制定的一种方法,因为它为企业提供了四种可以选择的战略类型:SO 战略、WO 战略、ST 战略和 WT 战略,如图 4-1 所示。

策略分析 / 内部分析 外部分析	内部优势(S) 1. …，… 2. …，… 3. …，…	内部劣势(W) 1. …，… 2. …，… 3. …，…
外部机会(O) 1. …，… 2. …，… 3. …，…	SO 战略 利用内部优势 抓住外部机会	WO 战略 利用外部机会 改进内部劣势
外部威胁(T) 1. …，… 2. …，…	ST 战略 依靠内部优势 回避外部威胁	WT 战略 克服内部劣势 回避外部威胁

图 4-1　SWOT 分析图

(1) 长处—机会(SO)战略。该战略就是利用企业内部优势去抓住外部机会的战略。这是一种最理想的组合，任何企业都希望利用自身的长处和资源来最大限度地利用外部环境所提供的各种发展机会。例如，奔驰汽车公司就是利用其技术先进和质量上乘的声誉去扩大生产，以利用市场上对豪华型汽车需求增长的机会。一般来说，在企业使用 SO 战略之前可能先使用 WO、WT 或 ST 战略，从而为成功实施 SO 战略创造条件。当企业有一个重要弱点的时候应努力将其克服并变成长处；当企业面对重大威胁时，应努力避免它，以便把精力放在利用机会上。

(2) 弱点—机会(WO)战略。该战略就是利用外部机会来改进内部劣势的战略。有时企业外部有机会，但其内部的某一弱点使企业不能利用这个机会。在这种情况下，企业应遵循的策略原则是：通过外在的方式来弥补企业的弱点，以最大限度地利用外部环境中的机会。如果不采取任何行动，实际是将机会让给了竞争对手。

(3) 长处—威胁(ST)战略。该战略就是利用企业的内部优势去避免或减轻外在威胁的打击。在这种情况下，企业应巧妙地利用自身的长处来对付外部环境中的威胁。当然这并不是说实力强大的企业，必须以其自身的实力来正面回击外部环境中的威胁，合适的策略应当是慎重而有限度地利用企业的优势，这样才能免遭威胁的打击。

(4) 弱点—威胁(WT)战略。该战略是直接克服内部劣势和避免外部威胁的战略，其目的是将劣势和威胁弱化，企业应避免处于这种状态。然而一旦企业处于这样的位置，在制定战略时就要减小威胁和弱点对企业的影响。WT 战略是防御性战略，如果一个企业面对许多外部威胁和内部劣势，那么它可能真的处在危险境地。因此它不得不寻找一个求生存的合并或收缩的战略，或者在宣布破产和被迫清算之间做出选择。

二、SWOT 分析方法的应用

1. 成功应用 SWOT 分析法的简单规则

(1) 进行 SWOT 分析时必须对公司的优势与劣势有客观的认识。

(2) 进行 SWOT 分析时必须区分公司的现状与前景。

(3) 进行 SWOT 分析时必须考虑全面。

(4) 进行 SWOT 分析时必须与竞争对手进行比较，比如优于或是劣于你的竞争对手。

(5) 保持 SWOT 分析法的简洁化，避免复杂化与过度分析。
(6) SWOT 分析法因人而异。

2. SWOT 分析法应用举例

在使用 SWOT 分析方法的过程中，有机地将企业内外部因素结合起来是最困难的，与其说是科学不如说是一门艺术，它需要的是企业决策层的洞察力、理想、抱负和智慧以及高超的决策艺术。当然，无论企业高层决策人的领导艺术有多高明，这种 SWOT 分析的组合方式都必须以充分、准确的客观信息为基础。下面是几个将企业内、外部因素有机结合而产生可供选择战略的例子，如图 4-2 和图 4-3 所示。两个 SWOT 分析方法的具体例子说明：①有时候几个内在因素可以和几个外在因素有机结合而产生一个可供选择的战略；②战略选择的陈述不要一般化，应尽可能地具体一些。

内部分析 策略分析 外部分析	优势——S 劳动力成本比福特和通用低 它在航天工业中领先 它的盈亏平衡点从 2 400 000 辆降为 1 500 000 辆 它拥有 50%的小型面包车市场	劣势——W 购买美国汽车公司使它的负债资本比例上升到 60% 固定资产占 40% 很少有合资企业 经营局限于加拿大、墨西哥、美国
机会——O 美元贬值 航天工业每年增长 20% 消费者税后收入每年增加 8% 利率下降 通用的一种新车计划遇到问题	SO 战略 购买一个航天工业公司 增加小型面包车产量 11.5%	WO 战略 建立一个航天工业合资企业 在欧洲建立一个生产小汽车的工厂
威胁——T 外国汽车增加了对美国市场的占有 中东的不稳定局势使油价上升 福特有一种很好的新汽车推出	ST 战略 增长广告费 50%	WT 战略

图 4-2　某汽车公司的 SWOT 战略组合图

内部分析 策略分析 外部分析	优势——S 列维的资本雄厚 广告效果很好 戴维·亨特是一个很成功的名牌产品	劣势——W 顾客的忠诚度下降 列维牛仔服装的零售量下降 1982 年以来已关掉 9 个分厂
机会——O 消费者日益喜欢高档服装 列维公司占领 43%的牛仔服装市场 凯马、威马和其他大零售商目前未经营列维产品	SO 战略 开发产品(增加戴维·亨特系列产品) 前后联合(将凯马、威马公司变成分销商)	WO 战略
威胁——T 蓝童和 VF 公司的牛仔服装市场占有率上升 Sears 和 J.C.Peney 可能停止购买列维产品 列维公司向大型零售商店出售产品的政策可能激怒其原来的自营商和经销商 1980—1982 年列维公司的财务状况不断恶化	ST 战略	WT 战略 收缩(关闭更多分厂) 集中开发市场(给小零售商更多优惠)

图 4-3　某服装公司的 SWOT 分析图

> **专题拓展**
>
> 上海大众 SWOT 分析

第四节 投资组合分析

一般来说，企业都会有一个或几个经营业务，如何对这些业务进行投资组合分析是企业管理者在战略制定时要重点考虑的问题。本节主要阐述三种投资组合分析的方法和工具。

一、波士顿矩阵分析法

(一)波士顿矩阵分析法的基本原理

投资组合分析法中最常用的方法是波士顿矩阵法(又称市场增长率-市场占有率矩阵法)，它是美国波士顿咨询公司(BCG)在 1960 年提出的一种产品结构分析方法。这种方法是把企业生产经营的全部产品或业务的组合作为一个整体进行分析，常常用来分析企业相关经营业务之间现金流量的平衡问题。通过这种方法，企业可以找到企业资源的产生单位和这些资源的最佳使用单位。下面将具体介绍波士顿矩阵，图 4-4 为其矩阵图。

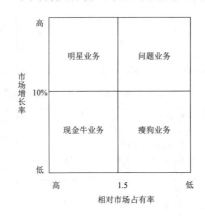

图 4-4 波士顿矩阵

在图 4-4 中，矩阵的横轴表示企业在行业中的相对市场占有率，是指企业某项业务的市场份额与这个市场中最大的竞争对手的市场份额之比。相对市场占有率的分界线是 1.5，以此划分为低与高两个区域。某项产品或业务的相对市场占有率高，表示其竞争地位强，在市场中处于领先地位；反之，则表示其竞争地位弱，在市场中处于从属地位。

纵轴表示市场增长率，是指企业所在行业的某项业务最近两年的市场销售额增长的百分比。这一增长率表示每一经营业务所在市场的相对吸引力的大小，也就是说它决定着投资机会的大小。在分析中，通常用 10%的增长率作为增长高低的界限。最近两年平均增长率超过 10%的为高增长业务，低于 10%的为低增长业务。

波士顿咨询公司认为，一个企业的所有经营业务都可列入任一象限中，并依据它所处的地位(相对市场占有率以及市场增长率)采取不同的战略。下面介绍如何利用这一矩阵进行分析。

(1) 高增长-低竞争地位的"问题"型业务。这类业务通常处于最差的现金流状态。一方面，所在行业市场增长率极高，企业需要大量的投资支持其生产经营活动；另一方面，相对市场份额较低，能够生成的资金较少。因此，企业对于"问题"业务的投资需要进一步分析，判断使其转移到"明星"业务所需要补充的投资量，分析其未来是否盈利，研究是否值得投资的问题。如果认为某些问题业务不能转变成明星业务，那就应采取放弃战略。

(2) 高增长-强竞争地位的"明星"业务。这类业务处于迅速增长的市场，具有很大的市场份额。在企业的全部业务中，"明星"业务在增长和盈利上有着极好的长期机会，但它们是企业资源的主要消费者，需要大量的投资。为了保护或扩展明星业务在增长的市场中占据主导地位，企业应在短期内优先供给它们所需要的资源，支持它们继续发展，从而维护或改进其有利的竞争地位。

(3) 低增长-强竞争地位的"现金牛"业务。这类业务处于成熟的低增长市场中，市场地位有利，盈利率很高，本身不需要投资，反而能为企业提供大量资金，用以支持其他业务的发展。对现金牛类的经营业务，应采取维护现有市场占有率、保持经营单位地位的维护战略；或采取收获战略，以获得更多的现金收入。

(4) 低增长-弱竞争地位的"瘦狗"型业务。这类业务处于饱和的市场当中，竞争激烈，可获利润极小，不能成为企业主要资金的来源。如果这类业务还能自我维持，则应缩小经营范围，加强内部管理。如果这类业务已彻底失败，企业应当及时采取措施，清理业务或退出经营领域。

对于大多数企业来说，它们的经营业务分布于矩阵中的每一象限。企业应采取的经营组合战略可概括如下：首要目标是维护现金牛业务的地位，但要防止常见的对其追加过多投资的做法。现金牛业务所得的资金应优先用于维护或改进那些无法自给自足的明星业务的地位。剩余的资金可用于扶持一部分筛选过的问题业务，使之转变为明星业务。下面将不同类经营业务的特点及所应采取的战略列于表 4-1 中。

表 4-1　应用波士顿矩阵的战略选择

象限	战略选择	经营单位营利性	所需投资	现金流量
明星	维护或扩大市场占有率	高	多	几乎为零或为负值
现金牛	维护或收获战略	高	少	极大剩余
问题	扩大市场占有率或放弃战略	没有或为负值	非常多，不投资	剩余
瘦狗	放弃或清算战略	低或为负值	不投资	剩余

(二)波士顿矩阵分析法的优缺点

波士顿矩阵分析的目的在于帮助企业确定自己的总体战略。

1. 波士顿矩阵的优点

在总体战略的选择上，波士顿矩阵有两方面的贡献。

(1) 该矩阵指出了每个经营业务在竞争中的市场地位，使企业了解了其作用或任务，从而有选择和集中地运用企业优先的资金。

(2) 波士顿矩阵将企业不同经营领域内的业务综合到一个矩阵中，具有简单明了的效果。在其他战略要素没有发生变化的前提下企业可以通过波士顿矩阵来判断自己各经营业务的机会和威胁、优势和劣势，判断当前的主要战略问题和企业未来的竞争地位。比较理想的投资组合是企业有较多的明星和现金牛业务、少数的问题业务和极少数的瘦狗业务。

2. 波士顿矩阵的缺点

在将波士顿矩阵作为一种分析方法时，一定要注意它的局限性。其局限性如下。

(1) 在实践中，企业要确定各业务的市场增长率和相对市场占有率是困难的。有时，数据会与现实不符。

(2) 波士顿矩阵按照市场增长率和相对市场占有率，把企业的市场业务分为四种类型，相对来说，有些过于简单。实际上，市场中还存在着很难确切地归入某种象限中的业务。

(3) 波士顿矩阵中市场地位和获利之间的关系会随行业和细分市场的不同而发生变化。在有些行业里，企业的市场份额大，会在单位成本上形成优势；而有些行业则不然，过于庞大的市场份额可能会导致企业成本的增加。实际上，市场占有率小的企业，如果采用创新和产品差异化的策略，仍然能获得很高的利润。

(4) 企业要对自己一系列的经营业务进行战略评价，仅仅依靠市场增长率和相对市场占有率是不够的，还需要行业的其他技术指标。

二、通用矩阵分析法

通用矩阵，又称行业吸引力矩阵，是美国通用电气公司与麦肯锡咨询公司共同设计的一种投资组合分析方法。通用矩阵改进了波士顿矩阵过于简化的不足，九个区域的划分，更好地说明了投资中处于不同地位经营业务的状态。

从图 4-5 通用矩阵分布图来看，行业吸引力的三个等级与经营单位竞争能力的三个等级构成了一个具有九个方格的矩阵，企业中的每一个经营单位都可放置于矩阵中的每一个位置。但总的来说，企业内的所有经营单位可以归结为三类，而对不同类型的经营单位应采取不同的战略。通用电气公司多因素业务经营组合模型如表 4-2 所示。

	行业吸引力		
经营单位的竞争能力	高	中	低
高	A	B	D
中	C	E	G
低	F	H	I

图 4-5　通用矩阵

表4-2 通用电气公司多因素业务经营组合模型

	因　素	权　值	等级(1～5)	计　分
行业吸引力	总体市场大小	0.20	4.00	0.80
	年市场成长率	0.20	5.00	1.00
	历史毛利率	0.15	4.00	0.60
	竞争密集程度	0.15	2.00	0.30
	技术要求	0.15	3.00	0.45
	通货膨胀	0.05	3.00	0.15
	能源要求	0.05	2.00	0.10
	环境影响	0.05	1.00	0.05
	社会/政治/法律	必须是可接受的		
	合计	1.00		3.45
竞争能力	市场份额	0.10	4.00	0.40
	产品份额	0.15	4.00	0.60
	产品质量	0.10	4.00	0.40
	品牌知名度	0.10	5.00	0.50
	分销网	0.05	4.00	0.20
	促销效率	0.05	5.00	0.25
	生产能力	0.05	3.00	0.15
	生产效率	0.05	2.00	0.10
	单位成本	0.15	3.00	0.45
	物资供应	0.05	5.00	0.25
	开发研究	0.10	4.00	0.80
	管理人员	0.05	4.00	0.20
	合计	1.00		4.30

1. 发展类

发展类包括处于 A、B、C 位置的经营单位。这类行业很有前途，又具有较强的竞争能力，对这一类经营单位公司要采取发展战略，即要多投资以促进其快速发展，以便巩固经营单位在行业中的优势地位。

2. 选择性投资类

选择性投资类包括处于 D、E、F 位置的经营单位。对这类业务单位，企业的投资要有选择性，选择其中条件较好的业务单元进行投资，对其他的业务采取收获或放弃战略。

3. 收获或放弃类

收获或放弃类包括处于 G、H、I 位置的经营单位。这类单位的行业吸引力和竞争实力都较低，应采取不发展战略。对一些目前还有利润的经营单位，应采取逐步收回资金的收获战略；而对不盈利又占用资金的业务则采取放弃战略。

三、产品-市场演变矩阵

通用矩阵虽然改进了波士顿矩阵，但它只提出了一般性的战略思考，不能有效地说明一些新的经营业务在新的行业中得到发展的状况。针对通用矩阵的局限性，美国学者 C.W.Hofer 设计出一个具有 15 个方格的矩阵，用以评价企业的经营状况。图4-6 为其矩阵图。

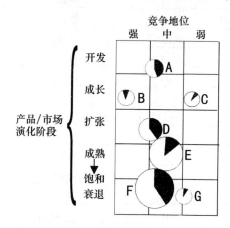

图 4-6　产品-市场演变矩阵

在图 4-6 中，圆圈表示行业规模或产品-细分市场。圆圈内扇形阴影部分表示企业各项经营业务的市场占有率。竞争地位分成强、中、弱三等，产品市场演化过程划分为开发阶段、成长阶段、扩张阶段、成熟饱和阶段和衰退阶段。

从图 4-6 中也可以看出，企业各项经营业务在矩阵中所处的不同地位。对于每一个经营单位可采取的战略方案，提出以下几点建议。

(1) 经营单位 A 项业务类似明星业务，它有很大的市场占有率，处于产品市场演变的开发阶段。但需要企业投入大量的资源予以支持，且加强其竞争地位。

(2) 经营单位 B 项业务与 A 项业务有着同样的前景，但是该业务在具有很强的竞争地位的条件下并没有取得较大的市场占有率。企业只有找出真正的原因，制订出完善的修订计划以后，才能进一步分配资源给 B 项业务。

(3) 经营单位 C 项业务属于一个处于成长但规模较小的阶段，不仅竞争地位弱，而且市场占有率低。必须制定有效的战略来弥补这两个不足之处，以使将来的投资有所收益。但是这也可能是放弃战略的合适对象，以便将其资源用于经营单位 A 或 B 项业务。

(4) 经营单位 D 项业务正处于扩张阶段，它的市场占有率较高，竞争地位也较强。对于它的投资应该用于维持其强大的竞争地位。从长远发展看，D 应该成为一项现金牛业务。

(5) 经营单位 F 项业务和 E 项业务都是现金牛业务，可以为企业提供资金，成为公司资金的主要来源。

(6) 经营单位 G 项业务正变成瘦狗业务。企业应考虑所要采取的措施，甚至为最终撤出该经营领域做好准备。

四、三种矩阵的选择

波士顿矩阵、通用矩阵以及产品-市场演变矩阵都是用于投资业务组合分析的,为了正确地运用这三种矩阵,企业应考虑以下情况。

(1) 企业如果考虑测定其总体投资组合,应首先选择波士顿矩阵。这个矩阵简单,所需要的数据也最少。

(2) 企业如果需要着重分析某项或某些经营业务,则应根据企业的类型或经营业务的集中程度来选择是使用通用矩阵还是选择产品-市场演变矩阵。

选择的因素具体如下。

1. 企业的类型

小型多种经营企业一般多采用产品-市场演变矩阵,大型多种经营企业则多运用通用矩阵,大部分特大型多种经营企业会同时运用这两种矩阵。不过,其运用条件有所不同,一般来讲,在特大型多种经营的企业里,通用矩阵用来阐明企业内部各个战略经营单位的经营状况,而产品-市场演变矩阵则用来说明每个战略经营单位中各个产品-细分市场的经营状况。

2. 经营业务的集中程度

企业经营业务之间如果处于松散的状态,则应运用通用矩阵确定企业的经营状况。如果企业大部分经营业务集中在少数几个密切相关的产品-细分市场上,则应该选择产品-市场演变矩阵。当经营战略单位的产品处于寿命周期的初期发展阶段时,更应该运用后一个矩阵。

在实际的战略管理中,还有两类企业不适合运用上述三种矩阵来分析企业的总体战略:一类是刚刚开始进行多种经营的单一产品系列的企业,另一类是主要经营业务与次要经营业务密切相关的主导产品系列的企业。

第五节 企业的价值链分析

"价值链(Value Chain)"是由美国哈佛大学教授迈克尔·波特(Michael E.Porter)于1985年提出的。作为一种强有力的战略分析框架,多年来它不断发展创新并被财务分析、成本管理、市场营销等专门领域广泛融入和吸收。

一、价值链分析的基本原理

企业要生存和发展就必须为企业的股东和其他利益相关者创造价值。企业的价值创造过程可以分解为一系列的互不相同又互相联系的经济活动,或者称为价值增值活动,其总和就构成了企业的"价值链",每一项经营管理活动就是企业价值链的一个环节。

价值链在经济活动中是无处不在的。价值链可以分为三个层面:一是上下游关联企业之间存在行业价值链(即产业链);二是企业内部各业务单元的联系构成了企业的价值链;三是企业各业务单元内部存在着运营作业链,如图4-7所示。

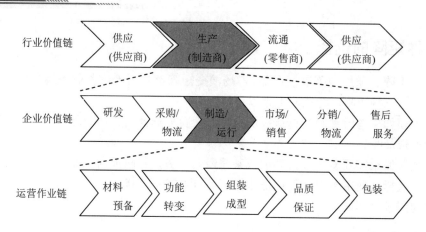

图 4-7　价值链的不同层次和内容

二、价值链的构造及其应用

(一)价值链的构造

迈克尔·波特认为,企业创造价值的活动可以划分为价值活动和边际利润两部分。而价值活动又可分成两大类,即基本活动和辅助活动。这两类活动又可以进一步细分为九种活动,它们共同构成了价值链,如图 4-8 所示。

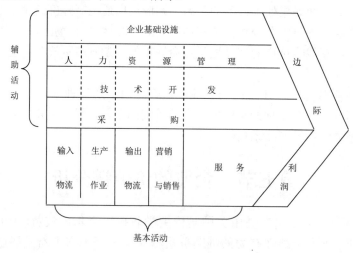

图 4-8　企业价值链示意图

1. 基本活动要素

基本活动(Primary Activities)包括以下五项内容。

(1) 输入物流(Inbound Logistics)：与接收储存和分配相关联的各种活动,如原材料搬运、仓储、库存控制、车辆调度和向供应商退货。

(2) 生产作业(Operation)：与将投入转化为最终产品形式相关的各种活动,如机械加工、包装、组装、设备维护、检测、印刷和各种设施管理。

(3) 输出物流(Outbound Logistics)：与集中、储存和将产品发送给买方有关的各种活动,如产成品库存管理、原材料搬运、送货车辆调度、订单处理和生产进度安排。

(4) 营销与销售(Marketing and Sales):与提供买方购买产品的方式和引导他们进行与购买有关的各种活动,如广告、促销、销售队伍、报价、渠道选择、渠道关系和定价等。

(5) 服务(Service):与提供服务以增加或保持产品价值有关的各种活动,如安装、维修、培训、零部件供应和产品调整等。

2. 辅助活动要素

辅助活动(Support Activities)包括以下四项内容。

(1) 采购(Procurement):指购买用于企业价值链各种投入的活动,而不是外购投入本身。外购的投入包括原材料、储备物资和其他易耗品,也包括各种资产,如机器、实验设备、办公设备和建筑物。

(2) 技术开发(Technology Development):每项价值活动都包含着技术成分。这类活动称为技术开发而不是研究和开发,是因为研究开发对大多数的管理人员是一个非常狭义的含义。技术开发则包括基础研究、产业设计、媒介研究、工艺装备的设计等程序,通常由企业的工程技术部门和研究与开发部门来共同完成。

(3) 人力资源管理(Human Resource Management):包括涉及所有类型人员的招聘、雇佣、培训、开发与报酬等活动。

(4) 企业基础设施(Firm Infrastructure):由大量的活动组成,包括总体管理、计划、财务、会计、法律、政府实务和质量管理。基础设施与其他辅助活动不同,它通过整个价值链而不是单个活动起作用。

企业在应用价值链时,可以依据产业和企业特点构建和分析自己的价值链。企业的优势既可来源于价值活动所涉及的市场范围的调整,也可来源于企业间协调或合用价值链所带来的最优化效益。

专题拓展

沃尔玛价值链分析

(二)价值链的应用

一个企业的众多价值活动中,并不是每个环节都能创造价值。企业所创造的价值实际上来自价值链上的某些特定的价值活动,这些真正的创造价值的经营活动,就是企业价值链的关键"战略环节"。20 世纪 80 年代,美国的麦肯锡咨询公司(McKinsey&Company)和瑞士洛桑管理学院(IMD)共同开发了一种产品体制分析法。其基本方法是:一抓投入(成本),二抓产出(增值)。

按照成本和增值情况,可以把企业的战略业务领域(Strategic Business Area,SBA)划分为四种类型,如图 4-9 所示。

企业分析的目的就是发现 A 类战略业务,规避 C 类战略业务。以计算机行业为例,如果企业原来只从事设计或生产,现在想要进行上游或下游的纵向一体化,则各环节的成本与增值比例如图 4-10 所示。

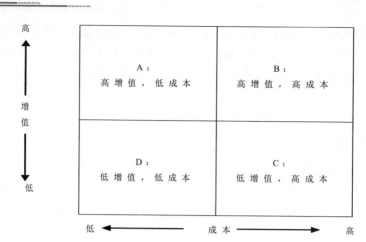

图 4-9 战略业务领域的四种类型

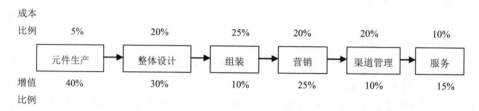

图 4-10 计算机行业成本增值分析

可见,在该行业中最赚钱的经营活动依次是元件生产、整体设计、营销和服务,最不赚钱的是组装与渠道管理。但这并不意味着就必须选择这样几个战略业务。事实上,计算机公司的选择是多元化的,这是由于每家企业拥有的资源不同,各自所具备的能力亦各有所长。戴尔、IBM 和英特尔公司各自选择了不同的战略业务组合,如图 4-11 所示。

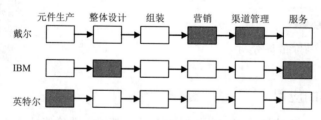

图 4-11 不同企业的价值链定位

案例分析

碧桂园集团内部环境分析

本 章 小 结

本章从企业资源和战略能力入手,开始从企业的内部能力进行战略分析。企业资源是指企业在向社会提供产品或服务的过程中所拥有或者控制的，能够实现企业战略目标的各种要素的集合。为了有效地对企业内部环境进行分析，本章引入了三种分析方法，即 SWOT 分析法、投资组合分析法和企业价值链分析法。在投资组合分析法中，又介绍了三种具体的分析方法，分别是波士顿矩阵分析法、通用矩阵分析法和产品-市场演变矩阵分析法。

企业的内部环境分析是一项基础性工作，它的准确完成有助于将企业的战略同企业的外部环境以及企业的内部资源和能力匹配起来，达到三者高度协调、统一的目的。值得注意的是，在现实的战略环境分析工作中，往往采用定性分析和定量分析相结合的方法。

复习思考题

1. 怎样对企业资源进行分类？其意义何在？
2. 如何进行企业资源竞争价值的评价？
3. 企业能力分析的内容包括哪些方面？
4. 什么是企业的核心能力？其特征如何？
5. 什么是 SWOT 分析方法？
6. 如何培养企业的核心能力？
7. 波士顿矩阵分析法的优缺点是什么？
8. 什么是价值链？其分析的目的是什么？

第三篇　战略布局篇

第五章　企业总体战略

本章导读

联想的战略布局：搭班子，定战略

学习目标

通过本章学习，应明确采用稳定型战略的原因、稳定型战略的主要方式及稳定型战略的优缺点；掌握五种增长型战略，即密集增长战略、一体化战略、多元化战略、企业并购战略和战略联盟；了解企业采用这五种不同增长战略的原因、注意的问题及各自的缺陷；了解四种紧缩战略，即转变战略、放弃战略、附庸战略和清偿战略；了解企业采用不同紧缩战略的原因；理解战略组合的两种形式，以及企业运用战略组合应注意的问题。

关键概念

稳定型战略(Stability Strategy)　　　　密集增长战略(Intensive Growth Strategy)
一体化战略(Integration Strategy)　　　多元化战略(Diversification Strategy)
企业并购战略(M & A Strategy)　　　　战略联盟(Strategic Alliance)
转变战略(Changing Strategy)　　　　　放弃战略(Abandon Strategies)
附庸战略(Client Strategy)　　　　　　 清算战略(Liquidity Strategy)
战略组合(Strategic Combination)

第一节　稳定型战略

稳定型战略是指在内外部环境约束下，企业基本保持目前的资源分配和经营业绩水平的战略。按照稳定型战略，企业目前的经营方向、核心能力、产品及市场领域、企业规模和市场地位等都大致不变或以较小的幅度增长或减少。

从企业经营风险的角度来讲，稳定型战略的风险是比较小的；从企业发展速度上来讲，稳定型战略的发展速度是比较缓慢的，甚至还会有萎缩；从企业的战略思想上来讲，稳定型战略追求的是与企业过去大体相同的业绩，是要保持在过去经营状况基础上的稳定。

一、采用稳定型战略的原因

企业采用稳定型战略可能有五种原因。

(1) 企业高层领导者对过去的经营业绩感到满意，希望保持和追求与过去大体相同的业绩和目标，希望在市场占有率、产销规模、总体利润等方面保持现状或略有增加，从而稳定和巩固企业现有的竞争地位。

(2) 企业不愿意冒改变现行战略所带来的风险，因为企业如果采用新的发展战略会使企业经营者感到对新的产品或新的市场缺乏足够的认识和必要的准备。对于新上任不久的领导者来讲，采用稳定型战略使他感到更加保险。

(3) 企业外部环境相对比较稳定，无论企业资源是充足还是相对比较紧缺，都应采用稳定战略。当然，若企业资源充足可以在较宽的市场领域进行经营；若企业资源相对比较紧缺，可以在较窄的市场领域内经营。

(4) 根据企业内部实力状况决定采用稳定型战略。例如，当企业外部环境较好，为企业发展提供了进一步发展的机遇，但企业实力不足，如企业资金不足、研发力量薄弱，企业素质及管理落后等原因无法采取发展型战略，在这种情况下，企业只能采用稳定型战略，将企业有限的资源集中投入到自己最有优势的环节上去。

企业外部环境恶劣不利于企业发展，但企业资源丰富，实力较强，则企业也只能在这一业务单元采取稳定战略，以静观外部环境的发展。

(5) 寡头垄断行业内竞争格局已经形成，一般要采用稳定型战略。某个行业内被少数几家厂商垄断，控制了这一行业的供给，这就是寡头垄断行业。寡头垄断行业在国民经济中占有十分重要的地位。这种行业进入壁垒非常高，行业竞争格局比较稳定，竞争对手之间很难有较大的业绩改变，因此，这种行业的企业有可能采用稳定型战略，以期保持稳定的收益。

二、稳定型战略的主要方式

美国的一些管理学家将稳定型战略的方式分为四类：不变战略、近利战略、暂停战略和谨慎前进战略。

1. 不变战略

采用不变战略可能有两种原因：一种原因是企业内外部环境没有发生重大变化，基本稳定，而高层领导者认为企业过去经营相当成功，因此，没有必要对战略做出调整；另一种原因是企业经营不存在什么大的问题，而外部环境又比较稳定，如果此时对战略做出重大调整反而会使企业受损，企业收益反而有可能下降，因此企业高层领导不愿意对战略做重大调整。

随着通货膨胀等因素的变化企业也只能做些微调，对战略不做根本性改变。

在当前企业竞争十分激烈的情况下，这种战略实际上是十分危险的，一旦企业内外环境发生较大变化，而此时企业仍死守阵地，则可能完全被竞争对手击垮。

2. 近利战略

企业以追求急功近利为目标，甚至不顾牺牲企业未来长远利益来维持目前利润水平，追求短期收益而忽略企业长期发展。例如，企业采用减少研发费用开支、停止设备维修、减少广告费等支出，尽量提高企业当前短期利润水平，新上任的企业领导人尽管还没有采取什么战略措施，但到了年底却要求企业财务主管把账上的利润做得很高，以显示现任企业领导人比前任强。如果企业长期采用这种战略，将使企业丧失长期发展的后劲，因此企业不可能得到持续发展。

3. 暂停战略

暂停战略通常被认为是企业内部休整的临时战略。即在一段较短时间内放慢企业发展速度，临时性地降低增长目标的要求，腾出精力加强企业内部管理，以改善或缓解资源供应紧张或管理欠缺等问题。暂停战略可以积蓄企业能量，为今后发展做好各方面的准备。

4. 谨慎前进战略

采用这种战略主要是由于企业外部环境中某些重要因素发生了显著变化，而企业对环境变化的未来发展趋势难以预测，把握不住。

三、稳定型战略的优缺点

1. 从积极的角度看稳定型战略的优点

(1) 采用稳定型战略可以提高企业内部管理水平，苦练内功，增产挖掘，增产节约，增加收入，加强企业技术改造与革新，努力降低成本，提高产品质量，培育核心能力，实现科学管理，在市场上赢得信誉，提高产品竞争力。

(2) 能避免因改变战略而改变资源分配的困难。由于主要经营领域与过去大致相同，因此稳定型战略不必考虑原有资源的增量或存量的调整问题，使得稳定型战略比其他战略实施起来更加容易。

(3) 可保持人员安排上的相对稳定，使企业能够充分利用已有的人力资源，发挥员工的积极性、主动性和创造性，避免由于人员调整给企业带来费用的增加和资源的浪费。

(4) 企业可以休养生息，保存实力，集聚能量，等待时间，以便在今后东山再起。

2. 稳定型战略的缺点

(1) 长期采用稳定型战略，企业发展速度缓慢，在企业竞争非常激烈、企业外部环境变化十分迅速的情况下，企业仍维持原先的战略是十分危险的。

(2) 稳定型战略会使企业的风险意识减弱，甚至形成害怕风险、回避风险的企业文化，这就会大大降低企业对风险的敏感性、适应性和冒风险的勇气。

(3) 从稳定战略向其他战略过渡，需要打破原来的资源分配的平衡，建立新的平衡，这往往需要较长的启动时间，在稳定型战略实施过程中，企业高层领导往往把眼光放在企业内部管理模式、组织结构调整上，而对于企业外部环境变化及提供的机遇容易忽略，有时会错过企业发展的机遇，这是值得注意的。

> **专题拓展**
> 宜家家居公司的企业战略分析

第二节 增长型战略

增长型战略亦称发展战略，采用增长型战略的企业表现出如下特征。

(1) 企业不一定比整个经济发展得更快，但确实要较产品销售市场发展得更快。

(2) 企业试图延缓甚至消除其行业中价格竞争的威胁。

(3) 企业定期地开发新产品、新市场、新工艺及老产品的新用途。

(4) 企业总是获得高于行业平均水平的利润率。

(5) 企业不是去适应外界的变化，它们试图通过创新和创造以前未存在的新的需求，来使外界适应它们自己。

企业寻求增长型战略的一个重要原因是最高层经理或最高领导班子所持有的价值观。许多高层经理人员将发展等同于他们个人的有效性和事业的成功。此外，在股份有限公司中许多高层领导人通常拥有作为其一部分报酬的股权。如果企业的发展能带来企业股价的升高，那么他们会从自己的资本增值中直接受益。

但是，需要认识到的是增长型战略也有一定的风险。杜拉克曾警告说：发展就是一种冒险。企业变得越来越好并非好事，发展本身是无用的。正确的道路应是不断完善，发展应是"做了正确的事情"的结果。事实上，短期内过快的发展可能导致效率的下降，从长期来看这可能是非常有害的。因此，在追寻发展战略之前，管理人员应当问自己三个问题：企业的财力资源是否充足？如果企业由于某种原因短暂地停止执行其战略，其竞争地位是否还能维持？政府的法规是否允许企业遵循这一战略？

增长型战略是一个整体概念，下面所述的密集增长战略、一体化战略、多元化战略、企业并购战略、战略联盟都属于增长型战略。

一、密集增长战略

(一)密集增长战略的概念和特征

1. 密集增长战略的概念

密集增长战略是指企业在原有生产范围内充分利用其产品和市场方面的潜力，以快于过去的增长速度来求得成长与发展的战略。该战略有时也称为集约化或专业化成长战略、产品-市场战略、单一经营成长战略，是采用较为普遍的一种公司战略类型。例如，美国沃尔玛公司、可口可乐公司、麦当劳公司等企业都是在一项业务内经营并获得成功的著名企业。

一般而言，企业采用密集增长战略往往出于以下思考。

(1) 企业应该取得比别的同类企业，尤其是比主要竞争对手更快的增长速度，以取得相对的竞争优势。

(2) 企业应该比整个市场需求的增长更快，在市场需求增长趋于停顿之前，企业应该占有比其他同类企业更大的市场份额。

(3) 企业应该取得高于社会平均值的利润率。

(4) 企业应该不受传统的经营领域的束缚，不应该陷入无休止的同类企业、同类产品之间的价格竞争。

(5) 企业的增长应该立足于产品的更新、市场的开拓和技术的创新来实现，以求得超常发展。

(6) 企业的增长不应该仅仅限于被动适应外部环境的变化，而应该通过创新主动地引导外部环境的变化，诱导市场需求，达到领导时代潮流的境界。

2. 密集增长战略的基本特征

从上述战略思路出发，与其他类型的战略态势相比，密集增长战略一般具有以下基本特征。

(1) 成功实施密集增长战略的企业的增长速度一般比企业所在的产品市场需求增长率要快。衡量企业增长速度一般可用销售额增长率或市场占有率的增长率指标。

(2) 成功实施密集增长战略的企业往往能够取得超过社会平均利润率的利润水平。销售额或市场占有率的增长会带来企业规模扩大，而规模的扩大使企业能够获得较高的规模经济效益，这种效益的最终结果反映在企业的赢利水平上，即企业获得高于社会平均利润率的利润水平。

(3) 实施密集增长战略的企业一般倾向于采用非价格手段进行竞争。非价格竞争手段主要表现在产品差异化的创造上。实施增长战略的企业往往在产品开发、市场开拓和技术创新以及管理模式的变革上来取得竞争优势，它们并不纠缠在价格竞争上，而是在企业价值上。

(4) 实施密集增长战略的企业并不是简单地、被动地适应环境，而是倾向于通过创造以前并不存在的事物来影响或改变环境条件，使环境的发展变化趋势有利于自身。这种去引导或创造合适环境的特点是由其"增长"特性决定的。

(二)密集增长战略的形式

密集增长战略一般可分为三种基本形式。

1. 市场渗透战略

市场渗透战略是指企业通过更大的市场营销努力，提高现有产品或服务在现有市场上的份额，扩大产销量及生产经营规模，从而提高销售收入和赢利水平。这一战略被广泛地单独使用或同其他战略结合使用。

1) 适合采用市场渗透战略的情况

下列五种情况尤其适合采用市场渗透战略。

(1) 当企业的产品或服务在当前的市场中还未达到饱和时，企业采取市场渗透战略就具有潜力。

(2) 当现有消费者对产品的使用率还可显著提高时，企业可以通过营销手段进一步提高产品的市场占有率。

(3) 在整个行业的销售额增长时，企业竞争对手的市场份额却呈现下降局面，这样，企业就可获得市场份额的增加。

(4) 企业在进行产品营销时，随着营销力度的增加，其销售呈上升趋势，二者的高度相关能够保证市场渗透战略的有效性。如果营销的收入并不能带来销售额的增加，则采取这一战略很难达到预期目标。

(5) 企业通过市场渗透战略取得市场份额的增加，使企业达到销售规模的增加，这种规模能够给企业带来显著的市场优势时，渗透战略才是有效的；否则，该种战略就是失败的。

2) 企业提高产品销售量的途径

通过市场渗透战略谋求企业的发展，必须系统地考虑市场、产品和营销组合策略。一般来说，企业要增加其现有产品在现有市场上的销售量，可以从影响销售量的因素入手。企业提高产品销售量有以下基本途径。

(1) 扩大产品使用人的数量，主要包括：①转变非使用人。企业通过努力把非使用人转变为本企业产品的使用人。例如，飞机货运服务公司的发展就要不断寻找新的用户，说服他们相信空运比陆地运输有更多的好处。②努力发掘潜在的顾客。企业把产品卖给从未使用过本企业产品的用户。例如，本来为女士所用而生产的护肤用品，现在又成功地推销给男士及儿童使用。③吸引竞争对手的顾客。可以通过提升质量，降低成本，以及广告战、价格战、增加促销工作等方法，使竞争对手的顾客购买本企业的产品。例如，"娃哈哈"生产的非常可乐就明显地在争夺可口可乐、百事可乐的消费者。

(2) 扩大产品使用人的使用频率，主要包括：①增加使用次数。企业可以通过强有力的营销活动，使顾客更频繁地使用本企业的产品。例如，肉联厂可以宣传它生产的火腿肠不仅可以夹在面包里吃，而且还可以放在菜里、放在汤里吃，这样就有利于扩大用户使用火腿肠的范围和提高使用频率。②增加使用量。企业可以通过大量的宣传和说服工作使用户在每次使用时增加对本企业产品的使用量。例如，化妆品公司可以在其洗发产品说明中提示，每次使用产品的次数增加，则头发会更飘逸、柔软，更有利于保护头发等。③增加新产品的新用途。企业应努力发现本企业产品的各种新用途，并且使人们相信它有更多的用途。例如，为制作降落伞而发明了尼龙，后来发现尼龙还可以做成服装和在轮胎生产中使用，大大增加了它的用途。

(3) 改进产品特性，主要包括：①提高产品质量；②增加产品的特点；③改进产品的式样。

2. 市场开发战略

市场开发战略是由现有产品和新市场组合而产生的战略。它是发展现有产品的新顾客群或新的地域市场从而扩大产品销售量的战略。这个新的市场开发可以是国内的某一个地区或国外的某一个国家或地区的市场。

1) 适合采用市场开发战略的情况

特别适合市场开发战略的情况主要有以下几种。

(1) 在空间上存在未开发或未饱和的市场区域，为企业提供市场发展的空间。

(2) 企业可以获得新的、可靠的、经济的、高质量的销售渠道。

(3) 企业必须拥有扩大经营所需的资金、人力和物质资源。

(4) 企业存在过剩的生产能力。

(5) 企业的主营业务属于正在迅速全球化的行业。当然，除满足以上条件外，更重要的一点是企业在目前的经营领域内获得了极大成功，有实力进行新市场的开发。

2）企业实行市场开发战略的途径

实行市场开发战略主要有三种途径。

(1) 开发新市场，将本企业现有产品打入竞争对手的产品市场。竞争对手的市场有区域性市场、国内整体市场和国际市场三种形式。例如，小屏幕彩色电视机在国内大中城市已经普及，出现滞销状况。那么，企业可以考虑将小屏幕的彩色电视机销往农村市场，以扩大销售量。同时还可以考虑转向其他发展中国家，开辟国外的小屏幕彩色电视机市场。

(2) 在新市场寻找现有产品的潜在用户，如计算机在进入市场的初期，其用户一直是科研部门、学校、企事业单位等集团用户。随着计算机价格的下降，大量应用软件的开发和销售，使计算机逐渐成为家庭和个人消费品，这样一个产品市场存在着大量的、潜在的计算机用户，企业要考虑的就是如何把潜在用户转变为现实的需求。

(3) 通过增加新的销售渠道开辟新市场。在实践中，任何一个企业的产品都是通过一定的销售渠道把产品送到一定的消费群体中。这样一个过程和方法告诉企业，增加销售渠道就意味着扩大了市场范围或开发了一个新市场，就能形成产品销售量的增加。例如，有的护肤品可以放在药店中销售，有的企业建立自己的产品专卖店等方法，就是通过改变销售渠道，开发新的产品市场。

3. 产品开发战略

产品开发战略是由现有市场与企业正准备投入生产的新产品组合而形成的战略，即对企业现有市场投放仿制的新产品或利用新技术改造现有产品，以此扩大市场占有率和增加销售额的企业发展。从某种意义上来说，这一战略属于企业发展战略的核心。因为对企业来说，市场毕竟是难以控制的因素，而产品开发是企业可以努力做到的可控因素。

1）适合采用产品开发战略的情况

一般认为，特别适合执行产品开发战略的情况有以下几种。

(1) 企业拥有成功的、处于产品生命周期中成熟阶段的产品。此时可以吸引老用户试用改进了的新产品，因为他们对企业现有产品或服务已具有满意的使用经验。

(2) 企业所参与竞争的产业属于快速发展着的高技术产业。

(3) 主要竞争对手以可比价格提供更高质量的产品。

(4) 企业在高速增长的产业中参与竞争。

(5) 企业拥有非常强的研究与开发能力。

2）实施产品开发战略的途径

实施产品开发战略一般有两种途径。

(1) 产品革新。企业在现有市场上通过新技术的应用，推出新一代的产品。这一战略没有从成本控制、增加型号等方面来提高企业价值,而是从一个新的角度来为顾客创造新价值。但企业基本还是沿着过去产品的思路进行革新,没有突破原有产品的范围。

(2) 产品发明。企业在现有市场上发明出别的企业从未生产销售过的新产品以创造新价值。这种新产品可以是一种与原有产品截然不同的新产品,也可以是一种与原有产品相关的新产品。例如,生产打字机的企业,利用新技术,发明、生产和销售激光或喷墨打印机,以满足顾客新的不同的需求。

3) 产品开发应遵循的原则

企业进行产品开发应遵循以下原则。

(1) 关心市场定位。在选择市场机会和设计产品时要充分重视市场的作用,尤其要关心产品的市场定位,而不是强力推行某个管理或技术人员所喜好的产品构思。

(2) 构建技术基础。从战略的角度讲,企业应重点开发以其核心能力和技术为基础的产品,并以此构建起长期发展的技术基础。

(3) 加强管理,不断改进。在产品开发过程中充分借鉴顾客、供应商和销售人员的意见和建议,并尽可能与竞争对手的产品做出对比判断,同时要强调各部门之间的交流与协作,以及在必要时利用外部公司的技能等。

(三)企业密集增长战略的优点和风险

1. 密集增长战略的优点

(1) 从经济学意义上说,密集增长战略由于具有"专业化"特点,有利于企业实现规模经济和学习效应的好处,获得较高的运作效率。

(2) 有利于企业在行业中或市场上建立起较强的竞争力和成本领先或差异化优势,有利于企业形成较强的核心能力和持久的竞争力,并提高企业的赢利能力,从而将某种产品或业务做大、做精、做强,使企业占据行业的领导地位,成为某一产品市场上的"专业化巨人"。

(3) 该战略对追加资源要求低,有利于发挥企业已有能力。因此,密集增长战略适用条件较为广泛,取得经营成功的可能性也大。许多成功的企业都是通过这种发展战略成长壮大的。特别是在企业成长的初期,采取这种战略显得尤为重要。

2. 密集增长战略的风险

虽然密集增长战略能使企业获得稳定发展,但由于产品市场范围所限,其发展总有尽头;加之企业将全部资源投入到单一行业、集中在单一市场上从事经营,使得竞争范围变窄,这犹如"将所有鸡蛋放入一个篮子里",所以,当市场变得饱和或缺乏吸引力,或因新技术、新产品出现使消费者快速转移导致其业务需求下降,行业发生萎缩时,采取这一战略的企业容易受到极大的打击。

因此,当企业所经营的产品(业务)是即将或已经进入衰退的夕阳产业,没有发展前景,或整个行业产品市场需求下降、竞争过度,企业将长期处于微利、无利甚至亏损状态,生存艰难、更无发展前景时,企业应利用已经积累的资源,及早寻找并开拓新的经营领域或产品项目,通过多元化发展战略的转换,确立企业未来新的经营支柱产品(业务),保证企业健康发展。

二、一体化战略

(一)一体化战略的概念和类型

1. 企业一体化战略的概念

企业一体化战略又称企业整合战略,是指企业充分利用自己在产品、技术、市场上的优势,根据物质流动的方向,使企业不断地向经营业务的深度和广度发展的一种战略。该战略是一个非常重要的成长战略,有利于深化专业化分工协作,提高资源的利用深度和综合利用效率。

2. 企业一体化战略的类型

企业一体化战略主要有两种类型,即纵向一体化战略和横向一体化战略。具体如下。

1) 纵向一体化战略

纵向一体化战略也称为垂直一体化战略,是指生产或经营过程相互衔接、紧密联系的企业之间实现一体化。该战略实现的方式主要有三种:企业内部壮大、与其他企业实现契约式联合(联营)、并购其他企业。

按照物质流动的方向,该战略又可分为后向一体化战略和前向一体化战略。

(1) 后向一体化战略。后向一体化战略是指企业与供应企业之间的联合,目的是确保产品或服务所需的全部或部分原材料的供应,加强对所需原材料的控制而采取的一种战略形式。

当企业产品在市场上有明显优势,希望扩大规模,但由于原材料或零部件供应不上,或其成本过高,影响企业发展时,企业可以依靠自己的力量扩大经营范围,由自己来生产原材料或零配件,也可以兼并原材料或零配件供应商,或与供应商合资办企业,形成统一的经济组织,统一规划产品的生产和销售。例如,葡萄酒厂建立自己的葡萄种植基地,牛奶厂建立自己的奶牛养殖基地,烟草生产企业与烟农的合作,彩电企业与上游彩管企业的合作等,都属于这种战略形式。

有效的后向一体化战略应当遵循以下七个基本准则。

① 企业当前的供应商要价太高,或者不可靠,或不能满足企业对零件、部件、组装件或原材料等的需求。

② 供应商数量少而企业的竞争者数量却很多。

③ 企业参与竞争产业正在高速增长,一个基本事实是,如果产业处于衰退中,一体化战略会削弱企业的多元化能力。

④ 企业拥有开展独自从事生产自身需要的原材料这一新业务所需要的资金和人力资源。

⑤ 获得保持价格稳定的优势。一个基本事实是,企业可以通过后向一体化稳定原材料的成本,进而达到稳定产品价格的目的。

⑥ 企业当前的供应商利润空间很大。

⑦ 企业需要尽快获取所需资源。

(2) 前向一体化战略。前向一体化战略是指企业与用户企业之间的联合，目的是促进和控制产品的需求而采取的一种战略形式。

当企业在原材料及半成品方面在市场上占有优势时，为获取更大的经济效益，企业可以由自己制造成品，或者与成品企业联合，形成统一的经济组织，以促进企业不断地成长和发展。例如，纺织企业兴办服装企业，木材加工企业投资家具制造业，家电企业与中间商合作等，都属于这种战略形式。

有效的前向一体化战略应当遵循以下六项基本准则。

① 企业当前的分销商要价太高，或者不大可靠，或者不能及时满足企业分销产品的要求。

② 企业可以利用的合格分销商非常有限，以至于进行前向一体化的企业能够获得竞争优势。

③ 企业当前参与竞争的产业增长迅速，或者可以预期获得快速增长。因为如果企业主营业务所在的产业增长乏力，那么，前向一体化只会降低企业多元化的能力。

④ 企业拥有开展新的独自销售自身产品所需要的资金和人力资源。

⑤ 获得生产高稳定性的优势。企业通过前向一体化可以更好地预测产品的未来需求，减少产品生产的波动。

⑥ 企业当前的分销商或零售商获利丰厚。在这种情况下，企业通过前向一体化可以在销售自身产品的过程中获得丰厚利润，同时给出自身产品具有竞争力的价格。

2) 横向一体化战略

横向一体化战略也称为水平一体化战略，是指处于相同行业、生产同类产品或工艺相近的企业实现联合。其实质是资本在同一产业或部门内的集中，目的是实现规模经济、减少竞争压力、增强自身实力以获取竞争优势。其实现方式主要有两种：契约式联合、合并同行业企业。例如，海尔集团在 1995 年并购青岛红星电器厂，在 1997 年并购广东的顺德爱德洗衣机厂；国美电器在 2006 年 7 月以 52.68 亿港元并购永乐电器等，都属于这种战略形式。

有效的水平一体化应当遵循以下五项基本准则。

① 企业可以在特定的地区或领域获得垄断，同时又不会被联邦政府指控为对于削弱竞争有"实质性的影响"。

② 企业在一个呈增长态势的产业中竞争。

③ 可以由此借助规模经济效应的提高为企业带来较大的竞争优势。

④ 企业拥有使业务规模得到扩大的所需要的资金和人力资源。

⑤ 竞争者因缺乏管理人才，或者因为需要获得其他企业拥有的某些特殊资源而陷入经营困境之中。如果竞争者效益不佳是整个产业的销售总量下降造成的，则企业不应选择水平一体化。

图 5-1 以一个制造企业为例，对一体化战略的类型进行了简要的概括。

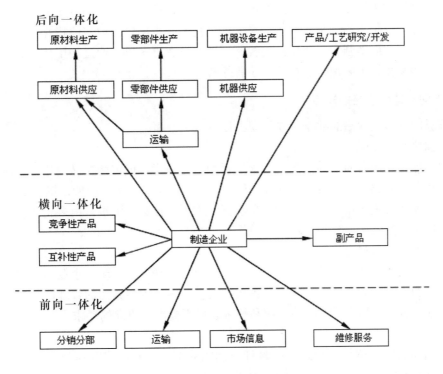

图 5-1 一体化战略的方向

(二)纵向一体化战略的优点和缺点

1. 纵向一体化战略的优点

企业实施纵向一体化战略的优点主要体现在以下三个方面。

(1) 了解市场信息,提高产品差异化水平

(2) 降低成本。一般来说,可以降低成本的因素主要有以下几种。

① 由于某些职能的集中而降低间接费用,它包括由于采购环节减少而节省的采购费用、市场研究费用等。

② 由于成品和零部件归并成一个系统,使得一体化后企业在生产、设计、营销上能更好地协调而提高效率。

③ 企业一体化后,使生产链上的前后环节紧密衔接,既保证了生产的均衡性,又有利于减少包装、储存、运输等费用。

④ 一体化的企业从总体优化出发,有利于减少设计和生产上的变更,对市场的变化反应更快,尤其有利于提高原有供应企业的应变能力,改变过去不能及时跟上用户需求变化、产品改进滞后等问题。

⑤ 通过加强生产链上的前后联系,有利于加强预测(至少能加快反馈速度),从而使物流更均匀,供应更有保证,减少原来的加班突击生产的现象。

(3) 加强生产过程的控制。纵向一体化可以避免由于供应中断或销售变动造成生产大幅度波动甚至被迫停工的情况发生,它可以削弱来自供应上游和用户的讨价还价压力,能够取得原来不能取得的信息,从而有利于提高管理的效能,并便于对它做出衡量。由于企

业一体化后规模扩大、成本降低和控制能力得到加强，提高了行业的进入壁垒。由于对关键零部件设计的控制力的加强，有可能更好地满足不同市场层面用户的特殊需求，强化差异化的竞争力，从而增强对最终用户的控制。同时也有更多机会通过使用特殊原材料、零部件或技术等途径寻求区别于同行业竞争者的特色。

2. 纵向一体化战略的缺点

实施纵向一体化战略的缺点主要体现在以下五个方面。

1) 弱化激励效应

纵向一体化意味着通过固定的关系来进行购买与销售，把市场交易内化为企业内部交易，这样可能会减弱激励效应，从而降低企业的内部运作效率。例如，国有企业以前的"大而全"模式就是弱化激励效应的典型实例。为了纠正这种弊端，很多企业实施了"企业内部市场化"的做法，收到了较好的效果。

2) 加大了管理难度

实行一体化战略之后，两个或多个不同企业合并或联合在一起，企业的管理层次和管理幅度都会加大，企业在供应、生产、销售、质量、服务等各方面的管理职能要求更加复杂，这对管理者的思想素质、经营素质和技术素质都提出了更高的要求。

3) 降低经营灵活性

企业选择纵向一体化会导致产品设计方面的局限性，对厂房和原材料来源的巨额投资，常常阻碍新的产品设计或材料品种的完善。如果企业不实行这种战略，企业可以根据外部环境而削减原材料的采购量，或转向其他供应企业；而采取了纵向一体化战略的企业缺乏这种机动性，同时经营方向的调整也更加困难，因而也加大了经营风险。

4) 需要较多的资金

虽然企业实行纵向一体化战略以后，一些零部件和原材料由企业自制而不需要外购，而且成本也比外购低，但自制所需要的生产资金、储备资金和材料资金等要比外购多得多，如果企业的财力不够雄厚就不可能实行这种战略。

5) 难以平衡生产能力

纵向一体化企业内部生产各阶段的能力是要求平衡的。如果某阶段生产能力不足以供应下一阶段生产需要，则企业还需要从外部市场购买加以补充；而如果生产过程内部某阶段生产能力有富余，则企业又必须去寻求新的市场。实行纵向一体化的企业以上两种情况在生产中都有可能出现。

(三)横向一体化战略的优点和缺点

1. 横向一体化战略的优点

企业实施横向一体化战略的优点主要体现在以下三个方面。

1) 规模经济

横向一体化可通过收购同类企业达到规模扩张，尤其是在规模经济性明显的行业中，可以使企业获取充分的规模经济，从而大大降低成本，取得竞争优势。同时，通过收购还可以获取被收购企业的专利、品牌等无形资产。

2) 减少竞争对手

横向一体化是一种收购竞争对手的增长战略。通过实施横向一体化战略，可以减少竞争对手的数量，降低行业内企业相互间竞争的程度，为企业的进一步发展创造一个良好的行业环境。

3) 较容易的生产能力扩张

横向一体化是企业生产能力扩张的一种形式，通过合并或联合，可以迅速提高企业的生产能力与规模。与企业自身的内部扩张相比，这种扩张形式较为简单与迅速，如青岛啤酒大举并购就是如此。

2. 横向一体化战略的缺点

企业实施横向一体化战略的缺点主要体现在以下三个方面。

1) 管理问题

收购一家企业往往涉及母子公司管理上的协调问题。由于母子公司的历史背景、人员组成、业务风格、企业文化、管理思想、管理理念、管理体制等方面存在着较大的差异，因此，母子公司的各方面协调工作非常困难，将导致管理成本的增加。

2) 产品质量难以保证

企业兼并收购后，尽管兼并企业派了管理者和员工到被兼并企业去参与管理及生产经营工作，但由于上述原因使产品质量很难在短期内达到兼并企业的要求，也会造成成本的增加。

3) 政府法规限制

横向一体化战略容易造成行业内的垄断，这对消费者和行业的发展都是极为不利的。因此，各国法律都对此做出了限制。例如，美国反托拉斯法在确定合并的企业是否合法时需要考虑的因素主要有：①这一合并是否导致过高的行业集中程度；②这一合并是否给予合并企业对其他企业的竞争优势；③进入该行业是否困难；④该行业中是否已经存在合并的倾向；⑤被合并企业的经济实力；⑥对该行业产品的需求是否处于增长阶段；⑦这一合并能否有效地激发其他企业进行合并的危险。

(四)避免被实施一体化

企业在考虑对其他企业进行一体化时也要提防被别的企业实施一体化。企业可以采取下列措施来减少被一体化的可能性：①尽力保持经营业务的效能和获利能力，以使准备一体化的企业在经营上感到困难；②整合与对方相关的经营业务，提高自己与准备一体化的企业的抗衡能力；③不断进行革新进取，获得良好的利润和收益的增长；④使流动资金保持在低且安全的水平上，不至于引起急需流动资金的企业注意，而成为被整合的目标。

三、多元化战略

(一)企业多元化战略的类型

多元化战略，又称为多样化或多角化成长战略，是指企业的发展、扩张是在现有产品或业务的基础上增加新的产品或业务。这是一种产品-市场战略，企业实行这种战略是为了长期稳定地经营和追求最大的经济效益。

1. 按照经营业务领域之间的关联程度划分

1) 相关多元化战略

相关多元化战略是指企业新发展的业务与原有业务相互间具有战略上的适应性,它们在技术、工艺、销售渠道、市场管理技巧、产品等方面具有共同或相似的特点。该战略又可分为以下两种形式。

(1) 同心多元化战略,是指虽然与现有的产品、市场领域有些关系,但是通过开发完全异质的产品、市场来使业务领域多样化。该战略可以在现有技术、现有市场营销、现有资源的基础上进行,如玻璃生产商向生产照相机镜头玻璃、玻璃器皿、眼镜等方向发展;冰箱企业发展空调、冰柜等业务都属于这种战略类型。

(2) 水平多元化战略,是指以现有的产品市场为中心,向水平方向扩展业务领域,也称为横向多元化或专业多样化。例如,零售行业中的百货店、自我服务廉价商店、超级市场、便利店等都属于这种战略类型。

2) 不相关多元化战略

不相关多元化战略是指企业从与现有的业务领域没有明显关系的产品、市场中寻求成长机会的策略,即企业所开拓的新业务与原有的产品、市场没有相关之处,所需要的技术、经营方法、销售渠道必须重新取得。例如,生产烟草的企业同时兼营房地产、纺织、化工等就属于这种战略类型。

2. 按照产品组合的特点划分

1) 单一产品战略

单一产品战略是指企业的一项产品的销售收入占销售总收入的95%以上。例如,丰田汽车公司的销售收入的95%是客车,该企业的战略形式就是单一产品战略。

2) 优势产品战略

优势产品战略是指企业的一项产品的销售收入占销售总收入的 70%～95%。例如,日本麒麟(Kirrin)啤酒公司啤酒的销售收入占总销售收入的 92%,常州柴油机厂的柴油机销售收入占总销售收入的 81%,这些企业的战略形式就是优势产品战略。

3) 相关产品战略

相关产品战略是指企业的一项产品的销售收入低于销售总收入的 70%,但其相关联的产品群的销售收入高于销售总收入的 70%。这里相关联的产品群有三种情况:①技术相关联产品群。例如,照相机、胃镜、经纬仪等产品,虽然市场营销存在很大的差别,但它们存在较强的技术关联性,企业能够在技术上产生协同作用,增强产品的竞争力;②市场相关联产品群。例如,农用机械、农药、化肥等产品,虽然在技术上存在很大的差别性,但它们在市场营销的许多方面存在较大的关联性;③市场技术相关联的产品群,即技术相关和市场相关的产品群之和。

4) 非相关产品战略

非相关产品战略是指企业市场相关产品的销售收入和技术相关产品的销售收入之和低于总销售收入的 70%。例如,广州白云山制药厂除生产人用药品外,还生产兽药、护肤品、医疗器械,从事建筑装修、汽车修配、文化体育用品等,该企业的战略形式就是非相关产品战略。

四种战略形式如图 5-2 所示。

其中：专业性比率=最大单项业务收入÷企业总收入

相关性比率=最大相关业务收入÷企业总收入

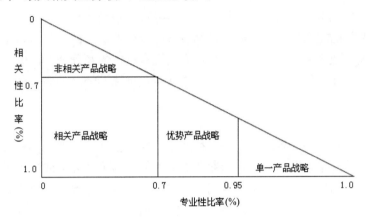

图 5-2　企业多元化程度分类图

(二)企业选择多元化战略的原因分析

1. 企业选择多元化经营战略的外部原因

1）产品需求趋向停滞

当企业的原有产品处于其寿命周期的衰退期时，原有产品由于需求停滞而无法满足企业发展的要求，企业必须寻求需求增长快的新产品和新市场，从而开展多元化经营。

2）市场的集中程度

当市场的集中程度高时，产品由少数卖方企业控制。在这样的行业中，企业要想得到更高的增长率，一般是用降低价格、扩大供应能力、支付高额广告费等方法蚕食竞争对手的市场占有率，但用这些方法既增加费用又有风险。因此，在这种情况下，企业想追求较高的增长率和收益率，只有进入本企业以外的新产品、新市场。企业所在行业的集中程度越高，越能诱发企业从事多元化经营。

3）需求的不确定性

由于市场需求的不确定性，企业经营单一产品或服务便会面临很大的风险，其增长率和收益率会被该产品的需求动向左右。如果该产品的需求动向有很大的不确定性，企业为了分散风险，便要开发其他产品，从事多元化经营。即使原来已从事多元化经营的企业，当原有产品市场需求有很大风险时，为了分散风险，也将积极从事多元化经营。

2. 企业选择多元化经营战略的内在原因

1）纠正企业目标差距

企业制定有关增长率、收益率目标，并根据这些目标的实际完成情况决定下一段的行动方针。当实际完成情况低于原定目标而产生目标差距时，往往不得不从事多元化经营来弥补，以实现预期目标。一般来说，目标差距越大，企业从事多元化经营的可能性也越大。

2）挖掘企业内部资源潜力

企业在日常的经营活动中常常积累有未能充分利用的资源，企业可以通过多元化经营来充分利用富余的资源，提高企业的经济效益。

3) 实现企业规模经济

企业规模是一种经营资源。为了实现规模经济，企业要考虑是使用职能要素还是产品要素获得最低单位成本，即实现最佳使用密度。导致规模经济的具体要素一般有特殊用途的机器设备、专门的技术技能、专门的营销服务与专门的信息网络等。为此，企业从事多元化经营，扩大企业规模，能在质量和数量方面占有丰富的经营资源，也就能享受规模经济效益；同时，企业进行多元化经营，可以弥补企业规模不经济的弱点，提高企业的赢利水平。

4) 实现范围经济

范围经济是指企业同时生产和出售多种产品的成本会低于单独生产和出售同样数量的单一产品的成本的现象。在这方面，企业考虑如何使用与生产环节或产品无关的要素以获得最少的单位生产间接费用，并由此达到最佳的使用广度。导致范围经济的非具体要素一般有通用机器设备、普通应用的技术技能、一般营销服务和通用的信息网络等。从寻求范围经济的角度出发，企业希望在两个或多个经营单位中分享如制造设施、分销渠道、研究开发等资源，减少在各经营单位的投资，降低成本。

5) 转移竞争能力

在这方面，企业进行多元化经营，是希望将企业中现有的竞争能力转移到新的经营业务中去改善新的经营单位的竞争能力。企业也可以通过并购，将具有竞争能力的企业或经营单位并入本企业，形成差别化的竞争优势。

6) 企业重建

为了更多地创造价值，企业会购入一些无效率或经营不善的企业，并加以改善。企业在进行这种多元化经营时，可以不考虑被购入的经营单位是否与本企业同属于一个产业。企业重建的措施基本上是重新组建被购入单位的管理层，处理无生产力的资产，改善其生产运作。

7) 协同效应原理

协同效应是指两个事物有机地结合在一起，发挥出超过两个事物简单联合的效果。企业进行多元化战略之后，新的业务之间在生产、技术、市场营销等方面若具有一定的联系，存在资源共享性，则可相互促进，产生协同效应。企业的协同效应表现在管理、市场营销及生产技术上。

8) 形成内部资本与人力资源的市场效益

实行多元化的企业可以在其内部建立资本市场(如内部银行)，通过资金在不同业务之间的流动来实现各业务领域的资金需求。同样，也可以通过内部人力资源市场来促进人力流动并节省费用。

(三)企业选择多元化战略应注意的问题和经营失败原因分析

1. 企业选择多元化战略应注意的问题

1) 客观评估企业多元化经营的必要性与能力

企业在采取多元化战略之前，必须客观评估实行多元化经营的必要性，千万不可以头脑发热，盲目进行。

2) 要处理好主导业务和多元化经营之间的关系

主导业务是企业具有竞争优势的业务，它是企业利润的主要来源和企业生存的基础。在此基础上，企业再兼顾多元化经营，切不可单纯追求多元化而忽视了自己的主导业务。

3) 注意新业务和原业务领域之间的关系

企业在实行多元化经营时，选择新业务应首先考虑是否与原业务领域具有一定的战略关联性，可选择那些与主导业务及其核心能力联系密切的业务作为多元化经营主要进入目标。

4) 注意建立横向组织，加强不同业务之间的管理

企业应建立横向组织，加强企业组织结构中不同业务部门之间的管理，使企业的组织结构适合采取的多元化经营战略。

2. 多元化战略经营失败的原因分析

在现实中，并不是每个企业都适合采用多元化战略，有些企业采用多元化战略并没有达到预期的效果，甚至遭到失败，分析其原因主要有两点：①对新进入的经营领域预测有误；②盲目自信本企业的能力，多元化程度过高，如巨人集团的失败就是一个典型的例子。

专题拓展

沃尔玛整合台湾好又多

四、企业并购战略

(一)企业并购的概念

所谓"并购"是合并与收购的合称，国外学者通常将合并与收购结合在一起研究，缩写为 M&A，即 merger and acquisition，我们将其翻译为并购。企业并购是一种企业产权的交易行为，通过产权交易，达到增强企业竞争优势、实现企业战略目标的目的。

我国的《公司法》规定了合并有两种形式，即吸收合并和新设合并。

吸收合并是指一个公司吸收另一家公司，被吸收公司解散，并依法办理注销登记，丧失法人资格，被吸收公司的债权、债务由吸收公司承继，吸收公司的登记事项发生了变更，也应当依法办理变更登记，企业的吸收合并即狭义的企业兼并。

新设合并是指两个以上的公司合并设立一个新的公司，原合并各方公司解散，合并各方的债权、债务由合并后新设公司承继，合并各方依法办理公司注销登记，合并各方同时放弃法人资格，并依法办理新设公司的登记，成立一个新的公司。

收购是指一家公司通过收买另一家企业部分或全部股份，从而取得另一家企业部分或全部资产所有权的产权交易行为。收购中被收购公司的法人地位并不消失。收购有两种形式，即股权收购和资产收购。在股权收购的情况下，收购方成为被收购公司的股东。在资产收购的情况下，收购方不成为被收购公司的股东。

在股东收购的情况下,由收购方所收购的股权数量决定其收购结果,主要有以下三种情况。

(1) 参股,即部分收购,收购方仅收购被收购公司的部分股权。在这种情况下,收购方通常仅以进入被收购公司的董事会为目的,而在股权的持有上不要求达到控股。

(2) 控股,收购方购买被收购公司股权较多,它以收购一定股份成为被收购公司的控股股东为目的。这种形式可以比较小的资金管理较大规模的企业,如香港李嘉诚家族以98.2亿港元控制了市值达900亿港元的长江实业集团。

(3) 全面收购,即收购方以全面控制被收购方为目的,收购对方公司的全部股份,被收购方即转化为收购公司的全资子公司。

(二)企业并购的分类

企业并购有多种分类方法,下面仅从并购双方所处行业、并购动机及并购融资方式进行分类。

1. 按行业角度划分

按并购双方所处的行业情况,企业并购可分为横向并购、纵向并购和混合并购。

(1) 横向并购,是指并购双方处于同一行业,生产同类产品或生产工艺相近的企业之间的并购。这种并购实质上是提高了行业集中度,可以扩大生产规模、节约共同费用,取得规模经济效益,提高设备使用效率,便于采用先进技术设备和工艺,便于统一技术标准、加强技术管理和技术改造,可以提高市场份额,增强企业竞争能力及赢利能力。

(2) 纵向并购,是指处于同一产品、不同生产阶段的企业之间的并购,从而实现纵向一体化的战略目标。这种并购除了可以扩大生产规模、节约共同费用外,还可以使生产环节密切配合,保证原材料、零配件供应,加速生产流程连续化,缩短生产周期,减少运输、仓储损失,节约资源和其他资源,取得规模效益及协同效应,同时也分散了风险。

纵向并购又分为以下三种。

① 前向并购,是指向下游企业的并购,即向本产品的下游加工企业、运输及贸易企业的并购。

② 后向并购,是指向上游企业的并购,即向本产品的原材料、零部件的企业并购。

③ 前后向双向并购,即向上下游企业的并购,既向本产品的原材料、零部件的企业并购,又向本产品的下游加工企业并购。

(3) 混合并购,是指对在产品和市场上与本企业没有直接联系的企业并购,以达到多样化战略的目标。这种并购能够促进本企业业绩的迅速增长,实现多样化经营,分散经营风险,达到稳定地获得较高利润的目的。

2. 按并购动机划分

按并购公司的动机划分,可分为善意并购与恶意并购。

(1) 善意并购。当收购公司提出并购条件后,如果被收购公司接受并购条件,这种并购称为"善意并购"。这种并购成功率较高。

(2) 恶意并购。恶意并购又称"故意并购",即如果收购公司提出收购条件后被收购公司不接受，则收购公司只有在证券市场上强行收购，或者在未与目标公司的经营管理者协商的情况下提出公开收购要约，实现目标公司控制权的转移，这种方式称"恶意并购"。在恶意并购条件下，目标公司通常会采取各种措施进行反收购，此时证券市场也会迅速做出反应，股价迅速升高，因此，除非收购方有雄厚的实力，否则很难成功。

3. 按收购的融资方式划分

按收购的融资方式划分，可分为杠杆收购和管理层收购。

(1) 杠杆收购(Leveraged Buy Out，LBO)，指收购方以目标公司资产做抵押，通过大规模的融资借款对目标公司进行收购。其中这些负债大部分由收购方发行的高利高风险债权组成，由于这种债券使发行企业负债增加、信用降低、风险加大，故称为"垃圾债券"。收购成功后，收购者再用被收购公司的收益或依靠出售其资产来偿还债券本息。这种以目标公司资产和收益作为有保证的融资，标志着债务观念的转变。"蛇吞大象"式的杠杆收购的威力主要源于这种创新的债务观。

(2) 管理层收购(Management Buy Out，MBO)，指由管理层本身对自己的企业进行收购，通常必须采用杠杆收购方式才能成功。管理层收购经常被作为对抗恶意收购的一种手段。有时管理层也会采用该方式取得控制权，再选择时机将公司以更高价格卖出。

(三)企业并购的动因

企业并购有多种动因，主要包括以下几个方面。

1. 发展动机

在激烈的市场竞争中，企业只有不断发展才能生存下去，通常情况下企业既可以通过内部投资获得发展，也可以通过并购获得发展。两者相比，并购方式的效率更高，主要表现在以下几个方面。

(1) 并购可以节省时间。企业的经营与发展是处在一个动态的环境中的，在企业发展的同时，竞争对手也在谋求发展。因此，在发展过程中必须把握好时机，尽可能抢在竞争对手之前获取有利的地位。如果企业采取内部投资的方式，将会受到项目的建设周期、资源的获取以及配置方面的限制，制约企业的发展速度。而且通过并购的方式，企业可以在极短的时间内将企业规模做大，提高竞争能力，将竞争对手击败。尤其是在进入新行业的情况下，谁领先一步，就可以取得原材料、渠道、声誉等方面的优势，在行业内迅速建立领先优势，这种优势一旦建立，别的竞争者就难以取代。在这种情况下，如果通过内部投资，逐渐发展，显然不可能满足竞争和发展的需要。因此，并购可以使企业把握时机，赢得先机，获取竞争优势。

(2) 并购可以降低进入壁垒和企业发展的风险。企业进入一个新的行业会遇到各种各样的壁垒，包括资金、技术、渠道、顾客、经验等，这些壁垒不仅增加了企业进入这一行业的难度，而且提高了进入的成本和风险。如果企业采用并购的方式，先控制该行业的原有的一个企业，则可以绕开这一系列的壁垒，开始在这一行业中的发展，这样可以使企业以较低的成本和风险迅速进入这一行业。

尤其是有的行业受到规模的限制，而企业进入这一行业必须达到一定的规模，这必将导致生产能力的过剩，引起其他企业的剧烈反抗，产品价格可能会迅速降低，如果需求不能相应地得到提高的话，该企业的进入将会破坏这一行业的盈利能力。而通过并购的方式进入这一行业，不会导致生产能力的大幅度扩张，从而保护这一行业，使企业进入后有利可图。

(3) 并购可以促进企业的跨国发展。竞争全球化的格局已基本形成，跨国发展已经成为经营的一个新趋势，企业进入国外的新市场，面临比国内新市场更多的困难。其主要包括：企业的经营管理方式、经营环境的差别、政府法规的限制等。采用并购当地已有的一个企业的方式进入，不但可以加快进入速度，而且可以利用原有企业的运作系统、经营条件、管理资源等，使企业在今后阶段顺利发展。另外，由于被并购的企业与进入国的经济紧密融为一体，不会对该国经济产生太大的冲击，因此，政府的限制相对较少，这有助于跨国发展的成功。

2. 协同效应

并购后两个企业的协同效应主要体现在：生产协同、经营协同、财务协同、人才和技术协同。

(1) 生产协同。企业并购后的生产协同主要通过工厂规模经济取得。并购后，企业可以对原有企业之间的资产即规模进行调整，使其实现最佳规模，降低生产成本；原有企业间相同的产品可以由专门的生产部门进行生产，从而提高生产和设备的专业化，提高生产效率；原有企业间相互衔接的生产过程或工序，并购后可以加强生产的协作，使生产得以流畅进行，还可以降低中间环节的运输、储存成本。

(2) 经营协同。经营协同可以通过企业的规模经济来实现。企业并购后，管理机构和人员可以精简，使管理费用由更多的产品进行分担，从而节省管理费用；原来企业的营销网络、营销活动可以进行合并，节约营销费用；研究与开发费用可以由更多的产品进行分担，从而可以迅速采用新技术，推出新产品。并购后，由于企业规模的扩大，还可以增强企业抵御风险的能力。

(3) 财务协同。并购后的企业可以对资金统一调度，增强企业资金的利用效果，由于规模和实力的扩大，企业筹资能力可以大大增强，满足企业发展过程中对资金的需求。另外，并购后的企业由于在会计上统一处理，可以在企业中互相弥补产生的亏损，从而达到避税的效果。

(4) 人才和技术协同。并购后，原有企业的人才、技术可以共享，充分发挥人才、技术的作用，增强企业的竞争力，尤其是一些专有技术，企业通过其他方法很难获得，通过并购，因为获取了对该企业的控制，而获得该项专利或技术，促进企业的发展。

3. 加强控制

在横向并购中，通过并购可以获取竞争对手的市场份额，迅速扩大市场占有率，增强企业在市场上的竞争能力。另外，由于减少了一个竞争对手，尤其是在市场竞争者不多的情况下，可以增加讨价还价的能力，因此企业可以以更低的价格获取原材料，以更高的价格向市场出售产品，从而提高企业的盈利水平。

4. 获取收益

在证券市场中，从理论上讲公司的股票市价总额应当等同于公司的实际价值，但是由于受环境、信息不对称和未来的不确定性等方面的影响，上市公司的价值经常被低估。如果企业认为自己可以比原来的经营者做得更好，那么该企业可以收购这家公司，通过对其经营获取更多的收益；该企业也可以将目标公司收购后重新出售，从而在短期内获得巨额收益。

5. 避税

各国公司法中一般都有规定，一个企业的亏损可以用今后若干年度的利润进行抵补，抵补后缴纳所得税。因此，如果一个企业历史上存在着未抵补完的正额亏损，而收购企业每年生产大量的利润，则收购企业可以低价获取这一公司的控制权，利用其亏损进行避税。

(四) 并购目标企业的确定

在并购之前必须对目标企业进行选择，对每一个被选择对象要进行全面分析，是否并购某企业，要根据并购后是否能达到本企业战略的要求，能否达到战略目标而定。在做出初步并购决策以后，要对目标企业进行分析。

在审查过程中，先从外部获得有关目标公司的各方面信息，然后再与目标公司进行接触，如果能够得到目标公司的配合，可以得到目标公司的详细资料，从而可以进行周密的分析。

1. 行业分析

(1) 行业总体状况分析，包括行业在国民经济中的地位，国家对该行业的政策，行业所处生命周期的阶段及目前行业发展趋势等。

(2) 行业结构分析，包括行业的主要经济特性，行业变革的驱动因素，行业的竞争结构(即对行业内五种竞争力的分析)，市场集中度，在行业中取得成功的关键因素，行业是否有吸引力、能否获得平均水平以上的盈利等。

2. 法律分析

对目标公司进行法律分析，包括审查目标公司组织章程、财产清册，审查对外书面合约、公司债务及诉讼案件等。

3. 经营状况分析

对目标公司经营状况的分析，包括对目标公司近几年经营状况(销售额、利润等主要指标变化趋势)进行分析，找出存在的问题；对目标企业产品竞争力、市场营销、人力资源、组织结构、核心能力等方面进行分析，对目标公司的资源优劣势进行分析等。

4. 财务分析

对目标公司进行财务分析，主要是为确定目标公司所提供的财务报表是否真实反映了企业财务状况进行鉴别，这一工作可委托会计师事务所进行。

(五)并购目标公司的价值评估

在企业并购中收购方必须对目标公司的价值进行评估,从而为公司的出价提供基础,通过评估目标公司的价值可以决定相应的融资方法。

目标公司的价值评估工作十分复杂,目前对目标公司的价值评估以三种方法进行,即净值法、市场比较法及净现值法。

1. 净值法

净值法是以目标公司净资产的价值作为目标公司的价值。净值法是估算公司价值的基本依据。这种方法一般在目标公司已不适合继续经营或并购方主要目的是获取目标公司资产时使用。

2. 市场比较法

市场比较法是以公司的股价或目前市场上有成交公司的价值作为标准来估算目标公司的价值。有两种标准可用来估算目标公司的价值:一种是以公开交易公司的股价为标准,另一种是以相似公司过去的收购价格为标准。

3. 净现值法

净现值法是预计目标公司未来的现金流量,再以某一折现率将其折现为现值作为目标公司的价值。这一方法适用于希望被并购公司能继续经营的情况。

(六)并购资金筹措

在企业并购中,并购公司需要支付给目标公司巨额资金,因此筹资成为企业并购中心的一个重大问题。目前一般的筹资方式有内部筹资、借款、发行债券、优先股融资、可转换证券融资(可转换证券是指可被持有人转换为普通股的债务或优先股)和购股权证融资。购股权证是一种由公司发行的长期股份选择权,允许持有人按某一特定价格买入既定数量的股票。一般随公司长期债务一起发行,以吸引投资者购买利率低于正常水平的长期债券,而在金融紧缩期或公司处于信用危机时,给予投资者一种补偿,鼓励投资者购买公司的债务。

(七)并购后对目标企业的整合

许多企业并购的研究表明,多数企业的并购并不成功,麦肯锡咨询公司 1986 年对 1972—1983 年涉及的 200 家最大的公营公司的并购进行了研究。结果发现,如果以股东财产的增值为评价标准,并购获得成功的企业仅占 23%,在不相关经营领域企业的并购成功率只有 8%。一般来讲,并购会降低管理效率,使产品质量难以保证,需要协调的关系增加,企业文化不同也会加大管理成本。

哈佛商学院的迈克尔·波特对 1950—1980 年并购的 33 家大企业进行了研究,发现这些大企业后来卖掉购进企业的占 53%,而在不相关经营领域的企业有 71%被卖掉。具有讽刺意味的是,大企业在购买企业时总是宣称并购行为使企业更具安全性,事实证明,对并购的迷恋并没有在以后的经营中显现出效率。

由此可以看出通过一系列程序取得了目标企业的控制权,只是完成了并购目标的一半,在并购完成之后,必须对目标企业进行整合,使其与企业整体战略协调一致,这是更重要的并购任务。如果整合不顺利或阻力很大,也可能使整个并购归于失败。因此,作为企业高层领导,一定要认清并购后的企业整合的重要意义。

最后介绍一下著名管理学家杜拉克关于企业并购决策的五项基本原则。

第一,并购企业必须能为被并购企业做贡献。

并购企业只有彻底考虑了它能够为被并购的企业做出什么贡献,而不是被并购企业能为并购企业做出什么贡献时,并购才可能会成功。对并购企业的贡献可以是多种多样的,包括技术、管理和销售能力,而不仅仅是资金。

第二,企业要通过并购来成功地开展多种经营。

需要有一个团结的核心,有共同的语言,从而将它们合成一个整体。也就是说,并购与被并购企业之间在文化上要能够整合,要有共同的文化基础,至少要有一定的联系。

第三,并购必须是情投意合。

并购企业必须尊重被并购企业的员工、产品、市场和消费者。

第四,并购企业必须能够为被并购企业提供高层管理人员,帮助被并购企业改善管理。

第五,在并购的第一年内,要让双方的管理人员大部分都得到晋升,使得双方的管理人员都相信,并购给公司带来了机会。

专题拓展

搜狗花落腾讯:王小川独立梦成真

五、战略联盟

(一)国际战略联盟的含义和特点

1. 国际战略联盟的含义

战略联盟的概念首先由美国 DEC 公司总裁简·霍普罗德和管理学家罗杰·内格尔提出,随即得到实业界和理论界的普遍接受。从广义上讲,国际战略联盟就是不同国别的两个或两个以上企业为了达到某种战略目的而在资源、能力和核心能力方面建立的一种网络式合作关系。

战略联盟可以发生在两个或两个以上企业的各个活动领域,也可以局限于某一个具体的活动领域,如研究开发、生产、营销、采购等。建立战略联盟的方式多种多样,从短期的松散型合作到长期的资本联结。战略联盟可以是强强联合,也可以是强弱联合。战略联盟可以是横向的也可以是纵向的,甚至是网状的。其目的和方式会随着环境的变化和竞争的需要而进行动态的调整。建立战略联盟的企业都有明确的战略目的,但是各自的战略目的不一定相同。战略联盟是以双方利益为基础的,但是各个伙伴由联盟得到的好处并不一定是完全对等的。

2. 国际战略联盟的特点

战略联盟是现代企业组织制度的一种创新,其主要特点是:①边界模糊;②关系松散；③机动灵活；④运作高效。

(二) 国际战略联盟的形式

国际战略联盟有多种形式，目前主要有以下几种。

1. 合资企业

合资企业是由两家或两家以上的独立法律实体共同出资、共担风险、共享收益而形成的企业。

2. 研究和开发风险合作

为了研究开发某种新产品或新技术，合作各方可以签订一个联合开发协议，联盟各方可分别以资金、设备、技术、人力投入等联合开发，开发成果按照协议共同分享。但这种合作仅限于研究开发活动，制造和销售最终产品则各自负责。这种方式由于汇集了各方的优势资源，因此大大提高了成功的可能性，加快了开发速度。另外，各方共同承担开发费用，降低了开发费用风险。例如，飞利浦和西门子公司计划共同投资 150 亿美元开发新一代计算机芯片。根据双方协议规定，两个公司互相交换技术和信息，但产品研究开发则分别独立进行，而且两个公司独立生产和销售自己的产品。

3. 特许经营

合作各方通过特许的方式组成战略联盟，其中一方具有无形资产，其可以与其他企业签订特许协议，允许他们使用自己的品牌、专利或者专有技术，从而形成一种战略联盟。这样特许方可以通过特许权获取收益，扩大特许无形资产的接受程度和使用范围，并可以利用规模优势加强无形资产的维护，而受许方可利用该无形资产扩大销售，提高收益。例如，在激光唱片市场上，飞利浦的战略就是以很低的费用转让其激光机的特许经营权，从而使全世界都接受这个荷兰跨国公司的 CD 制式。

4. 定牌生产

如果一方具有知名品牌，且生产能力不足，另一方拥有剩余生产能力，则有生产能力方可以为知名品牌一方生产，然后对方冠以知名的品牌销售。这样生产能力不足方可以迅速获得一定生产能力，增加产品销售，扩大品牌影响；而另一方可以充分利用闲置生产能力，谋取一定收益。对于拥有品牌方，还可以降低投资或并购所产生的风险。

5. 相互持股

相互持股是指合作各方为加强相互联系而持有对方一定数量的股份，这种战略联盟中各方的关系相对更加紧密，各方可以进行更为长久、密切的合作，与合资不同的是双方资产、人员不必进行合作。这种方式在日本非常常见。

(三) 企业建立国际战略联盟的动因

近年来国际战略联盟能够迅速得到发展，主要出于以下几个方面的原因。

1. 扩大市场份额的机会

企业之间可以通过建立战略联盟来扩大市场份额，双方利用彼此的网络进入新的市场和新的行业,促进产品的销售。

2. 克服贸易壁垒

通过与当地的企业组建战略联盟,用合资、特许经营等方式,可以在一定程度上有效地逾越这些贸易壁垒。

3. 获取互补资源和新技术

寻找合适的伙伴建立战略联盟,可以以其之长补己之短,既能获得资源互补,又可以实现规模经济,加速研究开发,营造联合优势。

4. 降低经营风险

组建战略联盟联合开发,可以由几个企业共同分担高昂的研究开发费用,并且还可以提高成功的概率,因此,有利于整个社会的技术进步。

5. 快速积聚资源和能力,增强竞争实力

与有着共同利益目标的同行业企业组建战略联盟可以联合企业各自的资源和能力,快速增强竞争实力,共同对付行业中更强大对手的竞争。

(四)组建国际战略联盟应注意的问题

战略联盟是一种新的组织模式,与并购相比具有反应迅速、机动灵活的优点,但也存在一些不足,在具体操作中,应该注意以下问题。

1. 更新竞争观念,高度重视战略联盟的真实内涵

战略联盟的判定标准要求,要使一种合作关系成为战略联盟,其目的必须是追求公司的一个或多个战略目的或目标。战略联盟可能会给公司在战术上、运作上和财务上带来好处,但其首要目的是为公司战略服务。企业只有从思想上认识到战略联盟的重要性,才可能从行动上认真对待。

2. 慎重选择合作伙伴

企业在选择合作伙伴时应遵循以下原则:一是与合作伙伴能够加强技术创新,提高技术效益;二是能够实现优势互补,产生协同效应;三是与合作伙伴的奋斗目标一致,核心价值兼容。因此,合作之前必须进行全面的分析研究、权衡利弊。可利用 SWOT 法分析评测可供选择的企业在价值链上的优劣势,从中找到符合自己要求的匹配企业。

3. 建立合理的组织关系,设计良好的管理机制

在战略联盟设计之初应针对合作的情况,确定合理的组织关系,对联盟各方的责、权、利进行明确的界定,防止由于组织不合理而影响其正常运作。战略联盟一般比较适用虚拟管理,应特别重视协作效应,并强调给合作各方都带来效益。

4. 加强联盟企业间的沟通,实现多层次的整合

应通过多层次的多种联系保证交流、沟通、协调和控制,实现以下五个方面的整合:

一是实现高层领导者之间持续接触,来共同探讨每个公司更广的目标或变革,实现联盟的战略整合;二是使中层经理人员或专家们一起制订特殊工程或联盟行动的计划,以识别那些将使公司间联系更为密切、或可转让知识的组织与系统方面的变革,实现联盟的战术整合;三是联盟应为工作人员及时提供信息、资源和人力等完成任务所必需的要素,各方应相互参加培训计划制订,促进联盟在用语和技术标准上达成一致,实现操作整合;四是如果合作者之间不能建立融洽的人际关系,就不能保证联盟的正常运转,实现联盟的人际关系整合至关重要;五是不同的企业在文化层面上往往有各自的特点,企业文化决定着企业的共同价值观、行为规范与形象活动等,只有实现联盟的文化整合,才能保证战略的顺利实施。

5. 重建联盟

重建联盟的一般步骤是:对联盟的目标、合作者及导致联盟失效的原因进行评价;设计重建联盟的业务框架及调整内容;界定新联盟的目标及它与母公司之间的新关系。实践证明,重建联盟的决心和努力可以帮助公司度过大多数联盟都要经历的长时间的停滞和衰退时期。

专题拓展

携程、如家利益共享

第三节　紧缩型战略

紧缩型战略是指企业从目前的战略经营领域收缩或撤退,是偏离原战略起点较大的一种战略,是相对比较消极的战略。

一般来讲,企业实行紧缩型战略是短期的,其根本目的是从某一经营领域撤出后,再进入其他企业发展更为有利的领域,是以退为进的战略。从企业经营风险的角度来讲,紧缩型战略是企业从风险较大、有可能使企业遭受更大损失的经营领域退出来,是企业躲避风险的战略。从企业发展来讲,可能是因外部环境恶化迫使企业采取紧缩型战略,是保持企业生存迫使其后退的战略。紧缩型战略共有四种类型,即转变战略、放弃战略、附庸战略和清算战略。

一、转变战略

转变战略的实施对象是陷入危机境地而又值得挽救的企业,其目标是尽可能地遏止和逆转公司的竞争和财务劣势。管理部门的第一项任务是寻找业绩低的根源。销售的意外下降是由脆弱的经济导致的,还是由于竞争战略制定的错误?是因为对一个本来可行的战略执行得不得力,还是运作费用很高?是因为存在重大的资源缺陷,还是因为债务过重?现有的业务是可以被拯救的,还是业务所面临的形势没有希望了?理解现有业务的问题之所在以及问题的严重程度是很关键的,因为对不同问题的不同诊断往往会产生不同的转变战略。

业务困难最常见的原因有：承担的债务较多；对销售增长的前景估计过于乐观；忽略了某些通过降价等过于积极的行动来"购买"市场份额而导致的一些会降低利润方面的影响；由于不能充分地利用生产能力而导致固定费用过高；冒险地投入大量的资金用于研究与开发以提高竞争地位和盈利能力，却没有获得有效的革新发明；将赌注压在技术的长远成功上；对公司渗透进入市场的能力过于乐观；对战略做频繁的变动(因为原来的战略并不奏效)；被那些更加成功的竞争对手所享有的优势击败。医治这些问题将企业转变过来可能涉及下面一些行动。

(1) 变卖资产，筹集资金，拯救业务的剩余部分。
(2) 改变现有的战略。
(3) 采取措施，以提高收入。
(4) 追求成本的降低。
(5) 联合采取这些行动。

1. 变卖资产

如果现金流很关键，那么产生现金的最可行的办法是：①变卖公司的一部分资产；②收缩，即去掉产品线中的薄利产品，关闭或者变卖老式的生产工厂，减少劳动，从广泛的市场上收缩回来，减少顾客服务等。资产减少和收缩战略起着核心作用。在有些情况下，陷于危机的公司变卖资产与其说是解除衰退业务负担，还不如说是遏止现金的流失以拯救和加强剩余的业务活动。

2. 战略变动

如果衰弱的业绩是由于糟糕的战略所导致的，那么，战略大检查的任务就可以沿着下面的一些路径进行：①转向一个新的竞争途径，重新建立公司的市场位置；②彻底地检查内部的活动、资源能力以及职能战略，以便更好地支持原来的业务战略；③与同行业中的另一家公司合并，制定一个新的战略，以新合并的公司的强势为基础；④进行收缩，减少新产品和核心顾客，更加紧密地与公司的资源能力匹配起来。战略变动的途径主要取决于行业环境、公司的资源强势和资源弱势、公司的竞争能力以及危机的严重程度。行业、主要竞争对手以及公司自身的竞争地位和公司能力与资源等各个方面的分析是采取行动的前提条件。一般来说，成功的战略变动必须与弱小公司的短期竞争能力紧密相连，直接瞄准公司最好的市场机会。

3. 提高收入

为提高收入而采取的努力其目的在于不断提高销售量。提高收入的选择有很多：削价、加大促销力度、扩大销售队伍、完善顾客服务、快速对产品进行改善。在下列情况下，必须采取措施提高收入：①在业务的经营运作中，削减费用的同时又确保赢利的余地很小或者没有这种余地；②恢复赢利水平的关键是提高对现有生产能力的利用。如果因为存在差别化的特色而使得购买者的需求对价格并不具有特别的敏感性，那么，提高短期收入的最快途径就是提高价格，而不是选择提高销量的削价行动。

4. 削减成本

削减成本的转变战略在下列情况下最奏效：不景气的公司价值链和成本结构有着足够的灵活性，允许进行大的手术；公司可以确定并矫正经营运作的缺陷；公司的成本中有着明显的"肿块"，同时有很多地方能够快速实现成本的节约；公司相对来说比较接近平衡点。除了采用一般的紧缩性政策之外，还应该提高对下列措施的重视：削减管理费用，清除关键的和低附加值的活动，对现有的设备实现现代化以提高生产率，推迟非关键性的资本花销，进行债务重组，减少利息成本和延长支付期。

5. 联合措施

采取联合措施的转变战略在严厉的环境下通常很关键，因为这种环境要求在一个比较宽的战线上采取快速的行动。同样，如果公司聘用了新的管理者并给予他们自由的决策权来采取各种他们认为合适的行动，那么，联合性的措施也常常会走进竞争的舞台。公司所面临的问题越严重，解决方案涉及符合战略行动的可能性就越大。

二、放弃战略

放弃战略是指企业在衰退期将其经营不善的某一个或几个经营单位、产线或事业部出卖或停止经营，企业在实行转变战略无效时，可采用放弃战略。放弃战略的主要目的是找到肯出高于固定资产市价的买主，所以企业的管理人员要尽力说服买主，使他们认识到购买这些技术和资源能够增加利润。放弃战略不同于我们将要讲到的清算战略，清算一般只包括资产的有形价值部分。另外，企业在实施放弃战略时，要注意把握时机，以免决策过早或过晚。因为如果过早，企业可能还没有衰退，需求还没有下降，这样企业便面临着巨大的风险，一旦决策失误，企业将蒙受巨大损失；如果时间过晚，行业内外的收买者就会有较强的谈判能力，使企业处于不利地位。

实施放弃战略对任何公司的管理者来说都是一个困难的决策。企业采取这一战略的障碍来自三个方面。

(1) 结构上的障碍。一项业务的技术以及固定资产和流动资产的特点可能会阻止管理者放弃。

(2) 内部依存关系上的障碍。公司中各种经营单位之间的联系可能会使组织放弃某一特定的经营单位。

(3) 管理方面的障碍。某些方面会阻止公司放弃一个不赢利的业务。这些方面包括：放弃对管理者的荣耀是一种打击，放弃在外界看来是失败的象征，放弃威胁管理人员的前途，放弃与社会目标冲突等，对管理人员的激励体制与放弃某一业务背道而驰。

资源稀缺是人类社会存在的基本现实。资源稀缺性与人类社会欲望无止境的二元矛盾，产生了机会、选择和放弃。而选择的过程同时也是一个放弃的过程，如果不想成为战略选择的奴隶，就必须选择战略放弃。放弃是理性的胜利，是智者的选择。成功的企业是因为不断地进行理性的放弃才获得了持久的成功，而失败的企业则是因为不能进行理性的放弃才导致了最终的失败。

三、附庸战略

小企业把本企业的生产经营与发展相对固定地纳入或嫁接在某个大企业集团上，使其成为该集团系列化生产中的一个组成部分，从而进行专业化生产与开发。对于大量的小企业来说，"附庸"是在专业基础上实现企业群体化的有效途径，而不是低人一等。在日本，小企业的生存与发展大都采用这种附庸战略。即当企业处于困境又想维持自身生存时，可以争取成为最大用户的依附者，借此生存下去。变成附庸后，虽然自身还独立存在，但实际上已变成大用户的"卫星"企业。

例如，丰田汽车公司周围有几百家小企业依附着，专门为丰田汽车公司提供优质的汽车零配件，它们与丰田公司结成了紧密的经济联系，随着丰田汽车公司的发展，这些小企业也都得到了发展。

选择、采用附庸经营战略的好处在于中小企业可以得到相对稳定的供销渠道，产品的开发方向较为单一、明确，可以发挥自己的专长，并能在一定程度上避开市场激烈竞争的压力；另外还能通过协作关系进行联合开发，依靠大企业的技术开发能力和实力，突破自身在资金、人才、设备等方面的制约。

四、清算战略

清算战略又称清理战略，是指企业由于无力清偿债务，而停止营业进行清理。显然，清算战略对于任何企业来说都是最不具有吸引力的战略，是一种痛苦的抉择。对单一经营的企业来说，清算意味着结束了企业的生存；对多种经营的企业来说，清算意味着关掉一定的经营单位和解雇一定数量的员工或进行培训转岗。通常是在其他战略均已失败而别无选择时才运用清算战略，但是在确实没有希望的情况下，若能尽早地实施清算战略，企业可有计划地降低其股票的市价，尽可能多地收回企业资产，以减少股东的损失。

清算分为自动清算和强制清算。自动清算一般由企业的股东决定，而强制清算则由法院决定。清算战略是所有战略选择中最为痛苦的决定，在企业发展演化过程中，只有在其他所有战略实施都无效时才采用。通常情况下，当企业由于经营不善无法挽回时，及时进行清算较之固执地维持经营，可能是最适宜的战略。从纯粹经济效益来考虑，早期清算比被迫破产更有利于股东的利益。

清算战略在特定的情况下，也是一种明智的选择。需要指出的是，清算战略的净收益是企业有形资产的出让价值，而不包括其相应的无形价值。

第四节 战略组合与战略选择

一、战略组合

为了实现不同的战略目标，企业可以选择前几节所述的任何一种战略单独使用，也可以将几种战略组合起来使用。由于企业环境的复杂性、实现企业战略目标途径的多样性以及企业内部组织结构的差异性，在实际的战略选择中，企业多侧重于运用战略组合来实现自己的战略目标。所谓战略组合，就是将相关的战略配合起来使用，使几种战略形成一个有机的整体。一般的战略组合方式有下列两种。

1. 顺序组合

顺序组合是指按照战略方案实施的先后顺序，顺次运用各种相关战略。例如，在一定时期内采取增长战略，然后在一定时期内实施稳定发展战略；或者先使用紧缩型战略，待企业条件改善后再采取发展战略等。另一种顺序组合的典型范例是依据产品的市场寿命周期来采取不同的战略。

2. 同时组合

同时组合是指在同一战略时期内同时使用几种相关战略，以实现企业整体的战略目标。在企业具有多种不同经营业务或多个事业部的情况下，通常采用同时组合的战略组合方式。例如，在增设其他战略经营单位、产品线或事业部的同时，放弃某个战略经营单位、产品线或事业部；在其他领域奉行发展战略的同时，紧缩某些领域等。由于同时组合很难在同一时期内，同时采用几种不同的战略，因此在运用这种战略组合时，应注意以下几点。

(1) 可供给的企业资源。由于同时组合可能会造成企业现有资源的分散使用，因此企业必须充分估计自己的资源的可供给程度，以确保各种战略能同时得以实施而不会造成企业资源的枯竭。

(2) 各种战略方案的组合优势。各种方案的组合是为了发挥各个方案的优势，扬长避短。因此，企业战略的同时组合必须是具有互容性的战略组合，从而使企业的整体战略达到最优。

(3) 明确主从战略的关系。在一定时期内，企业为实现关键性的总体战略目标而确立的战略是企业的主体战略，而其他战略则处于相对从属的战略位置。在战略组合实施的过程中，必须明确主从战略的关系，合理而有效地分配企业的资源。

总之，对大多数企业来说，可采用的战略方案是多种多样的。管理者既可以采用一种战略方案，也可以同时采用多种战略方案，形成一套战略组合。但鉴别出可用的战略方案，则是企业选择最适宜战略的前提条件和基础。

二、实践中的战略选择

1. 霍福尔的研究

在实际中企业经常采用什么样的战略？霍福尔曾对《幸福》杂志 1960—1972 年所刊登的一些企业的战略决策案例进行研究。这项研究的结论如下。

(1) 不同类型的挑战会导致不同类型的战略。

(2) 当企业面临巨大的外部环境机会，或其资源在充分满足现有的产品市场领域后还有富余时，它们通常会努力扩大现有的经营范围。

(3) 如果出现与上述两个条件相反的情况，则企业就会缩减现有经营范围并改变其职能性战略(即市场营销、财务或生产战略等),或者选择复合多样化战略。

(4) 最常采用的战略是为现有的市场开发新产品(产品开发战略)和增加现有产品对现行市场的渗透(渗透战略)。

(5) 最不常采用的战略是前向一体化和内向式发展的多样化战略。

(6) 企业只有在下述两种情况下才改变其整体经营目标:企业状况欠佳,不得不采取这种最终手段;企业境况良好,目标改动可确保公司经营状况得到重大改善。

2. 格鲁克的研究

格鲁克对《幸福》杂志刊登的 358 家公司在 45 年中所做战略选择进行过研究,发现各公司采用各种战略的频率如下:

增长型战略	54.4%
组合战略	28.7%
稳定型战略	9.2%
紧缩型战略	7.5%

格鲁克还对不同经济周期(复苏、繁荣、衰退、萧条)阶段企业所采用的上述几种战略进行了分析,其结论如下。

(1) 紧缩型战略是最不受欢迎的战略。在萧条时期,被采用的次数与增长战略大致相当;在繁荣时期是增长战略的 1/4;在衰退和复苏时期,分别是增长战略的 1/2 和 1/3。

(2) 稳定型战略是第二不受欢迎的战略。在繁荣时期,采用它的企业只有增长战略的 1/2;在复苏时期,是增长战略的 2/3;在萧条时期是不愿采用的战略(占 1/3)。

(3) 组合战略在繁荣时期是最受欢迎的战略,占增长战略的 1/3;而在其他时期则不常被采用。

(4) 增长战略在繁荣时期是最常采用的战略,占总数的 1/2 以上;在衰退和复苏时期,采用的频次大致相当;在萧条时期,只占总数的 1/3。

战略类型的选择也随行业类型而有所不同。增长型战略在复合的行业中被采用最多,而在工业品行业中采用率最低。组合战略的情况与增长型战略相似。对于稳定型战略,最常采用的行业是建筑、采掘业和石油业,最少采用的是复合行业、消费品行业和工业品行业。

案例分析

九阳与美的:专一化与多元化矛盾之争

本 章 小 结

任何企业都要正确选择自己的成长道路。企业在对外部战略环境与内部条件进行了战略分析,并制定了战略目标和选择了战略态势之后,就需要确定自身的总体战略。企业总体战略应使企业的生产经营活动产生附加值,即在企业的某个或多个价值活动中实行成本或差别化,由此产生溢价。就是说,企业的总体战略必须帮助其经营单位建立一个独特的竞争能力以及竞争优势的程序。为此,企业的总体战略主要考虑两个问题:一是企业应该选择在哪个行业里从事生产经营活动以使其长期利润最大化;二是企业应选择哪种战略进入与退出某个行业领域。只有这样,企业才能正确选择自己的成长道路,并能得到持久发展。

　　本章详细介绍了稳定型战略、增长型战略和紧缩型战略三种总体战略,分析了它们的主要方式,采用时应注意的问题。在现实中,很少单独应用某一种战略,经常运用几种战略的组合,在第四节介绍了战略组合的形式及注意的问题,为企业采用总体战略提供了理论支持和实践指导。

复习思考题

1. 试述稳定型战略采用的原因、主要方式及其缺点。
2. 企业为什么采取纵向一体化战略,这种战略可能会出现什么问题?
3. 比较相关多元化与不相关多元化的动机有什么不同?
4. 并购容易发生什么问题?如何进行有效的并购?
5. 结合所学理论,分析一个采用紧缩型战略的案例。

第六章 企业竞争战略

本章导读

梳子帝国因何崛起——看谭木匠如何用梳子做文章

学习目标

通过本章的学习,应明确成本领先战略、差异化战略和集中化战略的概念,掌握这三种基本竞争战略的优缺点,了解企业如何实施这三种竞争战略,识别这三种竞争战略之间的区别;明确常用的动态竞争战略,了解企业如何运用动态竞争战略;了解不同行业竞争战略的选择。

关键概念

经验曲线(Experience Curve)　　　　成本领先战略(Leading Strategic Cost)
差异化战略(Differentiation Strategy)　集中化战略(The Decentralization Strategy)
进攻战略(Strategic Offensive)　　　　防御战略(Defensive Strategy)
先动战略(First Dynamic Strategy)　　 标杆学习(Benchmarking Study)
新兴行业(New Industry)　　　　　　成熟行业(Mature Industry)
衰退行业(Recession Industry)

第一节 三种基本的竞争战略

美国哈佛商学院著名战略管理学家迈克尔·波特教授 1980 年在《竞争战略》一书中提出三种基本竞争战略,即成本领先、差异化和集中化。图 6-1 列示了波特的竞争优势实证研究成果。这三种典型的基本战略模式因为能使企业形成超出对手的相对竞争优势而长期为企业所采用。

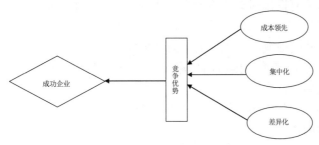

图 6-1　波特竞争优势模型

一、成本领先战略

(一)经验曲线

经验曲线理论是成本领先竞争战略的基础。经验曲线由美国波士顿咨询公司于 20 世纪六七十年代发现并用于企业战略分析。经验曲线理论的基本概念是指总产量增加时,标准产品的制造成本会以某一固定的、可以预计的方式下降。例如,产量增加一倍,制造成本下降 20%。由此可以得出:在存在经验曲线效应的情况下,产出规模大的企业的制造成本会低于产出规模小的企业,因而形成成本优势。图 6-2 是经验曲线的两种基本形状。

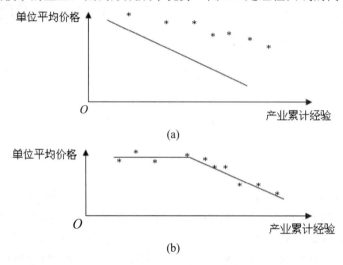

图 6-2　经验曲线的基本形状

图 6-2(a)是美国电力产业协会提供的 1964—1972 年电力产业的经验曲线,曲线斜率为 75%。该曲线表示,在电力行业中,规模的扩大立即导致经验的增加。图 6-2(b)是美国煤气行业 1964—1967 年的经验曲线。从该曲线可以看出,在煤气行业中,规模的扩大并不立即表现为经验的增加,只有当规模扩大到一定程度后,才会出现经验的增加。

1. 经验曲线效用的来源

经验曲线降低成本的作用主要来自以下八个方面。

(1) 操作经验作用。由于重复进行同样的操作,使职工和管理人员积累了经验,工作效率因而提高。对重复操作活动的培训可以使这一作用更加明显。

(2) 新的劳动组织方式的作用。例如,提高专业化水平,重新安排流程,组织结构合理化等劳动组织方式的改变,都能使生产的经济性提高。

(3) 新工艺、工艺改善或创新的作用。采用新工艺或对原来的工艺进行改善甚至创新,可提高作业效率,降低成本。

(4) 改变资源配比的作用。例如,在劳动力成本高的行业,多用机器来代替人的使用量能起到降低成本的作用。

(5) 产品标准化的作用。标准化可以直接形成成本利益。

(6) 技术的经验作用。即在获得经验之后,同样的设备可以使工作质量标准提高。

(7) 产品再设计作用。供需双方更了解产品的生产要求，因而可以对产品进行再设计，在同样的材料及劳动力投入的情况下取得更大的产品效用。

(8) 规模经济作用。一般来说，在规模经济作用范围内，生产规模越大，经验曲线下降的速度就越快。虽然静态规模对经验曲线斜率的影响不大，但对经验曲线的时间改善作用很大。所以，产量高的企业不但能获得静态的规模经济性，还能够获得较快的成本下降速度。

2. 用经验曲线进行预测和决策

企业可以利用产量和单位成本两组数据来制作经验曲线图。制作时，以产量为横坐标，单位成本为纵坐标。表 6-1 是一个 80%经验成本表。其中产量每增加一倍，单位成本便下降为原来的 80%。

表 6-1 80%经验成本表

产量	2	4	8	16	32	64	128
单位成本	100	80	64	51	41	33	26

经验曲线的计算公式为

$$C_n = C_1 n^{-\lambda} \tag{1}$$

其中：C_n——第 n 个产量单位的成本；

C_1——第一个产量单位的成本；

n——在此计算公式中是产量单位，从性质上反映的是企业在产量上累积的经验；

λ——弹性系数。

经验曲线的斜率 $k = C_{2n}/C_n$，$k \leq 1$ (2)

当 $k=100\%$ 时，不存在经验。k 值越小，经验越大。

将式(1)代入式(2)得

$$k = \frac{C_1(2n)^{-\lambda}}{C_1 \cdot n^{-\lambda}}$$

所以

$$k = 2^{-\lambda}$$

因为 $\lambda = \dfrac{\ln k}{\ln 2}$，所以求出了 k，也就求出了 λ。

在受经验影响的产业中，企业可以了解自己企业的利润率、经验以及对手的经验，由此估计对手的成本及利润率，制定对付对手的战略，并可以了解对手的反应(假如对手也是理智的)。

3. 其他需要考虑的因素

在进行经验曲线分析时，还需要考虑以下几个因素的影响。

(1) 共享经验。企业生产的若干产品可能共享某一共同的资源或活动。特别是在产品生产初期，差别化程度较低，资源共享的情况更为普遍。企业应尽可能多地寻找可以共享的经验，以取得更大的相对于对手的优势。

(2) 分析时期的环境特征。某些生产或供应的瓶颈区或是某些部件成本的突然变化、较高的通货膨胀率、人为的对成本逐年下降的期望等因素都会影响分析的正确性。所以，在进行经验曲线分析时，要去除分析数据中的通货膨胀的影响。另外，需要认识到成本是随经验的积累而降低的，不是随时间的增加而降低的。具有同样生产年份的企业的经验可以是不同的。

(3) 数据。因为各企业成本数据的基础和处理方法、处理时间、会计方法都可以不同，而且许多企业的成本不是按产品划分，而是按部门划分的，这些数据处理上的差别会造成分析结果的偏差，导致错位的战略决策。另外，有关对手和供应商的数据很难获得，即使获得了，也无法证实其正确性，无法了解其中包含的共享经验的成分。所以，在估计外购件的未来价格时，应尽可能估计外购件的经验及共享经验的影响。

(4) 进入时间。产业中各对手进入的时间是不同的，这也影响了他们的经验。一般来说，后进入者因为能观察先进入者的活动，能雇用先进入者的职工，能更多地利用在设备和工艺上的技术进步成果，利用零部件供应商经验增加而使外购件成本下降的优势等，其初始成本比先进入者要低。而且，后进入企业还能开发先进入企业未能利用的共享经验，或是能通过更为合适的组织结构来取得生产及营销上的相对优势，这些都会使进入时间不同的企业有不同的经验曲线。

经验曲线的作用是客观存在的，对经验曲线作用的认识和恰当运用，有利于企业形成竞争优势和进行战略选择。但同时，企业也需要了解过度追求经验曲线效用也会引起一些副作用。例如，过度追求生产能力的扩大会提高资本资产对销售额的比重，使固定成本提高，从而提高了盈亏平衡点。又例如，为了取得共享经验，企业会进行对供应商的兼并，使业务多样化程度提高，由此降低了经营灵活性和创新能力，还会使管理复杂性提高、管理费用增加。况且，不同产业和行业的经验曲线效应的大小是不同的，企业在对其进行利用时还要做具体分析。

(二)成本领先战略概述

1. 成本领先战略的概念

成本领先战略是指企业在生产和管理过程中尽其所能地节约成本，以低于竞争对手的成本在竞争过程中获得成本领先。成本领先战略以低成本来获得持久的竞争优势。成本领先企业只要能以同行业平均或接近平均的价格水平就能增强其市场占有率，获得较高收益。

沃尔玛为什么能成为500强之首？人们找到的理由中有规模经营、成本管理、人力资源、科技应用和价格策略等许许多多的原因。其实沃尔玛的全部文化可以简单地概括为一个字——廉。要做到这个廉说难很难，说简单也很简单，其实就是要变换一种核算方式。

"尽可能少的成本付出"与"减少支出、降低成本"在概念上是有区别的。"尽可能少的成本付出"，不等同于节省或减少成本支出。它是运用成本效益观念来指导新产品的设计及老产品的改进工作。

在对市场需求进行调整分析的基础上，如果能够认识到在产品的原有功能基础上新增某一功能，会使产品的市场占有率大幅度提高，那么，尽管为实行产品的新增功能会相应地增加一部分成本，只要这部分成本的增加能提高企业产品在市场的竞争力，最终为企业带来更大的经济效益,这种成本增加就是符合成本效益观念的。

成本领先战略适用于以下情况:在市场竞争中价格竞争占有主导地位的行业,例如在钢铁、煤炭、石油、水泥、化肥、木材等行业中,所有企业生产的都是标准化产品,产品差异较小,价格竞争成为市场竞争的主要手段,该战略的使用效果显著。购买者从一个销售商向另一个销售商的转移成本很低或几乎没有,则购买者倾向于价格更低的销售者。

成本领先战略的理论基础有两个。

(1) 规模经济效益,即单位产品成本随生产规模增大而下降。

(2) 学习曲线效应,即单位产品成本随企业累积产量增加而下降。

这主要是因为随着产品累积数量的增加,职工生产经验更丰富,生产技术更为熟练,使劳动生产率提高,因而使单位产品成本下降。同时,随着产量的增加,职工被更有效地组织管理起来,因而提高了劳动生产率,使单位产品成本下降。

2. 实施成本领先战略的条件

实施成本领先战略必须满足以下四个条件。

(1) 该战略适用于大批量生产的企业,产量要达到经济规模,这样才会有较低的成本。

(2) 要有较高的市场占有率,就要严格控制产品定价和初始亏损,以此来创立较高的市场份额。

(3) 企业必须使用先进的生产设备,因为先进的设备使生产效率提高,能使产品成本进一步降低。由于有较高的市场占有率,就有可能赢得较高的利润,同时又可以此利润对设备投资,进一步购买更先进的设备,以维护成本领先的地位。应当说,这种再投资往往是保持低成本状态的先决条件。由于使用先进的生产设备,使得生产批量加大,其经济规模加大,经济规模加大后,就要求市场占有率更加提高,市场占有率提高后,企业收益进一步增加,于是又可从收益中拿出一部分资金再投资到更先进的生产设备,如此循环下去,这就是实施成本领先战略的条件。

(4) 要严格控制一切费用开支,全力以赴地降低成本,最大限度地减少研究开发、服务、推销、广告及其他一切费用。

由上述四个条件,可以总结归纳出成本领先战略的循环,见图6-3。

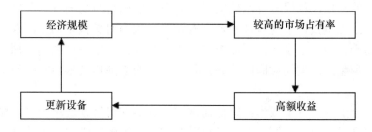

图6-3 成本领先战略的循环

3. 成本领先战略的优点

低成本企业在行业中有明显的优势:可以低价位与竞争对手展开竞争,扩大销售,提高市场占有率,获得高于同行业平均水平的收益;可以在与客户的谈判中争取到更大的生存空间;有较强的原材料上涨的价格承受能力;可以依托低成本所形成的竞争优势,形成进入障碍，限制新的加入者；可以削弱弱势产品的竞争力量。具体而言，企业采用成本领先战略主要有以下优点。

（1）在与竞争对手的竞争中，由于成本领先，企业可用低价格优势从竞争对手中夺取市场占有率，扩大销售量，因而在同行业中可以赚取更多的利润。在争取顾客的竞争中，产品的低价格使原先没有使用该产品的顾客也开始使用，使已经使用竞争对手同类产品的顾客转向使用本企业的产品，使低成本企业不仅巩固并维护了市场地位，而且进一步扩大了市场占有率。

（2）在争取供应商的竞争中，由于企业有低成本优势，相对于竞争对手来说具有较大的对原材料、零部件价格上涨的承受能力，能够在较大的边际利润范围内承受各种不稳定经济因素所带来的影响。由于成本领先，企业对原材料或零部件的需求量大，因而企业可以获得廉价的原材料或零部件，同时也便于和供应商建立稳定的合作关系。

（3）在与潜在进入者的竞争中，低成本企业由于采取低价格而提高了进入壁垒，使新进入者不致构成对低成本企业的威胁。

（4）在替代品的竞争中，低成本企业可用削减价格的办法稳定现有顾客的需求，使之不被替代产品代替。当然，如果企业要较长时期地巩固企业现有竞争地位，还必须在产品及市场上有所创新。

（5）面对强有力的中间商要求降低产品价格的压力，采用成本领先战略的企业在进行交易时，握有更大的主动权。

4. 成本领先战略的缺点

风险与收益并存，采用成本领先战略虽然有许多好处，但也存在着很多风险。

（1）企业投资较大，因为企业必须具有先进的生产设备，才能高效率地进行生产。

（2）社会技术变化导致产品生产工艺有了新的突破，使企业过去大量投资和由此产生的高效率一下子丧失了优势，使竞争对手比较容易以更低成本进入该行业，造成对原有企业的威胁。

（3）企业高层领导把过多的注意力集中于低成本战略，可能导致企业忽视顾客需求特性和需求趋势的变化，忽视顾客对产品差异的兴趣，忽视顾客对价格降低的敏感性；企业拘泥于现有战略的选择，就很有可能被采用产品差异化战略的竞争对手击败。

（4）由于企业大量投资于现有技术及现有设备，因而对新技术的采用及技术创新反应迟钝。同时，由于使用专用设备，因而资产专用性很强，退出壁垒很高，原设备的巨额投资成了企业战略调整的巨大而顽固的障碍，使企业不愿为战略调整而付出巨大代价，企业由此陷入被动。

因此，企业不能太集中于成本的降低而削弱了企业的可持续发展能力，学者们提出了"战略成本"概念以解决此问题。企业必须采取重大措施确保成本优势的持久性。同时企业不能"一叶障目"，以致产品其他方面(如产品性能、质量、差异化等)情况的恶化。

(三)开发成本优势的途径

成本领先战略要求一如既往地建立起高效、规模的生产设备，在经验的基础上全力以赴地降低成本，抓紧成本与管理费用的控制，以及最大限度地减少研究开发、服务、推销、广告等方面的成本费用。为了达到这些目标，就要在管理方面对成本给予高度的重视。尽管质量、服务以及其他方面也不容忽视，但贯穿于整个战略中的是使成本低于竞争对手。要获得成本优势，企业价值链上的累积成本必须低于竞争对手的累积成本，达到这个目的途径有四个。

1. 控制成本驱动因素

控制成本驱动因素是指通过对产品构成成本的各个要素进行控制和改善，以达到降低成本的目的。主要可从以下几个方面着手降低成本。

(1) 规模经济或不经济。价值链上某项具体活动常常会受到规模经济或规模不经济的约束。如果某项活动的开展，规模大比规模小成本更低，以及如果公司能够将某些成本(如研究与开发费用)分配到更大的销售量上，那么就可以获得规模经济。对那些容易受到规模经济或规模不经济制约的活动进行敏锐的管理是节约成本的一个主要方法。

(2) 学习及经验曲线效应。开展某项活动的成本可能因为经验和学习的经济性而随时间下降。

(3) 关键资源的投入成本。开展价值链活动的成本部分取决于企业购买关键的资源投入所支付的成本。对于从供应商那里购买的投入或价值链活动中所消耗的资源，各个竞争厂商所承担的成本并不完全相同，一家企业对外购投入成本的管理通常是一个很重要的成本驱动因素。

(4) 与企业中或行业价值链中其他活动的联系。如果一项活动的成本受到另一项活动的影响，那么，在确保相关的活动以一种协调合作的方式开展的情况下，就可以降低成本。

(5) 在企业内部同其他组织单元或业务单元进行成本分享。一个企业内部的不同产品线或不同业务单元通常共同使用一个订单处理和客户账单处理系统，通常使用相同的销售力量，共同使用相同的仓储和分销设施，通常依靠相同的客户服务和技术支持队伍。这种类似活动的合并和兄弟单位之间的跨部门的资源分享可以带来重要的成本节约。成本共享有助于获得规模经济，有助于缩短掌握一项技术的学习曲线，有助于促进生产能力更充分地使用。

(6) 垂直一体化对外部寻源所具有的利益。部分或全部一体化进入供应商或前向渠道联盟可以使一个企业绕开有谈判权利的供应商或购买者。如果合并或协调价值链中紧密相关的活动能够带来重大的成本节约的话，那么前向或后向一体化就有很大的潜力。相反，有时对某些职能活动进行外部寻源或业务外包，让外部的专业厂商来做或许更便宜，因为他们利用了现有技术和规模，开展这些活动的成本会更低。

(7) 生产能力利用率。生产能力利用率是价值链中的一个很大的成本驱动因素，因为它本身附带了巨大的固定成本。生产能力利用率的提高可以使得承担折旧和其他固定费用的生产量扩大，从而降低单位固定成本。业务的资本密集度越高或固定成本占总成本的比重越高，这个成本驱动因素的重要性就越明显，因为生产能力利用不足就会使单位成本遭受很大的损失。在这种情况下，寻找生产运作在接近年度满负荷运转的途径是获取成本优势的又一个源泉。

(8) 战略选择和经营运作决策。企业内部的各种管理决策可以使得公司的成本降低或者上升。

2. 改造企业的价值链

价值链就是指企业产品从开始设计到投入生产，直至最后交付到顾客手中这一整个过程中的价值增值过程。通过改造企业价值链的结构降低成本，是指通过寻找革新性的途径来改造企业价值链中的过程，省略或者跨越那些创造极少价值而成本高昂的价值链活动，更经济地为顾客提供产品，以带来更大的成本优势。企业通过改造价值链来获得成本优势的主要途径有以下几个。

(1) 简化产品设计，利用计算机辅助设计技术、减少零部件，将各种模型和款式的零配件标准化，转向"易于制造"的设计方式。

(2) 削减产品或服务的附加，只提供基本无附加的产品或服务，从而削减多用途的特色和选择。

(3) 转向更简单的、资本密集度更低的，或者更简便、更灵活的技术过程(计算机辅助设计和制造，既能够包容低成本效率，又能够包容产品定制性的柔性制造系统)。

(4) 寻找各种途径来避免使用高成本的原材料和零部件。

(5) 使用"直接到达最终用户"的营销和销售策略，从而削减批发商和零售商那里通常很高的成本费用和利润。

(6) 将各种设施重新布置在更靠近供应商和消费者的地方，以减少入厂和出厂成本。

(7) 抛弃那种"针对每一个人"的经营方式，将核心集中在有限的产品或服务上，以满足目标购买者特殊的但是却很重要的需求，以消除产品或服务中的各种变形所带来的活动和成本。

(8) 再造业务流程，去掉附加价值很低的活动。

(9) 利用电子通信技术，减少打印和复印成本，通过电子邮件加快通信，通过使用电视会议减少差旅成本，通过企业的内部网络来传播信息。

(10) 加强客户关系管理(CRM)，通过网址和网页同顾客建立联系。

3. 建立注重成本的企业文化

成功的低成本企业是通过不厌其烦地寻求整个价值链上的成本节约来获得成本优势的，所以必须建立注重成本的企业文化，使节约每一分钱的观念深入人心，成为一种自觉的行动。员工广泛地参与成本控制，不断地将自己的成本同某项活动的最优秀成本展开标杆学习，深入地审查运作费用和预算要求，制定各种不断降低成本的方案。

4. 实现规模经济

规模经济是指在技术水平不变时，单位产品的成本随着累计产量的增加而下降。企业可以通过兼并、市场扩张或市场营销活动来扩大规模，从而降低产品的成本。

另外，大量的实证研究表明，在给定的设备条件下，随着累计产量的上升而得到的是生产和管理经验的上升，因为熟能生巧，从而导致单位成本下降。在很多行业中，累计产量每翻一番，单位成本就下降 20%。

二、差异化战略

(一)差异化战略的概念

差异化战略是企业通过对客户提供具有独特价值的产品或服务，并获取更高溢价的经营方式。企业经营的差异化表现在多个方面，如产品或服务本身、客户服务、品牌名声和渠道等。最理想的情况是公司使自己在几个方面都能与众不同。例如，卡特彼勒推土机公司(Caterpillar Tractor)不仅以其经销网络和优良的零配件供应服务著称，而且以其极为优质耐用的产品享有盛誉。所有这些对于大型设备都至关重要，因为大型设备使用时发生故障的代价是昂贵的。需要指出的是，差异化并不意味着公司可以忽视成本，但此时成本不是公司的首要战略目标。

这种战略的指导思想是：在价值链的某些环节上，企业提供的产品与服务在产业中具有独特性，即具有与众不同的特色，这些特色可以表现在产品设计、技术特性、产品名牌、产品形象、服务方式、销售方式、促销手段等某一方面，也可以同时表现在几个方面。这种产品由于具有与众不同的特色，因而赢得一部分用户的信任，使同产业内的其他企业一时难以与之竞争，其替代品也很难在这个特定的领域与之抗衡。

总之，产品差异化使同一产业内不同企业的产品减少了可替代性，这意味着产业市场垄断因素的增强。

这种可替代性减少程度可用需求的交叉弹性来衡量。交叉弹性，就是某一产品的购买者的需求量变化率对另一产品的价格变化率之比。

A产品的需求对B产品价格的交叉弹性可由下式表示：

$$交叉弹性 = \frac{A产品需求量变化的百分比}{B产品价格变化的百分比}$$

对于在同一产业内的A、B两个产品而言，在B产品的价格变化、A产品的价格不变的情况下，A产品的需求量有较大波动，则A产品和B产品显然有较高的可替代性；如果波动较小，则说明可替代性相对较小，A产品的差异化程度较高。将同一产业内不同企业产品的交叉弹性加以比较，就可以了解产品差异化的程度。

(二)实施差异化战略的条件

实施差异化战略有六个条件。

(1) 企业要有很强的研究开发能力。企业要具备一定数量的研发人员，要求这些研发人员要有很强的市场意识和创新眼光，及时了解客户需求，不断地在产品设计及服务中创造出独特性。

(2) 企业在产品或服务上要具有领先的声望，具有很高的知名度和美誉度。

(3) 企业要具有很强的市场营销能力。要使企业内部的研究开发、生产制造、市场营销等职能部门之间有很好的协调性。

(4) 顾客对产品的需求与使用经常变化。

(5) 行业内有多种可使产品或服务有差异化的方式或方法，且顾客认为这些差异有价值。

(6) 只有少数竞争对手会采取与本企业类似的差异化行动。当企业能较迅速地实施差异化战略或竞争对手在进行模仿时要付出高昂的代价时，差异化战略将会获取更好的效果。

(三)差异化战略的优势

1. 设置进入的障碍

企业在差异化的基础上，拥有了一定的消费群体。由于产品和服务的特色，赢得了消费群体的信任和忠诚，便为潜在竞争者设置了较高的进入障碍。潜在的竞争者若要与企业进行竞争，则要克服这种差异化所带来的独特性。

2. 降低替代品的威胁

替代品能否代替现有的产品，主要取决于两种产品的性价比。如果企业的成本领先战略可以通过价格优势提高现有产品的性价比，降低替代品的威胁，则企业的产品差异化战略同样可以通过性能优势来提高现有产品的性价比，降低替代品的威胁，在一定程度上不被替代品所代替，以保持自己的竞争地位。

3. 增强讨价还价的能力

企业具有差异化的优势，可以为企业带来较高的边际收益，增强企业对供应者讨价还价的主动性和灵活性。同样，企业差异化的优势在增强购买者对产品品牌忠诚度的同时，也降低了购买者对产品价格的敏感程度，因而削弱了购买者讨价还价的能力。

4. 保持领先的地位

企业的差异化优势主要体现在与行业内的竞争对手的比较上。企业面对日新月异的市场挑战，能不断适应市场的需求，在提供产品和服务的差异上一直领先于行业内的竞争者，拥有一批老顾客和吸引一批新的顾客群体，从而保持企业在行业内的领先地位。

(四)产品差异化的风险

1. 差异化的成本过高

企业要保持产品和服务的差异化，一般情况下，都要以成本的增加为前提，因此，企业如果采用产品差异化战略不能有效控制其限度和范围，便有可能使实施产品差异战略所取得的利润中的相当一部分被成本的上升抵消，以致造成企业利润的滑坡。

2. 竞争对手的模仿

当企业的产品和服务具有差异化的优势时，竞争对手往往会采取合法的模仿，形成与企业相似的差异化优势，给企业的经营活动造成困境，这种情况会随着产业的成熟而不断发生。尤其是由于企业对自己新开发的具有某种特殊功能的产品未能加以保护，更有可能被竞争对手抢先申请专利保护和抢先仿制，从而给企业造成难以预料的损失。

3. 顾客爱好的转移

一般情况下，实施差异化战略的企业，其关注点是消费群体对产品和服务的特殊需求。如果形成差异的成本高出一定的限度，超过消费群体所能接受的价格范围，便可能造成消费群体敬而远之，使原有的消费群体的爱好发生转移。这样势必影响企业的市场竞争地位。

(五)实现差异化战略的途径

1. 产品质量差异化

产品质量差异化是指企业向市场提供竞争对手不具有的高质量产品，通过高质高价获得比竞争对手更多的利润。例如，海尔电冰箱以开箱合格率 100%的高质量进入市场，从而树立起了独特的产品质量形象。

2. 产品可靠性差异化

产品可靠性差异化是与产品质量差异化相关的一种战略，其核心就是要保证企业产品的绝对可靠性，甚至在出现意外故障时，也不完全丧失其实用价值。例如，以高质量、高可靠性闻名世界的奔驰汽车公司，每年用 30 辆新车以最高速度碰撞专设的钢筋混凝土水泥板，并测试车中模拟人的伤亡情况，不断提高奔驰车的安全可靠性。尽管奔驰车的售价比一般轿车高出 1 倍以上，但长盛不衰的销售量给企业带来了高收益。

3. 产品外观差异化

产品的外观主要表现在产品的外形设计、款式、色彩等方面。顾客接触产品，是从其外观质量再到内在质量的。外观有特色的消费类产品，往往能刺激顾客的消费欲望，使其对产品形成良好的第一印象。

4. 产品销售服务差异化

服务是企业产品的延伸，包括送货上门、安装、调试、维修保证等，企业向顾客提供的产品必须通过这一层次的活动，才能使产品充分发挥其功能，受到消费者的欢迎。如果更深入地分析，就会发现顾客购买消费品所关心的实质内容是产品所提供的服务，因此企业向顾客提供的产品，应该是包括各种服务承诺的完整产品。

5. 产品创新差异化

对于一些拥有雄厚研究开发实力的高科技企业，实行以产品创新为主的差异化战略，不仅可以保持企业在科技上的领先地位，而且可以增强企业的竞争优势和获利能力。例如，日本松下电器公司研制的超薄录像机的厚度只有 20 毫米，大小相当于一本 32 开的书，使用起来方便轻巧，这种产品对技术的要求非常高，一般企业难以在短期内模仿制造。

6. 产品品牌差异化

产品品牌差异化战略就是通过创名牌产品、保名牌产品，使企业在同行业中富有竞争力。名牌产品是指具有较高知名度和较高市场占有率的产品。名牌不仅是社会对某一产品的评价，而且是对企业整体的评价。名牌是企业实力和地位的象征，一个产品一旦成为名牌，既可以给企业带来利益，也可以给国家带来荣誉。在市场竞争的条件下，名牌战略是企业进行竞争的利器和取胜的法宝，只有勇创名牌的企业才能在竞争中取得胜利。

总之，在企业经营价值链的每一个环节上，凡是能给顾客带来新价值的举措都可能带来一定的差异化优势。

专题拓展

九毛九的产品和服务差异化战略

三、集中化战略

(一)集中化战略的概念

迈克尔·波特提出了第三种企业基本竞争战略,即集中化战略。集中化战略强调主攻某个特定的顾客群、某产品系列的一个细分区段或某一个地区市场。低成本战略与差异化战略都要在全产业范围内实现其目标,集中化战略却是围绕着更好地满足特定目标市场这一中心建立的,它所制定的每一项职能策略都要考虑这一目的。

集中化战略有两种形式:集中成本领先和集中差异化。采取集中成本领先战略的企业寻求在目标市场上的成本优势,而实施集中差异化战略的企业则追求在目标市场上的产品差异优势。集中化战略的这两种形式都以所选择的目标市场与产业内其他细分市场的区别为基础。集中成本领先战略在一些细分市场的成本行为中发掘区别,而集中差异化战略则是开发差异化细分市场上客户的特殊需求。这些区别意味着多目标竞争者因服务多个不同的细分市场,而不能使个别细分市场的需求得到满足。因此,采取集中战略的企业可以通过专门致力于这些细分市场而获得竞争优势。

(二)实施集中化战略的前提

首先,公司能够以更高的效率、更好的效果为某一狭窄的战略对象服务,从而超过在更广阔范围内经营的竞争对手。公司通过较好地满足特定对象的需要实现了差异化,或者实现了低成本,或者二者兼得。尽管从整个市场的角度看,集中战略未能取得低成本或差异化优势,但它的确在其狭窄的市场目标中获得了一种或两种优势地位。其次,目标集中于一个细分市场或一组细分市场这一做法本身并不足以获取竞争优势。选择的细分市场必须包括有不同需求的买方,或要求有一个不同于服务于其他细分市场的价值链。正是集中战略者的细分市场与其他市场间的区别,造成了目标广泛竞争对手的次优化,并为采用集中战略的公司带来了持久优势的来源。

(三)集中化战略的优点

集中化战略的优点主要表现在以下几方面。

(1) 经营目标集中,管理简单方便,可以集中使用企业的人、财、物等资源。

(2) 有条件深入钻研以至于精通有关的专业技术,熟悉产品的市场、用户及同行业竞争方面的情况,因此有可能提高企业的实力,争得产品及市场优势。

(3) 由于生产高度专业化,可以达到规模经济效益,降低成本,增加收益。

这种战略适用于中小企业,能使高度集中的专业化中小企业对国民经济做出重要贡献,成为"小型巨人",即小企业采用单一产品市场战略可以以小补大、以专补缺、以精取胜,成为受大公司欢迎的为其提供配套产品的合作伙伴。

(四)集中化战略的缺点及应对措施

1. 集中化战略的缺点

集中化战略的缺点主要表现在以下几方面。

(1) 当市场发生变化、技术创新或新的替代品出现时，该产品需求量下降，企业就会受到严重的冲击。

(2) 这种企业对环境的适应能力差、经营风险大。应当看到市场上大多数产品或迟或早终究要退出市场，因此采用此战略应当有应变的准备，做好产品的更新改造工作。

2. 集中化战略的威胁及应对措施

企业采用集中化战略要注意防止来自三方面的威胁，并采取相应措施来维护企业的竞争优势。

(1) 以广泛市场为目标的竞争对手，很可能将该目标细分市场纳入其竞争范围，甚至已经在该目标细分市场中竞争，它也可能成为该细分市场的潜在进入者，造成了对企业的威胁。这时选用集中战略的企业要在产品及市场营销等各方面保持和加大其差异性，产品的差异性越大，集中战略的维持力也越强。应当指出，正由于集中战略的维持力是建立在差异性基础上的，因此，随着差异性的变化，选用集中化战略的企业的目标细分市场也应该随之做出相应的调整。

(2) 该行业的其他企业也采用集中化战略，或者以更小的细分市场为目标，造成了对企业的威胁。这时选用集中化战略的企业要建立防止模仿的障碍，当然其障碍壁垒的高低取决于特定的市场细分结构。另外，目标细分市场的规模也会造成对集中战略的威胁，如果目标细分市场较小，竞争者可能不感兴趣；但如果是在一个新兴的、利润不断增长的较大的目标细分市场上采用集中化战略，其他企业就有可能在更为狭窄的目标细分市场上也采用集中化战略，开发出更为专业化的产品，从而剥夺了原选用集中化战略的企业的竞争优势。

(3) 集中化战略的细分市场中，由于有替代品或消费者偏好发生变化，价值观念更新，社会政治、经济、法律、文化等环境的变化及技术的突破和创新等方面的原因引起目标细分市场的替代，导致市场结构性变化，此时集中化战略的优势也将随之消失。

(五)实施集中化战略的原则与形式

1. 集中化战略的原则

企业实施集中化战略的关键是选好战略目标。一般原则是，企业要尽可能地选择那些竞争对手最薄弱的目标和最容易受替代产品冲击的目标。在选择目标之前，企业必须确认以下几点。

(1) 购买群体在需求上存在差异。

(2) 在企业的目标市场上，没有其他竞争对手试图采用集中战略。

(3) 企业的目标市场在市场容量、成长速度、获利能力、竞争强度方面具有相对的吸引力。

(4) 本企业的资源实力有限，不能追求更大的目标市场。

2. 集中化战略的形式

集中化战略一般有两种形式，即成本集中和差异化集中。这两种形式的集中都是面向企业选定一个特定细分市场。具体有以下几种形式。

(1) 产品线的集中战略。对于产品开发和工艺装备成本较高的行业，部分企业可以产品线的某一部分作为经营重点。例如，日本汽车厂商一直将经营重点放在节能小汽车的生产和销售上，而我国的民营企业万向集团则始终以生产汽车产品的零配件万向节为主。

(2) 用户集中化战略。企业将经营重点放在特殊需求的顾客群上。例如，当美国耐克公司基本控制跑鞋市场时，阿迪达斯公司则集中力量开发符合 12～17 岁青少年需要的运动鞋，以同耐克竞争。

(3) 地区集中战略。企业按照地区的消费习惯和特点来细分市场。企业选择部分地区有针对性地组织生产。例如，青岛海信公司针对农村市场电压不稳而生产的宽电压电视机，提高了企业的农村市场占有率；海尔公司则根据西南地区农民用洗衣机洗地瓜的特点，开发出既可以洗衣服又可洗地瓜的洗衣机，都是实施的地区集中战略。

第二节 动态竞争战略

一、进攻战略

(一)进攻战略的一般概念

进攻战略又称增长战略，即在企业现有战略基础水平上向更高一级的方向发展。要发展就必须增加资源和提高现有资源的利用效率，挖掘和充分发挥企业的潜能。它以发展作为企业的核心内存，引导企业不断地开发新产品，开拓新市场，提高销售量，扩大市场占有率，扩大经营规模与范围，降低财务成本，提高赢利能力，采用新的生产方式和管理方式，使企业的各项经济技术指标达到和超过行业的先进水平，进而提高企业的竞争地位。对于一些有良好经营基础和人才优势的企业来说，通常可选择进攻型战略。

竞争优势几乎总是通过采取成功的战略性行动而获得的，如获得成本优势、培养差异化优势、产生资源或潜能优势。竞争优势建立所花的时间越长，竞争对手就越有可能准确地发现你所采取的行动而制定一些应对措施。进攻型战略能很快地建立公司的竞争优势，让竞争对手来不及研究你的战略措施，从而获得竞争优势力量。任何成功的企业都应当经历长短不一的进攻型战略实施期，因为从本质上说只有进攻型战略才能不断地扩大企业规模，使企业从竞争力弱小的小企业发展成为实力雄厚的大企业。

进攻战略具有以下特征。
(1) 企业的发展速度往往比其产品所在的市场增长快。
(2) 实施进攻战略的企业往往取得大大超过社会平均利润率的利润水平。
(3) 采用进攻战略态势的企业倾向于采用非价格的手段同竞争对手抗衡。
(4) 增长战略鼓励企业的发展立足于创新。
(5) 与简单的适应外部条件不同，采用增长战略的企业倾向于通过创造以前本身并不存在的某物或对某物的需求来改变外部环境并使之适合自身。

(二)进攻战略应具备的条件

1. 外部环境和产业经济状况理想

企业必须分析战略规划期内宏观经济景气度和产业经济状况。企业要实施进攻战略，就必须从环境中获得更多的资源。如果未来阶段宏观环境和行业小环境较好的话，企业比较容易获得这些资源，所以就降低了实施该战略的成本。从需求的角度看，如果宏观环境的走势较为乐观的话，消费品需求者和投资品需求者都会有一种理性的预期，认为未来的收入会有所提高，因而其需求幅度将会有相应的增长，保证了企业进攻战略的需求充足。

2. 企业有能力获得充分的资源和提高潜能

进攻战略的实施需要较多的资源投入和较强潜能做支撑，企业能否从内部和外部获得资源和提升潜能就显得十分重要。进攻战略的实施时间较长，企业在销售、规模、财务等各方面的增长都必须以消耗一定的资源为基础。同时要具备足够强的潜能来充分发挥这些消耗资源的作用。一旦资源和潜能二者在某战略实施阶段缺失，企业的进攻战略就不能获得预期的效果。

3. 具备与进攻战略相符合的企业文化氛围

一个企业要实施进攻战略，其企业文化应该是以激情、进取为主旋律，这样战略的实施就避免了相应的文化阻力。积极和有效的企业文化的培育必须以企业战略作为指导依据，与企业战略不相符合的企业文化可能会给战略的实施带来一定的成本；反之，与企业战略相适应的企业文化对企业战略的实施有一定的促进作用。

4. 拥有一种持久的竞争优势

企业要采取进攻战略必须拥有一种超过竞争对手的明显的、持久的竞争优势。如果是低成本的优势，企业能够靠削价获得相对竞争对手的地位改善，或者以行业平均价格赚取更高的差额，从而使企业能在销售或技术开发上再投资。如果是别具一格的优势，它将造成高价格和针对竞争对手的销售成本最小化。企业拥有持久的竞争优势可确保企业在竞争对手能进行模仿之前有足够长的时间来填补市场份额。

5. 具备阻挡竞争对手报复的办法

企业必须有某种办法部分或全部地抵消竞争对手的其他固有优势。企业还必须有一些阻挡竞争对手报复的办法，必须让竞争对手不愿或不能对企业实施持久的报复。如果没有一些阻挡报复的办法，则采取进攻战略将促使竞争对手做出不顾自己竞争优势的反应策略。一些拥有资源和稳固市场地位的竞争对手一旦被迫采取报复手段，将给企业带来无法承受的经济损失。

(三) 实施进攻战略的优缺点

1. 实施进攻战略的优点

引导企业由目前的水平向更高一级的方向发展，以更快的速度压倒竞争对手和战胜竞争对手，从而发展扩大自身价值，获得更多的市场份额和绝对财富。进攻战略的实施成果在某种程度上会带来企业员工财富、荣誉和责任感的增加，对员工的工作行为有很大的激励作用，成为企业进一步发展的动力。

进攻战略就是发现和争取以前不具有的新的市场机会，避免企业组织的老化，使企业总是充满生机和活力。进攻战略使企业能通过不断变革来创造更高的生产经营效率与效益。进攻战略能保持企业的竞争实力，实现特定的竞争优势。在动态的环境竞争中，进攻是一种求生的手段。进攻型战略可以帮助企业扩大规模和销售，可以使企业利用经验曲线或规模经济效益降低生产成本。

2. 实施进攻战略的缺点

许多企业管理者把进攻或增长等同于成功，这是一种认识上的错误。因为他们没有意识到简单的总量增长有时可能意味着效率和效益的下降。进攻战略可以带来企业市场份额、销售量、总资产的快速增长，这些让一些好大喜功的管理者容易忽视或掩饰企业的许多失误和低效率行为。企业增长得越快，企业管理者就越容易得到升迁或奖励，这是由最高管理者或最高管理集体所持有的价值观决定的。

采用进攻型战略获得的初期效果很可能导致盲目的冒进，有可能破坏企业的资源和潜能的平衡，或不顾企业现有的资源和潜能水平，从而造成企业发展后劲不足。过快的发展很可能降低企业的整体能力水平，虽然在某一方面企业取得了很大成功，但有可能这些成功是以牺牲企业领域的扩张的代价而得来的，如为了追求企业销售量的增长而不顾员工身体状况和反对情绪，最后出现内部危机和混乱。

另外，进攻型战略很可能使企业的管理者更多地注重投资结构、收益率、市场占有率、企业的组织结构等问题，而忽视产品的服务或质量，重视宏观发展而忽视微观问题，因而不能使企业达到最佳状态。为克服这一弊端，需要企业管理者对增长战略有一个正确而全面的理解。要意识到企业的战略态势是企业战略体系中的一部分，因而在实施过程中必须通盘考虑。

(四)进攻战略的主要形式

1. 攻击竞争对手的强势

在如下两种情况下，采取一定的战略抵消竞争对手的强势和能力有一定的意义。第一种情况是，公司不得不放弃竞争优势。第二种情况是，不管竞争对手拥有什么资源和强势，公司都有可能获得有利可图的市场份额。当一家公司拥有卓越的组织资源和能力的时候，攻击竞争对手的强势很可能就会取得成功。直接对竞争对手的强势提出挑战的得失取决于进攻性行动的成本以及进攻性行动的收益二者之间的平衡。如果进攻性行动不能增强公司的赢利水平和竞争地位，那么，采取这种竞争性行动就是不明智的。

攻击强大的竞争对手的典型手段是以更低的价格提供同等的产品或服务。如果被攻击的目标竞争对手有着很强的理由不去采取削价的手段，而且如果采取竞争性行动的挑战者说服了购买者相信它的产品和竞争对手的产品是一样的，在这种情况下，就能够获得市场份额方面的利益。不过，只有在这种情况下才会增加总利润：产品销量上获得的增长足可以抵消降价和单位产品利润率下降所产生的影响。采取价格进攻性挑战行动的一个更为强大和持久的基础是：首先具有某种成本优势，然后用降价的策略来攻击竞争对手。有成本支持的降价行为可以无限延伸。如果没有成本优势作为支持，那么降价在下列情况下才会发生作用：采取进攻性行动的挑战者有着足够的财力资源，能够在这种价格消耗战中将竞争对手拖垮。

攻击一个竞争对手的强势还有其他的战略选择，其中包括：快速进入下一代技术，从而使竞争对手的产品和工艺过时；增加那些能够吸引竞争对手的顾客的新特色；推出比较广告；在竞争对手的核心地区新建大型的生产工厂；扩大产品线，做到对竞争对手的每一种模型都有一种对应的产品型号；开发竞争对手没有的客户服务能力。一般来说，在竞争对手的实力很强大的竞争因素上挑战是异常艰苦的。取得成功需要一些时日，通常依赖于下面一些因素：开发出某种成本优势，开发出某种服务优势，开发出有着诱人的差别化特色的产品，或者开发出独特的竞争能力(如简短的设计、市场时间点把握、更好的技术诀窍及迅速对变化的顾客需求做出反应的灵敏性等)。

2. 利用竞争对手的弱势

在这种进攻策略之下，公司往往瞄准竞争对手的弱点，采取竞争行动，最终占领市场。利用竞争对手的弱势来取得竞争上的成功有很多途径，具体如下。

(1) 在那些竞争对手市场份额很弱或者竞争力量不多的地理区域集中自己的竞争力量。

(2) 特别关注竞争对手所忽视的或者竞争对手不能很好提供服务的购买者群体。

(3) 对于那些产品质量、特色或者产品性能滞后的竞争对手，追逐它们的客户。在这种情况下，那种有着更好的产品的挑战者常常能够将那些对产品性能很敏感的客户游说过来，转向自己的品牌。

(4) 对于那些其客户服务水平低于平均水平的竞争对手，向它们的客户展开特别的销售攻势：一个以服务为导向的挑战公司赢得竞争对手的理性的客户相对来说容易一些。

(5) 对于那些其广告及品牌人制度很低的竞争对手，向它们发动重大的竞争攻势：一个营销技巧强大和品牌被广泛认知的挑战公司常常可以从那些相比较之下不出名的竞争对手那里赢得客户。

(6) 推出新的模型或产品改进型以充分挖掘和利用竞争对手产品线中的缺口，有时填补空缺的行动能够取得巨大的市场成功，进入新的细分市场。当新的产品改进型能够满足被忽视的购买者的需求时，这种行动往往能够取得很好的效果。一般来说，利用竞争对手的弱点，采取进攻性行动，相对于挑战竞争对手的强势来说，更有取得成功的希望，特别是在竞争对手没有充分地防范时"攻其不备"。

3. 同时从多条战线出击

有时候，公司采取大型的竞争进攻性行动也有一定的优点，这种进攻性行动往往跨越很宽的地理领域，涉及多种行动(降价，加强广告力度，推出新产品，免费使用样品，发行彩票，店内促销，折扣)。如此全面出击可以使竞争对手失去平衡，措手不及，在各个方向上分散它的注意力，迫使其同时保护客户群的各个部分。如果发出挑战的公司不仅能够推出特别有吸引力的产品或服务，而且有着很好的品牌声誉来保证广泛的分销和零售，那么，四面出击的进攻性行动就有可能取得成功。然后，挑战的公司就可以利用它的广告和促销行动风靡市场，甚至有时可以引诱很大一部分购买者转向它们的品牌，并表现出忠诚。

4. 终结性行动

终结性行动所追求的是避免面对面的挑战，如挑衅性的削价、加大广告力度，或者付出巨大的代价在差别化上压倒竞争对手。其中心思想是与竞争对手进行周旋，抓住那些没有被占领或者竞争不够激烈的市场领域，改变竞争规则，并使行动对发出者有利。终结性进攻行动的实例有：在直接竞争对手介入不深或者没有介入的地域市场采取措施建立强大的市场地位；使推出的产品有着不同的属性和性能，能够很好地满足特定购买者的需要，从而创造出一个新的细分市场；或者加快步伐快速进入下一代的技术和产品。成功的终结性行动可以使一家公司在一个新的地区获得巨大的首先行动者的优势，迫使竞争对手追赶自己。

5. 游击行动

游击行动特别适合小的挑战公司，因为小公司既没有足够的资源，也没有足够的市场透明度来对行业的领导者发起完全的攻击。游击性进攻行动所秉承的原则是"打一枪换一个地方"，有选择性地攫取销售和市场份额，能够出其不意地攻击竞争对手，或者抓住机会"骗取"竞争对手的顾客。发动游击性进攻有以下几种方式。

(1) 追寻那些对主要竞争对手很不重要的顾客。

(2) 追求那些对竞争对手品牌忠诚度最弱的顾客。

(3) 对竞争对手鞭长莫及且资源分布很稀薄的地区集中资源和精力。有可能出现的情况：追寻孤立地区的特定顾客群；在竞争对手送货不及时的时候，提高送货质量；在竞争对手有质量问题的时候，提高质量；在顾客被竞争对手的模型和特色泛滥搞得晕头转向的时候，为顾客提供技术服务。

(4) 运用一些策略，如定价方面不经常出现的随机性降价(以获取大宗订货或者挖走竞争对手的关键客户)，对竞争对手进行小型、分散、随机的攻击。

(5) 出其不意地采取一些临时但集中的促销活动以抓住那些如果不采取促销活动就会选择竞争对手的顾客。

(6) 如果竞争对手采取了一些不符合道德规范或者不合法的竞争策略，并且这些竞争策略给竞争对手带来了好处，那么，就控告它违反了反托拉斯法、侵犯了专利或者进行了不公平的广告活动。

6. 先买性行动

先买战略就是首先采取行动获得某种竞争优势，而这种竞争优势对于竞争对手来说不可能获得。使某项行动具有先买性的是这种行动的独一性(一种，只有一个)：不管是谁首先采取了行动就可以获得竞争对手很难获得的资产。一家公司可以通过以下一些先买性行动来加强公司的竞争力。

(1) 同最好的(或者最大的)原材料或者最可靠、高质量的供应商订立长期的合同，或者进行后向整合。这种行动可以使得竞争对手只能建立二流的供应商地位。

(2) 确保抓住最好的地理定位。采取一定的措施，在繁忙的交通线上、在新的交叉处、在新的购物中心、在风景点、挨着便宜的交通运输线或者原材料供应地或者市场等地方得到有利的地点，这样做常常可以获得先买性行动的优势。

(3) 获取有名望的客户的生意。

(4) 在消费者的头脑中建立一个特定的心理形象。这种形象很独特，难以复制，同时能够产生强烈的吸引力。

(5) 在某个地区对最好的分销商保证排他性的或者最主要的供货。

要想取得成功，采取的某项先买性行动必须完全使竞争对手不能跟进或者复制；它必须给予公司一种别的公司难以取得的优势地位。例如，FOX 获得了一个持续四年的价值 62 亿美元的 NFL 转播合同(这一先买性行动将 CBS 完全排除了)，这次大胆的战略行动使 FOX 转变成一家与 ABC、CBS 和 NBC 并驾齐驱的主要电视网络商。而杜邦公司一方面向二氧化钛生产积极地扩张，另一方面却没有阻止其他厂商的进入，最终还是阻碍了杜邦自己的进步，不得不放弃了行业的领导地位。

专题拓展

阿里的平台野心：支付宝试水社交圈 布局防御性策略

二、防御战略

防御战略又称稳定战略，是企业较普遍采用的发展战略。企业在战略规划期使其资源分配和经营状况基本保持在目前状态和水平上，降低竞争对手的进攻可能性，把进攻引向威胁更小的方面或者减少进攻的强度。适用于维持现状，或者等待时机、再图扩张，或者暂时稳定、逐步紧缩的企业状况。

(一)防御战略的一般概念

防御战略在本质上不是增加企业的竞争优势而是使它更持久。几乎所有有效的防御战略都有一定的机会成本——企业放弃某些短期赢利以提高持续能力。成功的防御战略应该把稳定和防御结合起来。

按照防御战略，企业目前所遵循的经营方向及其正在从事经营的产品和面向的市场领域大致不变，在其经营领域内所达到的产销规模和市场地位也大致不变或以较小的幅度增长或减少。防御型战略的风险是相对较小的，对于那些曾经成功的，现在正处于上升趋势的行业和在一个不大变化的环境中活动的企业会很有效。防御战略具有如下特征。

(1) 企业对过去的经营业绩表示满意，决定追求既定的或与过去相似的经营目标，防止竞争对手的进攻行为破坏本企业的经营目标和经营现状。

(2) 企业在战略规划期内所追求的绩效按大体的比例递增。实施防御战略的企业，总是在市场占有率、产销规模或总体利润水平上保持现状或略有增加，能避免因战略改变而改变资源分配的困难，从而稳定和巩固企业现有的竞争地位。

(3) 企业准备以与过去相同或基本相同的产品或劳务服务于社会，这意味着企业在产品的创新上较少考虑，以防止发展过快和盲目创新投资而导致的种种弊端。

(4) 企业既不在现有的产品和市场上向竞争对手采取进攻性行为，也防止竞争对手夺取本企业的市场份额和忠诚顾客，以给企业一个较好的修整期，方便企业积聚更多的能量，以便为今后的发展做好准备。

(5) 在实施防御战略期间，企业的销售收入、利润和规模等有一些小幅度的涨落，但不会有大的波动。企业的经营风险相对较小，企业将尽力维持现有的市场份额。

(6) 警惕企业外部环境的变化信息，并准备相应的应对措施；企业内沉稳、谨慎、保守的思想占据战略指导思想的主要地位，企业偶尔对弱小的竞争对手所采取的行动给予强烈的反击，从而提高公司坚强的防卫者的形象。

(二)防御战略的实施条件

防御战略的执行是以市场需求、竞争格局等内外条件基本稳定为前提的。企业在由进攻战略转向撤退战略，或由撤退战略转向进攻战略时，防御战略可以成为这两种战略转换的过渡形式，是企业战略调整的需要。实施防御战略必须有一定的前提条件，如在一个朝阳产业中，市场机会较多、顾客对产品的认同感逐渐上升，且竞争对手各尽所能地开发新产品，抢夺市场和拓展市场，在这种形势下企业就不能采用防御战略，采用进攻战略将更有效。而在一个成熟产业中，产业市场竞争趋于稳定或者有较小动荡，本企业的市场份额较大、赢利率也高，企业所面临的竞争挑战和发展机会都相对较少，或企业资源状况不足以使其抓住新的发展机会，这时采用防御战略比其他战略更有效。所以防御战略应该以所在行业的状况(包括企业间竞争激烈程度、竞争的趋向和产业政策等)为前提。只有同时掌握了企业内外环境和所在行业的发展状况，才能确保防御型战略的有效性。具体来说，应考虑以下条件：

(1) 宏观经济的慢速增长会使某一产业的增长速度降低，对此该产业内的企业倾向于采用防御战略，以适应外部环境。

(2) 产业技术相对成熟，技术更新速度较慢，企业过去采用的技术和生产的产品无须经过较大的调整就能满足消费者的需求并能与竞争者抗衡，这样使得产品系列及其需求保持稳定。

(3) 消费者需求偏好变化不大，需求较为稳定。

(4) 产品需求、市场规模趋于稳定，产品技术成熟。新产品的开发尤其是以新技术为基础的新产品的开发难以取得成功，因此以产品为对象的技术变动频率低，同时竞争对手的数目和竞争地位都趋于稳定。这时提高企业的市场占有率、改变市场的机会很少。

(5) 如果行业的进入壁垒非常高，或由于其他原因产业的竞争格局相对稳定，竞争对手之间很难有较为悬殊的业绩改变，企业采用防御战略可以获得最大的收益。

外部环境的稳定是实施防御战略的条件之一。如果企业资源不充分，例如，资金不足、研发力量较差或人力资源有缺陷无法满足增长性战略的要求时，就无法采用扩大市场占有率的战略。在这种情况下，企业可以采取以局部市场为目标的防御战略，以使企业有限的资源能集中在自己有优势的细分市场上，从而维护其竞争地位。

当外部环境变动较大、企业已处于竞争市场的领先地位时，企业的资源无论充足还是缺少，都可以采取防御战略来维护自己的领先优势，以适应外部环境。当行业处于生命周期的衰退阶段时，资源丰富的企业可以采用一定的稳定战略；而对于那些资源不够充足的企业而言，如果它在某个特定的细分市场上有独特的优势，那么也可以考虑采用防御战略。

(三)防御战略行动

防御战略的目的是降低被攻击的风险，减弱任何已有的竞争性行动所产生的影响，影响挑战者从而使它们的行动瞄准其他竞争对手，这样有助于加强公司的竞争地位，捍卫公司最有价值的资源和能力不被模仿，维护公司已有的竞争优势。多数防御战略行动是高成本的，并且是靠减少短期利润来提高企业长期持续竞争能力，或靠降价的规模经营来构筑阻止竞争对手进入的壁垒。防御战略不是绝对的和长久性的。防御战略又分主动性防御和被动性防御，二者是有区别的。主动性防御是企业主动地提前构建防御壁垒，以阻止竞争对手的疯狂进攻行为，这样的防御成本较高，且需要有准确的产业竞争情况的预测，但防御的效果一般较好。而被动性防御是在竞争已经很激烈，或遭受竞争对手的进攻行为打击，企业有损失后，一种临时的、仓促的防御行为，这种防御行为的投入成本较低，但防御效果较差，有时防御不力，将使企业遭受灭顶之灾。

实践中，企业在不同的内外部环境中有不同的防御行为，以下几种手段是企业防御战略的基础。

1. 提高竞争对手的进入障碍——阻击

提高竞争对手的进入障碍就是封锁竞争对手的各种进攻路线。如企业可以填补产品或配置的缺口，当企业填补其产品种类的缺口或优先占领时，竞争对手在瞄准这些目标时就会遇到较高的障碍，本企业可以利用这些优势抵消产品成本的溢价。又如，企业可以封锁销售渠道入口，如通过商标专利、产品技术专利等构筑防御性障碍；企业可以提高买主的转换成本，提高产品试验的成本；企业可以防御性地增加规模经济，如果规模经济增长，竞争对手的进入障碍也会提高；企业可以防御性地增加对资本和原材料的需求，减少竞争对手的资源可获得量，使竞争对手的进攻行为失去后盾；企业还可以通过结盟或联合竞争对手来构筑防御壁垒。

2. 显示对竞争对手进攻的报复威胁

防御战略行为成功的一个要点是主动防御，即针对竞争对手的可能进攻行为，制定相应的应对措施。显示对竞争对手的进攻的报复信号是遏制竞争对手进攻行动的有力武器，但这种威胁一定要让竞争对手觉察到。企业可以显示防御意图和初始障碍，增加企业未来的可预见报复；企业可以显示竞争对手进攻性行动的代价，提高竞争对手推出竞争商品的代价；企业可以积累报复资源，显示竞争对手进攻行动失败的实例。防御战略的重要方式是向挑战者发出这种信号：如果挑战者发起进攻的话，它们将受到很强的报复。其目的是劝说挑战者不要进攻，或者至少使它们采取那些对防卫者来说威胁性更小的行动。另外，企业可公开宣告将维持公司现有的市场份额，提前发布有关新产品、技术突破以及计划推出的重要新品牌或者模型的有关信息。

3. 减少竞争对手的进攻诱因

实施防御战略的企业可以减少吸引竞争对手进攻的诱因，并增加进攻成本，从而为企业创造一个稳定的防御环境。一般来说，利润是竞争对手向本企业发起进攻行动的主要诱因。竞争对手预期成功会带来的利润是企业自己利润的目标函数，是竞争对手对未来市场条件所持的假设函数。因此，防御行动要降低企业的利润目标，并对外界隐瞒利润信息，或向外界发布不真实的低利润信息来迷惑竞争对手，降低竞争对手的假设的利润，使竞争对手觉得进攻行动无利可图。而对于已经向本企业发出挑战行动的竞争对手，可以采取有力的报复给予回击，抢夺它们的顾客和市场，降低它们的销售量和利润，并建立充分的报复威胁。

4. 防御战略的一些具体措施

可以选择的防御战略的具体方式有：招聘额外的职员以扩大或者提升公司在关键领域的核心能力，从而战胜那些模仿公司技巧和资源的竞争对手；提高公司的资源资产和能力的灵活性，以便可以进行很好、很快的资源再分配，或者根据变化的市场环境进行调整，从而使公司适应新发展态势的敏捷性比竞争对手相应的敏捷性要强；扩大公司的产品线，堵住挑战者可能进入的市场点和市场缺口；推出新的模型或者品牌，做到与挑战者的已有模型或者可能将要有的特色相匹配；对于那些能够同竞争对手相匹配的模型要保持较低的价格；同特约经销商和分销商签订排他性合同，使竞争对手不能使用这些渠道；授予特约经销商和分销商一定的销量折让利益，以阻止他们对其他供应商的产品进行试销；给产品用户提供免费的或者低成本的培训；通过下列方式尽量阻止购买者使用竞争对手的品牌，即向那些容易受试用产品诱惑的购买者提供样品且免费馈赠，或对即将推出的新产品或者价格变动提前进行宣布以取得潜在购买者，并使他们推迟品牌的转换。

上述这些行动可以为公司的现有地位树立一个坚强的堡垒。但仅保护现状是不够的，必须做到对变化的行业环境做出快速调整，同时在某些情况下首先采取行动以阻止可能的挑战者或者先于挑战者采取行动。流动的防卫要优于固定的防卫方式。

(四)防御战略的类型

1. 按照偏离战略起点的程度划分

按照偏离战略起点的程度划分，可以分为无增战略和微增战略。

(1) 无增战略是一种没有增长的战略。采用它的企业可能基于以下两个原因：一是企业过去的经营相当成功，并且企业内外部环境没有发生重大变化；二是企业并不存在重大的经营问题或隐患，因而战略管理者没有必要进行战略调整，或者担心战略调整会给企业带来利润分配和资源分配的困难。在这两种情况下，企业的管理者和职工可能不希望企业进行重大的战略调整。因为这种调整可能会在一定时期内降低企业的利润总额。采用无增战略的企业除了每年按通货膨胀率调整其目标外，其他暂时保持不变。

(2) 微增战略，是指企业在稳定的基础上，略有增长与发展的战略。

2. 按企业采取的防御态势划分

按企业采取的防御态势划分，防御战略可分为阻击式防守战略和反应式防御战略。

(1) 阻击式防守战略(以守为攻)。这一战略的指导思想是："最有效的防御是完全防止竞争较量的发生。"它的操作方法是：企业投入相应的资源，以充分显示企业已经拥有阻击竞争对手进攻的能力；不断地传播自己的防御意图，塑造出顽强的防御者形象，使竞争对手不战而退。

(2) 反应式防御战略。当对手的进攻发生以后，针对这种进攻的性质、特点和方向，企业采取相应的对策，施加压力，以维持原有的竞争地位和经营水平。

3. 从战略的具体实施来看

从战略的具体实施来看，可以分为以下几种。

(1) 无增战略。这与前面提到的无增战略相同。

(2) 维持利润战略。这是一种以牺牲企业未来发展来维持目前利润的战略。维持利润战略注重短期效果而忽略长期利益，其根本意图是渡过暂时的难关，因而往往在经济形势不景气时被采用，以维持过去的经济状况和效益，实现稳定发展。但如果使用不当的话，维持利润战略可能会使企业的元气受到伤害，影响其长期发展。

(3) 暂停战略。在一段较长时间的快速发展后，企业可能会遇到一些问题使得效率下降，这时就可以采用暂停战略，即在一定时期内降低企业的目标和发展速度。暂停战略可以让企业积聚能量，为今后的发展做准备。

(4) 谨慎实施战略。如果企业外部环境中某一重要因素难以预测或变化趋势不明显，企业的某一战略决策就要有意识地降低实施进度，步步为营，这就是所谓的谨慎实施战略。

(5) 收获战略，又称利润战略，是指企业暂时维持现状，不再追加投资以求发展，而将企业的利润或现金流量储存起来，等待机会再进入。采用这种战略的原因与暂停战略相似，主要是产业已进入成熟期，市场前景不太乐观；或者外部环境正在快速变化，预测困难，只好等待时机。处于下列情况的企业可以采取收获战略：企业内部某产品领域正处在稳定或开始衰退的市场中；企业的某产品领域不能带来满意的利润，但还不能放弃；企业的某产品领域并非企业经营中的主要部分，不能对公司做出很大的贡献；即使不再追加投资，企业市场份额和销售额下降的幅度也不是很大。

第三节　不同行业的竞争战略

一、新兴行业中的竞争战略

新兴产业是新形成的或重新形成的产业。其形成的原因往往是技术创新、相对成本关系的变化、新的消费需求的出现，或经济与社会的变化使某种新产品或新的服务有了商业机会。新兴产业在任何时候总是被不断地创造出来，20 世纪 70 年代以来在世界范围内形成了如下新兴产业：个人计算机、电子通信、生物工程、新材料、新能源、互联网等。

(一)新兴产业中企业所面临的风险

当某个新兴产业出现后，如果不能确切地判断市场环境如何，竞争达到一个什么样的程度，尤其是对产业发展和市场响应的趋势出现判断上的失误，那很有可能导致战略上的失败。新兴产业中企业发展所面临的战略风险主要包括技术风险、市场风险和成本风险。

1. 技术风险

新兴产业由于生产技术还不成熟或没有定型，还有待于市场进一步的检验。产品是否真正符合市场需求，技术是否真正成熟，还没有最后确定。这表明新兴产业在某种意义上是一个高风险的产业。在产业向成熟型演变时，若某个企业采用的技术不是最终的产业标准技术，那么该企业会因为得不到上下游产业和用户的支持而陷入困境。

2. 市场风险

企业在新兴产业中首先要做的事就是开拓市场、创造需求、引导消费，因为这个市场中的客户大都是第一次购买。此时，企业对客户的需求行为、决策过程、价格敏感性、偏好等是极难把握的。新兴产业的市场特点是：初始市场的萧条并不意味着这一行业没有发展前途，而初始市场的火爆也许只是昙花一现。

例如，当互联网产业出现后，2000 年前后涌现出了大量的互联网企业，凡是与互联网沾边的企业股价都一飞冲天，而随着互联网泡沫的破裂又变得一文不值。由于这些企业过去乐观地估计了市场对互联网的热烈响应，在确定产品、市场营销和提供服务方面出现失误，所以多数互联网企业都失败了。例如，我国互联网市场最早的开拓者张树新创立的瀛海威，就是这场互联网热潮中的失败者。

3. 成本风险

在新兴产业中，企业小批量生产新产品会造成企业最初的较高成本。此后，随着工厂设计和销售额的大幅度增加，固定成本会得到有效的补偿，使初期的较高成本迅速下降。生产成本的迅速下降意味着新兴产业的利润要比成熟产业的利润高出许多，但是也会出现相反的结果。

若企业在新兴产业中的前期投入很大，而其产品或服务在开拓市场空间上做得不成功，就会面临退出壁垒高的困境，这又迫使企业不惜一切代价来增加投入以改进产品或服务，或者增加广告投入以期影响客户的购买行为。这样做的结果必然导致其成本急剧上升，产业利润反而低于成熟产业的利润。

(二) 新兴产业中企业发展所面临的障碍

新兴产业中企业发展主要面临上下游关系不匹配、缺乏产品或技术标准、消费者的等待观望、在金融界的形象和信誉度尚未建立、有关政府部门能否批准等障碍。

1. 上下游关系不匹配

新兴产业经常面临由于缺乏适当基础而引发的问题，如批发渠道不畅、服务设施不配套、雇员训练机制不健全、互补产品不齐全等。

一个新兴产业的发展往往要求开辟新的原料供应来源，或要求现存的供应商扩大规模以增加供应，或要求供应商更改材料或零部件以满足产业的需求。在这一过程中，严重的原材料和零部件短缺是很常见的，面对新兴产业发展的需要和不能适应的供给，在早期阶段，重要原材料的价格会大幅度上涨。

2. 缺乏产品或技术标准，产品质量不稳定

在新兴产业中由于产品和技术存在很高的不确定性，所以对产品和技术没有统一的标准，这种情况加剧了原材料供应和互补产品的问题，并可能阻碍产品成本下降。由于存在缺乏标准和技术不确定等，在新兴产业中产品质量经常反复不定。即使仅仅由于在少数几个企业中出现这一问题，但不稳定的产品质量将给产业形象造成不利的影响。

3. 消费者的等待观望

在新兴产业中经常遇到顾客困惑的问题，这种困惑来源于众多产品技术种类以及竞争

者们互相冲突或相反的宣传。这些现象是技术不确定的表现，或者由于产业竞争企业缺乏在技术标准和意见等方面的一致性。这种混乱可能增加购买者的购买风险感并限制产品的销售。

此外，如果购买者发现第二代或第三代技术有可能使现在的产品过时，购买者将等待技术的进步和成本的下降趋于平缓，则一个新兴产业的发展将受到阻碍。这种情况曾在数字手表和计算机等产业中出现过。

4. 在金融界的形象和信誉度尚未建立

作为新产业，由于具有很高的不确定性、顾客困惑和不稳定的质量等，新兴产业在金融界的形象和信誉度可能较差。这种情况不仅影响企业获得低成本资金的能力，并且影响到购买者的贷款能力。这也是风险投资应运而生并大行其道的原因。

5. 有关政府部门能否批准

新兴产业在获得有关规章制度管理部门的承认和批准方面经常遇到困难。如果新兴产业的要求与规章制度现有的条款与方式大不相同时，情况更是如此。但是从另一方面来讲，政府政策可以使一个新兴产业在一夜之间走上正轨。

(三)企业的战略选择

1. 进入时机的选择

对于新兴行业中的企业来说，一个重要的战略是选择正确的进入时机。早期进入涉及低进入壁垒，并可能获得高收益，但可能涉及高风险。一般在出现以下一些情况时采取早期进入是比较适当的：如果企业的形象和声望对顾客至关重要，企业可以通过成为先驱者或早期进入者而发展和提高声望，通过早期对原材料供应、分销渠道等承诺可带来绝对的成本利益。而在下列情况下，早期进入是非常危险的：开辟市场代价昂贵，其中包括技术开发、分销渠道开拓等，而开辟市场的利益无法成为企业专有；技术变化将使早期投资过时，而使晚期进入的企业因拥有最新的产品和工艺而获益。

2. 目标市场选择战略

进行市场细分及选择目标市场，主要应考虑以下因素。

(1) 用户的需求。考虑用户购买新产品所获得的效益，包括性能上的效益和服务方面的效益。

(2) 用户使用新产品导致失败的代价和风险。例如，用户要把新产品应用到他们的整个技术系统中去，一旦该技术系统因使用该产品而不能取得预期效果，将导致很大的损失。这时用户一般不会早期购买。

3. 促进行业发展

对于行业结构正处于形成中的新兴行业，企业在行业的基础经济性和资源的限制范围内，可通过企业产品策略、价格策略、营销手段和生产方针等方面对行业结构施加较大的影响，寻求确定行业法则，以使自身在长时期内获得最有利的地位。

4. 正确对待供应商与销售渠道的改变

在新兴行业中，供应商可能会变得希望满足企业某些方面的特殊需要，如产品规格、服务和交货等，分销渠道可能变得更乐于作为企业合作伙伴而投资于设备、广告或其他方面。企业应及早分析这些变化方向，从而为制定战略提供依据。

5. 适应转变的主动性

在一个新兴行业中，早期的进入壁垒，如技术水平、销售渠道、成本和风险等方面，可能会迅速发生变化。当行业在规模上发展了、技术上成熟了，这些壁垒经常被不同的其他壁垒代替或发生结构性的变化。对于新兴行业中的企业，一方面不能仅仅依靠专有技术或独特的产品种类而停滞不前，而应不断发现新方法、解决新问题；另一方面企业必须在其对现存和将来壁垒的判断基础上，预测潜在的进入者的可能性，同时判断行业对各种企业的吸引力及这些企业轻易跨越壁垒的能力。

6. 正确对待行业发展的外差因素

所谓外差因素是指企业效率和社会效率之间的不一致。在一个新兴行业中，一个重要的战略问题是在对行业的倡导和追求自身利益的努力之间找到平衡。企业的声誉、企业的形象与其他行业的关系，行业吸引力、行业与政府等方面的关系都与企业经营状况息息相关。在行业内部，一个企业的发展离不开其他企业及行业整体的发展。所以，在必要的时候，企业需要放弃暂时的自身利益而满足社会效益。

二、成熟行业中的竞争战略

（一）进入成熟期行业的特征

作为产业生命周期的一个重要阶段，一个产业必然要经历从高速发展的成长期进入到有节制发展的成熟期。当产业处于高速成长期时，产业内企业采用有缺陷的竞争战略似乎不是很有影响，因为在产业蓬勃发展的背景下，企业面临很好的经营环境。即使并不是全部企业都可以存活下来，但生存下来的企业一般都能获得理想的经营成果。

然而，产业的成熟使企业在竞争战略上的缺陷很快暴露出来。激烈的竞争迫使企业不得不重新修正其竞争战略，这是一件对企业生死攸关的大事。成熟行业具有以下特征。

1. 竞争激烈且趋向国际化

日益增长的产品标准化趋势和技术扩散，使该行业内部的竞争日益激烈，尤其是在成本和服务方面。而且，产品标准化趋势和技术扩散降低了进入国际市场的障碍，使得那些有实力的企业开始到国外寻觅市场和产品销售。最后，在激烈的国际竞争中，那些在世界上很多国家和地区占有较多市场份额，并已确立牢固地位的大企业便成为全球竞争性的企业。

2. 企业并购行为增加

由于行业内的竞争不断加剧，那些实力较弱、效率较低的企业在此期间已经难以维持自己的经营，一部分企业被逐出该行业，另一部分企业发生兼并或收购，整个行业处于结构性调整过程中。

3. 产品研发、生产、营销方面发生变化

进入成熟期,产品技术成熟的企业投入研发的费用明显减少,生产也趋于标准化,营销手段也相应地发生变化,如注重品牌宣传、售后服务等。企业在竞争中更加注重成本和售后服务,所有企业都设法向市场提供顾客所偏好的产品。产品降价、广告宣传增加及其他的进攻性手段已经被企业广泛使用。由于行业增长速度的下降,企业要根据市场变化来调整本企业的生产。

4. 行业增长速度下降,赢利能力下降

行业增长率下降意味着企业生产能力的扩大受到阻碍,企业必须考虑由于生产能力增加过多,可能对行业的赢利前景产生的负效应。此外,竞争加剧、购买者日益成熟等都是导致行业利润下降的原因。

(二)可供选择的途径

1. 调整产品结构

在以价格为主要竞争手段、以市场份额为目标的成熟行业里,原有的产品结构必须调整。在产业处于增长时期,广泛的产品系列和经常开发新产品是可行的战略选择;但是在成熟期,这种战略不再可行,成本竞争和市场占有率进行的竞争最为激烈,为此就需要进行产品结构分析,从产品系列中淘汰那些无利的产品,将企业的注意力集中于那些利润较高、用户急需的产品或项目。

2. 正确定价

在成熟的产业市场里,竞争对手之间运用价格竞争是最常见的。在产业增长期,定价通常是以平均价格或以一个产品系列为基础。但在产品成熟期,由于产品价格竞争的加剧,要求企业日益加强对单个产品成本进行衡量的能力并制定出相应的价格。在产业成熟期,需求主要来自重复购买者,企业或许会发现对价格略加调整就可能大幅度增加利润。这时,产品调价对企业销售额和利润的影响相当大。

3. 加强成本控制

在成熟的产业中,准确地分摊销售成本可能发现大幅度增加利润的机会。更重要的是,细致的成本分析还可以识别出那些还未明显显示出其重要性的产品和顾客。如果某些产品需要付出更多的销售努力,这就应该反映在销售的追加成本和产品价格上。如果对应的需求无法承受高价,那么还是把这些产品淘汰为好。

4. 改革工艺和革新制造方法

在产业成熟期,工艺革新的相对重要性得到提高,同样重要的是将资金投在设计制造和交货系统,以实现低成本制造和控制。日本企业很重视这一点,如零库存管理、西格玛质量控制、精细化生产等。

5. 选择适当的客户

在成熟产业中,获得新顾客通常意味着扩大市场份额而与其他企业进行激烈的竞争,

其代价是昂贵的。企业扩大销售额比较容易的办法就是使现有顾客增加使用量，可采取的办法包括提供边缘设备和服务、提高产品等级、扩展产品系列等。这种战略可使企业迈出原产业而进入相关产业，并且与发展新顾客相比，代价通常较低。

6. 购买廉价资产进行成本扩张

当产业进入成熟时期，会出现一批经营不好或处境艰难的企业，此时如果本企业竞争地位较强，可以很低的价格购买处境艰难企业的资产，实行低成本的扩张，并在技术变化幅度不大的情况下创造成本领先的地位，进一步增强企业的竞争力。

7. 开发国际市场

当国内市场趋于饱和时，企业可以选择进入国际环境中进行竞争。因为该企业在国内进入成熟期，而在其他国家该产业也可能刚刚进入新兴期或增长期，竞争者较少，企业可以获得比较优势。

8. 退出或多元化

当企业感到继续留在成熟的产业中已经仅有微利或无利可图时，可以考虑退出该行业。可以采取如转让、被兼并等退出战略，也可以考虑采用多元化经营战略，即在努力避开产业内的激烈竞争但不脱离本产业经营的同时，进入其他领域进行经营。

(三)企业竞争优势

1. 竞争优势的含义

竞争优势是指当两个或两个以上的企业处在同一市场中，面对类似顾客群，其中某一个企业能够赢得更高的利润率，或能够赢得潜在的更高的利益时，这个企业就拥有某种优势。企业的竞争优势来源于产品的设计、市场、销售和售后服务中许多单独的活动。

2. 竞争优势的种类

(1) 成本和质量方面的优势。企业的各项成本直接影响到企业的市场竞争力，而质量是企业的生命线。所以，企业总是希望通过市场细分、再细分来避免对手之间直接的价格、质量冲突。

(2) 技术方面的竞争优势。即企业在技术创新方面的专有知识的优势，但专有知识的优势没有办法杜绝别人的模仿。为保持在技术上的竞争优势，就必须不断地开发新的技术，尽可能地设置阻止别的企业进入的障碍。

(3) 实力优势。表现在资金、人力资源、规模、差异化产品、管理等方面的专有知识、技术等。

(四)竞争优势的培育

1. 适应外部环境的变化

适应外部环境的变化是指企业要培育一种对外界环境变化的预测能力。产品有生命周期，行业也有生命周期，顾客的要求在不断变化，竞争的模式也在变化，所以，企业必须及时调整自己的战略，而且必须能灵活应用自己的资源和能力去适应形势的变化。

2. 内部创新

许多成功的企业并不单纯依靠预测，而是更侧重于自我创新，努力创造新事物来影响外部环境，为自身的发展提供良好的机遇。例如，SONY 公司坚定不移地追求"高、精、尖"的经营理念不断向市场推出如 Wanlman、Diskman、Watchman 等新产品，打破了市场的原有格局和态势，为自身的发展拓展了新的空间。内部创新既包括技术方面的创新，也包括企业经营管理思想和方法的创新，特别是竞争战略方法的创新。具体的方法是在正确鉴别自己的资源和能力的基础上，集中投资建立自己的特殊能力，设立障碍保护自己的优势。实践证明正是企业不断的创新能力迅速地改变着行业的发展变化方向。

三、衰退行业中的竞争战略

从战略分析的角度讲，衰退产业是指相当长的一段时间内，产业中产品的销售量持续下降的产业。这种不景气不是由于经营周期或者一件短期例外事件所造成的，而主要是由于技术革新创造了替代产品或通过显著的成本与质量的变化而产生了替代产品；或者由于社会或其他原因改变了买主的需求和偏好，使得顾客对某种产品的需求下降。

(一)行业衰退的动因、特征及影响

1. 行业衰退的动因

(1) 技术上的替代性。由于技术创新产生替代产品，或由于相应的产品成本及品质的变化而产生更优的替代产品，从而使原有行业发展速度减慢，甚至停滞。例如，彩色电视机代替黑白电视机。

(2) 需求的变化。由于社会因素或其他原因使顾客的需求或偏好发生变化，转向那些更能适应时代特征和生活需要的新产品。

(3) 人口因素。如果某一地区的消费者与某种行业的产品或服务联系比较密切，当该地区人口发生变化时，可能引起这一行业的衰退，从而引起该行业上下游行业的需求发生变化。

专题拓展

U 盘市场危机：行业全面萎缩 卖 1 个仅赚 1 元左右

2. 衰退行业的特征

(1) 整个行业产品销量急剧下降，利润水平很低。由于顾客需求的饱和或消费偏好和习惯转移，致使行业产量下降，从而影响到利润水平。

(2) 大批竞争者开始退出市场。由于市场需求下滑，利润水平很低，一些企业开始实施转移战略，退出该行业。

(3) 消费者的偏好和习惯已经转移，形成新的需求结构。但这里要注意，在行业总体衰退的情况下，企业原有的部分细分市场的需求可能会保持不变，甚至会有所增加。所以，企业可以利用这些细分市场，获得竞争优势。

(4) 存在退出障碍。一般来说，绝大多数处于衰退期的行业都会存在不同程度的退出障碍，而且退出障碍越高，行业环境对于衰退期间留存的企业来说就越不利。造成退出障碍的因素有：企业有成本较高的耐用资产或专门化资产；退出费用高，如安置劳动力的费用；管理上或感情上的障碍；政府或社会的障碍等。

(5) 行业衰退的方式和速度不确定。在衰退行业中的企业对未来需求继续衰退的估计存在不确定性。有时行业直线衰退，速度很快；有时却是渐变式的，速度较为缓慢，又被一些短期因素所影响，使得企业难以判断行业衰退是平缓的衰退，还是由于经济的周期性波动造成的短期现象，从而难以采取确定的战略。

3. 行业衰退的影响

行业衰退对本行业的企业产生的影响最大，主要是负面影响。它不仅影响到了企业的利润，而且也使企业的组织结构、战略等方面受到影响，尤其是行业对一些企业造成的高退出壁垒，使企业难以转移资源，寻求更大的发展，只能停留在衰退行业中暂求生存，直至无法经营下去。从整个社会角度出发，行业衰退是生产力发展、技术进步的结果，对社会是具有积极影响的。

(二)战略形式及企业的选择

1. 定位战略

企业首先要确定，在衰退行业内并非全部市场需求都处于衰退状况，至少还有一部分市场能带来一定的收益，企业应投资于特定的细分市场，在这一市场内形成或维护一段时期较强的地位。定位战略在行业内部一些企业已经实行了领先战略的情况下，可能会收到一些成效，但最终仍需转变为收获战略或迅速撤退战略。

2. 领先战略

实施领先战略，首先要假定仅有少数企业留在这一衰退行业中，其他竞争者正在或将要逐渐退出。这样企业就可以通过提高产品质量和销售规模，在质量和成本上形成优势，从而在市场占有率方面处于领先地位。实施领先战略有以下两个途径。

(1) 增加部分投资，承担一定的风险。增加用于市场营销或其他有关扩大市场份额的经营活动的投资来取得领先地位，但必然要承担一定的风险。

(2) 通过收购其他企业来获取竞争者的市场份额。这种途径同时也可降低竞争者退出行业的壁垒，促使它们尽快退出该行业。

3. 收获战略

收获战略又称抽资战略，指具有一定实力的企业在考虑退出衰退行业时所采取的一种战略，即逐渐减少在衰退行业新的投入，并把企业以前投资的潜力挖尽，最大限度地收回资金，并获取较多的利益。实施这一战略可选择如下途径。

(1) 削减或取消新的投资，减少生产设施的运用。

(2) 紧缩研发费用、管理费用和销售费用，尤其是广告费用。

(3) 压缩销售渠道与某些服务项目。利用原有部分主要销售渠道和建立的信誉，继续销售产品，以获取最后的收益。

(4) 减少品牌的数量，压缩产品系列。

4．迅速放弃战略

迅速放弃战略指在行业衰退加剧时，企业将拥有的部分或全部固定资产通过转让或出售的方式转移，达到尽快收回投资的目的。一般来说，企业出售越早，售价越高。

因为在行业衰退早期，行业的衰退前景不明朗；而当行业的衰退前途已经确定时，行业内外的购买者就将具有较强的议价力量来压低企业的售价。

(三)企业战略的误区

1．对行业形势估计不足

(1) 没有意识到行业衰退的到来。一些企业缺乏对外部环境的了解，对行业前景过于乐观，从而采取与衰退行业完全不符的战略。例如，继续增加设备投资和广告方面的投入，导致企业经营的失败。

(2) 对行业发展持过于悲观的态度，过早地估计行业衰退的到来，从而错过了在该行业内获利和发展的良好机会。

2．长期的消耗战

行业已进入衰退阶段，部分企业仍对其竞争对手的行动采取强烈的回应，与之针锋相对。例如，在销售、广告、研发、生产设备上继续增加投入，结果耗费了大量的资源，加速了企业的衰退。

3．缺乏明显的实力却采取抽资战略

一般来说，实行抽资战略的前提是企业具有一定的甚至很强的实力。因为企业实行抽资战略时，会失去许多顾客，而且企业的价值随着抽资战略的实施也会逐渐降低。所以，企业在选择这一战略方式前，必须对将要承受的竞争风险和管理风险做出明确的评估。

第四节 互联网时代的三大竞争战略

中国正处于一个特殊的时代，特殊在于被赋予各种属性——互联网时代、大变革时代、后工业时代、供应链时代……仿佛各种时代突然聚集在一起。在这样的时代中不"懵"才怪，而且不知道"懵"到何时。各种信息、观点、概念、理念层出不穷、狂轰滥炸，炸的人们晕头转向。

对于企业而言，如果"懵"可就真的要"摸着石头过河"了，摸到石头也罢，弄不好"踩着地雷过河"，此时更需要有明确的竞争战略，纵使披荆斩棘，但终究脚踏实地，这一点对于正在转型中的传统企业来说尤为重要。

人类社会进入了互联网时代，竞争战略是不是就改变了？是有所改变，但不会没有一点关系，任何新事物都具有传承性，管理规律亦然。首先需要明确"互联网时代"到底是一个什么时代。

"互联网时代"更像是人类意识空间的"大航海时代"。如果说 15 世纪的"大航海时代"打破了人类的地缘边界，把现实世界联系在一起，那么今天的"互联网时代"则打

破人类的意识边界,把思维世界联系在一起。

地缘边界一旦消失,意识边界就成为人们之间的"隔阂",互联网就是人类打破这种"隔阂"的工具,因此人类的第三次科技革命必然爆发,拉近人们之间距离的同时,也把地球变成了"地球村"。

进入"互联网时代",迈克尔·波特的竞争战略就变成"大陆版",更适合传统企业。从"竞争战略"提出的时间不难发现,互联网技术尚在探索中,因此集中化、差异化、成本领先等竞争战略更适用于传统企业形态。但是当人类进入新世纪后,互联网技术日益成熟,很多西方企业进化为现代企业形态,这时就需要重新审视波特的"竞争战略"。

当市场经济进入互联网时代时,不得不说"需求"变得越来越"任性","创造"变得越来越"认命",人类经济社会在"任性"与"认命"中进入了成熟期,只有成熟的经济才会具有这样的特征。

在这样一个时代,迈克尔·波特的竞争战略将发生怎样的演变?集中化战略演变为平台化战略,差异化战略演变为"锚"战略,成本领先战略演变为价值领先战略,平台化战略、"锚"战略、价值领先战略将是互联网时代的三大竞争战略。

一、平台化战略

(一)源起

平台化战略由集中化战略演变而来,而集中化战略主要是锁定一些固定的目标客户,满足这部分客户群体的需求。在集中化战略指导下,企业的经营策略、管理理念、资源配置、制度流程以及价值创造方式等都围绕这部分客户设计,企业可以为这些客户提供较为全面的产品或服务,从而形成较强的竞争力,因此采取集中化战略的企业多数走多元化发展道路,最后成为大型企业集团。

在集中化战略的指导下,企业为了满足大"客户"的需求,通常会放弃小"客户"的"需求",小"客户"难道不是"需求"?是,但通常会有差异,这些差异让企业难以聚焦在需求同质化的大"客户"身上,不利于进行规模化的价值创造,满足这些"需求"则成本上升,因此必然被放弃。不难看出,实施集中化战略是通常以"客户"为导向,并非以"需求"为导向。

企业竞争战略凝聚在"客户"就会实施集中化战略,凝聚在"需求"就会实施差异化战略。正是因为聚焦在"客户",所以当"客户"承载的"需求"改变时,企业就会依据"客户"相应做出调整,产品则会越来越多,虽然客户数量也有明显增加,但是起决定性作用的不过20%,这就是著名的"二八法则"。到了互联网时代,一旦"集中化"遇到了"碎片化","二八法则"也就被"长尾理论"干掉了。

当"需求"相对集中、稳定时,获得"客户"即获得"需求",但是当"需求"分散、多变时,"客户"与"需求"分离,"客户"还是那些客户,但是"需求"变了,客户忠诚度荡然无存,只剩下"喜新厌旧"和"见异思迁",集中化战略的企业就面临着严峻的挑战。

采取集中化战略的企业通常都是以"做大做强"为目标,为了获得更多的客户,企业必然走向规模化和多元化，有条件就会走向国际化，这时企业越大竞争力越强，成为商海中的"航母"。规模效益让大企业在市场竞争中摧枯拉朽，势如破竹，竞争对手"望风而逃"，只能争夺边缘市场，这就是集中化战略的威力。当企业规模大到一定程度时，单核中心无法带动庞大身躯，必须演变为"一大多小"的多核中心式的母子公司，最后个个都是大型企业集团。

进入互联网时代，目标客户的"需求"不断分散，"碎"到无法"集中"，传统的价值创造方式就会变得焦头烂额，企业该怎么办？建平台！把"客户"都集中到平台上，通过另一种形式为客户创造价值，集中化战略也就演变为平台化战略。

(二)特征

既然企业目光一直以来聚焦在"客户"身上，而非"需求"，那么到了互联网时代最佳的选择是利用现有资源建一个平台，把"客户"都集中在平台上，仔细观察、分析、研究、发现"客户"到底有什么"需求"，然后通过各种方式(商业模式)满足这些"需求"，要么"积水成渊"，要么"海纳百川"，这就是平台化战略的实质。

平台化战略必须立足于人类的某种特定需求，没有哪一个平台能够满足人类所有需求，这种需求一定与时代的某种人性特征相吻合，否则不可能建成一个平台，基于这种特定需求才能把客户"吸引"或者"集中"到平台上，这种"需求"通常作为平台"入口"。

"入口"也是"出口"，客户可从"入口"进来，同样也可以从"出口"出去，完全取决于"需求"能否满足，因而所有平台必然是一种开放形态。"入口"也是"接口"，不同的"平台"通过"接口"可以对接，当客户的"需求"不断变化时，平台之间需要相互"对接"才能满足，因此平台企业之间可以互惠互利、共同发展，总之一切都是为了"需求"。

平台化战略使企业的角色转变为平台的建设者，服务于平台。作为建设者主要的工作是搭建平台、维护平台、发展平台，制定平台各项管理规则，使平台上各种"需求"能够得到最大程度的满足，因此平台企业提供的必然是一整套服务流程。平台企业的价值嫁接在平台上的客户价值之上，平台化战略必须围绕这个核心理念设计，任何偏离行为都会导致平台化战略的失败。

平台化战略并非"借鸡下蛋"，而是"筑巢引凤"，通过满足"需求"而成就自己。由于"需求"更加分散、多变，平台必须与时俱进，跟上变化节奏，一旦无法令平台上的"需求"满意，平台必将走向"没落"与"衰败"，因此"创新"必然是平台化战略的主旋律，只有不断地创新，才能让客户有"活力"，平台有"人气"。实施平台化战略的企业，建设平台非一朝一夕，但是毁之却在旦夕之间。

平台化战略强调"做大做稳"，在平台上客户数量越多，客户结构越复杂，价值交换越频繁，平台企业的竞争力越强，平台化战略越成功。平台的本质是服务于平台上的价值交换活动，因此价值交换活动越活跃，平台越平稳、"人气"越旺，越能吸引更多的"创造"与"需求"聚集在平台上，从而此形成良性的互动，这样的平台才能在"大航海时代"乘风破浪。

当平台发展到一定程度时，就成了"创造"与"需求"的"避风港"，只有停泊在"避风港"中才能躲避海啸，这时俨然成为一种"垄断"平台，而平台规则就变成一只

"有形之手",不但可以左右平台上的价值活动,甚至还可以"翻手为云、覆手为雨",这就是平台化战略的威力。

在互联网时代,实施平台化战略的企业往前再走一步就是所谓的"社区""生态",这时的平台更加开放,强调新陈代谢、自我更新,英文"community"就代表了类似的若干含义,远比中文丰富,更容易让人们理解。

目前一些中国公司实施了平台化战略,在经济结构转型过程中异军突起,取得了令人瞩目的成绩。由于这些企业的成功,导致人们开始认为"一流的企业建平台",其实在企业进化历程中,一流的企业曾经"做产品""定标准",从"一流"标准的变化也能看出企业进化的轨迹,"平台"成为"一流"也仅仅是这个时代的符号。

(三)发展

平台化战略并非一成不变,将经历四个阶段:第一个阶段是从自由竞争到垄断,第二个阶段是平台联盟与合作,第三个阶段是平台共同体(平台群落化),第四个阶段是平台一体化(融合)。四个阶段分别代表了成型、发展、成熟、衰退,这是一个完整的生命周期。为什么会得出这样的结论?因为任何产业发展就是按照这个规律,最后实现产业经济一体化,这是由"人"的规律所决定,因此平台化战略依然不会偏离这个规律。

互联网时代的到来是全球经济进入成熟期的标志,加快了全球经济一体化的步伐。目前来看,中国企业的平台化战略正处于第一个阶段,因为有些平台形成了垄断,"BAT"的存在也许能说明这点。

但这仅仅是阶段性过程,平台的垄断性迟早会被打破,打破垄断的还是人类的"需求"与"创造","需求"满足后向更高层次发展,"创造"必然会冲破"垄断"的封锁,注定垄断都是暂时现象。为了满足不断提升的"需求",平台企业之间必然寻求建立联盟,平台之间的"接口"随时可以进行对接,对中国平台企业而言这个阶段很快就会到来,而现在越来越多的企业热衷于建平台,相信不久就能看到"平台林立",到时又是一番激烈的竞争,谁让"需求"这么任性,把平台变"擂台"!

当平台发展到一体化阶段时,平台将"寿终正寝"。那时也许像谷歌董事长埃里克·施密特所说的"互联网终将消失","物联网"时代到来,平台也会演变成其他形式,因为人类的"需求""创造"不会消失,这是人的本性。

平台虽然很大,"触角"很长,终究有界,不能无限扩展,平台边界到底在哪里?取决于企业的意识边界。20世纪60年代以后,国际化发展让很多企业变得无国界,更不用说互联网时代的企业竞争战略,因此想做"国家企业""民族企业"的平台显得有些目光短浅,而举着"产业报国"的平台就更加举步维艰。

企业的本质是价值创造组织,为人类创造价值,一旦企业有了属性就有了边界,有了边界就有了"界限"。因此要想扩展平台边界就要打破意识"界限",让意识尽可能自由的飞翔,能飞到哪里算哪里,只有这样平台化战略才符合"互联网时代"的特征。

二、"锚"战略

(一)源起

"锚"战略由差异化战略演变而来,而差异化战略主要是锁定一些具有不同需求的目标客户，通过满足这部分明显的差别需求而获得竞争优势，因此通常被称为差别化战略、别具一格战略。

在差异化战略指导下，企业的经营策略、管理理念、资源配置、制度流程以及价值创造方式等都围绕着这部分特定需求设计。企业可以为客户提供较为独特的产品，从而在市场竞争中形成了一定的"壁垒"，通常客户群体"小众化"，因此企业才能获得较高的利润。

由于并非具有"大众化"的特征，采取差异化战略的企业多数走专业化发展道路，最后成为小而精、小而优的企业，在行业中某个独特领域通常具有非常明显的优势地位。

在差异化战略的指导下，企业的目光聚焦在"需求"身上，而非"客户"。人类的需求动机一直处于变化当中，因此实施差异化战略的企业必须跟上需求的变化节奏，甚至于有时能够领先于需求变化，这时就是所说的创造需求。

相对于集中化战略而言，差异化战略通常是在市场中开辟"新航道"，获得属于自己的"蓝海"，这片区域由于其独特性，通常是集中化战略无法或很难涉足的领域，因此集中化战略与差异化战略各有各的市场空间，甚至在有些时候双方可以进行合作，共同满足客户的需求。

采取差异化战略的企业，为了避免和集中化战略趋同，必然走创新之路，因此，"创新"始终是差异化战略的核心内涵，通过不断的创新满足那些与众不同、别具一格的"需求"。这里的"差异"是相对于"集中"而言，"创新"是为了服务具有明显差异的需求动机。

进入互联网时代，人类的需求变得更加分散、多变，俗称"碎片化"。这时集中化战略也无法"集中"与"聚焦"，企业为了继续生存与发展，必然利用自身的优势，试图闯入差异化战略的"蓝海"，获得新的发展空间，这时原本走两种不同"航道"的竞争战略开始有了交集，显然后者如果不及时进行改变，则无法保持一贯的"差异化"，一旦"差异化"消失，竞争力则消失，企业将在劫难逃。

这时实施差异化战略也开始变得束手无策，企业该怎么办？建"锚"！通过建"锚"获得新的竞争优势，差异化战略演变为"锚"战略。

(二)特点

差异性需求发展到一定程度时，就是独特性需求。互联网时代导致人类社会不断"分子化"，而物联网时代就是"原子化"，个体的独特性逐渐体现出来。实施差异化战略的企业，面对的就是这些独特性越来越明显的个体，要想在这种市场环境中生存下去，必须在这些独特性的需求中寻找具有相同特征的部分。

如果说以前眼光集中在客户身上的"差异"需求，这时眼光就必须集中在"差异"需求中的"共同"部分。让人不可思议的是在互联网时代，差异化反而走向了集中化，只不过这时差异化战略始终都是以"需求"为导向。

当把共同需求"集中"在一起的时候，就会形成"锚"。聚集独特的"需求"，需要拥有独特的"创造"，这就是"锚"的内涵，只有这样才能使企业"沉"下来与那些趋同的个体需求对接。

否则，企业将迷失在茫茫深海之处，漫无目标地搜寻客户，因为这个时候的"需求"

相当分散,"见异思迁""喜新厌旧"就是这种需求动机的典型特征,"长尾理论"形象地说明了这点,这时企业的"创造"如何才能捕捉到"需求"?

如果互联网是一片汪洋大海的话,企业就是那一只只正在航行的船,没有"锚"企业如同浮萍一样,除非躲在"平台"企业之上,否则风浪来时立刻不见踪影。有了"锚",企业才能够矗立在这片大海当中,再大的风浪也不至于迷失方向,风浪过后依然起航。一旦企业未能拥有"锚",也就丧失了竞争力,这就是所谓的"锚"战略的本质。

"锚"代表着企业价值创造的独特性,独特性越强则市场竞争力越强,越具有吸引力,在市场竞争中不仅显得鹤立鸡群,还能像"磁石"一样把那些独特需求"吸"过来。一个企业如果没有形成这种独特性,也就没有了与其他企业的差别,只能采取其他两种竞争策略。

如何实施"锚"战略?只有一种办法——"创新",只有不断地创新、持续地创新,才能使"锚"深深地扎在"需求"当中,当然这种"创新"并非漫无目的,"创新"一定是基于人类某种独特的"需求"而展开,最后在这个领域中,形成独树一帜的特征。

如果企业没有较强的创新能力,根本无法实施"锚"战略,创新力强的企业建"大锚",创新力弱的企业建"小锚",总之必须具有创新力。因为"创新"的本质就是为了与"需求"保持相同的变化节奏,甚至是超越这种节奏。

从需求变化的规律来看,互联网时代的市场竞争将会变得越来越激烈,风浪越来越大,甚至海啸都随时可能发生,"锚"战略对企业的重要性更加明显。

(三)发展

从差异化战略演变到"锚"战略这个过程中,"创新"始终是一条基本主线,只是对"创新"的认知不同。拥有较强创新能力的企业,"锚"战略是最佳选择,通过建"锚"获得其他企业所不具备的竞争优势。

在传统经济学中,"需求"只能"被发现"而不能"被创造"。这个观点适用于缺失需求,因为人类的缺失需求动机始终"有"但"没有"体现,所以需求才能"被发现",满足之后则需求动机停滞或消失。

但是对于生长需求则不然,因为生长需求动机是"有"还要"更有",满足之后产生更强烈的需求动机,始终不知道"更有"是一种什么状态,因此需求才能"被创造",也可以说之所以能"被创造"就是因为需求能不断"生长",人类社会的进步恰恰是由生长需求推动,一直到今天,这就是马斯洛给出的重要提示。

从差异化战略到"锚"战略,就是由从发现需求到创造需求的中间过程,"锚"战略仅仅是把趋同的需求集中在一起,还不能完全创造需求,这将是未来的物联网时代、大数据时代、工业 4.0 时代……企业的使命,那时就可以实现在趋同需求的基础上创造出新的需求。

人类的"需求"一旦能够"被创造",产业价值链就可以伸向无穷的边界。谁能创造需求,谁就能够控制整个产业价值链,每一次创新,都能引起市场的震动,产业价值链上游企业都将身不由己地被带动起来,那时企业手中的"锚"就变成了"定海神针",一旦挥舞起来,则翻江倒海,这就是"锚"战略的威力。

三、价值领先战略

(一)源起

价值领先战略由成本领先战略演变而来,而成本领先战略是指当企业的运营成本低于其竞争者时,成本优势就会变相成为一种高收益,这是一种通过"低"衬托"高"的竞争策略。如果说集中化战略面对的是"红海",差异化战略面对的是"蓝海",则成本领先战略面对的是处于"红海"与"蓝海"的"交界",三者共同占领了整个市场,并且相互形成一定的互补性。

成本领先战略从某种意义上来说,其实是一种妥协战略,游荡在主流市场边缘,没有明显竞争优势的企业只能采取这种竞争战略。

从世界范围来看,很少出现以成本领先竞争战略为主的"优秀"企业,更多的是通过为客户创造价值而体现自身价值,因此无论集中化战略也好,还是差异化战略也罢,企业的目光都是盯着"客户"或"需求",为"客户"和"需求"增加投入在所难免。

然而成本领先战略的"目光"盯着的却是竞争对手,追求成本低、利润高的效果,在产品严重同质化时,的确是一种维持生存,然后再谋求发展的良策。因而在竞争过程中难免出现"能省则省"的现象,甚至还会"勒紧腰带打天下",这是与其他竞争战略的最大区别。

成本领先战略用中国"俗话"来说就是:"省下来的即挣出来的"。事实真的是这样吗?企业的本质是价值创造,当企业价值通过竞争对手体现时,弱化了企业的使命,因此中国这句俗话就有"阿Q精神"的嫌疑,因为企业并没有创造出"更多"价值,只是相对于竞争对手而言显得"多"了。

在迈克尔·波特看来,企业竞争其实是价值链的竞争,价值链上的不同环节都参与到竞争当中,任何一个环节出现问题都将影响整个价值链,这就是所谓的"职能短板"。采取成本领先战略的企业通常会把价值链上的价值创造环节当成"成本中心",通过降低"成本中心"的成本,从而获得整个价值链的竞争优势,因而"成本中心"这个概念的存在是实施成本领先战略的前提。

进入互联网时代,"红海"与"蓝海"的"交界"越来越不明显,大有成为一片海的趋势,成本领先战略遇到了前所未有的挑战。人类的需求正在发生巨变,企业必须与客户相结合才能创造价值,一旦创造与需求两者结合在一起,客户(需求)首先会把"成本"消灭,把"价值"放在第一位,坚定不移地采取成本领先战略的企业只有死路一条。

为什么这么说?因为客户(需求)眼中只有价值,没有成本,客户满意度是衡量价值的唯一标准,只要"需求"一"任性","创造"就得"认命",这就是互联网时代初期的典型特点。一旦客户与企业互相结合,"成本中心"立刻消失,一起消失的还有"利润中心""产品中心"等各种中心。没有了"成本中心"如何成本领先?这时企业该怎么办?改弦更张,采取价值领先战略。

(二)特点

在互联网时代,客户一旦进入企业,立刻就会沿着价值链对所有"中心"进行"大清洗",然后统统改造成为一种中心——"价值中心",即为客户提供价值的中心,这里的"客户"是广义客户的概念,也包括了内部客户。

传统的职能分工与专业合作的价值创造方式被以业务流程为基础的系统化、集中化的价值创造方式所取代,一个业务流程就是一个价值中心,企业内部将建立流程型组织结构,因为只有流程型组织结构才能使企业与客户结合在一起。

流程型组织结构让客户走进了企业,开始参与企业内部价值创造活动,任何一个环节要想体现出自身价值,必然通过价值交换来实现。"价值中心"就是价值交换的主体,企业内部俨然成为一个"市场"。

"价值中心"可以独立运行、自主经营、自负盈亏,每一个"价值中心"都是一个相对独立的价值创造单元,通过为客户创造价值而体现自身价值,这时企业成为各种"价值中心"的集合体。只有当企业内部出现了"价值中心"时,才能实施价值领先战略。

价值领先战略并不追求价值最大化,只要创造的价值比竞争对手领先就能得以持续发展,不至于率先被市场淘汰,其实这与成本领先战略核心思想一致。"领先"也是相对概念,通过与竞争对手进行比较而获得市场优势地位。

在互联网时代由于产品的同质化正在消失,因此价值领先也需要把"创新"作为核心理念,只不过"创新"的出发点是针对竞争对手。价值领先战略的目光盯住了竞争对手,只要比竞争对手更能够让客户(需求)感到满意,就能够让竞争对手消失得更快。

同样,价值领先战略也是一种妥协战略,当企业既无法建"平台",也无法建"锚"时,企业自然不能坐以待毙,只有创造更令客户满意的价值,才能获得竞争优势,这就是价值领先战略的核心思想。与成本领先战略一样,价值领先战略也将成为互联网时代多数企业所采取的一种竞争策略。

(三)发展

在互联网时代,价值领先战略是一种"进可攻""退可守"的竞争战略,"进"则可以演变为一种"锚"战略,能够独立地生存于波涛汹涌的市场中,不惧激流险滩;"退"则可以在平台企业的"舞台"上,与其他竞争对手一较高下,至少拥有属于自己的"立锥之地",因此采取价值领先战略的企业,在互联网时代可以立于不败之地。

同样,采取价值领先战略的企业很难成为一个"优秀"企业,因为未能把客户价值放在第一位,因此这也是一种被动的竞争战略。如果说平台化战略能够"翻云覆雨","锚"战略能够"翻江倒海",那么价值领先战略则能够"随波逐流"。这三种战略各有各的特点,并且同样具有一定的互补性,成为互联网时代的三大基本竞争战略。

随着人类需求结构的不断变化,生长需求特征将逐渐明显,需求动机将越来越抽象、模糊、分散,最终将成为一种个性化的需求。当整个社会结构从分子化向原子化转变时,价值领先战略将逐渐消失。

因为一旦需求动机呈现出个性化时,价值创造组织(企业)也将个体化,这时竞争对手将消失,没有了竞争对象,也就没有价值领先一说。所谓"竞争"一定是存在至少两个相同或相似的个体争夺同一资源或空间,随着社会不断发展、时代进步,显然这种趋势将导致采取价值领先战略的企业越来越少。

目前,中国乃至世界正在逐步进入移动互联网时代,对中西方企业而言都是一种挑战，在传统竞争战略的基础上，企业依据自身的优势，选择不同的道路。整体来看，中国传统企业由于普遍缺乏创新力，更多地会选择平台化战略以及价值领先战略；外资企业凭借着技术优势更多地会选择"锚"战略。无论选择哪种竞争战略，都将是以一种为主体的综合竞争策略。

案例分析

新航是如何打造低成本航空的

本 章 小 结

本章阐述了三种基本竞争战略、动态竞争战略以及不同行业的竞争战略。三种基本竞争战略，是指无论是在什么类型的行业里企业都可以采用的竞争性战略。美国哈佛商学院著名的战略管理学家迈克尔·波特在其 1980 年出版的《竞争战略》一书中，提出三种基本竞争战略，即成本领先战略、差异化战略和集中化战略。企业在采用这三种战略的动机以及实施时机与条件上是不一样的。同时，还要注意这三种战略都有一定的缺陷。在动态竞争战略中，主要是进攻战略与防御战略。所谓进攻战略是企业通过自己的核心能力、资源优势和竞争能力，主动向竞争对手发起进攻，以此来获得自己的竞争优势。这些行动包括产生成本优势的行动、产生差别化优势的行动以及产生资源或能力优势的行动。一般来讲，防御战略通常不会提高企业的竞争优势，但它有助于保护企业最有价值的资源和能力，维护企业已有的竞争优势。企业在采用动态战略时，要注意到先动优势与劣势，以及标杆学习的问题。

第三节是从处于不同寿命周期的行业角度，探讨新兴行业、成熟行业以及衰退行业的特点，阐述各类行业的战略选择的模式。在新兴行业里，企业可以采用促进行业结构形成、改变供应商和销售渠道、正确对待行业发展的外差因素、适应转变的流动性障碍和适当的进入时机等策略，使企业获得竞争优势；在成熟行业里，企业应考虑缩减产品系列、加速创新、降低成本、提高现有顾客的购买量和发展国际化经营等策略行动；在衰退行业里，企业为了生存发展，可以实施定位战略、领先战略、收获战略和迅速放弃战略，在一定范围内获得与保持自己的优势。

复习思考题

1. 探讨成本领先战略的使用条件与不足。
2. 探讨差异化战略的使用条件与不足。
3. 探讨集中化战略的使用条件与不足。
4. 采用各种进攻战略的条件与目的是什么？
5. 防御战略的目的是什么？如何运用？
6. 企业如何获得先动优势？如何避免先动劣势？

7. 根据企业自身的情况，确定标杆学习的方法。
8. 分析新兴行业的环境以及所应采取的战略。
9. 分析成熟行业的环境以及所应采取的战略。
10. 分析衰退行业的环境以及所应采取的战略。

第七章 战略协同与战略联盟

本章导读

阿里+苏宁以后，该怎么玩

学习目标

通过对本章的学习，应能够准确把握协同和战略联盟的定义以及协同的类型、联盟的各种形式；重点理解协同效应的评价方法和寻求协同机会的各种分析框架；熟悉战略联盟的各种建立动因；了解战略联盟的优缺点；掌握协同效益的三种主要实现方式。

关键概念

协同(Synergy)　　　　　　　销售协同(Sales Synergy)
运营协同(Operating Synergy)　投资协同(Investment Synergy)
管理协同(Management Synergy)　协同效应(Synergy Effect)
协同效益(Benefit of Synergy)　战略联盟(Strategic Alliance)

第一节　协同效应理论

一、协同的概念

协同(Synergy)，其概念来自自然科学，是存在于系统演化过程中的一个普遍原理。德国著名物理学家赫尔曼·哈肯(Herman Haken)把"协同"定义为系统的各部分之间相互协作，使整个系统形成微个体层次所不存在的新质的结构和特征。近几年来，理论界虽然把"协同"作为一个范畴，但并没有达成一致的认识。

协同的概念在管理学中最早出现于美国战略理论研究专家依戈尔·安索夫(H. Igor Ansoff)在1965年出版的《公司战略》一书中有关"协同与能力"的文章，其中确立了协同的经济学含义，亦即为什么企业整体的价值有可能大于各部分价值的总和，协同模式的有效性部分源于规模经济带来的好处。安索夫对协同的定义既包括规模效益，也包括诸如技术专长、企业形象等无形资产的共享，强调取得有形和无形利益的潜在机会以及这种潜在机会与公司能力之间的紧密关系。

此后，日本著名的管理战略专家伊丹广之(Hiroyuki Itami)在安索夫观点的基础上发展了协同概念。他认为："通俗地讲，协同就是搭便车，当从企业一个部分中积累的资源可以被同时并且无成本地应用于企业的其他部分时，协同效应就发生了。"他把安索夫的协同概念分解成了"互补效应"和"协同效应"两部分。同时，他又把资源划分为"实体资产"和"隐形资产"两大类。实体资产是指诸如生产设备等资产；隐形资产则是一种无形资源，它既可能是商标、顾客认知度或技术专长，也可能是一种可以激励员工的企业文化。伊丹认为，"互补效应"主要是通过对"实体资产"的使用来获得，而"协同效应"却是通过对"隐形资产"的使用来实现的。虽然"互补效应"极具价值，但易为其他公司所仿效，并不能为公司带来持久的优势，而只有当企业使用它独特的资源——隐型资产时，才能产生真正的协同效应。他指出许多企业就是因为忽视隐形资产而失去了获得协同效益的机会，隐形资产是实现企业战略协同的源泉。

被称为"竞争战略之父"的迈克·波特(Michael Porter)在其 1985 年出版的《竞争优势》一书中明确指出，对公司各下属企业之间的相互关系进行管理是公司战略的本质内容。他建议经理们要仔细分析各下属企业的价值链，识别出其中相似的业务行为以及它们之间的相互关系，并据此构造公司的竞争优势。波特认为协同是一个非常好的概念，并反复强调协同的重要性。针对一些案例研究怀疑协同是否可行的问题上，他指出："协同的失败主要源于这些作为案例的公司没能真正理解和正确地实施它，并不是因为概念本身存在缺陷。"

哈佛大学教授、公司创新与变革专家罗莎贝丝·莫斯·坎特(Rosabeth Moss Kanter)，在对什么样的企业文化或价值观可以鼓励多元化企业资源共享进行研究之后，得出："多元化公司存在和发展的唯一理由就是取得协同，亦即通过奇妙的业务组合使公司的整体实力和赢利能力高于企业各自为政时的状况。"

罗伯特·巴泽尔(Robert Buzzell)在《PIMS 准则》中将协同定义为协同是相对于各独立组成部分进行简单汇总而形成的业务表现而言的企业群整体的业务表现。协同创造价值的方式主要有四种，即对资源或业务行为的共享、市场营销和研究开发的扩散效益、企业的相似性以及对企业形象的共享等。

20 世纪末，英国的两位管理战略学者安德鲁·坎贝尔(Andrew Campbell)和凯瑟琳·萨姆斯·卢克斯(Kathleen Sommers Luchs)综合各种协同问题研究，汇编成了《战略协同》一书。这是迄今为止综合有关战略协同研究最全面的一本书。该书一开头便开宗明义地说："协同是一个十分值得公司经理们关注的话题。协同公式'2+2=5'表达了这样一种理念，公司整体的价值大于公司各独立组成部分价值的简单总和。"

本书认为，所谓协同是指业务多元化的企业集团，通过对子系统的相互协作，可以使组织整体运作产生的价值大于各组成部分独立运作产生的价值之和的效应，经常被表述为"2+2=5"。协同可以使企业更有效地利用它所拥有的资源和技能，协同意味着只要具有创新能力和识别发展机会的意识，企业就可以不断地实现整体新价值的创造。

二、协同的类型

安索夫根据投资收益率中的元素，将协同分为销售协同、运营协同、投资协同和管理协同四种类型。也就是说，企业可以通过销售、运营、投资及管理等方面的改进而取得协同效应。由于组织方式、成本控制和具体技能等都有较强的专业背景，所以不同行业间的协同效应也就存在较大的差别。

(1) 销售协同(Sales Synergy)。当使用相同的销售渠道、营销队伍或仓储方式时，就有可能发生销售协同。如果一个产品系列中的各种产品彼此相关，公司就有机会进行联合销售，销售队伍的生产效率也就可以得到提高。共同的广告宣传、产品促销活动以及原有的良好声誉，都可以使每一单位的投入产生更多的回报。

(2) 运营协同(Operating Synergy)。这种效应主要源自对人员和设备更充分的使用、对日常管理费用的分摊、学习发展周期的同步性以及大批量采购等方面。

(3) 投资协同(Investment Synergy)。这种效应主要来源于对厂房、机器设备、安装维修、原材料以及研究开发成果等资源进行共享的机会。

(4) 管理协同(Management Synergy)。在进入一个新行业之后，如果管理者发现新领域中的问题与自己过去曾经遇到的问题相似，那么就可以将以往的成功管理经验运用到新收购的企业中，分享共同管理水准及经验等。管理协同所涉及的范围较广阔，内容更为丰富。如果将公司内的所有经营管理职能分成"日常管理""研究开发""生产制造"和"市场营销"四类，据统计，在相当多的行业中，"日常管理"这个领域的协同效应水平往往是最高的。原因是：一方面，企业在财会、劳务关系、公共关系等方面具有的相似性，使得管理者的技能、经验能够在被收购企业的领域内采用，并能促使其经营状况改善；另一方面，日常管理费用也可以在企业群体内进行分摊，如果并购企业现有的日常管理职能可以为多元化后新增加的生产提供服务，那么并购就可以实现成本经济。

把协同分成以上四大类，不一定能将战略协同的内容或实施机会涵盖全面，因此，应可福、薛恒新又将协同的内容细分，如分为组织协同、财务协同、资产协同、信息协同等。而马崇明认为，以上四种类型的协同效应都是基于很多基本要素的协同效应，如运营协同包括管理水平的协同、人力资源的协同、设备的协同等，而销售协同同样包括管理水平协同、人力资源协同等。由此可见，各协同效应中基本要素的协同是相互重叠的。因此，他将协同效应分为有形资产协同效应与无形资产协同效应。综合来看，实施机会也非常多。随着经济的发展和科学技术的进步，我们认为协同的内涵是十分丰富的，在无形资产方面实施战略协同，往往具有更大的价值。无形资产协同效应主要表现为品牌协同、文化协同和技术协同等方面，这些方面将越来越受到公司经理们的重视。

三、协同效应的评价

协同效应是指在企业发展战略的支配下，通过一体化或业务多元化实现各种资源的协调配置，使企业整体性功能得到增强，从而带来公司价值的增加。获得协同效应，是企业实施联合协作的主要目的。协同效应必须大于零，否则企业就没有联合的必要性。协同效应的多少是决定企业联合运作成败的关键，有许多经理人对协同效应没有恰当评价，过于乐观，支付了很高的溢价，甚至超过了合作后的实际协同效应，使实现联合的成本超过了协同能够带来的收益，最终导致失败。因此，正确评价协同效应在企业制定战略项目决策中占有举足轻重的地位。同时，通过对协同效应进行细致评价，还可以更加合理地预测合并后企业的未来经营情况和赢利状况，以尽量精确地评价合并后新企业的价值。而用并购后联合企业的价值，减去并购前双方企业的价值之和，就可得出并购的协同价值，将二者进行分析验证，可以确定协同效应的最终结果。在制定支付价格时，协同效应即为溢价上限，如果超出这个上限，只能放弃联合发展战略。那么，如何准确地评价协同效应呢？国内外学者从定性和定量两方面对此做了大量研究。

依戈尔·安索夫认为从理论上讲，所有协同效应都可以用四种变量来描述：增加了的销售收入、降低了的运营成本、压缩了的投资需求以及各自的变化速度。然而在实践中却无法对它们进行定量分析或把它们的效果综合起来，特别是当公司准备进入一个它从未接触过的行业时更是如此。因而安索夫在"协同与能力"一文中给我们展示了一种定性评价协同效应的理论框架(如表 7-1 所示)。他将协同效应按照日常管理及财务、研究开发、市场营销以及生产运营(包括生产制造、原材料采购、存货管理、资源调度和仓储保管)等职能领域进行分类。安索夫又明确指出协同效应是对称的，即当实施多元化的公司向新公司提供利益的时候，它同时也从新公司那里取得了很多回报。例如，母公司为增强新公司的研发能力而增加大量投入的同时，母公司也可能利用新公司的销售网点为其产品销售提供服务。基于此，他对上述每一类分别考察三种对称的协同效应：向新领域渗透可能给母公司带来的利益；母公司对新公司做出的贡献；合并可能给双方带来的新的扩张机遇，并对此进行定性的评价，把这些评价汇总可以形成对一个项目的最终评价。

表 7-1 对多元化扩张项目的协同效应的评价

协同效应分类 职能领域/对称效应		起步协同 投资运营时间	运营协同 投资/运营	扩大现有销售	寻求新的商机	总体效应
日常管理及财务	对母公司的贡献					
	对新公司的贡献					
	新的扩张机遇					
研究开发	对母公司的贡献					
	对新公司的贡献					
	新的扩张机遇					
市场营销	对母公司的贡献					
	对新公司的贡献					
	新的扩张机遇					
生产运营	对母公司的贡献					
	对新公司的贡献					
	新的扩张机遇					

(资料来源：坎贝尔，卢克斯. 战略协同[M]. 任通海，等，译. 北京：机械工业出版社，2000.)

此外，国内外许多学者通过对协同效应进行实证研究，总结出并购协同效应的计算方法。这些方法从不同的角度出发衡量协同效应。

Bradley 等人在异常收益的基础上计算协同效应，Healy 等人从业绩改变着手评估协同效应。他们选取了 1979—1984 年发生的最大的 50 次并购交易为样本，对并购前后现金流的变化进行计算。这两种方法已经发展得比较成熟，在研究中被较多地使用，并且不断有新的研究对其加以修正改进。

国内也有不少研究尝试计算协同效应。夏新平、宋光耀认为并购企业决策者可以利用收集到的己方和被并购方的过去、目前和预测兼并后将来的各类数据，按并购活动可能增加的现金流量进行分析、归纳和计算,从而得到协同效应的估计值。他们将协同效应的增量现金流 ΔCF 分解成四部分:营业收入的增加(ΔR),产品成本的降低(ΔC_0),税赋削减(ΔT)和资本需求的降低(ΔC_N),所以协同效应的增量现金流可表示为 $\Delta CF = \Delta R - \Delta C_0 - \Delta T - \Delta C_N$。然后估计出并购后企业的寿命期和寿命期内各年的净增加现金流,选取适当的折现率 r,将寿命期内的净增加现金流量折现加总,即可得到以净增加现金流的现值计算出的协同效应值。这一内部计算模型为协同效应的量化提供了思路,然而对模型中的关键参数的确定及人为假设可能导致的重大误差如何处理皆未提及,难以为协同效应的准确计量提供依据。张秋生、王东提出一种分部加总的模型以预测并购中的协同效应,其基本思路是将各企业并购可能产生的经营、财务、管理协同效应等所表现的各主要方面作为计量依据和预测思路,在详细的定性分析基础上,分别定量预测每一种协同效应的数值和作用年份,并按照其作用年限折现后加总。该模型对于如何将"质量型协同效应"转化为"有形协同效应"加以定量分析,从而使预测结果更为准确、可靠尚需进一步探讨。

第二节 协同效益的实现

一、协同机会的挖掘

每个公司都可能存在着这样或那样的战略协同机会,但是这些机会是随着企业内部本身的发展和外部环境的变化而变化的。所以能否及时把握协同的机会,能否准确识别和挖掘协同机会,是企业能否获得协同效益的前提,也是对公司领导者是否精明的重要考验。为了寻找协同机会,咨询顾问和学者们研究出了许多分析框架。

(一)业务单元相互关联分析法

迈克尔·波特(M. E. Porter)对于不同企业间基本业务行为和技能的共享所形成的相互关系提出了一个分析框架,并利用价值链分析法对每项业务行为如何影响企业的整体战略进行了研究。识别协同机会,是基于对集团内企业间的关联度或相互依存关系的分析。明确业务单元间的关联是价值链重组和资源整合的最为直接有效的一步,是获得协同效应的最直观的概念。在很多混合兼并的企业,存在着许多具有战略重要性的关联,波特在《竞争优势》中将业务单元之间可能的关联大致分为三种类型:有形关联、无形关联和竞争对手关联。波特首先阐述了有形关联,或者说是业务行为共享是如何产生竞争优势的,并对与此相关的成本进行了分析。他指出:"共享一项活动可获得竞争优势的大小,一定要参照协调、妥协和刚性成本来衡量,只有这样才能确定共享的竞争优势。"在对无形关联或是技能共享进行讨论时,波特认为确实存在关键的技巧和技能在企业间传播的事例,但人们很难准确把握那些可以普遍适用于不同企业的技巧或技能,并确定共享可以带来怎样的竞争优势。因此有效地挖掘无形关联要求对有关业务单元及其参与竞争的行业要有深刻的认识。只有识别出可以带来变化的、具体的技巧传播方法,我们才能真正理解无形关联对竞争的重要性。应避免掉入识别虚幻的或是与竞争优势无关的无形关联的陷阱中。所以波特的贡献就在于,他提出了一种可以准确识别协同机会的方法,从而对潜在的效益做出更好的判断。

(二)评价企业间相互依存关系

C.K.普拉哈拉德(C.K. Prahalad)和伊夫·L.多兹(Yves L. Doz)对跨国公司下属企业之间各种各样的相互依存关系进行了讨论。这些企业可能共用某种技术,也可能通过全球化的生产制造或通过对产品配送及市场营销的统一协调来实现规模效益。这些联接关系错综复杂,最大的挑战就是确认哪些是关键性联接,而他们认为这一任务是价值链分析所无法完成的。即使相联接可以给公司带来定量化的经济效益,但这些经济效益只有与那些不易进行定量化分析的组织成本和管理成本相比较才有实际意义。普拉哈拉德和多兹同意迈克·波特的一种观点,认为许多公司都确实有很好的机会去实现下属企业间的相互联接。不过他们强调,经理们在对经济效益进行详细分析的时候,不应忽视组织方面的成本。虽然这些成本是很难定量化的,但它们对相互关联的净收益有着实质性的影响。为此,他们建议使用资产负债表分析法来帮助经理们解决对成本和效益进行比较衡量这一十分棘手的问题(如表7-2所示)。通过表7-2,可以对与管理依存关系相关的成本和收益有比较深入的认识,跨国公司要在此基础上,努力寻求两者的平衡,这对公司发展具有深远意义。

表7-2 评价依存关系的资产负债表

潜在资产	潜在负债
成本降低及对附加值的控制	对具体企业关注程度的降低
技术上的整合	灵活性下降
保有全球性的基础设施	创新能力被削弱
保持与竞争对手和竞争环境的同步发展	协调的成本
与宗主国政府的谈判能力	企业业绩的不可评价性

(资料来源:坎贝尔,卢克斯. 战略协同[M]. 任通海,等,译. 北京:机械工业出版社,2000.)

(三)四分类组合分析法

克里斯托·J.克拉克(Christopher J. Clorke)和基瑞尔·布伦南(Kieron Brennan)认为,在20世纪70年代和80年代早期,许多公司之所以在多元化战略方面遭受挫折,既不是因为公司对协同机会做出了错误的判断,也不是因为公司对协同的潜在效益过于乐观,而是因为公司从根本上就忽视了协同机会的存在。在那段时间里,由于受各种各样咨询意见的蛊惑,公司经理们主要采用组合规划以及像波士顿咨询顾问集团研究出来的那种成长与市场份额矩阵来进行战略研究。这些方法使经理们过于关注个别战略业务单元的发展状况而忽视了公司整体的运作状况,公司因此经常做出错误的收购决策。许多企业虽然在被收购前看起来颇为诱人,但实际上在被收购后是不能与公司内的其他企业很好地配合运作的。针对这些问题,克拉克和布伦南提出了一个新的战略分析方法,即四分类组合分析法。他们认为使公司实现其战略目标的关键在于建立"协同式联接"。通过考察新产品和新企业与原有产品和企业在四类组合方面的联接情况,公司经理人就可以非常清楚地识别出协同的机会,并采取措施使其得到加强。他们将公司划分为四类组合,即产品组合、资源组合、客户组合和技术组合,然后根据一些具体的指标并利用矩阵方法对每个组合分别进行分析。通过比较分析的结果,再进一步对四类组合间潜在的协同机会进行识别。

总之，协同机会的挖掘和识别是一件非常复杂并富有挑战性的工作，需要掌握大量的数据并对企业的业务和组织有非常深刻的认识，更需要经理们付出艰苦的努力。

二、协同效益的实现方式

协同效益的存在使许多企业趋之若鹜，然而，取得协同效益之艰难，时常也使企业望而却步，甚至对协同效益产生了怀疑，有人称其为"协同陷阱"。事实上，协同原理的普适性和协同效益的客观存在性是毋庸置疑的。实际运用中之所以产生天壤之别的效果，关键在于对协同效益产生机理的不同理解和企业获取协同效益方式方法的差别。实现协同效益的方式很多，如多元化经营、并购和建立联盟等，而且通过不同的方式得到的协同效益也各不相同。企业应根据自身条件和内外环境选择不同的方式，决不能盲目效仿。

(一)多元化经营

多元化经营是企业获得竞争优势的一种有效战略，在一段时间内多元化被认为是获得协同效益的最有效方式。根据价值链理论，企业协同效益的实现应从其价值系统中共享要素之间的相互作用开始。多元化经营是指企业同时经营两种以上基本经济用途不同的产品或服务的一种发展战略。其内容包括：产品的多元化、市场的多元化、投资区域的多元化和资本的多元化。一般意义上的多元化经营，多是指产品生产的多元化，但值得注意的是，很多企业在实施多元化经营时往往忽视了公司的核心能力与市场风险，公司的多元化经营战略常以失败告终。例如，巨人集团总裁史玉柱反省其失败的四大失误之一，就是盲目追求多元化经营。巨人大厦的建设导致财务危机，几乎拖垮了整个公司。因此，企业必须注重做好主业，注重新进入行业与主业的相关性，通过核心能力的延伸与拓展的多元化战略获得协同效益。实践证明，多元化经营的成功率与本行业与新行业之间的相关程度呈正相关，即相关程度高，成功率高；相关程度低，成功率低。这种相关既包括建立在共同的市场、渠道、生产、技术、采购、信息、人才等方面，相关业务之间价值活动能够共享的有形关联，也包括建立在管理、品牌、商誉等方面共享的无形关联。通过价值要素的关联可使企业享受到经济利益上的相乘效果。企业以某种技术为轴心，利用相关技术的通用性，降低研究开发及技术创新成本，从而形成强大的核心能力，核心技术能同时被不同业务的单元所共享。技术优势在企业内部得到了最大限度的扩散和利用，使企业从中获得了巨大的技术协同效益；企业利用比较固定的顾客群或分销渠道而将经营扩展到新领域。在销售过程中，通过市场关联可以节约市场调查、广告宣传、产品分销等诸多营销费用，而且通过品牌延伸能够发挥企业无形资产的巨大潜力，使企业从中获得市场相关的协同效益。松下电器就是相关多元化的典型代表。松下电器的多元化发展过程中，各行业之间或是市场相关，或是技术相关，或是技术/市场相关，呈现出较好的相关性，使企业获得了协同效益，企业价值迅速成长，多元化经营大获成功。

(二)并购方式

企业通过并购，可以实现企业规模的扩张，使得企业资源优势得到进一步发挥，同时降低了企业的交易费用，并购企业因此能够获得并购利润，增大企业价值，获得竞争优势。这种增值效应，不仅来自市场上交易主体的减少，更主要的是来自并购后企业内部创造的协同效益。简单来讲，并购通过协同来创造价值，实现协同效应是企业实现并购预期和战略目标的基础。企业在并购过程中既可获得技术与操作上的协同效应，又可以获得经营上的协同效应，但最重要的是，通过并购，企业可以直接从中谋得财务上的协同效应。具体表现如下。

专题拓展

腾讯 86 亿美元巨款并购 Supercell 成世界游戏第一

1. 经营协同效应

经营协同效应指并购给企业生产经营活动在效率方面带来的变化及效率的提高所产生的效益。其主要体现在横向并购和纵向并购中。

（1）横向并购与经营协同效应。横向并购中的协同效应主要是通过这种规模经济和范围经济获取的。建立在经营协同基础上的理论假定在行业中存在着规模经济，且在并购之前，公司的经营活动水平达不到实现规模经济的潜在要求。规模经济是由于某些生产成本的不可分性而产生的。例如，大型设备、企业的一般管理和经营管理等，当其平摊到较多单位的产品中去时，单位产品的成本可以大大降低。同时，生产规模的扩大，劳动和管理的专业化水平又会大幅度提高。横向并购可以扩大企业的生产规模，并且通过资源互补达到最佳经济规模的要求，从而能够降低生产成本，提高生产效率。经营协同效应的另一个来源就是范围经济。范围经济的产生要依托这些共享的生产要素具有不完全可分性，所以某一系列产品的生产在某个阶段会产生剩余生产能力。当并购企业在某些产品的生产能力上存在着剩余生产能力，并购企业与目标企业共同生产该产品的成本低于两者单独生产时的成本时，范围经济就产生了。

（2）纵向并购与经营协同效应。在纵向并购中，将同行业中处于不同发展阶段的公司联合在一起，由于减少了相关的联络费用和各种形式的交易费用，并降低了交易中的不确定性，也能获得较有效的协同效应，从而使企业比其竞争对手更加具有成本优势。

2. 管理协同效应

管理协同效应是指通过并购使企业经营管理水平得以提高，其剩余管理能力得以充分利用而产生的效益。这种效应产生的前提假定是：其一，并购方的管理层比被并购公司的管理层更称职且更有效率，通过并购，目标公司使并购方的管理效率得到了提高；其二，要求并购方的剩余管理能力是可以转移的。并购方的管理能力过剩，目标公司的管理能力相对匮乏，通过并购使并购方的管理能力转移到目标公司的经营中去，从而使管理能力作为一种资源的分布趋于合理和均衡。

3. 财务协同效应

财务协同效应是指并购给企业财务方面带来的种种效益，这种效益的取得不是由于经营活动效率的提高而引起的，而是由于税法、会计处理准则以及证券交易等内在规定的作用而产生的一种纯现金流量上的收益。主要表现在三个方面：①通过合并可以在一定程度上取得合并方企业享有的税收优势，减少企业的现金流出量；②企业可以利用税法中亏损递延条款来合理减少纳税数额;③并购中的预期效应会使并购后企业的股价上涨,增加股东财富。

(三)联盟方式

战略联盟是一种企业成长型战略,它强调合作,联盟企业彼此相对平等,也是一种实现"双赢"的战略。由于专业分工的不同,不同的企业只能在价值链的某些环节上拥有优势,所以,不同的企业在各自优势环节下与其他企业展开合作,建立联盟,促使彼此的核心专长得到互补,获得成本优势,以实现企业价值链的最大收益,最终获得以价值链为基础的有形协同。可以说联盟是取得协同效应的最佳载体,同时,取得协同效应也是战略联盟的目标之一。企业可以通过建立联盟寻求外部协同,而不必将关联性业务纳入企业内部实现协同效应,其产生机理主要表现在以下几个方面。

1. 管理协同效应

管理协同效应是指管理能力超出其管理范围的高效率管理团队,通过管理范围的扩展及管理经验的不断推广和创新,提高联盟整体运作效率。通过联盟,管理效率高的一方可延伸其管理范围,提高联盟方的管理水平,或者通过双方管理优势互补,从而提高联盟整体的管理水平和运作效率。

2. 生产协同效应

生产协同效应是指由于企业间存在着生产要素和企业职能等方面的互补性,联盟企业通过共享与生产有关的资源及价值活动所形成的协同效应。例如,企业可以通过共享输入后勤系统、共享零部件、共享零部件制造设施、共享装配设施、共享检测和质量控制系统等,达到提高生产效率及降低生产成本的生产协同效应。

3. 销售协同效应

联盟企业可以通过了解合作伙伴的产品销售渠道、方式及主要顾客等情况,制定出与自己企业协调一致的销售战略,使相似的顾客业务单元同时增加销售量,降低销售成本,达到销售协同效应。同时,联盟企业销售业绩的提升能够吸引更多的分销商作为战略盟友,销售商进入联盟后,可以把顾客对产品的要求及在使用中出现的问题及时反馈给企业,有利于联盟企业对产品进行改进与革新。

4. 财务协同效应

战略联盟的财务协同效应主要体现在两方面:①降低研发成本。通过建立战略联盟,联盟各方可以进行技术优势互补,共同承担巨额的研究开发费用,最后共同享有技术研发成果,从而降低研发成本和研发风险。②降低经营费用。联盟各方可通过联合采购降低采购成本;通过共享品牌、共享广告、共享促销、共享营销渠道等减少销售费用;通过节约不必要的重复投资和避免无效益的投资等方式降低经营费用,减少现金流出量。

值得注意的是,上述四种协同效应的实现方式本身并不必然产生协同效益,其产生与否还要依赖于各子系统是否实现有机整合。这还需要具备以下几个条件:①公司最高领导必须对发现和实现协同效应具有信心和决心;②员工之间相互了解和沟通良好,能充分发挥其积极性、主动性和创造性;③配合有效的组织管理并建立良好的协同环境。

第三节 战 略 联 盟

一、战略联盟的概念

战略联盟的概念最早是由美国 DEC 公司总裁简·霍普兰德(J. Hopland)和管理学家罗杰·奈格尔(R. Nigel)于 20 世纪 70 年代提出的,这一概念很快得到理论界和实业界的广泛认同。但目前,学术界对战略联盟这一概念尚没有统一的界定。从战略管理的角度,目前具有代表性的观点有以下几个。

(1) 西尔拉(Sierra)认为,战略联盟是由很强的而且原本是竞争对手的公司组成的企业或伙伴关系,是竞争性联盟。这种观点强调战略联盟是实力强大且相当的企业间的一种合作性竞争,从战略联盟的合作表象下揭示了战略联盟竞争的根本属性,把战略联盟看作一种合作竞争组织。

(2) 迈克尔·波特(M. E. Porter)在《竞争优势》一书中认为,战略联盟是超越了正常的市场交易但并非直接合作的长期协议,其形式可以是通过与一家独立的企业签订协议来进行价值活动(如供应协议)或与一家独立的企业合作共同开展一些价值活动(如营销方面的合资企业)。这种观点强调战略联盟是企业间的一种长期的契约关系,是介于市场与企业之间的交易方式,它是指企业之间进行长期合作,虽然超过了正常的市场交易但又没有达到合并的程度。

(3) 蒂斯(Teece)认为,战略联盟是两个或两个以上的伙伴企业为实现资源共享、优势互补等战略目标,而进行以承诺和信任为特征的合作活动。这种观点强调战略联盟参与企业资源的异质性,把战略联盟看作企业间的一种资源整合行为。

(4) 库尔盼认为,战略联盟是跨国公司之间为追求共同的战略目标而签订的多种合作安排协议,包括许可证、合资、R&D 联盟、合作营销和双边贸易协议等。这一观点强调战略联盟是致力于一系列战略目标基础上的合作安排。

综合以上观点,我们认为,战略联盟是指两个或两个以上的独立企业,为了达到某种战略目的,通过签订各种协议而建立的一种长期合作关系。这个定义包括以下三层含义。

(1) 结成战略联盟的企业是两个或两个以上相互独立的企业。战略联盟的主体至少是两个企业(即具有法人资格的经营实体),并且它们之间是相互独立的、平等的,企业不会因建立战略联盟而丧失其独立性。

(2) 战略联盟是为了达到某种战略目的。一般来讲,企业建立战略联盟的战略目的是获得、维持或发展企业的战略资源。不同的企业可能具有不同的战略目的,如有的企业建立战略联盟是为了获得某种战略资源,有的则是为了保护并充分利用企业的战略资源,有的则是为了发展企业新的战略资源。但战略联盟的根本战略目的是获得和维持企业的持续竞争优势。

(3) 战略联盟是企业间的一种长期合作关系。战略联盟是以契约形式为纽带,追求一种长期的、共同的、互惠利益的战略伙伴关系,企业之间短期的合作关系不属于战略联盟。

二、战略联盟的形式

战略联盟的形式是多种多样的，对于其具体形式的划分也是仁者见仁、智者见智。一般来说，主要从以下两个角度进行划分。

(一)从产权角度来划分

从产权角度划分，可分为合资、股权参与、契约式合作和非正式合作。

1. 合资

合资是指由两家或两家以上的企业共同出资、共担风险、共享收益而形成新企业，这种方式目前十分普遍，尤其是在发展中国家。通过合资的方式，合作各方可以以各自的优势资源投入合资企业中，从而使其发挥单独一家企业所不能发挥的效益。合资企业是获取根植于组织之中的资源的最有效的方式，其主要形式是股权合资企业。股权合资企业是指将合作伙伴纠集在一个独立的实体中进行合作和学习。战略联盟中企业往往为了特别的利益而采取机会主义行为，特别是在涉及不受产权保护的隐性知识和技能方面，机会主义将更加严重。而股权合资可以极大地促进企业间的技术转移，导致合作伙伴技术的相似性。股权合资企业可以使一个企业更好地利用其伙伴的以知识为基础的资源。因此如果企业自己的资源是以所有权为基础的资源，而伙伴企业的主要资源是以知识为基础的资源，那么企业将会首选合资企业的联盟形式。联盟的时间较长将有助于合作伙伴采取诚实的行为并抑制机会主义的行为。同时，经麦肯锡公司的研究发现，合资企业成功率最高的是股权各占50%的合作关系。例如，兰克施乐公司和富士胶片公司联合成立的富士施乐公司就是一个非常成功的股权各占50%的公司。它的年销售额达30亿美元，利润非常可观。因为和谐的合作关系不能存在领先的控制权。倘若一方拥有多数股权，就会主宰决策，把自身利益凌驾于另一方利益之上，从而破坏合作关系，导致联盟失败。

2. 股权参与

如果一个企业对联盟的贡献主要是知识资源，而其伙伴的主要贡献是以所有权为基础的资源，那么该企业则倾向于采用少数股权参与的联盟形式。股权参与是指持有合作伙伴少量股份，其战略目的在于维系和确保双方的合作关系。在这种情况下，股权合资企业不受欢迎，因为伙伴企业没有大量的知识资源可供分享和利用；建立合资企业会使自己的知识资源更大程度地为伙伴所利用。从资源基础论来看，企业既想获得其他伙伴的有价值的资源又会在联盟过程极力保护自己的有价值的资源。通过股权参与，该企业在其伙伴企业中占有少数股权，可以确保供应商的能力和建立非正式的工作关系，也就是说合伙人继续以独立的实体来经营，但各自都能享受到对方优势所提供的好处。例如，美国福特汽车公司拥有日本马自达公司25%的股权，结果在小型汽车的设计与生产上得到马自达的大力支持，而后者也依靠福特公司进入了国际市场。

3. 契约式合作

当联盟内各成员的核心业务与联盟相同、合作伙伴又无法将其资产从核心业务中剥离出来置于同一企业内时，或者为了实现更加灵活的收缩和扩张，合作伙伴不愿建立独立的合资公司时，契约式战略联盟便出现了。契约式战略联盟也可称为非股权式战略联盟，是指市场中两个或两个以上的企业，为了实现共同的战略目标，通过契约形式在一个或几个具体领域里进行长期合作，建立长期的战略伙伴关系。它们不涉及股权参与，不必成立独立的经济实体，结构比较松散，具有较大的灵活性。契约式战略联盟以联合研究开发和联合市场行动最为普遍。最常见的形式有以下几种。①技术性协议：联盟成员之间相互交流技术资料和技术信息，通过"知识"的学习来增强竞争实力。②研究开发合作协议：为了研发某种新产品或新技术，合作各方可以签订一个联合开发协议，联盟各方分别以资金、技术、人才等投入，联合研究开发，开发成果按协议各方共享。③生产营销协议：通过制定协议，共同生产和销售某一产品，这种协议并不给联盟内各成员带来资产、组织结构和管理方式的变化，仅仅通过协议规定合作项目、完成时间等内容。成员彼此之间仍保留其独立性，甚至在协议之外可以相互竞争。④产业协调协议：建立全面协作与分工的产业联盟，多出现在高科技产业中。

4. 非正式合作

非正式合作是联盟伙伴关系最松散的一种战略联盟形式。它主要指结盟企业之间虽未订立具有约束力的协议，但在彼此信任的基础上已经建立了一定的合作关系。这种联盟多是产品营销联盟，企业通过长期的固定业务往来的合作，已经积累了对对方企业的一定信任度，双方虽未签订协议但为了互惠互利，不会轻易背弃联盟。企业在发展初期，为了开拓市场，可以采取这种联盟形式。

(二)从产业和价值链角度来划分

从产业和价值链角度划分，可分为横向联盟、纵向联盟和混合联盟。

1. 横向联盟

横向联盟是指由从事相同价值链活动或同类价值链活动的企业组成的联盟。横向联盟模糊了有关领域竞争和合作的差异。横向联盟的战略目的主要有以下两个。

(1) 获得规模经济。根据波特的研究，规模经济可在价值链的任何阶段发生。通过同属一个产业或行业部门，生产、销售同类产品企业间的联盟，或者在同一市场上产品或服务互相竞争的企业间的联盟，企业可以联合创造规模经济。1996 年 7 月，美国石油公司与美国美孚石油公司结成一项 50 亿美元的企业联盟协议，通过共享输油管道、储油设备和加油站等，联盟公司每年预计可节约 5 亿美元费用。横向战略联盟除通过共享固定设备获得规模经济外，还可通过共同研究开发、共同营销、共同购买等获得规模经济。

(2) 加速技术创新及分散风险。当今技术日新月异，产品生命周期逐渐缩短，研发成本倍增，企业技术研发风险越来越大，通过横向联盟可使联盟各方有效地分担研发费用和风险，加快技术创新，如计算机厂商之间的联盟。

2. 纵向联盟

纵向联盟是指由从事互补性价值链活动的企业组成的战略联盟。这种联盟最典型的是生产厂商同中间产品供应商的联盟，如丰田汽车公司同其零部件供应商的长期合作关系；生产商同销售商的联盟，如宝洁同沃尔玛公司的联盟。纵向联盟的战略目的主要是降低成本。纵向联盟一般以长期供货协议、许可证转让、营销协议等方式出现。纵向联盟处于市场交易和完全纵向一体化之间。纵向联盟的核心是联盟各方互相承诺从事对方的某些经济活动,涉及比一般市场交易更多的协调、合作和信息共享,但各方又继续保持自己的独立性。

3. 混合联盟

混合联盟是指处于不同产业链中的从事没有直接的投入产出关系和技术经济联系活动的企业组成的战略联盟。其战略目的在于扩大企业自身结构,增强市场控制能力,实现多元化经营,利用产品组合的经济性和高市场占有率来谋求企业的发展。例如,2000 年 10 月 18 日,用友集团与招商银行在北京签署战略联盟协议,联手推出电子商务整体解决方案,开国内软件业与金融界建立战略联盟合作关系之先河。根据协议,双方将展开包括产品、技术、市场、金融服务等诸多方面的务实合作。合作的实质就是双方共享客户资源,以扩大业务规模。

总之,战略联盟的形式是灵活的、多种多样的,企业可以根据其战略目标及自身的特点和优、劣势进行选择。只要双方目标责任明确,可以任意选择合适的方式进行合作。

三、战略联盟建立的动因

20 世纪 80 年代以来,战略联盟的发展速度令人吃惊,越来越多的企业走上了战略联盟的道路。通过战略联盟来树立或增强企业自身的竞争优势已成为一种普遍的战略思维方式。那么,驱使企业纷纷建立战略联盟的动因是什么呢?对此问题,各方学者从不同研究视角予以阐述,并形成一些不同的理论观点,如资源驱动、交易成本驱动、竞争战略驱动、动态能力驱动、学习驱动、风险驱动、社会网络驱动等。其中,资源驱动、交易成本驱动、竞争战略驱动和学习驱动四种论点最具代表性。

(一)资源驱动

资源驱动是关于战略联盟形成动因研究中出现比较早的一种观点,而且这一观点基本上已在一定范围内达成了共识,很多学者在他们的论文和著作中都对这类观点进行过论述。资源理论(Resource-based Theory)认为,企业是不同种类资源的集合体,这里所说的"资源"内容十分广泛,可以是物质资本资源、人力资本资源或组织资本资源。企业无论具有哪种种类的异质资源都是企业竞争优势的源泉。然而,在现代社会经济条件下,企业所拥有的资源往往十分有限,企业发展所需要的大量资源都存在于广泛的社会网络中。面对激烈的市场竞争,企业经常会感觉到自身资源的缺乏,而限于时间的紧迫性,往往又没有能力在有限时间内获得自身所需的全部资源。进一步看,因为企业对特定资源的需求并不是均衡的,完全拥有全部资源对企业来说也是不经济的,所以资源理论者主张企业应与环境进行交换,以获取它所需要的资源,并强调组织必须从外部环境获取资源,以求得生存或发展。战略联盟是企业达成这些目标的一条重要途径。企业通过与其他公司(如供应商、销售商或竞争企业等)结成战略伙伴关系,以获取关键性的资源和提高它们的市场势力,例如增加一项技术,或弥补一项资源缺口。同时,企业还可利用联盟来优化资源配置,使资源的价值达到最大化。

资源依赖理论认为企业结盟的一个普遍原因是利用互补性的资源。可持续的不同种类的互补资源不仅是企业竞争优势的来源，也是企业建立战略联盟的主要动因。因为互补性资源不但可以获得规模经济、创造协同，而且可以用来发展新资源、新技术和新的竞争优势，但互补性资源具有不可流动性、不可模仿性和不可替代性，所以若想获得这些资源，就需要有新的机制以利于资源的流动。而建立战略联盟正是一种有效的获取资源的方式。根据 Das 和 Teng 的观点，企业进行战略联盟的动因主要有两个：一是为了获取其他企业的资源；二是通过合作或联合其他企业的资源而保留和发展自身资源。从资源角度看，企业建立战略联盟的具体动因主要有五个：①创造租金；②资源使用的扩张；③资源使用的多元化；④资源使用的模仿；⑤资源有效的配置。某个战略联盟的建立动因往往是上述五种动因的一种或它们之间的组合。五种动因组合可用图 7-1 来表示。

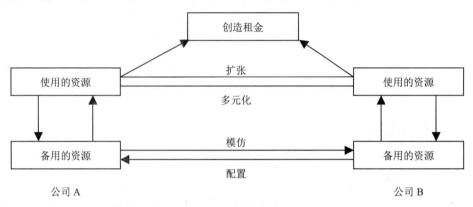

图 7-1　战略联盟的动因组合

从本质上看，创造租金是各层次战略联盟的最终动因，资源模仿是为了从资源拥有方获得异质性资源从而产生高租金回报，资源使用的扩张则是为了提高资源获取更多租金的能力，资源使用多元化则是为了在降低风险的同时提高整体资源的盈利能力，资源的有效配置是为了使主业可以产生更多的租金回报。从图 7-1 还可以看出，任何一项战略联盟都需要从使用的资源和备用的资源这两个层次出发，公司经理人要仔细分析联盟对这两个层次的影响、两个层次间的交互影响及产生的结果，然后以租金最大化作为根本出发点选择最佳的联盟模式。

专题拓展

中国联通和中国电信结成战略联盟

(二)交易成本驱动

在解释联盟形成方面，交易成本理论(Transaction Cost)认为，战略联盟是介于市场和一体化组织之间的一种中间组织形式。在给定生产要素的情况下，企业有三种选择：一是自己生产，二是从现货市场购买，三是和联盟伙伴合作生产。企业的所有者将根据交易成本和生产成本的最小值做出选择。虽然理论上市场机制是解决资源配置的最优办法，但是市场中存在着不完全竞争、信息不对称、不确定性和机会主义行为，所以企业会寻求资源的内部一体化,当完全内部一体化时又会增加建立企业的产权交易成本和组织管理成本,并使企业的专有资产风险增加。由于企业本身和市场都存在不足之处,所以使企业之间通过建立战略联盟形成一种介于企业与市场之间的"中间组织"这种新型的制度形式成为可能。通过建立战略联盟,企业可以利用联盟组织的相对稳定性来抵消外部市场环境的不确定性,从而减少因不确定性而导致的交易费用;建立战略联盟,企业之间通过信息交流和密切交往可以实现更好的沟通,从而缓解信息不对称问题,并大大减少信息费用;战略联盟还会促进组织学习,减少因交易主体的"有限理性"而导致的各种交易费用;战略联盟通过组织化的市场,可以稳定交易关系,特别是中间产品市场的不完全以及高技术的保密性更要求企业通过战略联盟来获取关键性的资源;战略联盟还可避免由于信息不对称而导致的道德风险和逆向选择。因此,企业战略联盟作为市场化的组织(即准组织)和组织化的市场(即准市场),既强调竞争更强调合作,在保留市场与企业机制优势的同时,还有效地克服了两者的不足,使交易成本最小化。

交易成本理论得到了广泛的认同。它强调成本最小化,对企业竞争的环境投入了较多的关注,侧重于对联盟内所投资企业的控制机制的研究,它可以用来分析一些具体形式的战略联盟的经济动机,但在实际应用上,交易成本理论有些抽象,也不能适应战略联盟动机的动态变化;同时,它没有对联盟双方或多方所拥有的资源在形成联盟中所起的重要作用给予足够的重视。

(三)竞争战略驱动

竞争战略驱动意味着企业希望通过参与联盟,提高自身的市场能力和效率,增强竞争力。具体来讲,企业可以通过战略联盟提高进入某一细分市场的速度,并有效地满足细分市场的各种需求;联盟内的企业通过对核心能力进行整合,深化了企业之间的分工和协作,能够提高产品的差异性;通过战略联盟可以在合作研究与开发或生产中获得规模经济,从而降低内部运作成本,实现成本领先战略;还可以通过战略联盟获取自己所不具备的核心能力,为开拓市场奠定基础;甚至可以通过战略联盟,同联盟伙伴共同加强竞争能力,与共同的竞争对手相抗衡。例如,苹果公司、IBM公司和摩托罗拉公司结成联盟,共同研制个人计算机芯片,这一联盟的战略动机旨在挑战英特尔公司在个人计算机芯片市场的统治地位。

以竞争战略为联盟动因的研究实质上仍是依托于资源依赖理论。有学者明确指出,当一个企业感到在它所处环境中,与其他企业(这些企业拥有自身所缺乏的资源或能力)在战略上是相互依赖的,即会与其形成战略联盟。战略相互依赖性的观点表明,企业往往会寻求那些与自己有相互依赖性的伙伴形成联盟。很多研究者通过对已形成的跨产业合资公司的预测,验证了战略依赖性的作用。

(四)学习驱动

学习理论认为,企业形成战略联盟的另一个动因是组织学习,这种联盟的动因来源于这样一种认识:企业拥有超常的知识,便能够提高企业的竞争地位。许多实践证明企业的成长与发展离不开自身素质的提高与新知识和技能的学习。目前越来越多的企业将获取技术和知识放在一个很高的优先位置。在战略联盟的研究文献中,一个大家公认的联盟动因便是从合作伙伴处获取新的技术或技术能力,战略联盟成为组织间转移知识的一条特别有效的途径。

在当今不断加速的竞争节奏中,竞争优势往往不仅来自成本、质量和资源状况,更重要的是企业的创新能力,即创造新产品和新市场的能力。这种创新能力是企业竞争优势最重要的来源,它比共享资源、降低成本、开拓市场或共担风险等单个优势的获得更有意义。事实上,以低成本和高质量为目标的企业间的联合,只能增强企业的环境适应能力;而以组织学习为中心的战略联盟不仅提高了企业的环境适应能力,还通过企业核心经营能力的不断提高,去主动地创造环境,因而带有显著的潜在性。从战略联盟目前的发展状况来看,以知识学习为目的的学习型战略联盟(Learning Alliances)已成为主流,传统的以资源互补或风险共担为基础的战略联盟正向以知识学习、增强能力为目的的学习型战略联盟转移。

综上可知,战略联盟的建立动因是多种多样的,不同的理论观点不是相互替代的,而是相互补充。无论是资源驱动、交易成本驱动、竞争战略驱动的战略联盟,还是学习驱动的战略联盟,都反映了企业在不同环境下依靠与其他伙伴的合作,共同进行扩张、增强核心竞争能力或应对未来不确定性的需要。不同的建立动因,往往导致企业在联盟过程中的不同行为,甚至会影响到联盟整体运作的绩效。而且企业的联盟行为往往会同时受到不同联盟动机的共同作用。同时,在联盟的运作过程中,联盟的动机有时也会因企业所处环境的变化而变化,企业则须根据这些变化不断调整自身行为,以实现建立联盟的最终目标。

四、战略联盟的优缺点

(一)战略联盟的优点

战略联盟与兼并收购、依靠企业自身资源进行扩张、合资相比,具有许多优势。从根本上说,战略联盟的优点在于帮助企业适应不断变化的内外环境,不断加强和发展其核心能力,保持和获取竞争优势。作为一种组织创新形式,它已成为一种最重要的竞争战略手段,其优点主要体现在以下几个方面。

1. 提升企业竞争能力

传统的企业之间的竞争就是采取一切可能的手段,去击败竞争对手,获取竞争的胜利,这是一种"有你无我,势不两立"的游戏规则。而战略联盟的出现则从根本上改变了这种游戏规则,企业为了生存与发展,可能会与竞争对手进行合作,即为竞争而合作,靠合作来提升企业竞争力。企业通过战略联盟可以扩大公司规模,实现技术、人力及信息等资源的共享,制约并削弱竞争对手,从而提升其竞争力。企业建立战略联盟既可使其处于有利的竞争地位,也有利于实施某种竞争策略。日本东芝公司的战略联盟就是个很好的例证。在多数人刚刚知道"战略联盟"这个词的时候,人们发现东芝实施这种战略已经有好几年的历史了,它几乎与世界上所有相关企业建立了联盟关系,而且基本上无一失败。战略联盟不仅帮助东芝公司渡过了日本经济严重萧条的时期,而且使之得到了世界上最重要、最有希望的先进技术,大大增强了其核心竞争力。

2. 创造规模经济

战略联盟是企业争取规模经济以降低生产成本的有效手段。小企业往往不能达到规模经济，与大企业比较，其生产成本就会高些。这些未达到规模经济的小企业通过同类产品生产者的联盟，可以扩大生产规模，如果能有效实现联盟的组合及整合，往往还能使企业发挥出整体大于个别企业总和的巨大协同效应，即"1+1>2"效应，提高企业的效率，降低成本，增加盈利，以追求企业的长远发展。例如，商用飞机制造商和空中客车公司通过联手协作，最终实现了与波音公司进行同等规模和实力的抗衡；法国最大的种子公司——利玛格兰公司先后并购重组了蔬菜、花卉、甜菜等五家种子公司，成为欧洲最大的种子公司之一。

3. 实现优势互补

企业各有所长，这些企业如果构建联盟，可以把分散的优势组合起来，形成综合优势，也可使各方的技能及资产形成互补的优势，而所形成的综合技能和资产是任何单独一方所不能拥有或开发出来的。以法国的辛普森公司和日本的 JVC 公司共同生产录像机所形成的战略联盟为例，JVC 公司与辛普森公司两者之间实质上是在互换技能。因为辛普森公司需要产品技术和制造技术，而 JVC 公司需要知道如何在分散的欧洲市场上销售录像机产品。由于两者的优势互补，因此联盟获得了成功。长城电脑公司同 IBM 公司建立联盟，也是将长城的客户资源同 IBM 公司的技术资源进行整合利用，最终实现了双赢。

4. 拓展新市场

企业进入新的产业要克服产业壁垒，企业进入新市场也同样要越过壁垒。通过企业间的联盟合作进入新市场，就可以有效地克服这种壁垒。比如，一些大企业都有自己的一套比较完善的销售网络，但当它们计划拓展自己的市场时，会面临针对新市场建立一个销售网络的问题。如果能在竞争基础上与相关企业建立战略合作关系，利用对手已有的销售网络进行市场拓展，则可以避免销售网络的重复建设和不必要的销售竞争，而且还可分担彼此的固定成本。这种优势在企业拓展国际市场时尤为明显。例如，美国摩托罗拉公司与日本东芝电器公司建立战略联盟，就是为了使自己的产品能更大规模地进入日本市场。

专题拓展

首汽集团与如家结成战略联盟，推动住宿+出行新模式

5. 实现风险共担

随着市场竞争的日益激烈和技术的日益复杂化，企业的经营风险和研究开发风险也越来越大。如果企业本身缺乏资金、技术、人才和国际经营的经验，无疑会增大这种风险。战略联盟的建立将有效地降低这种不确定性给企业带来的负面影响。一方面，通过合作，企业可以获取资金、技术、人才等外部资源，而且可以相互交流信息、传递技术，通过提高企业自身实力来提高企业的风险抵御能力。另一方面，通过合作，可以有效地分散风险。因为联盟各方共同承担风险，从而减小了意外情况造成的不良后果对其中任一参与企

业的冲击。例如,波音公司与某一日本财团联盟共同制造767宽体商用喷气式飞机,波音公司的主要意图是寻求分担飞机开发所需要的巨大费用,这种研究与开发费用达几十亿美元。

(二)战略联盟的缺点

战略联盟与其他企业战略一样,也有其不可避免的局限性。虽然以上阐述了战略联盟的许多优点,但如果过于轻率地开展战略联盟,其成功的概率会减小,甚至有人统计出失败的概率达到了70%。因此,开展战略联盟之前要好好思量一番,特别对其存在的缺点要给予足够的重视,要防微杜渐。战略联盟的缺点主要表现在以下几个方面。

1. 控制权问题

据调查,大多数公司经理认为参加战略联盟面临的最大问题是联盟的控制权问题。例如,美国经理比欧洲、亚洲的同行更担心失去对联盟的控制权。他们更倾向于避免达成双方各占50%股权的合资企业项目,因为他们担心不能保持住控制权。但是,倘若一方拥有多数股权,享有优先控制权,如果其独断专行、我行我素,把自身利益凌驾于另一方利益之上,就会引发联盟中另外一些公司的反感,进而引发矛盾和争端,破坏合作关系,最终导致联盟失败。因此,选择何种联盟形式,如何处理控制权问题,将直接影响联盟的成功与否。

2. 商业机密风险

联盟各方都希望对方能够毫无保留地进行合作,以使自己能够从联盟中获取最大效益。但事实上,他们又担心由于联盟而将企业机密全部暴露给对手,当双方企业的战略地位在未来发生巨大变化时,导致自身在未来的市场竞争中处于劣势。有些时候,今天的合作者有可能就是未来的竞争对手。出于这种考虑,在联盟中各方都会有所保留地进行合作,即使拥有先进的技术,有些企业也不愿意立即把它应用到关系不牢固的联盟中,这将使联盟效果受到极大抑制。特别是,当联盟双方互为同行业竞争对手时,双方在竞争中需要合作,合作中又存在竞争,它们在合作时不可能将过多的商业机密泄露给对方,甚至对于一些合同明文规定需提供的技术都可能会有所保留。这些都会使联盟处于一种艰难的境地。

3. 关系风险

随着战略联盟的不断扩大和国际经营环境的日益复杂,联盟内部和外部环境随时会发生许多意想不到的变化,没有一个联盟能够事先预测和计划所有可能的未知变量。在既有竞争又有合作关系的战略联盟内部,联盟成员的独立性和利己心理的驱使,会使其倾向于在面对变化的环境所带来的不确定性时,更多地考虑自身的利益而不是共同的利益,根据本企业的实际情况及时做出降低本企业风险和自保的决策,如采取挪用合作者的资源、扭曲信息、隐匿工作进程、提供淘汰产品或者服务等"机会主义"行为,这将直接威胁到联盟的可靠性。更进一步说,即使是在产权交易的企业市场行为中,企业内部的管理方面的机会主义行为仍影响企业的经营绩效,而战略联盟完全以松散的企业合作关系和组织结构的强弹性代替产权交易行为,机会主义的风险将更大,这也就是战略联盟的最大劣势。

4. 管理风格及文化差异的冲突

由于联盟中的合作伙伴常来自不同的国家或地区，所以通常在文化背景和管理实践方面有着很大的差异，职业道德、经营态度和决策风格上的碰撞容易引发争端。若处理不好联盟伙伴的管理风格和文化差异，则很有可能导致战略联盟的破裂。有时不管合作双方是多么愿意一起合作，但要真正处理好这种差异也不是很容易的事情。特别是双方面临很困难的市场条件时，可能很少有时间来消除双方的差异，这会使误会扩大以致成为难以解决的问题。在欧美与日本的联盟中，由公司文化和民族文化不同而导致的紧张气氛就普遍存在。例如，美国福特公司与日本马自达公司开发新车型的合作相当成功，但也难免因文化差异而产生摩擦。日本人总是在长篇大论地解释了如何做出决策之后才说出他们的结论，对此美国伙伴常常难以理解。

综上所述，战略联盟各方既要看到联盟可能为双方带来的种种优势，又要足够重视其存在的各种劣势。要克服这些缺点，彼此的相互信任至关重要，同时要建立一套规范的管理机制来约束，更需要注意一种文化的融合。

案例分析

飞鹤乳业并购关山乳业

本 章 小 结

本章介绍了协同的概念及其分类、战略联盟的概念及其形式等基本知识；详细探讨了协同效应的评价方法和协同机会的识别方法；重点阐述了协同效益的实现方式和战略联盟的建立动因，并分析了战略联盟的优缺点。

理论界对"协同"的界定并没有达成一致的认识。我们综合各方学者的认识，将其定义为：业务多元化的企业集团，通过对子系统的相互协作，可以使组织整体运作产生的价值大于各组成部分独立运作产生的价值之总的效应，经常被表述为"2+2=5"。对其分类也存在不同看法，安索夫根据投资收益率中的元素，将协同分为销售协同、运营协同、投资协同、管理协同四种类型。有人在此基础上又进行细分，而有人将其归为两大类，即有形资产协同效应与无形资产协同效应。

正确评价协同效应在企业制定战略项目决策中占有举足轻重的地位，因此，国内外学者从定性和定量两方面对此做了大量研究。安索夫给我们展示了一种定性评价协同效应的理论框架。此外，许多学者通过实证研究，从不同的角度出发来衡量协同效应。例如，Bradley等人在异常收益的基础上计算协同效应，Healy等人从业绩改变着手评估协同效应等。

经理们要想实现协同效益，首先要学会识别和挖掘协同机会。咨询顾问和学者们为此研究出了许多分析框架。例如，波特对于不同企业间基本业务行为和技能的共享所形成的相互关系提出了一个分析框架，普拉哈拉德和多兹提出评价企业依存关系的资产负债表，克拉克和布伦南提出了四分类组合分析法。其次，要对协同效益的实现方式认真选择，因为多元化经营、并购和建立联盟等不同的实现方式产生的协同效益机理是不相同的。

本章第三节着重介绍了有关战略联盟的基本知识,包括战略联盟的定义、形式、建立动因及优缺点。学术界对战略联盟这一概念尚没有统一的界定。综合几种具有代表性的观点,我们得出,战略联盟是指两个或两个以上的独立企业,为了达到某种战略目的,通过签订各种协议而建立的一种长期合作关系。战略联盟的形式是多种多样的,本书从产权及产业和价值链两个角度对其进行了划分。不同的企业建立战略联盟可能动机不同,但它们本质上都是为了通过依靠与其他伙伴的合作,共同进行扩张、增强核心竞争能力或应对未来不确定性的需要。最后我们指出,战略联盟既可以给联盟各方带来种种好处,也会给其带来许多不利影响和风险,要辩证地去看待。

复习思考题

1. 简述协同的含义及类型。
2. 战略联盟的形式有哪些?
3. 正确评价协同效应的意义何在?
4. 对协同机会的挖掘有哪几种具体方法?
5. 战略联盟的建立动因主要有哪几方面?
6. 协同效益的实现方式有哪几种?详细阐述并购会产生哪几种具体协同效应?
7. 战略联盟存在哪些优点和缺点?如何才能提高战略联盟成功的可能性?

第四篇　战略制定与选择篇

第八章　战略的制定与评价

本章导读

后手机时代的诺基亚：战略加减法

学习目标

通过本章的学习，应明确战略制定的原则和程序，掌握战略制定的方法和战略评价的步骤及方法。

关键概念

战略方案(Strategy Programme)　　　战略制定(Strategy Formulation)

战略评价(Strategy Evaluation)

第一节　战略制定的程序和方法

一、企业战略的形成

企业战略制定是战略活动的起点。企业战略制定在整个战略管理过程中居于首要地位。战略制定工作的好坏，直接决定了整个战略管理过程水平的高低。战略的形成是战略制定的必要前提。战略的形成是指战略的形成过程，它可以有计划地研究制定，也可以随形势发展逐渐演变而成。

企业战略的形成，要以企业的使命、环境、资源、市场、竞争对手以及它们之间的相互关系、运动规律为考虑问题的出发点，遵循一定的程序，采用合适的方法，很多情况下需要采用创造性思维来进行。具体如下所述。

第一，必须明确企业的使命与战略目标。企业的使命又称企业的宗旨，是指企业存在的使命和发展的目的。确定企业的宗旨，就是要求企业对内部环境进行分析，以判断企业应该经营什么业务，一个恰当的企业使命，能够为企业战略的制定和实施提供明确的指导方向，只有明确了企业的使命才不会在形成战略时偏失方向。而企业战略目标是企业按照战略思想和企业使命的要求，依据企业的内外部条件确定的。战略目标对企业的发展方向和前途具有决定性影响，是企业在战略期内所要达到的理想成果。

第二，应该清楚企业所处的环境，企业是在一定环境中生存的，必然与环境中的各种因素发生各式各样的关系。任何一个企业均依赖于它所处的环境，利用环境的条件及其变化而生存与发展，同时又受制于环境，环境是企业生存与发展的平台。除了宏观外部环境因素外，企业还要考虑内部的影响因素。对于战略形成而言，企业的个人价值观念和文化是企业内部重要的影响因素。在其他战略决定因素相对稳定的情况下，企业个人价值观念特别是高层领导人的个人价值观念、抱负和胆识，可以对整个战略形成以及选择起举足轻重的作用。在老企业中，企业员工逐渐形成了共同的价值观念和行为规范，这些对企业战略的形成与实施也有着重大的影响。

第三，企业战略形成时必须了解所需资源的情况以及本身拥有资源的情况，诸如人、财、物。没有一定的资源，企业战略形成就失去了物质条件。

第四，在市场经济中，企业都在市场中生存，非垄断性的企业受市场变化的影响最大。企业战略形成时不能不考虑市场这一重要因素，以保证自己的生存和发展，实现自己的战略目标。

第五，对于非垄断性的企业，必须考虑竞争对手的现状及未来发展，包括竞争对手可能的发展战略，并设法通过联合经营、合并、购买等形式建立有利于自己的联系。否则，有可能由于企业战略形成时未充分考虑这一因素，使形成的战略有缺陷而被竞争对手击败。在考虑影响战略形成因素的时候，更要注意研究诸因素的相互关系以及它们的运动规律，如果以 X 表示影响战略形成的因素集合，以 R 表示诸因素的相互关系集合，以 L 表示因素及其相互关系的运动规律的分布，则战略形成的出发点就是(X, R, L)。

在形成战略时，企业要分清战略决策与业务决策的区别。从决策的着眼点来看，企业的战略决策不仅要解决现有产品与市场、新的产品和市场、现有企业与环境以及与竞争对手之间新型关系的问题，同时还要考虑到企业的未来，要使企业对所处的环境做出反应，并加强与环境的联系。因此，企业战略决策涉及企业的效能，考虑的是企业的利益、效益和前途；而业务决策像库存系统、组织机构或分销系统等方面，只是涉及提高企业的效率问题，这与战略决策有着很大的区别。

从管理人员在战略管理的业务管理中的角色和作用来看，在战略管理中，鼓励管理人员大胆想象、创造性思维、勇于冒险，要求管理人员具有解决发散性问题的能力，并且善于引导他人探索新的、未曾尝试的管理途径。在进行业务管理时，要求管理人员谨小慎微，避免冒险，具有解决收敛性问题的能力，扮演的是诊断者、协调者和控制者的角色。他们激励人们去处理企业日常运行中的问题，而不是改变企业的方向。

二、战略制定的原则

战略制定应按以下几个原则进行。

1. 积极稳妥原则

战略是面对未来的，而未来是不确定的，这就决定了任何战略方案都具有一定的风险。

所谓积极原则，是指战略方案要使企业在不确定的未来获得更大的发展，这就使企业可能要冒一定的风险。如果某一个战略看起来没有风险，其原因可能有以下两个。

(1) 战略方案过于保守，进取性太差。
(2) 没有看到潜在的风险。

过于激进的战略可能会带来较大的风险，甚至会给企业带来灾难性的后果。所谓稳妥原则，是要求在制定战略时要充分考虑可能会遇到的各种风险，事先做好准备。积极与稳妥是一对矛盾的统一体，二者要互相兼顾、互相协调。

2. 全局性原则

战略制定必须从企业的全局利益出发。

战略一般都伴随着投资，企业的投资权要由母公司统筹考虑，而不要轻易下放到子公司或其他经营部门，在制定战略的过程中，投资项目要从企业的全面发展来统一筹划。

3. 多方案选择原则

企业战略要有想象力，但更需要务实，要进行多角度思维，考虑各种方案及其后果。如果初看起来只有一种方案，这时一定要加倍小心。往往不是只有一种方案，而是没有发现其他的信息或方案。

4. 明确性原则

战略方案要明确主攻方向和目标。一些企业在制定战略时往往心比天高，行行业业都想进入，没有一个明确的主要发展方向和目标，把最关键的主业忽视了，结果制定出来的战略目标就会是一个面面俱到的不可实施的目标。

5. 长远性原则

企业战略的根本目的是企业今后长远的可持续发展，所以必须有预见性和超前性。对于那些有利于企业长远竞争地位形成的战略行动要给予最优先的考虑，因为保护企业长远盈利能力的最好办法就是增强企业的长远竞争能力。

6. 一致性原则

一致性原则有以下要求。
(1) 企业使命、目的、目标和战略方案的一致性。
(2) 短期利益、中期利益和长远利益的一致性。
(3) 总体战略、经营战略和职能战略的一致性。

7. 预防原则

对于可能出现的最坏情况，如经济形势的恶化、市场的变化、现金发生困难、竞争对手有力的进攻等，要有所准备并有应对措施。

8. 可调整性原则

可调整性即战略方案要为未来的调整留有一定的余地。

三、战略制定的程序

战略的制定是企业的决策机构组织各方面的力量，按照一定的程序和方法，为企业选择适宜的经营战略的过程。制定战略的一般程序如下。

(一)识别和鉴定企业现行的战略

在企业的运作过程中,随着外部环境的变化和企业自身的发展,企业的战略亦应作相应的调整和转换。然而,要制定新的战略首先必须识别企业的现行战略是否已不适应于形势。因此,识别和鉴定企业现行的战略是制定新战略的前提。只有确认现行战略已不适用时,才有必要制定新战略;同时,也只有在认清现行战略缺陷的基础上,才能制定出较为适宜的新战略方案。

(二)分析企业外部环境

调查、分析和预测企业的外部环境,是企业战略制定的基础。通过环境分析,战略制定人员应认清企业所面临的主要机会和威胁,觉察现有和潜在竞争对手的图谋和未来的行动动向,了解未来一段时期社会、政治、经济、军事、文化等的发展动向,以及企业由此而面临的机遇和挑战。

2015年11月,习近平同志在主持召开的中央财经领导小组第十一次会上,提出了"供给侧结构性改革",便引起了社会公众、企业、各级政府的广泛关注。所谓"供给侧结构性改革",即从提高供给质量出发,用改革的办法推进结构调整,矫正要素配置扭曲,扩大有效供给,提高供给结构对需求变化的适应性和灵活性,提高全要素生产率,更好满足广大人民群众的需要,促进经济社会持续健康发展。进行供给侧结构性改革,就是用增量改革促存量调整,在增加投资过程中优化投资结构、产业结构开源疏流,在经济可持续高速增长的基础上实现经济可持续发展与人民生活水平不断提高;就是优化产权结构,国进民进、政府宏观调控与民间活力相互促进;就是优化投融资结构,促进资源整合,实现资源优化配置与优化再生;就是优化产业结构、提高产业质量,优化产品结构、提升产品质量;就是优化分配结构,实现公平分配,使消费成为生产力;就是优化流通结构,节省交易成本,提高有效经济总量;就是优化消费结构,实现消费品不断升级,不断提高人民生活品质,实现创新—协调—绿色—开放—共享的发展。由此可见,供给侧结构性改革不是针对某一个企业或者某一产业提出的微观层面优化要求,而是基于我国的基本国情,从宏观层面对我国经济增长方式进行的长期的变革。同时,供给侧结构性改革又对微观企业的战略制定起关键的指导作用,直接或间接地影响企业未来的发展方向。因此,企业要重视所处区域外部宏观环境的变化,适时适当地调整企业的发展战略。

(三)测定和评估企业自身素质

企业可通过测定和评估自身的各项素质来摸清自身的状况,明确自身的优势与劣势。企业可以从以下两个方面对企业的自身素质进行分析:第一,企业资源分析。企业资源泛指企业从事生产经营活动所需要的人、财、物。它既代表企业的一种静态的力量,也表示企业的潜力。在公司战略层,一项重要的工作就是在确定各业务单位的业务组合后进行资源配置,以便战略能很好地与资源匹配,充分发挥战略的主导作用。第二,企业核心能力分析。企业核心能力是指决定企业生存和发展的最根本的因素,它是企业保持持久竞争力优势的源泉。积累、保持、运用核心能力是企业生存和发展的根本性战略,也是企业经营管理的永恒目标。计划、组织、协调、控制等各类管理职能都应该围绕企业核心能力展开,生产、营销、财务等各个管理领域都应该以企业核心能力为中心。

(四)准备战略方案

根据企业的发展要求和经营目标,依据企业所面临的机遇和挑战,企业列出所有可能达到经营目标的战略方案,进行认真的分析研究,充分发挥概括力、想象力、创造力,并尽量准备多的战略方案,决不因不符合已有的习惯而不做思考。

在准备战略方案时可从以下三个领域来考虑。

1. 社会领域

社会领域包括企业的社会责任以及它在社会中的合法性。企业的利益群体环境由顾客、供应者、股票持有者、管理人员、劳动者、政府、公众利益团体等组成。其中每一个利益群体都会向企业提出各自的要求,并对企业提供不同程度的支持。企业战略的变化会使上述各方的利益受到影响。在准备战略方案时,应让各个利益群体认为企业的活动有社会合法性,并且企业的战略符合他们的要求。但是,由于各利益群体对企业的利益期望可能是相互矛盾的,需要认真协调并加以解决。

2. 经营领域

在准备战略方案时,应选准适合企业自身条件的生产经营领域,如果选错生产经营领域,再好的战略方案也不会有好的效果。

3. 竞争领域

对于一般企业而言,必然会有竞争对手,为了获得竞争优势,需要关心实际存在的和潜在的竞争者。在准备竞争战略方案时,选择适当的竞争领域,设计出防御战略、保护战略和攻击战略。

(五)评价和比较战略方案

战略方案的评价是在战略分析的基础上,论证战略方案可行性的过程。企业在选定了未来的发展领域及具体的战略目标之后,可以有多种实现目标的途径和方法,依靠各种资源组合的支持来达到战略目标,由此形成多个可能的战略决策。因此,必须对这些方案进行论证,选择其中的最优方案作为最终的决策。战略选择是选择备选方案中最适合企业外部环境和内部条件的战略方案。这就决定了战略评价的重点放在评价企业的战略目标与总体目标是否一致,企业的战略与环境是否一致,战略方案本身所包含的目标和方针是否一致,预期取得的经营成果与战略假设的基础是否一致等方面。

约翰逊和斯卡勒在 1993 年的著作中,提出了要从适宜性、可行性和可接受性三个角度来评价战略方案的准则。

1. 适宜性

判断所考评的战略是否符合适宜性,要考虑这个战略是否具有实现公司既定的财务和其他目标的良好前景。符合适宜性要求的战略应该与公司的任务说明书一致。任务说明书被许多管理者看作公司策划的替代物,它建立了企业扩展其业务能力的基本原则。好的任务说明书通常具有以下特点:①共同的信仰和价值观;②非常明确的任务,包括满足需求、选择市场、如何打入市场、在提供产品和服务中使用何种方法;③包含利益相关者团体，如雇主、股东、顾客、社团和政府的合法要求；④对发展、筹资、分散权利和革新的态度。

2. 可行性

在判断出所考虑的战略基本上符合适宜性标准之后，就需要回答其是否可行的问题：假如选择了该战略，公司能够成功地实施吗？这时，需要考虑的事情是：公司是否具有足够的财力、人力、技能、技术、诀窍、组织优势或者其他资源，换言之，是否具有有效地实现战略的核心能力。

3. 可接受性

可接受性标准强调的是：与公司有利害关系的人员是否对推荐的战略非常满意，并积极支持。

以适宜性、可行性、可接受性三个标准评论备选方案，其前提是对每一个备选方案的风险程度有所把握。一般而言，公司偏离其已经建立的良好信誉的经营领域越远，方案的风险就越大。如果低风险战略能够实现预定的目标，就不必选择风险更大的战略。

(六) 确定战略方案

在评价和比较战略方案的基础上，企业选择一个最满意的战略方案作为正式的战略方案。有时，为了增强战略的适应性，企业往往还选择一个或多个战略方案作为后备。

企业的战略制定出来之后，则必须将战略的构想、计划转变成行动。在转化的过程中，企业需要注意三个相互联系的重要环节。

1. 战略操作化

企业利用年度目标、部门战略与沟通等手段，使战略最大限度地变成可以操作的具体业务。

2. 战略制度化

企业通过组织结构、资源分配等方式，使战略真正进入日常的生产经营活动中。

3. 战略控制与评估

战略是在变化的环境中实施的，企业只有加强对执行战略过程的控制与评价，才能适应环境变化，完成战略任务。这一环节的工作，主要包括建立控制系统、监控效益和评估偏差、协调与反馈等三个方面的内容。

四、战略制定的方法

不同类型与规模的企业，在战略制定过程中会有不同的形式。

小规模的企业，其战略一般都是非正式形成的，主要存在于管理人员的头脑中，或者存在于口头协议中。而大规模的公司，战略要经过详细繁杂的研究和讨论，有秩序、有规律地形成。

战略形成的方法可以分为以下几种形式。

(1) 根据战略形成人员来源的不同可以分为外部形成(咨询)、内部形成、内外结合形成。

(2) 根据战略形成人员人数多少可以分为一个人、少数人、多数人。

(3) 根据战略形成人员所在的层次分为核心层、高层、基层、各层管理人员结合。

(4) 根据战略形成人员的工作分为临时性的战略小组、专门的战略小组。

临时性的战略小组是指企业的负责人与其他的高层管理人员或者从企业外部聘请的人员组成一个临时的战略小组，共同处理企业所面临的问题。

专门的战略小组是指企业为了其长期发展的需要，专门聘请一些人员组成小组，从事战略研究，研究战略形成的规律，及时发现本企业战略方面存在的问题。在企业战略形成时，专门的战略小组单独工作或参与临时性的战略小组的工作。

不同类型与规模的企业以及不同层次的管理人员，在战略形成过程中会有不相同的形式。

根据不同层次管理人员介入战略分析和战略选择工作的程度，可以将战略形成的方法分为四种。

1. 自上而下的方法

自上而下的方法是先由企业总部的高层管理人员制定企业的总体战略，然后由下属各部门根据自身的实际情况将企业的总体战略具体化，形成系统的战略方案。

这一方式的优点是：企业的高层管理人员能够牢牢地把握住整个企业的经营方向，并能对下属各部门的各项行动实施有效的控制。

这种方法的缺点是：要求企业的高层管理人员制定战略时必须经过深思熟虑；战略方案务必完善，并且还要对下属各部门提供详尽的指导。同时，这一方法亦束缚了各部门的手脚，难以充分发挥中下层管理人员的积极性和创造性。

2. 自下而上的方法

自下而上是一种先民主后集中的方法。在制定战略时，企业最高管理层对下属部门不做具体硬性的规定，而要求各部门积极提交战略方案。企业最高管理层在各部门提交的战略方案基础上，加以协调和平衡，对各部门的战略方案进行必要的修改后加以确认。

这种方法的优点是：能充分发挥各个部门和各级管理人员的积极性和创造性，集思广益。同时，由于制定出的战略方案有着广泛的群众基础，在战略的实施过程中也容易贯彻和落实。

这种方法的缺点是：各部门的战略方案较难协调，影响到企业整个战略计划的系统性和完整性。

3. 上下结合的方法

上下结合的方法是在战略的制定过程中，企业最高管理层和下属各部门的管理人员共同参与，通过上下各级管理人员的沟通和磋商，制定出适宜的战略。这种方法的主要优点是：可以产生较好的协调效果，制定出的战略更具操作性。

4. 战略小组的方法

战略小组的方法是指企业的负责人与其他的高层管理人员组成一个战略制定小组，共同处理企业所面临的问题。这种方法一般是由总经理任组长,而其他的人员构成则有很大的灵活性,由小组的工作内容而定,通常是吸收与所要解决问题关系最密切的人员参加。这种战略制定方法的目的性强、效率高,特别适宜制定如产品开发战略、市场营销战略等特殊战略和处理紧急事件。

专题拓展

雅迪:更高端的电动车

第二节 战略的评价

评判一家多元化经营公司战略,首先要评价公司进入的行业的吸引力,然后评价公司业务的竞争力和业绩潜力,再决定下一步采用什么样的战略行动。

一、战略评价的步骤

(一)识别当前的公司战略

企业需要考虑是否在寻求相关或不相关多元化,或二者混合;最近的并购和剥离行动的本质和目的是什么;公司管理层试图创建的多元化经营公司的种类等问题。具体来讲,企业要考虑以下问题。

(1) 公司多元化的程度。这可以通过每一项经营业务的总销售额和经营利润的比例来衡量,并要看多元化的基础是宽还是窄。

(2) 公司的经营范围是以国内为主,还是考虑多国本土化、全球化。

(3) 在企业中增加新业务的决策和在新行业中建立地位的任何决策。

(4) 剥离已经失去吸引力的经营业务的决策。

(5) 最近采取的增加关键经营业务的业绩,或加强现存业务经营地位的决策。

(6) 管理人员为获取战略匹配利益和利用业务间的价值链关系创建竞争优势的努力。

若企业对当前的战略及其合理性有一个清楚的了解,就可以弄清业务组合中的强势和弱势,决定是否要对战略进行适当的细微改进或重大变动。

(二)检验行业吸引力

检验行业的吸引力是要评价公司所在的每一行业的长期吸引力。在评价一个多元化经营公司的业务构成和战略质量时,考虑的一个首要因素是其进入的行业的吸引力。这些行业越具有吸引力,公司的长期利润前景越好。

企业必须检查所进入的每一行业,判断它是否是较好的经营领域。这一行业长期增长的前景如何?竞争条件和显现的市场机会是否为长期获利能力提供了好的前景?该行业的资本、技术和其他资源需求是否能与公司的能力很好地匹配?

影响行业长期吸引力的因素有以下几个。

(1) 市场规模和表现出的增长率。当然,大的行业比小的行业更有吸引力,快速增长行业比缓慢增长行业更具有吸引力。

(2) 竞争强度。

(3) 显现的机会和威胁。不远的将来有着明确的机会和最小威胁的行业比有较小机会和威胁较大的行业更具有吸引力。

(4) 季节和周期性因素。需求相对稳定的行业比购买者需求在年内或年间有较大波动的行业更具吸引力。

(5) 资本需求和其他特殊资源的需求。资本需求低的行业比投资需求可能抑制公司财务资源的行业相对更有吸引力。同样，不需要专门技术或独特的生产能力的行业比资源需求超过公司拥有的资源和生产能力的行业更具吸引力。

(6) 与公司现在的业务存在战略匹配和资源匹配关系。如果一个行业的价值链和资源需求与公司进入的其他行业的价值链活动，以及公司的资源能力存在很好的匹配关系，那么，这个行业更有吸引力。

(7) 行业获利能力。有着相当高利润率和高的投资回报率的行业通常比利润低、高风险的行业更有吸引力。

(8) 社会、政治、法律和环境因素。在消费者健康、安全或环境污染等这类领域存在重大问题或者违反规章的行业不如在这类问题上好于多数其他经营的行业吸引力大。

(9) 风险和不确定程度。有着较小的不确定性和经营风险的行业比未来不确定、经营常常失败的行业更具吸引力。

多元化的公司需要在所从事生产经营活动的各个行业的吸引力方面做出比较，将资源配置给那些有着最大长期机遇的行业，剥离掉不盈利的行业。

(三)检验竞争力

企业要评估自己的各个经营单位的竞争力，了解它们在各自所处的行业中的状态，以便了解它们在行业中的定位是否正确，是否已经或能够成为一名强有力的市场竞争者。

进行这种检验时，企业可以用类似于衡量行业吸引力的方法来评估每个经营单位的竞争力。

1. 相对市场份额

经营单位的相对市场份额，是指其市场份额与该行业中最大对手的市场份额的比值。例如，如果 A 业务在其行业的全部产量中占 15%，其最大对手 B 占 30%，那么 A 的相对市场份额就是 0.5。如果业务 A 拥有着 40% 的市场份额，其最大对手 B 占 30%，则 A 的相对市场份额为 1.33。

根据这个定义，只有在各自行业中市场份额内处于领先地位的经营业务才会有大于 1.0 的相对市场份额；落后于领先对手的经营业务的市场份额则会小于 1.0。经营单位的相对市场份额越是小于 1.0，其竞争力和在该行业的市场地位就越弱。从经济学的角度讲，相对市场份额可以反映出产品的相对成本和大规模生产的经济性。相对市场份额较大的企业可以以更低的单位成本进行生产经营。

2. 成本的竞争能力

企业的经营任务在成本方面非常具有竞争力，可以在行业中比那些想要达到与主要对手相同的成本水平的经营业务处于更强的地位。

3. 质量和服务上的能力

公司的竞争能力还取决于其产品在性能、可靠度、服务等重要属性方面是否能满足购买者的期望值。

4. 讨价还价的能力

企业能够对供应者或购买者具有讨价还价的能力,本身就是一个竞争优势的源泉。

5. 技术和革新能力

在企业里有着技术领先地位和革新能力的经营业务,在各自的行业中通常是强有力的竞争者。

6. 经营业务与行业成功关键因素的匹配能力

企业的经营业务的各项资源与行业的关键成功因素越相匹配,其越具有竞争优势。

7. 品牌与信誉

企业具有很好的产品品牌及声誉,也是一项有价值的竞争性资产。

8. 相对于竞争对手的获利能力

企业经营业务连续获得高于平均水平的投资回报,并比对手有着更高的利润率,通常处于强有力的竞争地位。

检验竞争力的方法与评价行业吸引力的方法类似,要对每个竞争力衡量标准设置一个权数,表明其相对重要性。权数的总和必须为 1.0。可以用 1~5 或 1~10 的标准,对每个经营业务进行评估。评估值高表示竞争力强,评估值低表示竞争力弱。每项指标再与所设定权数相乘,得到加权的竞争力评估值。例如,竞争力评估的分值 6 乘以权数 0.25,得到加权评估值 1.50。所有标准的加权评估值相加的总和就是该经营业务的整体竞争力,如表 8-1 所示。

表 8-1　经营业务竞争力检验

竞争力衡量标准	权　数	评估值	加权评估值
相对市场份额	0.20	5	1.00
相对竞争对手的成本	0.25	8	2.00
关键产品与竞争对手抗衡的能力	0.10	2	0.20
与供应商/购买者的讨价还价能力	0.10	6	0.60
技术和革新能力	0.05	4	0.20
资源与行业关键成功因素的匹配状况	0.15	7	1.05
品牌与信誉	0.05	4	0.20
相对竞争对手的获利能力	0.10	5	0.50
总和	1.00		
竞争力评估值			5.75

有研究表明：竞争力评估值高于 6.7，该经营业务在其行业中就是强有力的市场竞争者；而竞争力评估值低于 3.3，该业务则处于较弱的市场地位。

多元化的公司正在将它们的资源集中于能够使它们成为强有力的市场竞争者的行业上，并将不太可能成为市场领先者的业务进行剥离。例如，在通用电气公司，战略和资源配置的重点就是使通用电气的业务在美国和全球处于第一或第二的位置上。它们只考虑这样五种类型的经营业务：①值得进行优先投资的，具有高增长潜力的业务；②值得进行再投资，以保持其竞争地位的业务；③值得进行定期投资的支持性业务；④需要减少投资的业务；⑤需要大量R&D投资的风险业务。

(四)检验战略匹配

企业通过检验战略匹配来考察各种经营业务价值链中的匹配关系，以及其所形成的竞争优势潜力。一般从以下两个方面来看匹配关系。

(1) 企业内有多少经营业务与公司多元化进入的其他业务间有着战略匹配关系。
(2) 每个经营业务是否与公司的长期战略很好地吻合。

当相关多元化公司的各项业务组都具有相关的技术、相似的价值链活动、交叉的分销渠道、共同的顾客或其他一些有价值的联系时，这个公司就可以获得完全不相关多元化的公司所无法得到的竞争优势。多元化经营公司具有战略匹配关系的业务越多，就越能在实现范围经济、增强特殊经营业务的竞争能力、提高其产品和业务的竞争力等方面获得很好的绩效。

图 8-1 说明了在多元化公司里各项经营业务之间所存在的战略匹配关系。如果企业各项业务之间基本不存在这种配比关系，就要考虑新的经营模式。为此，在评价多元化经营公司的战略时，十分有必要考察其各业务间的价值活动的配比状况。

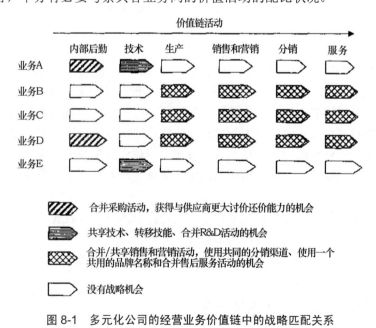

图 8-1 多元化公司的经营业务价值链中的战略匹配关系

(五)检验资源匹配

企业检验自身的资源力量,是为了更好地了解现有的资源是否能满足公司目前业务的需求。为此,多元化经营公司各项业务间需要具有很好的资源与战略的匹配关系。

1. 财务资源的匹配关系

多元化公司中不同的经营业务会有着不同的现金流量和投资特点。公司检测财务资源的战略匹配关系,首先要从现金流量与现金需求方面来把握。处于迅速增长行业中的经营业务经常是"明星"业务。它们每年的现金流量不能满足它们每年的资本需求。为了满足明星业务不断增长的需求,保证它成为行业的领先者,企业则需要向其注入所需要的财务资源。

"现金牛"业务处在缓慢增长的行业中,但居于领先地位,而且对资本的需求不大。它们本身能够产生较大的现金流量剩余,足以超过资本再投资以及维持其领导地位等方面的需求。当然,从增长的角度看,"现金牛"业务常常缺少吸引力,但从财务资源方面来看,却是有价值的业务。多元化公司要保证"现金牛"业务具有长期的现金增值能力,从而支持其他类型的经营业务。为此,公司需要认真考察哪些业务是"明星"业务,哪些是"现金牛"业务,使公司的资源得以很好地在各项业务之间转移,形成最好的投资组合。

其次,公司除了从现金流量方面进行考虑外,还应该看到如果一项经营业务对于实现公司业绩目标有所贡献,并且能够增加股东价值时,它就具有很好的财务匹配关系。

2. 管理资源的匹配关系

多元化经营公司在制定战略时,必须考虑如何使其资源更好地满足其业务在竞争和管理上的需求,并在两者之间形成很好的匹配关系。

在公司进入的行业,其业务已经能够成功地开发出所需的竞争和管理能力时,这种多元化就会增加股东价值。如果这种新的经营业务没有形成很好的资源匹配关系,公司就需要考虑对它们进行剥离。

在多元化的进程中,公司对资源和能力的补充状况也决定了它的竞争能力。公司多元化战略越是集中在将其资源和能力投入于新的业务上,就越需要建立足够的资源储备、保证这些业务能够创建竞争优势;否则,公司的资源就会被分散,从而失去创建竞争优势的机会。

值得注意的是,很多多元化战略是以将资源能力转移到新业务为基础的,但这种转移过程并不那么容易。很多新业务很少能如预期的那样进行发展,其原因主要有以下几个。

(1) 企业将一种资源能力由一项业务转移到另一项业务需要一个学习过程。员工需要很好地把握新业务的知识,并建立相应的团队,保证将新业务所需要的资源能力更好地转移过去。

(2) 企业在某项经营业务上已经取得了成功,再进入具有同样资源需求的类似的新业务时,往往对成功的希望过于乐观,结果导致失败。

(3) 企业在新业务中,错误地估计了自己与竞争对手在资源和能力上的差异,不能突破竞争对手形成的进入障碍。

(六)根据历史业绩与未来业绩排序

多元化经营公司在行业吸引力、竞争力量、战略匹配和资源匹配等方面进行评估以后,需要进一步评价哪些业务的业绩前景最佳,哪些业务的业绩前景最差,并进行排序。

排序的标准主要是销售增长、利润增长、投资于某项业务的回报以及现金流量增值等。一些企业也可以考虑采用经济附加值作为排序的标准。

(七)确定资源配置顺序与战略方向

根据前面的评价过程所得到的信息和结果，公司可以决定在各种经营业务中进行资源配置的优先顺序，并为每一经营业务设定一个一般的战略方向。在将业务从最高到最低进行排序的过程中，公司应弄清每个经营业务的基本战略途径，究竟是采用投资和扩张，还是积极防御，或者是彻底调整和重新定位等。当公司在决定是否要剥离一个经营业务时，应通过行业吸引力、竞争力量、与其他业务的战略匹配关系、资源匹配关系、业绩潜力(利润、资本回报、经济附加值、对现金流量的贡献)等评价标准，检验该业务是否与公司战略远景和使命保持一致。如果不能保持一致，企业就需要尽早剥离此业务。

(八)制定新的公司战略

在前面工作的基础上，企业可以完成新的公司战略。在制定公司战略时，没有一个无所不包的万能的公式可以遵循。企业需要通过对未来的研究、试验，收集更多信息，发觉各种选择的能力，确定新的机会，对危机做出反应，充分认识战略相关因素及其重要性。

值得注意的是，战略分析并不是多元化经营公司的管理者们马上能够完成的一件事情。研究表明，重大的战略决策通常是逐渐形成的，而不是进行定期、全面的分析，然后迅速决策的结果。最典型的情况是，高层管理常常先有一个过于宽泛的、直觉的概念，随着信息的收集、正规的分析进一步肯定或修正了他们对形势的判断，并且随着对下一步战略行动建立起信心和共识，他们的最初思路逐渐得到调整、修正和完善。

二、战略评价的方法

关于如何评价战略的论述很多，下面介绍三种有代表性的战略评价方法。

(一)伊丹敬之的优秀战略评价标准

日本战略学家伊丹敬之认为，优秀的战略是一种适应战略，它要求战略适应外部环境因素，包括技术、竞争和顾客等；同时，企业战略也要适应企业的内部资源，如企业的资产、人才等；另外，企业的战略也要适应企业的组织结构。企业家在制定优秀的战略时应权衡七个方面的战略思想。

(1) 战略要实行差别化，要和竞争对手的战略有所不同。

(2) 战略要集中。企业资源分配要集中，要确保战略目标的实现。

(3) 制定战略要把握好时机。企业应选择适当的时机推出自己的战略，时机要由自己积极创造。

(4) 战略要能利用波及效果。企业利用自己的已有成果，发动更大的优势，扩大影响，以便增强企业的信心。这一点实质上是强调企业要利用自己的核心能力。

(5) 企业战略要能够激发员工的士气。

(6) 战略要有不平衡性。企业不能长期地稳定，要有一定的不平衡，造成一定的紧迫感，即战略要有比平时更高的要求。

(7) 战略要能巧妙组合。企业战略应该能把企业的各种要素巧妙地组合起来，使各要素产生协同效果。

(二)斯坦纳&麦纳的战略评价标准

美国的斯坦纳&麦纳提出了评价战略时应考虑的六个要素，具体表述如下。

(1) 战略要有环境的适应性。企业所选的战略必须和外部环境及其发展趋势相适应。

(2) 战略要有目标的一致性。企业所选的战略必须能保证企业战略目标的实现。

(3) 竞争的优势性。企业所选的战略方案必须能够充分发挥企业的优势，保证企业在竞争中取得优势地位。

(4) 预期的收益性。企业要选择能够获取最大利润的战略方案。需要注意的是，这里所说的战略利润是长期利润而不是短期利润。其指标很简单，用投资利润率来评价。投资利润率＝预期利润÷预期投资总额。

(5) 资源的配套性。企业战略的实现必须有一系列战略资源做保证，这些资源不仅要具备，而且要配套，暂时不具备而经过努力能够具备的资源也是可取的。

(6) 战略的风险性。未来具有不确定性，战略具有风险性，在决策时要适当对待风险。一方面，在态度上要有敢于承担风险的勇气；另一方面，在手段上，要事先科学地预测风险，并制订出应变的对策，尽量避免孤注一掷。

(三)努梅特战略评价四标准

英国战略学家理查德·努梅特(Richard Rumelt)提出了可用于战略评价的四条标准：一致、协调、可行和优越。协调(Consonance)与优越(Advantage)主要用于对公司的外部评估，一致(Consistency)与可行(Feasibility)则主要用于内部评估。具体如下。

1. 一致性

一个战略方案中不应出现不一致的目标和政策。努梅特提出如下帮助确定组织内部问题是否由战略间的不一致所引起的三条准则。

(1) 尽管更换了人员，管理问题仍持续不断，以及如果这一问题像是因事而发生而不是因人而发生的，那么便可能存在战略的不一致。

(2) 如果一个组织部门的成功意味着或被理解为意味着另一个部门的失败，那么战略间可能存在不一致。

(3) 如果政策问题不断地被上交到最高领导层来解决，可能存在战略上的不一致。

2. 协调性

协调指在评价时既要考察单个趋势，又要考察组合趋势。在战略制定中将企业内部因素与外部因素相匹配的困难之一在于绝大多数变化趋势都是与其他多种趋势相互作用的结果，对此必须综合考察。

3. 可行性

一个好的经营战略必须做到既不过度耗费可利用资源，也不造成无法解决的派生问题。对战略的最终的和主要的检验标准是其可行性，即依靠自身的物力、人力及财力资源能否实施这一战略。企业的财力资源是最容易定量考察的，通常也是确定采用何种战略的第一制约因素。人员及组织能力是对于战略选择在实际上更严格，但定量性却差一些的制约因素。因此，在评价战略时，很重要的一点是要考察企业在以往是否已经展现出实行既定战略所需要的能力、技术及人才。

4. 优越性

经营战略必须能够在特定的业务领域使企业创造和保持竞争优势。竞争优势通常来自如下三方面的优越性：资源、技能、位置。良好位置的主要特征是，它使企业从某种经营策略中获得优势，而不处于该位置的企业则不能类似地受益于同样的策略。因此，在评价某种战略时，企业应当考察与之相联系的位置优势特性。

案例分析

香飘飘："奶茶之王"的逆势增长

本 章 小 结

企业战略的制定既是一个比较复杂、联系的过程，又是一个适应、探索的过程。战略制定是战略管理的核心与关键问题，好的战略是企业战略执行成功的前提，其重要程度可用"失之毫厘，谬以千里"来形容。而战略评价对企业命运同样息息相关。有计划地对制定好的战略进行系统化评价已成为企业领导者的一项重要工作。只有对所制定的战略进行有效的评价，才能为下一步的战略选择打下坚实基础。

战略制定是企业战略活动的起点，居于战略管理过程的首要地位。制定企业战略必须明确企业的使命及其所处的环境。制定战略的一般程序是分析内外部环境，准备方案，然后是评价确认方案。不同的企业有不同的战略制定方法，一般有四种：自上而下、自下而上、上下结合、战略小组。制定战略时还应遵循一定的原则。对于战略评价，首先要识别当前的公司战略，然后检验行业吸引力、竞争力，还要检验战略匹配和资源匹配关系。在对业务进行排序后，确定资源配置顺序和战略方向，最后制定公司新的战略。

复习思考题

1. 企业战略是如何形成的？
2. 战略制定的一般程序是什么？
3. 战略制定有几种方法？各有什么优缺点？
4. 战略评价有几个步骤？

第九章 战略的选择

本章导读

50亿元帝国转型猝死

学习目标

通过本章的学习,应了解战略选择的影响因素与常见误区,掌握战略选择的时机,重点掌握战略选择的各种方法及其优缺点。

关键概念

战略方案选择(The Choice of Strategy Programme)　　战略群(Strategy Group)
战略选择矩阵(Strategy Selection Matrix)　　市场开发(Market Exploitation)
生命周期理论(Theory of Lifecycle)　　市场引力(Market Gravitation)

第一节　战略选择的影响因素

一、影响战略选择的领域

企业的生产经营活动可以分为三种类型:社会方面的管理,涉及企业在社会和政治环境中的合法性和生存能力;经营方面的管理,涉及企业盈利潜力;竞争方面的管理,涉及把盈利的潜力转化为实际盈利。这些方面的管理活动,决定了企业在战略上有三个领域可以选择。

(一)社会领域

社会领域包括企业的社会责任以及它在社会中的合法性。企业的环境是由顾客、供应者、股票持有者、管理人员、政府、公众利益团体等各利益群体组成,其中每一个群体都向企业提出各自合法的要求,并对企业提供不同程度的支持。企业战略的变化会使上述各方的利益受到影响。企业在选择战略时,必须让各个利益群体认为企业的活动有社会的合法性,同时该战略符合他们要求。各个利益群体对企业应该怎样活动,以及企业在经济上、社会心理等方面应该提供什么样的利益,都抱有各自的期望。例如,股东期望增加他们的股份和股息;员工期望提高他们的工资和津贴;管理人员期望得到晋升、奖金和实现个人满足感等。因此,企业需要通过选择适当的战略,认真协调与解决各利益群体相互矛盾的利益期望。

(二)经营领域

企业要根据企业的目标，选择适合自身条件的生产经营领域，并制定相应的战略，促使自己的产品和市场得到发展。

(三)竞争领域

企业为了获得竞争优势，需要关心产品生命周期、技术变革和发展，以及实际存在的和潜在的竞争者，选择适当的竞争领域，制定出各种防御战略、保护战略和攻击战略。

明确企业这三类管理活动，不仅可以使企业从这三个领域来制定战略，还有利于企业正确地确定是否应及时变更自己的战略。

二、影响战略选择的行为因素

战略选择是确定企业未来战略的一种决策。一般来说，备选战略提出以后，就要进行战略的选择。战略决策者经常面临多个可行方案，往往很难做出决断。在这种情况下，影响战略选择的行为因素很多，其中，较为重要的有以下几个。

(一)过去战略的影响

在开始进行战略选择时，首先要回顾企业过去所制定的战略。因为过去战略的效果对现行战略的最终选择有极大的影响。现在的战略决策者往往也是过去战略的缔造者。由于他们对过去战略投入了大量的时间、资源和精力，会自然地倾向于选择与过去战略相似的战略或增量战略。这种选择与过去战略相似的战略和沿袭过去战略的倾向已渗透到企业组织中。研究表明，在计划过程中，低层管理人员认为，战略的选择应与现行战略相一致，因为这种战略更易被人接受，推行起来阻力较小。

(二)企业对外界的依赖程度

在战略选择中，企业必然要面对供应商、顾客、政府、竞争者及其联盟等外部环境因素。这些环境因素从外部制约着企业的战略选择。如果企业高度依赖其中一个或多个因素，其最终选择的战略方案就不能不迁就这些因素。企业对外界的依赖程度越大，其战略选择的范围和灵活性就越小。

(三)对待风险的态度

企业对待风险的态度也能影响战略选择的范围。企业如果对风险持欢迎态度，战略选择的范围和多样性便会得到拓展，风险大的战略也能被人接受。反之，企业对风险持畏惧、反对态度，选择的范围就会受到限制，风险型战略方案就会受到排斥。冒险型管理人员喜欢进攻性的战略，保守型管理人员喜欢防守性的战略。

表 9-1 列举了两种组织对待风险的不同态度。

表9-1 两种类型组织对待风险的态度

风险承担型公司	风险回避型公司
适于在迅速变化的环境中运行	适于在稳定的环境中运行

续表

风险承担型公司	风险回避型公司
寻求高风险、高潜力的投资机会	寻求低风险的投资机会
倾向于进攻性、快速增长战略	倾向于防御性、稳定(或维持)增长战略
选择战略方案的范围较宽	选择战略方案的范围较窄
喜欢做行业的领先者	喜欢做行业的追随者

(四)企业中的权力关系

企业内部的权力关系会影响所有企业的战略选择。在企业中不可避免地存在着这样的情况：关键的个人和集团会形成联盟，每个集团都强调它自己观点的好处和潜力以及它自己的既得利益。在战略选择中，哪个目标处于优先地位，哪项业务在资源分配中高度优先的问题上，都会掺杂权力关系的考虑。在形成某种战略选择优越于另一种选择的共同舆论中，内部权力关系也是一种重要因素。成功的企业领导人应该确保企业内所有主要权力基础都要在最高管理层有代表，或者都可以接近最高管理层。同时也需要运用一定的政治策略，引导在某件特殊事情上形成联盟以及取得共同的意见和承诺。

(五)时间因素

时间因素主要从以下几个方面影响战略选择：第一，外部的时间制约对管理部门的战略决策影响很大。例如，外部时间制约紧迫，管理部门就来不及进行充分的分析评价，往往不得已而选择防御性的战略。第二，做出战略决策必须掌握时机。实践表明，好的战略如果出台时机不当，可能会带来灾难性的后果。第三，战略选择所需超前时间同管理部门考虑中的前景时间是相关联的。企业着眼于长远的前景，战略选择的超前时间就长。

(六)竞争者的反应

在进行战略选择时，高层管理人员往往要全面考虑竞争者对不同选择可能做出的反应。如果选择的是直接向某一主要竞争对手挑战的进攻性战略，该对手很可能用反攻型战略进行反击。企业高层管理人员在选择战略时，必须考虑到竞争者的这类反应、其反应的能量以及它们对战略成功可能产生的影响。

三、影响战略选择的文化因素

从文化的角度来看待企业战略选择是非常有益的，因为企业的成功往往取决于文化，尤其是企业文化对战略的支持程度。文化对战略选择的影响可以归纳为以下几个方面。

(1) 文化不仅影响企业在选择战略时所使用的分析方法，也影响企业中流行的思维方式，因而也就影响整个战略的形成过程。具有不同文化的企业在同一环境中，会以完全不同的方式来认知环境。

(2) 当战略得到企业价值观、信仰、仪式和礼仪等文化因素支持时，决策者往往可以迅速而容易地实施变革。如果支持性文化不存在，或没有被建立，那么战略的变革可能是无效的，甚至是有害的。

(3) 文化因素对战略选择的影响还表现在，文化作为一种重要的资源，能够为企业带来某种难以模仿的竞争优势。从这一意义上看，文化不仅是影响战略选择的外在因素，而且是战略选择的一个组成部分。

四、影响战略选择的社会、政治因素

社会和政治等方面的因素也会对企业及其管理者的战略选择产生影响。

1. 社会环境的影响

企业生活在特定的社会环境中，因而其战略选择受到社会环境因素的制约。比如，社会的环境生态意识在世界各国有很大的差别，在社会发展的不同阶段也有明显的不同。因此，当企业的战略选择涉及社会的环境生态问题时，必须十分重视决策所带来的正面或负面影响。又如，社会生活的安定情况也是企业决策者进行战略选择时必须考虑的问题。特别是当社会处于生活不安定的情况下，企业采取撤退战略时，就必须涉及工人的就业问题，对此所造成的社会影响，必须加以关注。消费人群社会意识的变化，也是一种社会环境问题，会对战略选择产生影响。

2. 社会道德观念的影响

公司发展和社会伦理道德的关系问题已经争论了一个多世纪。当今的企业界已充分认识到公司利益与社会伦理道德保持一致性，是公司正常发展的必要条件。从公司战略的选择来说，战略行动的正义性和合法性应该是一条底线。在公司的发展中，必须对企业所有者、股东、职员、顾客和供应商等利益相关者负有责任。同时，公司还应对社区的发展承担一定的社会责任。例如，涉及防火及公共安全、废弃物处理、街道及道路保养等方面的问题，都会给社区居民带来影响，公司在战略选择中应加以充分考虑。

3. 政治法律方面的影响

公司在制定战略时，也必须充分考虑到国际及国内政治方面的因素，以及法律法规方面诸多因素的影响，努力做到趋利避害，有利于公司的发展。

经过长达十几年的艰苦谈判之后，中国终于在 2001 年年末加入了世界贸易组织。在加入 WTO 后的新形势下，中国企业的战略选择将变得更加复杂。我们不仅要考虑原先企业环境的诸多因素，而且更需要面对世界经济一体化的格局对我们所产生的各种新的变化情况，考虑企业的生存和发展。我们必须做好众多国际跨国集团公司大举进入中国，与我们相对竞争力较弱的企业进行激烈竞争的思想准备，也要做好进一步走向世界，在别国的土地上与竞争力远超过我们的本土企业开展激烈竞争的准备。因此，战略选择所面临的激烈竞争的环境将更加复杂多变。我们只有做好充分的准备，才能做出较为适当的战略决策。同时，加入 WTO 后，法律问题也更加突出。WTO 实际上是一整套国际法律体系，我们只有在其法律体系的框架下运作，才能得到充分的保护。比如入世后，在有关反倾销、反补贴、保障措施和技术标准立法等方面，都会有一系列的因素影响到企业的生存和发展，公司在制定和实施战略时，必须予以充分的重视。

> **专题拓展**
> 战略联盟企业间差异性、关系特点对企业战略选择的影响

第二节 战略选择的方法

一个企业可供选择的战略方案一般有若干种，战略选择可以借助一定的战略评价方法或工具来进行。目前人们已经设计出多种战略评价方法，那么，在众多战略方案中企业究竟选择哪一种战略或战略组合呢？企业的理想战略应当能够利用外部市场的机会并中和不利环境的影响，同时，它也应当加强企业内部的优势以及对自身的弱点加以改进。考虑到理想战略的这些特点以及企业所面临的多种战略选择，在进行战略选择过程中，企业应借助战略评价方法或工具来达到选择理想战略的目的。到目前为止，人们已经设计出了几种战略选择工具，下面对这几种重要的战略选择方法予以介绍。

一、波士顿矩阵及其改进

(一)波士顿矩阵

波士顿矩阵法由美国波士顿咨询公司(BCG)提出，又称为 BCG 增长率-市场占有率法。波士顿矩阵法假定，最小的和最简单的公司除外，所有的公司都是由两个以上的经营单位所组成。换言之，一切经营单位都有若干个在经济上有明显区别的产品-市场，在一个公司范围内的这些经营单位合称为企业的经营组合。波士顿矩阵法提出，企业必须为经营组合中的每一独立单位分别制定战略。在公司中，每个单位的产品有明显差异，并具有不同的细分市场。在拟定每个产品发展战略时，主要考虑它的相对市场占有率和业务增长率。

波士顿咨询公司主张，一个经营单位的相对竞争地位和市场增长率是决定整个经营组合中每一经营单位应当奉行什么样战略的两个基本参数。以这两个参数为坐标，波士顿咨询公司设计出一个具有四象限的网格图，如图9-1所示。

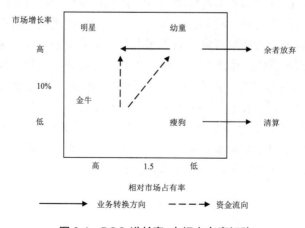

图 9-1 BCG 增长率-市场占有率矩阵

横轴代表经营单位的相对竞争地位,它以经营单位相对于其主要竞争对手的相对市场占有率来表示。相对竞争地位决定了该经营单位获取现金的速度。因为如果一个经营单位较之其竞争对手有较高的市场占有率,它就应该有较高的利润率,从而应得到较多的现金流量。在这里,以相对市场占有率而非绝对市场占有率来代表竞争地位,是由于前者更好地说明了与主要(或最大)竞争对手的关系。例如,如企业的一个经营单位具有 10%的绝对市场占有率,那么在一个主要竞争对手分别有 12%的市场占有率和 45%的市场占有率两种不同的情况下,具有 10%的绝对市场占有率的企业就意味着有不同的竞争地位。显而易见,第一种情况表明企业较第二种情况更具有竞争性。因此,以相对市场占有率来表示竞争地位更具合理性。任意一年某经营单位的相对市场占有率计算公式如下:

$$相对市场占有率(当年) = \frac{经营单位的销售额或量(当年)}{主要竞争者的销售额或量(当年)} \times 100\%$$

或

$$相对市场占有率 = \frac{经营单位的绝对市场占有率}{主要竞争对手的绝对市场占有率} \times 100\%$$

在波士顿矩阵图中,纵轴表示市场增长率。市场增长率代表着对一个经营单位来说市场的吸引力大小,也就是说,它决定着投资机会的大小。如果市场增长迅速,它为迅速收回资金、支付投资收益提供了机会。当然,由于市场增长得越快,维持其增长所需的资金就越多,因而这样的机会也可能带来一些问题。市场增长率的计算公式如下:

$$市场增长率 = \frac{当年市场需求 - 去年市场需要}{去年市场需求} \times 100\%$$

一般来说,高市场增长率被认为是高于 10%,而高与低相对市场占有率的分界线是 1.5。也就是说,如果某一经营单位的销售额是其主要竞争对手的 1.5 倍或更多,则它就被认为具有较高的相对市场占有率。然而,这种划分并非绝对。根据不同行业的需要,可以有不同的划分界限,如图 9-1 所示。

图 9-1 中反映的是企业产品所处的四个象限具有不同的定义和相应的战略对策。

明星象限:明星产品,它的市场占有率和业务增长率都高,这表明该产品的利润增长较快,因而所需要的和所产生的现金数量都很大。明星通常代表着最优的利润增长率和最佳的投资机会。显而易见,最佳战略是对明星采取扩张战略,进行必要的投资,从而维护或改进其有利的竞争地位。

金牛象限:金牛产品,顾名思义,它能给企业带来巨大的利益。该产品市场占有率高,但由于业务增长率低,较高的相对市场占有率带来高额利润和现金,而较低的市场增长率只需要少量的现金投入。金牛所产生的大量利润,可用来满足明星产品的需要。因此,金牛通常会产生出大量的现金余额。这样,金牛就可提供现金去满足整个公司的需要,从而支持其他需要现金的经营单位。对金牛类的经营单位,不宜大力发展,应采取维护现有市场占有率,保持经营单位地位的维护战略;或采取收获战略,获得更多的现金收入。

瘦狗象限:瘦狗产品,市场占有率和业务增长率都很低,较低的相对市场占有率一般意味着少量的利润。此外,由于增长率低,用追加投资来扩大市场占有率的办法往往是不可取的。这类产品没有发展前途,而且常常成为资金的陷阱,可采取收缩战略,如抽资、放弃、清算等方法。

幼童象限：幼童产品，有人译为"顽童""问题"，它是新生力量，但孩子的前途如何，要视其如何发展，所以又有人把这种产品称为"前途未卜"的问题产品。幼童产品业务增长率高，但市场占有率低。高速增长需要大量投资，而市场占有率低只能产生少量利润，因此企业应该进行必要的投资，使之成为明星产品。但如该幼童确属难以"教育成长"的，则应采取放弃战略。故而从总体上看，对这类产品应采取选择性发展战略。

从以上分析可以看出，企业资金流向应为金牛—明星—幼童，即金牛产品应为明星产品、幼童产品的发展提供资金，在图中用虚线加箭头表示。产品发展的方向是幼童—明星—金牛，即把幼童培养成为明星，在明星的业务增长率下降时，要使它变为金牛。要严格监视和控制"狗"的动向，在适当的时候予以放弃，在图中用实线加箭头表示。

(二)波士顿矩阵战略选择及评价

对于大多数公司来说，它们的经营单位分布于矩阵中的每一象限。企业应采取的经营组合战略可概括如下：首要目标是维护金牛的地位，但要防止常见的对其追加过多投资的做法。金牛所得的资金应优先用于维护或改进那些无法自给自足的明星的地位。剩余的资金可用于扶持一部分筛选的幼童，使之转变为明星。多数公司将会发现，若选择同时扩大全部幼童的市场占有率的战略，它们的现金收入是不够用的。因此，应放弃那些不予投资的幼童。下面将不同类经营单位的特点以及所应采取的战略列于表9-2中。

表9-2 应用波士顿矩阵的战略选择

象 限	战略选择	经营单位盈利性	所需资金	现金流量
明星	维护或扩大市场占有率	高	多	几乎为零或负值
金牛	维护或收获战略	高	少	极大剩余
幼童	扩大市场占有率或放弃战略	没有或为负值	非常多 不投资	负值 剩余
瘦狗	放弃或清算战略	低或为负值	不投资	剩余

在利用波士顿矩阵进行战略方案评价时，波士顿咨询公司建议采取以下步骤。

(1) 将公司分成不同的经营单位。实际上公司建立战略经营单位组织时，就已经做了这一步。在矩阵中，圆圈用来表示每一个经营单位。

(2) 确定经营单位在整个公司中的相对规模。相对规模的度量尺度是经营单位的资产在公司总资产中的份额或经营单位的销售额占公司总销售额的比。在矩阵中，圆圈面积代表着经营单位的相对规模。

(3) 确定每一个经营单位的市场增长率。

(4) 确定每一个经营单位的相对市场占有率。

(5) 绘制公司整体经营组合图，如图9-2所示。

(6) 依据每一个经营单位在公司整个经营组合中的位置而选择适宜的战略。

图9-2描述的经营组合是相当平衡的。该公司有两三个金牛作为其坚实的基础，两个明星提供了进一步发展的机会，可能有两个幼童能以合理的代价转变为明星。最后，还有几个应当受到严密监控的瘦狗，放弃或清算掉。图9-3所示的经营组合则是很不平衡的。可以看出公司明星和金牛单位太少，而瘦狗单位太多。这样，幼童的发展无资金来源，企业也没有具备发展前途的明星业务。因此，这种组合对公司未来的发展极为不利。

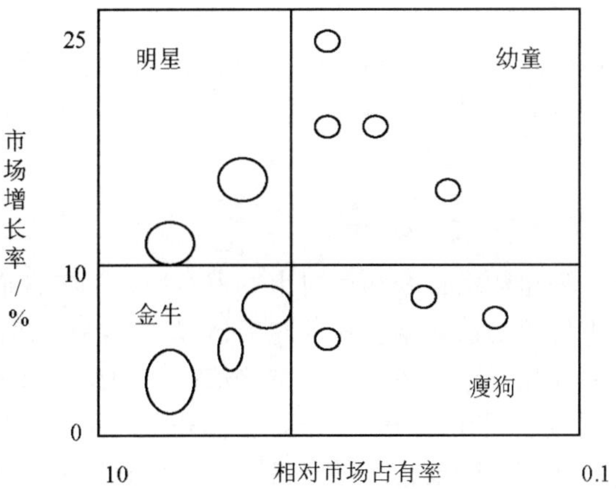

图 9-2　平衡的经营组合

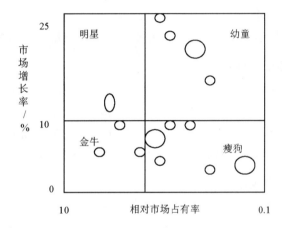

图 9-3　不平衡的经营组合图

从上面的讨论中可以看出，一个公司不仅要对每类经营单位采取不同的战略，以及对经营组合采取整体经营组合战略；同时还要注意每类经营单位在整个公司经营组合中的比重，即要关注公司的整体经营组合的平衡性。只有平衡的经营组合才是理想的。

(三)波士顿矩阵的局限性

波士顿矩阵假设前提是：行业吸引力由市场增长率来表示，企业实力由相对市场占有率来表示，企业销售量大小和赢利的多少呈正相关，公司在各项业务间的资金回收和资金投入是平衡的。但在实际应用中并非如此，存在很大的局限性。

1. 具有一定的滞后性

在用波士顿矩阵分析之前除了准确了解自己的销售情况之外，还需要详细地了解竞争对手的同类产品的销售状况。公司本身的销售额能够及时准确地统计到，但要统计到竞争对手的销售情况却相当困难。首先，竞争对手所报出的数据不一定真实。其次，竞争对手的销售状况不能及时地了解到，需要经过很长时间才能了解到其详细情况。在这个科技高速发展的时代，技术时刻都在更新，商机转瞬即逝。能够抓住时间的人往往能够赢得商机、获得成功,从而超越竞争对手。如果运用波士顿矩阵来制定公司的战略,在这个过程中会消耗大量的时间。所制定出来的战略是适合之前某个时间段的,但未必适合现在,尤其是那些技术更新非常快的行业(如计算机、通信等)。所以,运用波士顿矩阵制定出来的战略具有一定的滞后性。

2. 具有一定的片面性

波士顿矩阵仅仅用了销售额增长率和相对市场占有率作为依据而忽略了其他因素的影响。公司在决定发展、维持还是放弃某项业务时应该以该产品所带给公司的利润为前提,而不应该以销售额增长率和相对市场占有率为主要依据。如果没有利润作保证,销售额增长率和相对市场占有率再高也没用。2000年长虹集团采用价格战获取了大量的市场,在当时它的相对市场占有率和销售额增长率是非常高的。但它这种牺牲利润的做法最终还是失败了。劳斯莱斯每年限量销售汽车,所以它的相对市场占有率和销售增长率都是较低的。按照波士顿矩阵的分析,劳斯莱斯汽车应该是一个狗类产品,该公司应该缩小或放弃这种产品。但是劳斯莱斯公司并没有这样做,事实证明它的限量销售是非常成功的,因为该公司是以利润为前提的,虽然它的销量并不大,但利润是非常丰厚的。

3. 波士顿矩阵忽视了狗类产品的发展

波士顿矩阵对狗类产品的结论是缩小或放弃。对狗类产品,应该分析其成为狗类产品的原因,看能否通过一些努力使其重新转化为明星或现金牛。比如,在这个技术更新很快的时代,很多产品之所以沦为狗类产品很大程度上是因为技术跟不上时代的发展。针对这种情况,公司应该在技术上下功夫,而不是简单地收缩或放弃。

4. 不符合现代理财观念

利用现金牛产品所创造的资金支持明星和问题类产品并不符合现代理财观念。波士顿矩阵法认为,公司的资金主要来源于现金牛,为了使公司各类产品都能协调发展,公司会把现金牛创造的资金用于明星和问题产品的发展。然而,波士顿矩阵却忽视了现金牛产品自身的成长。虽然现金牛产品处于一个相对稳定的成熟阶段,但它所面临的竞争仍然是非常激烈的,因此公司需要投入资金以维护其已有的市场形象并进一步巩固其市场地位。如果过度地抽走现金牛产生的现金可能使得留给现金牛的利润不足,现金牛自身的发展缺乏后劲,被竞争对手超越,致使本来可以进一步发展壮大的现金牛不仅未发展壮大,反而未老先衰。现代理财观念认为,企业的发展不能完全靠自有资金,而是要进行融资,比如利用银行和资本市场。通过银行借款,发挥财务杠杆效应,以提高自有资本收益率,或者利用资本市场,通过发行股票吸引新的投资者,从而迅速筹集企业发展所需资金,突破企业自有资金不足的瓶颈,迅速把企业做大。百事可乐在饮料市场占有很大的份额,但百事公司每年都会花很大人力、物力、财力来对百事可乐进行广告宣传,以巩固它的地位。

5. 不适合小企业和专业化经营的企业

波士顿矩阵法更适合大企业和进行多元化经营的企业,而不适合小企业和专业化经营的企业。对小企业来说由于自身实力的限制以及市场领导者的层层设防,小企业的业务往往长期处于问题和狗类,很难发展为明星或现金牛。然而,这并不意味着小企业无利可图。从管理学的角度来看一流企业定规格、二流企业拼品牌、三流企业拼服务、四流企业杀价格。小企业往往属于三流或四流企业，这些企业可以在服务和价格上下功夫，以此来获得利润。波士顿矩阵需要将多种业务进行综合分析，因此它适合多元化经营的企业。可是众多管理学家并不提倡公司向多元化发展。世界上有很多公司都是做专业化经营而成功的，像通用、微软这些国际大公司都不做多元化经营。企业发展有其自身的发展客观规律，"专业化"经营是企业成功的法宝之一，有 90%以上的大企业的失败是因为"多元化"经营而导致的。比如，1989 年 8 月成立的巨人集团在短短的几年内就发展壮大了，但后来因为尝试多元化经营失败导致了企业的衰亡。

6. 在竞争对手的选择上并不明确

在做波士顿矩阵分析时，所选择的竞争对手是公司认为对自己形成最大竞争的公司，它并不一定是市场上的主导者，这样选择具有很大的主观性，公司的竞争对手可能经常改变，不利于公司制定远期战略。

7. 波士顿矩阵法采用相对市场占有率的比例不合理

波士顿矩阵法采用相对市场占有率以 90%、市场增长率固定以 10%作为分界点并不合理。波士顿矩阵法以固定值作为分界点使得不同业务间仅一线之隔，稍有偏差就会形成两种不同的战略。如果主要的竞争对手不止一个时，选择不同竞争对手可能会使同一种产品变成两种不同的业务(如金牛可能变成狗类)。同时在处理数据时，稍有偏差也会使同一种产品变成两种不同的业务(如金牛可能变成明星)。因此，在分界时应采用一个范围取值而不是一个固定值。波士顿矩阵法认为超过 10%为高增长，低于 10%为低增长。然而，不同的行业有不同的市场增长率。如在一些行业，其市场增长率或许永远也不可能超过 10%，如果行业的平均增长率为 8%，而公司的市场增长率为 9%，那么，它是高增长还是低增长呢？同样，在一些行业中，如果平均增长率远远高于 10%，而公司的该项业务增长率为 11%，那么，它是高还是低呢？显然，如果不区分不同行业的特殊情况，而一味地以 10%作为标准进行决策必然铸成大错。

由于波士顿矩阵存在上述劣势，因此，企业在进行决策时，不能单纯依据波士顿矩阵法，而要重点考虑企业所面临的环境，分析企业的优劣式，这样才能做出正确的决策。

(四)波士顿矩阵的改进

考虑到增长率-市场占有率矩阵法的局限性，波士顿咨询公司于 1983 年又设计出新的矩阵图，如图 9-4 所示。在新设计的矩阵中，横轴表示经营单位所具备的竞争优势的大小，而纵轴以在行业中取得竞争优势的途径的数量多少来表示。在这个矩阵中，有四个象限，从而也就有四种不同的经营单位类型及战略。

(1) 大量化的经营单位具有较多的竞争优势，但这种行业中所具有的取得竞争优势的途径不是很多。企业所处的行业一般来说具有为数不多的竞争者，竞争者们的生产活动大致相同或相似，在这些行业中存在规模经济和经验效益。根据这些特点，最适宜的经营战略是成本领先战略，并以大量生产为基础。

(2) 专门化的经营单位具有较多的竞争优势和取得这些优势的途径。经营单位所处行业具有可分开的各种活动；在每一专业化的活动中有许多竞争者，但存在一个主导地位的竞争者。处于这种地位的经营单位所采取的战略,是在每一活动中进行专门化生产,类似波特的差异化战略。

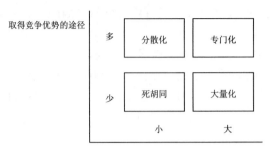

图 9-4 波士顿新矩阵

(3) 死胡同的经营单位既没有较多的竞争优势,行业又缺乏实现竞争优势的途径。这些行业具有如下特征:规模不能影响成本,行业中有许多竞争者进行竞争,进入行业的障碍很低但退出该行业的障碍很高,所有企业盈利性都很低。处于这种地位的经营单位类似于波特战略中的"中庸"企业,因此必须进行战略上的转变才能摆脱困境。

(4) 分散化的经营单位具有较多的实现竞争优势的途径,但企业本身具有较少的竞争优势。经营单位所处的行业具有如下特点:不存在规模经济,进入和退出行业有较低的障碍;在产品或市场中存在较多的可区分开的活动。根据上述特点以及经营单位自身的弱点,最适应的经营战略是集中化战略。

二、通用电气公司法

(一)通用电气公司法及其定量化

早在 20 世纪 70 年代初期,美国通用电气公司在应用市场增长率-相对市场占有率矩阵分析公司的业务结构时就发现,除市场增长率和相对市场占有率以外,还有许多在分析中不容忽视的重要因素。因此,它提出了另一种现今得到广泛应用的业务结构分析方法,即行业吸引力-竞争能力矩阵,也称为 GE 矩阵。根据行业吸引力和经营单位的竞争能力,它用矩阵来定出各经营单位在总体经营组合中的位置,据此来制定出不同的战略,如图 9-5 所示。

经营单位的竞争能力 \ 行业吸引力	高	中	低
高	A	B	D
中	C	E	G
低	F	H	I

图 9-5 行业吸引力-竞争能力矩阵

经营单位所处行业的吸引力按强度分成高、中、低三等。所评价的因素一般包括行业规模、市场增长速度、产品价格的稳定性、市场的分散程度、行业内的竞争结构、行业利润、行业技术环境、社会因素、环境因素、法律因素、人文因素。

经营单位所具备的竞争能力按大小也分为高、中、低三等。所评价的因素包括生产规模、增长情况、市场占有率、盈利性、技术地位、产品线宽度、产品质量及可靠性、单位形象、造成污染的情况、人员情况。

行业吸引力的三个等级与经营单位竞争能力的三个等级构成一个具有 9 象限的矩阵，公司中的每一个经营单位都可放置于矩阵中的每一个位置。但总的来说，公司内的所有经营单位可归结为三类，而对不同类型的经营单位应采取不同的战略。

(1) 发展类。这类包括处于 A、B 和 C 位置的经营单位。对于这一类经营单位，公司要采取发展战略，即要多投资以促进其快速发展。因为这类行业很有前途，经营单位又具有较强的竞争地位，因此应该多投资，以便巩固经营单位在行业中的地位。

(2) 选择性投资类。这类包括处于 D、E 和 F 位置的经营单位。对于这类单位，公司的投资要有选择性，选择其中条件较好的单位进行投资，对余者采取收获或放弃战略。

(3) 收获或放弃类。这类包括处于 G、H 和 I 位置的经营单位。这类单位的行业吸引力和经营实力都较低，应采取不发展战略。对于一些目前还有利润的经营单位，应采取逐步回收资金的收获战略，而对于不盈利又占用资金的单位则应采取放弃战略。

下面讨论如何将行业吸引力和竞争能力中的每个因素进行定量化，以便确定出每个经营单位在矩阵中的位置。

首先，确定对每个因素的度量方法。一般来说，选用具有 5 个等级的里克特(Likert)等级度量法，如表 9-3 所示。然后，对每一等级赋予一定的分值。例如，很不吸引人的因素，可以给予 1 分的值；而对很吸引人的因素赋值 5 分。

表 9-3 里克特等级及赋值

等级	很不吸引人	有些不吸引人	一般	有些吸引人	很吸引人
赋值	1	2	3	4	5

其次，根据实际情况对行业吸引力或经营单位的竞争能力中的每一因素，确定一个等级值。但是，由于每个因素的地位和重要程度对经营单位来说是不一样的，因此还要赋予每个因素一个权数，以代表其重要程度。这些权数加起来要等于 1。以行业吸引力其他的量化为例，表 9-4 中除了社会、环境、法律外，对其他因素均给了一个权数。

从表 9-4 中可以看出，权数最大的是利润率，为 0.20，说明它是最重要的。其次是市场规模，为 0.15。总分计算的办法比较简单，先将权数乘以等级值得出每个因素的计分，最后把所有因素的计分累加起来就是行业吸引力的总分。在本例中，行业吸引力总分为 3.38。

用同样的程序和方法，也可计算出经营单位竞争能力的总分，如表 9-5 所示。

表 9-4　行业吸引力加权平均

因素	权数①	等级②	计分③=①×②	因素	权数①	等级②	计分③=①×②
市场规模	0.15	4	0.60	周期性	0.05	2	0.10
增长	0.12	3	0.36	财政	0.10	5	0.50
价格	0.05	3	0.15	能源	0.08	4	0.32
市场多样性	0.05	2	0.10	社会	OK	4	
竞争	0.05	3	0.15	环境	OK	4	
利润率	0.20	3	0.60	法律	OK	4	
技术	0.05	4	0.20	人力	0.05	4	0.20
通货膨胀	0.05	2	0.10	总计	1.00		3.38

表 9-5　竞争能力加权平均

因素	权数①	等级②	计分③=①×②
研究与开发	0.10	1	0.10
生产	0.05	3	0.15
推销	0.30	3	0.90
财务	0.10	4	0.40
分配	0.05	2	0.10
管理能力	0.15	5	0.75
利润率	0.25	4	1.00
总计	1.00		3.40

再次，根据行业吸引力和竞争能力总分值来确定经营单位的位置。在这里为了简单起见，将行业吸引力或竞争能力中的强、中、弱三等级的分界点定为 3.0 和 1.50，即分值在 1.50 以下者为弱，1.50～3.0 为中，高于 3.0 者为强。以上述例子来说明，行业吸引力总分为 3.38，竞争能力总分为 3.40，则经营单位处于矩阵图的左上方，是一个比较理想的企业，如图 9-6 所示。如果公司有多个经营单位，如表 9-6 所示，则用同样的办法可确定出每个经营单位在矩阵图中的位置。

图 9-6　经营单位所处位置

表 9-6 多个经营单位的总分值

经营单位	竞争能力	行业吸引力
A	3.40	3.38
B	2.50	1.05
C	0.75	2.45
D	2.20	3.50
E	3.60	2.35
F	0.75	1.10

最后，根据不同经营单位在矩阵中所处的位置，应用行业吸引力-竞争能力分析法，对不同位置上的经营单位采取不同的战略。

(二)通用电气公司法的局限性

通用电气的行业吸引力-竞争能力矩阵对于市场增长率-相对市场占有率矩阵而言是一个改进，它考虑了更多的影响因素，而且这些因素在不同时期、不同产业中被灵活应用，使之更适合具体情况。但是，它也存在一定的局限性，具体表现为以下几点。

(1) 等级值计算的主观性。行业吸引力-竞争能力矩阵中行业吸引力与竞争能力的等级值是采用加权计分法计算出来的，表面上看起来很客观、确切，实际上却在相当大的程度上存在着主观性。比如权重的确定以及评分的大小，都是以经理人员或战略研究人员的偏好做出的，这样，就使最终结论的科学性大打折扣。为了纠正这一点，企业经理人员或战略研究人员应通过深入实际调查、与竞争对手比较等方法予以多方面、多因素考虑。

(2) 行业吸引力评价的模糊性。一般来讲，对企业竞争能力的评价是比较明确的，因为有个明确的比较对象，即行业中最强的竞争对手，而对行业吸引力的评价则存在着较大的模糊性，因为没有明确的比较对象。这种比较对象的模糊性，常常导致结果的模糊性。

(3) 确定投资优先顺序的方法不完全实用。人们在企业管理实践中做出投资决策时，往往习惯于用技术经济的方法，如净现值法进行论证和选择，所以导致行业吸引力与竞争能力提高的投资顺序并不一定为人们所接受。因为使用净现值法也有一定的缺陷，所以，最好的办法是将这两种方法结合起来使用，即先进行行业吸引力-竞争能力的分析，再进行技术经济的可行性分析。

(4) 战略建议的笼统性。行业吸引力-竞争能力矩阵把企业的所有经营单位划分为扩张类、维持类和收缩类三种，这本身就有很大的笼统性，同时对处于九个象限的三种战略所提出的具体战略更是很笼统，这在一定程度上影响了这一方法的实际应用。

(三)荷兰皇家-壳牌石油集团政策指导矩阵

通用电气公司的行业吸引力-竞争能力矩阵提出之后，在西方国家企业中得到了广泛应用。在这一过程中，荷兰皇家-壳牌石油公司针对这一方法中存在的局限性，提出了一个政策指导矩阵，在丰富行业吸引力-竞争能力矩阵的建议方面取得了长足进步。荷兰皇家-壳牌石油公司的政策指导矩阵与行业吸引力-竞争能力矩阵的结构大体相同，只不过它以"产业前景"代替了"行业吸引力"，但其实质内容差不多，如图9-7所示。

经营单位竞争能力	强	不再投资 (尽快清算)	分期撤退 或有限扩张	加速发展 或撤退
	中	强化盈利 或分期撤退	密切关注发展	不断强化
	弱	资金源泉	发展领先地位	领先地位
		无吸引力	吸引力中等 产业市场前景	吸引力强

图 9-7　荷兰皇家-壳牌石油集团政策指导矩阵

由该矩阵可看出，对于落入不同区域的产品或事业，荷兰皇家-壳牌石油公司使用了不同的关键词指明应采用的战略类型。但该公司指出在具体经营中，各区域的形态实际上是不规则的，区域边界也不固定且可相互变化，在一定情况下某些区域之间允许重叠。对于矩阵中不同位置的拟议战略可概括如下。

(1) 领先地位。应优先保证该区域产品所需要的一切资源，以维持其有利的市场地位。

(2) 不断强化。应通过分配更多的资源，努力使该区域产品向领先地位区域移动。

(3) 加速发展或撤退。该区域产品应成为企业未来的高速飞船。不过只应通过试探性进入来检验市场的增长率，选出其中最有前途的少数产品加速发展，余者放弃。

(4) 发展领先地位。这个区域的产品一般会遇到 2~4 个强有力的竞争对手，因此目前尚难处于领先地位。公司对此可行的战略是分配足够的资源，使之随着市场发展而发展，通过提高效率增强盈利能力进而发展成领先地位。

(5) 密切关注发展。该区域产品通常都有为数众多的竞争者，可行战略是使其带来最大限度的现金收入，停止进一步的投资，或在利润优厚且风险较小的细分市场进行扩张。

(6) 分期撤退或有限扩张。这一区域采取的战略是缓慢地退出，以收回尽可能多的资金，用以投向赢利更大的经营单位，或寻找风险较小的扩张方式，如不顺利则迅速撤出。

(7) 资金源泉。该区域的可行战略是只用极少资金投资于未来的扩张，以保持一定的盈利率，而将其作为其他快速发展的经营单位的资金来源。

(8) 强化盈利或分期撤退。应用价值分析的方法降低产品的变动成本，以强化盈利能力，并在分期撤退中筹集发展其他经营项目的资金。

(9) 不再投资。避免投资，降低成本，如确无前途则尽快采取清算战略，将其资金转移到更有利的经营单位。

三、产品-市场发展矩阵

产品-市场发展矩阵法由查尔斯·霍福尔提出，它在许多方面与利特尔的生命周期法相似。产品-市场演化矩阵有 15 个区域，如图 9-8 所示。每一个经营单位按产品-市场演化阶段(此为纵坐标)和竞争地位(此为横坐标)确定出它在矩阵中的位置。圆圈大小代表行业的相对规模，圆圈中的阴影部分表示经营单位在行业中的市场占有率。竞争地位分为强、中、弱三等，产品-市场的演化过程划分成开发阶段、成长阶段、扩张阶段、成熟饱和阶段和衰退阶段。

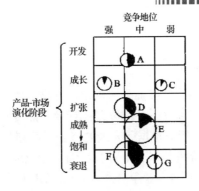

图 9-8　产品-市场演化矩阵

对于图 9-8 中每一个经营单位可采取的战略方案，霍福尔提出了以下几条有益的建议。

(1) 经营单位 A 看来是一颗潜在的明星。相对较高的市场占有率、处于产品-市场演化的开发阶段及潜在的强大竞争力等因素，使它成为公司大力投资的理想对象。

(2) 经营单位 B 有点类似 A，不过，对 B 的投资取决于它的特殊性质，即为什么它的市场占有率相对较低，而其竞争地位却较强。为使投资有益，必须制定一项战略来克服市场占有率过低的弱点。

(3) 经营单位 C 属于一个处于成长阶段但规模较小的行业，不仅竞争地位弱，且市场占有率低。必须制定战略来弥补这两个不足之处，以使将来的投资有益。这也可能是放弃的合适对象，以便将其资源用于经营单位 A 或 B。

(4) 经营单位 D 正处于扩张阶段，它的市场占有率较高，竞争地位较强。对它的投资应该用于维持其相对强大的竞争地位。从长远角度看，D 应该成为一只金牛。

(5) 经营单位 E 和 F 都是公司的金牛，应成为公司资金的主要来源。

(6) 经营单位 G 犹如处于增长率-市场占有率矩阵中瘦狗象限的企业。如果可能的话，它在短期内应多回收资金，但长远的战略更可能是放弃。

不同的多业务的公司可能有不同的经营组合，但大多数组合都是三种理想模式的变形体。这三种理想模式为：成长、盈利、平衡，如图 9-9 所示。每种组合都表明一个公司在分配资源时可能制定的不同目的和目标。但是，许多具有多项业务的公司趋向于采取平衡组合模式。这种模式在提供资金的部门与需要资金的有限数量的明星和正在诞生的明星之间谋求平衡。同时，对衰退中的经营单位加以控制，保证公司对它们的投资最少，长期战略通常是放弃掉。

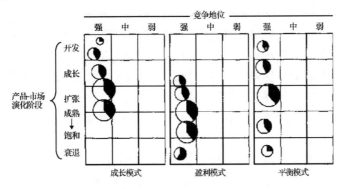

图 9-9　公司中经营单位组合的三种理想模式

四、生命周期理论

(一)生命周期理论概述

生命周期理论由亚瑟·利特尔咨询公司提出,并被战略管理学界所接受。该方法以两个参数来确定公司中各个经营单位所处的位置:行业成熟度和战略竞争地位。

生命周期理论认为,任何行业根据所表现的特征,可划分成下列四个阶段(见表 9-7):孕育阶段、发展阶段、成熟阶段和衰退阶段。在划分行业成熟度时,一般考虑下列因素:增长率、增长潜力、产品线范围、竞争者数量、市场占有率分布状况、市场占有率稳定性、顾客稳定性、进入行业的难易程度、技术等,在每一阶段的行业中做出判断。

表 9-7 行业生命周期各个阶段的特征

因素	孕育阶段	发展阶段	成熟阶段	衰退阶段
1.增长率	较国民生产总值增长更快	高于国民生产总值增长	等于或低于国民生产总值	为零或负增长
2.增长潜力	消费者基本不满意或对产品相对不知晓	消费者部分满意或对产品相对不知晓	消费者一般满意或产品被知晓	消费者满意或对产品早已知晓
3.产品线范围	窄;很少品种	宽;多样化	宽;标准化	窄;行业分散则较少
4.竞争者数量	竞争无统一规则,数量通常增加	最多,以后开始减少	稳定或下降	最少
5.市场占有率分布状况	无统一规律;通常很分散	逐渐地(或快速地)集中	稳定	集中化或很分散
6.市场占有率稳定性	不稳定	逐渐稳定	基本稳定	非常稳定
7.顾客稳定性	不稳定	逐渐稳定	稳定	非常稳定
8.进入行业的难易程度	容易	比较困难	非常困难	无吸引力
9.技术	快速发展;已知技术很少	变化中	已知晓	已知晓;容易获取

确定一个经营单位的战略地位时需要一定的定性判断,这种判断一般基于这样的多项指标:如产品线宽度、市场占有率、市场占有率的变动以及技术的改变等。应用生命周期理论,一个经营单位的战略竞争地位可划分成主导地位、强劲地位、有利地位、可维持地位和软弱地位五种类型。每种地位的特点分述如下。

(1) 主导地位:能够控制竞争者的行为;具有较广的战略选择,且战略能独立于竞争者而出。

(2) 强劲地位:能够遵循自己的战略和政策,而不会危及长期的地位。

(3) 有利地位:可能具有一定的战略优势,有能够保持其长期地位的好机会。

(4) 可维持地位:具有证明其运营可继续存在的满意的经营绩效,通常以忍耐来抵御最重要的竞争对手，有能够维持其长期地位的一般机会。

(5) 软弱地位：令人不满意的经营绩效，但有改进的可能；可能具备较好地位的特点，但有主要的弱点；短期内能够生存，但想要长期生存下去则必须改进其地位。

以行业成熟度为横坐标，竞争地位为纵坐标，这样组成一个具有 20 个单元的生命周期矩阵。按照亚瑟·利特尔咨询公司的建议，有四种战略选择，即发展类、选择性发展类、抽资转向或恢复类以及放弃类。在何种情况下采取哪一类战略可见图 9-10。

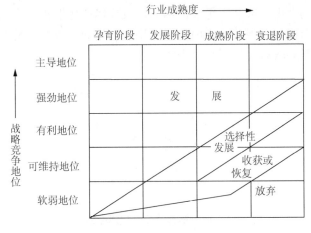

图 9-10　生命周期矩阵

(二)生命周期理论的局限性

生命周期理论对战略方案的评价和选择很有意义，但也存在不少应用上的局限性，具体表现在以下几个方面。

1. 生命周期曲线的抽象性

生命周期曲线是一条经过抽象典型化了的曲线。不同行业生命周期各个阶段的长短不尽相同，如图 9-10 所示。所以，判断一个经营单位在某一时刻所处的阶段是很困难的。如果判断出现偏差，很容易导致战略上的失误，特别是容易导致过早地放弃某些需求暂时下降且尚有盈利能力的经营单位。

2. 行业演变的单一性

行业的演变并不总是遵循 S 形曲线，有的行业衰退后又重新振兴，有的行业甚至会跳越某个阶段，比如直接从投入期进入成熟期。其中的原因是多方面的，比如投资过度就是一个。我国市场上的 VCD、"保暖内衣"等具有类似特征。此外，整个经济中的周期性现象和某个行业的演变也不易区别开来。

3. 生命周期的不可控性

行业生命周期-企业竞争地位矩阵假定行业生命周期是企业不可控的外部因素，企业只能适应而不能改变它，但实际中企业往往可以通过革新产品等措施影响行业的生命周期。

4. 生命周期不同阶段适用战略模式化

在生命周期的各个阶段，不同行业具有不同的竞争特性，如有的行业从分散演变到集中,有的行业则从集中演变到分散。行业的竞争特性不同,所要求的适宜战略也就不同。这样,生命周期理论根据不同阶段特征提出的战略的通用性就令人怀疑。

五、逐步推移法

美国乔治大学的教授格鲁克提出了就企业总体来选择战略的逐步推移法,这对业务比较简单的中小企业较为适用。他认为,战略选择并不是一个例行公事或容易决策的过程。管理者往往由于能力有限,或缺乏足够的信息,或环境变化很快,而无法遵循"理性的模式",战略管理者只能在有限的范围内选择战略,选择的余地并不是很大,而只能采用逐步推移的办法来选择其战略,如图9-11所示。

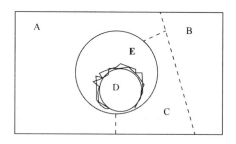

图9-11　逐步推移法战略选择范围示意图

说明:A. 风险过大区;B. 政策限制区;C. 外界条件限制区;D. 过去执行的战略;E. 可供选择区

图9-11用一个矩形来代表所有的各种战略,其中归属于A、B、C三区域的战略由于各种原因而无法采用,只有D是过去执行的战略,E才是可供选择的战略,所以选择余地不大。

怎样选择呢?格鲁克认为企业最常采用的是稳定发展战略(即增长速度比较稳定的单一经营战略),而最不愿采用的是紧缩型战略。因此,应从稳定发展战略起步,按下述步骤进行:①比较现在的战略(假定是稳定发展)与在职能上做些变化的稳定战略,考察能否实现既定的战略目标;②如果不能实现目标,再将稳定发展战略与同时采用发展(即扩张型)战略相比较;③如尚感不足,就考虑单纯采用发展战略;④如仍感不足,再将发展战略与既发展又紧缩的组合战略相比较;⑤如尚感不足,就考虑单纯采用紧缩型战略。具体选择方法如表9-8所示。

表9-8　稳定发展战略选择表

步　骤	选　择	战　略
Ⅰ	1	稳定发展:照旧不变
	2	稳定发展:职能上做些变化
Ⅱ	3	组合:稳定发展与战略选择 3A:内部发展,现有产品 3B:内部发展,新产品(同心多样化) 3C:内部发展,新产品(复合多样化) 3D:外部发展,横向一体化 3E:外部发展,同心多样化 3F:外部发展,复合多样化

续表

步 骤	选 择	战 略
III	4	发展(A—F)同 3A—3F
IV	5	组合：发展与紧缩 5A：退却/转向 5B：放弃 5C：依附
V	6	紧缩 6A：退却/转向 6B：放弃 6C：依附 6D：清算

专题拓展

思科的混合创新战略

案例分析

小米科技的四次战略转型——谈雷军的创新远见

本 章 小 结

企业战略的选择，是一个十分复杂的过程，它受到很多因素的影响。在行为因素中，战略选择会受到过去战略的影响，企业对外界的依赖程度以及企业对风险的态度都会影响到战略选择。此外，企业中的权力关系、时间因素及竞争对手也会对此产生影响。企业是处于社会之中的有机体，文化因素、社会及政治因素也会影响战略选择。

战略选择的方法有多种，企业可以根据自己的实际情况来选择合适的方法。波士顿矩阵法提出，企业必须为经营组合中的每一个独立单位分别制定战略。通用电气公司法根据行业吸引力和经营单位的竞争能力，用矩阵来定出各经营单位在总体经营组合中的位置，据此来制定出不同的战略。产品-市场发展矩阵找出企业在矩阵中的位置，然后据此确定其理想模式。生命周期理论认为，应根据企业所处的阶段选择发展战略。有四种战略选择，即发展类、选择性发展类、抽资转向或恢复类以及放弃类。逐步推移法战略认为从现在的发展战略逐步推移，在预定目标得到满足时，决策者就可以做出自己的战略选择。但是，各种方法都有其局限性，企业应根据实际情况选择适合自己的方法。

复习思考题

1. 请简述影响企业战略选择的行为因素。
2. 通用电气公司法有何局限性？
3. 生命周期矩阵的应用步骤有哪些？
4. 请描述增长率-市场占有率矩阵中的四个象限。

第五篇 战略实施与控制篇

第十章 战略的实施与控制

本章导读

华为自主品牌产品走向世界市场的国际化战略及实施路径

学习目标

通过本章的学习，重点掌握战略实施的任务和模式，战略实施的步骤和战略计划的内容及制订；理解战略制定与实施的关系；重点掌握战略控制的分类以及战略控制系统的设计；掌握战略控制的过程；了解战略控制的必要性以及反馈机制。

关键概念

战略实施(Strategy Implement)　　　战略计划(Strategy Plan)
战略实施模式(Strategy Implement Model)　战略控制(Strategy Control)
反馈控制(Feedback Control)　　　　执行控制(Execution Control)
财务控制(Financial Control)

第一节　战略的实施

一、战略实施的概念

企业战略实施是企业战略管理的关键环节，是动员企业全体员工充分利用并协调企业内外一切可利用的资源，沿着企业战略的方向和途径，自觉而努力地贯彻战略，以期更好地达成企业战略目标的过程。

企业战略制定与企业战略实施有着根本区别：战略制定是在行动之前的一种谋划，而战略实施是将战略谋划变为战略行为，是运用各种资源将战略变为现实并最终达到战略目标的过程；战略制定是一种分析思维的过程，而战略实施是一个实际行动的过程；战略制定需要有好的直觉与分析技能，而战略实施需要有特殊的激励和领导技能；战略制定只需要几个人进行协调，而战略实施却需要对全体干部、员工进行协调。

成功的战略制定并不能保证成功的战略实施，实施战略要比制定战略重要得多，而且也困难得多、复杂得多。图10-1说明了战略制定与战略实施不同配合的结果。

	战略制定	
	坏	好
战略实施 好	挽救或遭受失败	成功
战略实施 坏	失败	收效甚微

图 10-1　战略制定与实施的基本关系

(1) 当企业制定了良好的战略而且能有效地实施这一战略时，则企业有可能比较顺利地实现战略目标，取得战略成功。

(2) 企业虽然没能完善地制定出良好的战略，但在执行这种战略时却一丝不苟，非常有效地实施这一战略，这时企业会遇到两种不同的情况：一种情况是企业能很好地执行这一战略，在战略执行过程中发现了原有战略的不足之处，并在执行过程中采取各种措施弥补了或者克服了原有战略的某些缺陷，在一定程度上避免了战略的某些失误，挽回了一部分损失，因此，企业也取得了一定的业绩；另一情况是企业认真地执行了这个不良战略，结果加速了企业的失败。

(3) 企业制定了很好的战略但贯彻实施很差，使企业处于艰难境地，一旦出现这种情况，管理人员的第一反应常常是从战略本身找问题，而不是从战略实施中找问题，结果是重新修订出来的战略仍按照老办法去实施，最终使企业战略收效甚微，甚至以失败告终。

(4) 企业面临很不完善的战略又没有很好地执行，在这种情况下，企业管理人员很难把战略扭转到正确的轨道上来，最后使企业遭到重大损失而失败。

由上述四种情况看，只有既制定了良好的战略又能有效地实施这一战略，才能使企业取得成功。而战略实施却是一个复杂的系统工程，在实施的过程中企业阻力会相当大，如果企业高层领导没有坚定的决心和信心，战略是很难贯彻到底的。

二、战略实施的基本原则

企业在经营战略的实施过程中，常常会遇到许多在制定战略时未估计到或者不可能完全估计到的问题。在战略实施中有三个基本原则，可以作为企业实施经营战略的基本依据。

(一)适度合理性原则

由于在经营目标和企业经营战略的制定过程中，受到信息、决策时限以及认识能力等因素的限制，对未来的预测不可能很准确，所制定的企业经营战略也不是最优的，而且在战略实施的过程中由于企业外部环境及内部条件的变化较大，情况比较复杂，因此只要在主要的战略目标上基本达到了战略预定的目标，就应当认为这一战略的制定及实施是成功的。在客观生活中不可能完全按照原先制订的战略计划行事，因此战略的实施过程不是一个简单机械的执行过程，而是需要执行人员大胆创造，大量革新，因为新战略本身就是对旧战略以及旧战略相关的文化、价值观念的否定，没有创新精神，新战略就得不到贯彻实施。因此，战略实施过程也可以是对战略的创造过程。在战略实施中，战略的某些内容或特征有可能改变，但只要不妨碍总体目标及战略的实现，就是合理的。

另外，企业的经营目标和战略总是要通过一定的组织机构分工实施的，也就是要把庞大而复杂的总体战略分解为具体的、较为简单的、能予以管理和控制的问题，由企业内部各部门以及部门各基层组织分工去贯彻和实施，组织机构是适应企业经营战略的需要而建立的，但一个组织机构一旦建立就不可避免地要形成自己所关注的问题即本位利益，这种本位利益在各组织之间以及和企业整体利益之间会发生一些矛盾和冲突，为此，企业的高层管理者要做的工作是对这些矛盾冲突进行协调，以寻求各方面都能接受的解决办法，而不可能离开客观条件去寻求所谓绝对的合理性。只要不损害总体目标和战略的实现，还是可以容忍的，即在战略实施中要遵循适度的合理性原则。

(二)统一领导、统一指挥原则

对企业经营战略了解最深刻的应当是企业的高层领导人员，一般来讲，他们比企业中下层管理人员以及一般员工掌握的信息要多，对企业战略的各个方面的要求以及相互联系的关系了解得更全面，对战略意图体会最深，因此战略的实施应当在高层领导人员的统一领导、统一指挥下进行，只有这样其资源的分配、组织机构的调整、企业文化的建设、信息的沟通及控制、激励制度的建立等各方面才能相互协调、平衡，才能使企业为实现战略目标而卓有成效地运行。

同时，要实现统一指挥的原则，要求企业的每个部门只能接受一个上级的命令，但在战略实施中所发生的问题，能在小范围、低层次解决问题，就不要放到更大范围、更高层次去解决，这样做所付出的代价最小。因为越是在高层次的环节上去解决问题，其涉及的面也就越大，交叉的关系也就越复杂，当然其代价也就越大。

统一指挥的原则看似简单，但在实际工作中，由于企业缺少自我控制和自我调节机制或这种机制不健全，因而经常违背这一原则。

(三)权变原则

企业经营战略的制定是基于一定的环境条件的假设，在战略实施中，事情的发展与原先的假设有所偏离是不可避免的。战略实施过程本身就是解决问题的过程，但如果企业内外环境发生重大变化，以致原定战略的实现成为不可行，显然这时需要把原定的战略进行重大的调整，这就是战略实施的权变问题。其关键就在于如何掌握环境变化的程度，如果当环境发生并不重要的变化时就修改了原定的战略，这样容易造成人心浮动，带来消极后果，缺少毅力，最终只会一事无成。但如果环境确实已经发生了很大的变化，仍然坚持实施既定的战略，最终将导致企业破产，因此关键在于如何衡量企业环境的变化。

权变的观念应当贯穿战略实施的全过程，从战略的制定到战略的实施，权变的观念要求识别战略实施中的关键变量，并对它做出灵敏度分析，提出这些关键的变量的变化超过一定的范围时，原定的战略就应当调整，并准备相应的替代方案，即企业应该对可能发生的变化及其对企业造成的后果，以及应变替代方案，都要有足够的了解和充分的准备，以使企业有充分的应变能力。当然，在实际工作中，对关键变量的识别、起动和运行都是很不容易的。

三、战略实施的主要任务

虽然每个企业的具体情况不同,企业战略实施的方法也不尽相同,但是下面八项管理任务会反复出现于战略实施过程中,这是企业高层领导者必须花精力去完成的战略实施的基础性工作。

(1) 建立一个有竞争力的、与战略相适应的组织。

(2) 合理预算和规划资源,保证对价值链中关键环节的资源投入。

(3) 制定战略实施的政策和程序。

(4) 不断提高价值链各个环节的运作水平。

(5) 建立企业信息交流和运营系统,保证经理人员能成功地承担战略实施中的角色。

(6) 建立与战略实施相联系的业绩管理与薪酬激励体系。

(7) 创造一种与企业战略相吻合的企业文化氛围。

(8) 发挥领导作用,不断提高战略实施水平。

企业战略实施的八项管理任务,如图 10-2 所示。

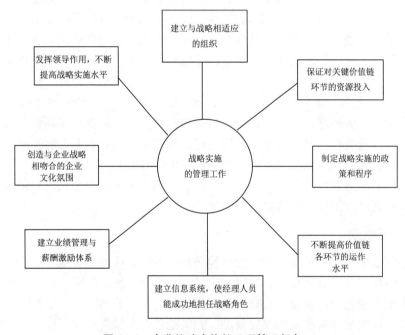

图 10-2 企业战略实施的八项管理任务

四、战略实施的主体及其职责

1. 战略实施的主体

战略实施由于涉及企业各个方面和多种活动,有大量艰苦细致的工作要做,因而是全体管理人员的一项重要工作,并且需要全体员工的广泛参与和支持。也就是说,从企业高层领导人到一线管理人员,都是战略实施的主角,他们对战略的成功实施都负有责任。区别仅仅在于,他们各自的权责领域不同,工作重心不一样。

2. 战略实施主体的职责

高层管理人员在战略实施中的首要职责是发挥强有力的领导作用，通过各种形式的宣传和解释工作，使企业各级人员对公司确立的目标和选定的战略持坚决拥护和支持的态度，唤起人们对战略实施的巨大热情，从而将战略的实施过程演变为一场全公司的运动。高层管理人员在战略实施中的另一项重要职责，就是将战略思想和思路转化为具体的行动，为战略实施制订详尽的行动计划。为了履行这一职责，高层管理人员应认真、深入地思考这样一些问题：为了成功地推行选定的战略，我们必须做些什么？必须采取哪些战略措施？对现有组织和企业运营方式必须做哪些改变？如何消除战略推进过程中出现的各种阻力？等等。根据对这些问题的回答，拟定具体的行动方案，是成功实施战略的一个先决条件，也是对战略实施过程进行控制的依据。

中低层管理人员在战略实施中的主要职责是：根据战略实施计划，将所需采取的行动和措施推向一线，并落在实处；同时，监督战略实施过程，确保日常的各项工作与战略的要求协调一致。战略能否成功地得到实施，除了高层管理人员的努力外，在很大程度上取决于中低层管理人员的配合程度以及他们的实施技能。企业规模越大，越需要中低层管理人员的配合和努力。因此，提高中低层管理人员实施战略的自觉性，增强他们的角色意识，帮助他们不断改善工作技能，是成功实施战略的关键环节。

五、战略实施的阶段

战略实施是一个自上而下的动态管理过程。所谓"自上而下"主要是指，战略目标在公司高层达成一致后，再向中下层传达，并在各项工作中得以分解、落实。所谓"动态"主要是指战略实施的过程中，常常需要在"分析－决策－执行－反馈－再分析－再决策－再执行"的不断循环中达成战略目标。

经营战略在尚未实施之前只是纸面上的或人们头脑中的东西，而企业战略的实施是战略管理过程的行动阶段，因此它比战略的制定更加重要。在将企业战略转化为战略行动的过程中，有四个相互联系的阶段。

1. 战略发动阶段

在这一阶段上，企业的领导人要研究如何将企业的战略理想变为企业大多数员工的实际行动，调动起大多数员工实现新战略的积极性和主动性，这就要求对企业管理人员和员工进行培训，向他们灌输新的思想、新的观念，提出新的口号和新的概念，消除一些不利于战略实施的旧观念和旧思想，以使大多数人逐步接受一种新的战略。对于一个新的战略，在开始实施时相当多的人会产生各种疑虑，而一个新战略往往要将人们引入一个全新的境界，如果员工们对新战略没有充分的认识和理解，它就不会得到大多数员工的充分拥护和支持。因此，战略的实施是一个发动广大员工的过程，要向广大员工讲清楚企业内外环境的变化给企业带来的机遇和挑战、旧战略存在的各种弊病、新战略的优点以及存在的风险等，使大多数员工能够认清形势，认识到实施战略的必要性和迫切性，树立信心，打消疑虑，为实现新战略的美好前途而努力奋斗。在发动员工的过程中要努力争取战略的关键执行人员的理解和支持，企业的领导人要考虑机构和人员的认识调整问题以扫清战略实施的障碍。

2. 战略计划阶段

将经营战略分解为几个战略实施阶段，每个战略实施阶段都有分阶段的目标，相应的有每个阶段的政策措施、部门策略以及相应的方针等。要定出分阶段目标的时间表，要对各分阶段目标进行统筹规划、全面安排，并注意各个阶段之间的衔接，对于远期阶段的目标方针可以概括一些，但是对于近阶段的目标方针则应该尽量详细一些。战略实施的第一阶段更应该使新战略与旧战略有很好的衔接，以减少阻力和摩擦。第一阶段的分目标及计划应该更加具体化和操作化，应该制定年度目标、部门策略、方针与沟通等措施，使战略最大限度的具体化，变成企业各个部门可以具体操作的业务。

3. 战略运作

战略运作阶段。企业战略的实施运作主要与下面六个因素有关，即：各级领导人员的素质和价值观念，企业的组织机构，企业文化，资源结构与分配，信息沟通，控制及激励制度。通过这六项因素使战略真正进入企业的日常生产经营活动中，成为制度化的工作内容。

4. 战略的控制与评估阶段

战略是在变化的环境中实践的，企业只有加强对战略执行过程的控制与评价，才能适应环境的变化，完成战略任务。这一阶段主要是建立控制系统、监控绩效和评估偏差、控制及纠正偏差三个方面。

六、战略实施措施

与规划不同，措施明显更加注重细节，它涉及整个发展战略的执行。但是与企业战略措施不同，行业发展战略的措施是以整个行业为出发点，结合本行业的实际发展情况，在总体规划的指导下，围绕重点层层展开，并为了最终目标的实现，针对现实的问题和将来预期会出现的问题而制定的相对具体的解决方案。

相对于其他因素来讲，措施的制定和实施更加具有柔性和变性。由于外部不确定的因素和内部不可控因素的相互作用使得原来制定出来的措施有可能无法有效地解决现实问题。更为一般的情况是，措施的制定者并不是措施的实施者，这就可能导致措施制定者的初衷并不被实施者所理解，并导致措施实施过程中的错误。这就需要在实施措施的时候，要对实施者进行绩效管理，并用反馈回来的信息对既定的措施进行必要的完善，这样可以有效地保证措施的正确实施。

七、战略实施模式

战略实施可以采取不同的模式，每一种模式有其特有的适用范围，选择战略实施模式，对于成功实施战略至关重要。西方企业在战略管理实践中，总结出了以下五种不同的战略实施模式。

1. 指挥型模式

指挥型模式的特点是：企业高层管理者考虑的是如何制定一个最佳战略的问题。在实践中，计划人员要向高层管理者提交企业经营战略的报告，高层管理者看后做出结论，确定战略之后，向高层管理人员宣布企业战略，然后强制下层管理人员执行。这种模型的约束条件如下。

(1) 高层管理者要有较高的权威，靠其权威通过发布各种指令来推动战略实施。

(2) 本模型只能在战略比较容易实施的条件下运用。这就要求战略制定者与战略执行者的目标比较一致，战略对企业现行运作系统不会构成威胁；企业组织结构一般都是高度集权制的体制，企业环境稳定，能够集中大量的信息，多种经营程度较低，企业处于强有力的竞争地位，资源较为宽松。

(3) 本模式要求企业能够准确、有效地收集信息并能及时汇总到高层管理者的手中。因此，它对信息条件要求较高。这种模式不适应高速变化的环境。

(4) 本模式要有较为客观的规划人员。因为在权力分散的企业中，企业需要配备一定数量的有全局眼光的规划人员来协调各事业部的计划，使其更加符合企业的总体要求。

2. 变革型模式

变革型模式的特点是：企业总经理将工作重心放在如何通过变革实施战略上。为了促进战略的实施，总经理本人或在其他人的帮助下，通常会采取一系列变革措施。例如，建立新的组织机构，进行人事调整，修订各种政策和程序，改革奖惩制度，推进企业文化变革。为了进一步增大战略成功的机会，企业领导人往往会采用以下措施。

(1) 利用新的组织机构和参谋人员，向企业全体员工传达新战略优先考虑的战略重点是什么，把企业的注意力集中于战略重点所需要的领域和活动上。

(2) 建立、完善企业的战略规划系统、各项激励政策和措施以支持战略的实施。

(3) 充分调动企业全体员工的积极性，争取全体员工对战略实施的支持和参与，保证战略的顺利实施。

一般而言，这种模式比指挥型模式更为有效，但仍然没有解决指挥型模式存在的获取信息的准确性问题、各业务单位和个人利益与企业利益的协调问题以及下层管理人员实施战略的动力问题。此外，还产生了一些新的问题，如新建立的组织机构和控制系统，会使战略失去灵活性，不利于根据外部环境的变化对战略进行及时调整。因此，受外部环境影响较大且环境不确定性较高的企业，在选择该种模式时应慎重。

3. 合作型模式

合作型模式的特点是企业的高层管理者如何让其他中层管理人员与其一起共同实施战略，从战略实施一开始就共同承担有关的战略责任。这种模式具有如下优点。

(1) 发挥集体的智慧。企业高层管理者要和企业其他层管理人员一起对企业战略问题进行充分的讨论，形成较为一致的意见，制定出战略，再进一步落实和贯彻战略，使每个高层管理者都能够在战略制定及实施的过程中做出各自的贡献。

(2) 协调高层管理人员。例如，有的企业成立有各职能部门领导参加的"战略研究小组"，专门收集在战略问题上的不同观点，并进行研究分析，在统一认识的基础上制定出战略实施的具体措施等。高层管理者的任务是要组织好一支胜任的制定及实施战略管理的人员队伍，并使他们能够很好地合作。

(3) 信息准确。合作型模式克服了指挥型模式和变革型模式存在的局限性，使高层管理者接近一线管理人员，获得比较准确的信息。同时，由于战略的制定是建立在集体决策的基础上的，从而提高了战略实施成功的可能性。

4. 文化型模式

文化型模式具有以下特点：总经理运用企业文化的手段，不断向企业全体员工灌输企业的战略思想和意图，建立共同的价值观和行为准则，使企业全体员工在共同的文化基础上参与战略的实施活动。也就是说，企业总经理的工作重心主要放在如何通过培育和改变企业文化，动员全体员工都参与战略实施活动上。

文化型模式的优点在于它打破了战略制定者和战略实施者的界限，全体员工都参与了战略的制定和实施工作，因而有利于统一思想和行动，集中众人智慧，确保战略的顺利实施。

但是，文化型模式也存在着一定的局限性，主要表现在：对员工的学识素质要求较高；过度强调企业文化，会掩盖企业中存在的某些问题；员工参与战略制定和实施可能因为企业高层领导不愿放弃控制权而流于形式等。

5. 增长型模式

增长型模式的特点是：企业战略采用自下而上的方式制定，而不是自上而下地推行。企业总经理的工作重心是如何激励下层管理人员参与战略制定和实施的积极性与主动性，为企业效益的增长而努力。

采用这种模式，要求总经理认真对待下层管理人员提出的一切有利于企业发展的方案，只要方案基本可行，符合企业总体战略发展方向，就应及时加以批准或给予积极反馈，以激励员工的首创精神。

增长型模式对企业总经理的要求特别严格，它要求总经理在授权、员工参与决策等问题上持一种开明的态度。同文化型模式一样，这种模式对员工素质要求也比较高。

运用这种模式需解决以下几个问题。

(1) 创造宽松环境。企业高层领导不可能控制所有重大的机会和威胁，有必要给下层管理人员创造宽松的环境，激励他们相对独立地从事有利于企业长期利益的经营决策。

(2) 尊重下属意见。企业高层领导的权力、经验和信息等总是有限的，不应该也不可能在任何时候、任何方面都把自己的愿望强加于下属及员工，应该也必须尊重下属的独立见解和意见。

(3) 争取更多支持。企业高层领导只有在依赖下级的情况下，才能正确地制定和实施战略。因为一个稍逊色但得到人们支持的战略，要比那种"最佳"的、根本得不到人们热心支持的战略有价值得多。

(4) 依靠集体智慧。企业高层领导要坚持发挥集体智慧，减少集体决策的各种不利因素，制定企业战略要依靠集体智慧和合成信息，仅依靠一个人则难有作为。

当然，集体决策也有局限性。为了减少集体决策的局限和风险，企业高层领导必须采取针对性的措施：比如强调某一主题或重点来指导战略决策的思路；规定一定的规划方法，使战略方案的评价有正确、规范的标准；设立专门的战略研究部门或小组等。

在 20 世纪 60 年代以前，企业界认为管理需要绝对的权威，这种情况下指挥型模式较为盛行。60 年代，钱德勒指出为了有效地实施战略，需要调整企业组织结构。于是就流行变革型模式，合作型、文化型及增长型三种模式则出现较晚。这五种战略实施模式在制定和实施战略上有不同侧重，前三种更侧重战略的制定，而把战略实施作为事后行为。文化型和增长型则更多地考虑战略的实施问题，其中文化型是在运用大量时间达成一致决策后迅速进入实施阶段；而增长型则是在各种战略方案被它的拥护者提出来时，事实上已处在实施过程中。上述五种战略实施模式各有利弊，各有其约束条件和适用范围，在选择时应充分考虑企业自身的实际状况和特点。在企业管理的实践中，五种模式往往是交叉或混合使用的。

专题拓展

如何保证公司战略的有效执行

八、企业战略计划

企业战略计划是将企业视为一个整体，为实现企业目标而制订的长期计划。企业的战略计划一般包括企业总体目标、企业阶段目标、企业行动计划、企业资源配置、企业组织协调和企业应变计划等。

(一)企业战略计划的内容

1. 企业总体目标

战略计划中对企业的总体战略要有明确和概括的阐明，说明企业总体战略的定位，做出这样的选择、实现这样的战略将给企业带来的机遇和发展。在企业总体战略的阐述中涉及企业的总体战略目标和实施总体战略目标的方针政策。在对企业总体战略目标的表述上一般采用定性和定量相结合的方法。

由于企业总体战略目标的阐明，确定了企业的经营领域和服务对象等基本目的、特征与经营理念，形成了企业的战略态势。从战略的角度来讲，上述内容便是企业的使命，反映了该企业决策者的价值观和战略思维。

2. 企业阶段目标

一般来讲，企业的总体战略目标涉及的内容较多，且时间跨度较长，企业往往把总体战略目标分解成阶段分目标，明确规定在什么阶段完成什么目标，以此来确保总体目标的实现。企业的阶段目标必须是具体的、定量的、有时间限制的，并便于实施、利于检查和考核。在制定企业阶段目标时，要注重前后阶段目标间的衔接，以及同一阶段的不同目标之间的平衡。企业阶段目标是企业总体战略目标和企业行动计划之间的桥梁。

3. 企业行动计划

企业行动计划表明一个企业为追求总体战略目标的实现，在企业阶段目标的具体指导下进行的一系列耗费资源或重组资源的活动。企业行动计划是企业借以达到企业总体战略目标的工具，是在企业阶段目标的引导下，使企业逐步实现总体战略目标的具体行动安排。企业行动计划利用各种资源，通过一定的活动来实现企业阶段目标任务，常常表现为一些具体项目的执行活动。例如，执行产品开发项目和产品改进项目，有利于新产品战略的实施；通过员工的岗位与技能的培训和考核，有利于公司人力资源战略的实现。一般来讲，在空间尺度上，行动计划常常规定全局规划中某局部的具体项目活动。在时间尺度上，行动计划往往限定于某一个时期内的行动。

企业行动计划在执行过程中，一方面要按计划规定认真完成；另一方面可根据实际情况，在企业阶段计划的指导下加以调整和修正。企业的行动计划通常由企业的各个职能部门来贯彻和落实，因此需要与各个职能部门的职能战略相互协调。

4．企业资源配置

企业要实现战略目标必须有资源来保证，实施战略计划需要设备、资金、人力资源及其他重要资源。因此，在企业的战略计划中，应明确各个行动计划所需资源的来源及其分配方法，特别是明确对某些行动计划的资源配置的优先程度，以确保重点。

企业在配置资源时，要注意处理好重点与非重点之间的关系，既要突出重点，又要使重点与非重点之间协调发展，抓住重点。平均使用资源，则必然事倍功半，造成资源浪费，影响战略计划的顺利实施。这一工作的内容主要涉及将市场机遇较少的经营单位的部分资源转用于市场机遇较多的经营单位；放弃某些不利的经营单位将其抽取的资金进行重新调度；将现金流量的一部分和以抽资方式获取的资金，用于新战略的实施等。公司资源重新配置的途径主要有：①投资于现有经营单位的维持与扩展；②用于必要的收购企业行动；③建立长期性的产品开发研究机构；④偿还所欠的债务；⑤增加向股东发放的红利；⑥购回公司发行的部分股票等。在这些途径中，前三条将资源用于新战略行动，后三条则用于财务经营活动。一般来说，公司资源的重新配置应能同时满足战略与财务的双重需要。如若不然，在没有出现特殊的紧急情况下，资源的配置应先满足战略实施的需要。

5．企业组织协调

企业为了实现战略目标，在制订战略计划时要充分认识到，必须有相应的组织结构系统来适应战略计划的顺利实施。在实施企业战略目标的过程中，企业是处在一种动态发展的环境中，因此企业的组织结构一定要具备相应的弹性。另外，企业战略计划是一个整体，在具体实施过程中又是靠战略计划的子系统进行的，因此各个子系统相互之间的管理、协调、控制都要保持同步性，尤其要确保相互之间的接口关系，使企业的组织体系保证战略计划的顺利实施。

6．企业应变计划

企业战略计划的制订，基于许多的假设和判断，因而带有一定的主观性，计划在整体上都具有一定程度的不确定因素和风险性。有效的战略计划体系要求一个企业必须具备较强的适应环境的能力。要获得这种能力，就必须有相应的应变计划作为保障。企业的应变计划就是要解决一旦关键的假设和判断不成立，或者出现突如其来的环境变化所造成的不利事件时，采取必要的措施，以趋利避害。

应变计划的内容：倘若某些假设或判断出现较大的差异，将给企业带来损失时，企业该如何处置，对原先的战略目标、阶段目标和行动计划做出怎样的调整。在实施应变计划时，调整后的行动计划将使企业达到什么样的阶段目标和战略目标，甚至在特定的条件下，为确保企业的生存和发展，可以放弃某一项战略，而根据企业实际状况选用另一项战略。由此可见，在企业的整个战略计划体系中，应变计划是极为重要的一部分。有了应变计划，企业才有可能应付各种环境变化，在错综复杂的竞争中保持清醒的头脑。

(二)制订企业战略计划的工作方式

制订企业战略计划的工作方式一般有以下四种。

1. 自上而下的方法

实施集权制的企业在采用这种方式制订计划时，一般由企业总部的高层管理人员制订企业总体战略计划，然后各个部门再根据自己的实际情况及总部要求进一步发展这一计划。实行分权制的企业一般是由公司总部向各事业部提出计划指导书，要求他们制订详细计划，公司总部检验与修改这些计划之后，再将计划返还各事业部去执行。

这种方法的显著特点是：企业高层管理人员决定整个企业经营方向，并对各事业部各部门提出如何达到这一方向的具体指导。这样，企业高层管理人员可能因没有经过深思熟虑而无法对下级部门提出详尽的指导，而且有可能因指挥不当而打乱了目前企业执行的计划。

2. 自下而上的方法

总部高层管理人员对事业部的计划不给予具体指导，只要求各事业部提交计划，各事业部根据所掌握的环境和市场信息以及内部资源情况，检验和平衡事业部的计划，最后给以确认。

这种方法的优点是：企业高层管理者对事业部没有具体指导，这样各事业部感到在计划中约束较少，从而提出较完善的战略计划，同时也给事业部提供了制订战略计划的机会。不足之处是：有些习惯于自上而下指导方式的事业部管理人员会感到无所适从，从而影响计划的完整性和综合性。

3. 上下结合的方法

在制订计划的过程中，企业总部的直线管理人员以及事业部的管理人员都参与有关战略计划制订的讨论。通过讨论，高层管理人员往往会改变或调整原定的战略目标或战略，企业总部与事业部的参谋辅助人员常在一起讨论计划的变化，并向总经理推荐适当的战略。

这种方法多为分权制企业所采用，其最大优点是可以产生较好的协调效果，从而企业也可以用较少的时间和精力形成更具创造性的计划。

4. 设立特别小组的方法

企业的高层管理人员组成一个战略计划小组，由总经理负责，共同研究企业所面临的问题。这个小组的工作内容与成员构成都有很大的灵活性，可以因企业遇到问题的不同而采取各异的措施。

一般来讲，小型集权制企业倾向于采取这种方法，有的大型的分权制企业也可能采取这种方式。在企业里，如果总经理与计划小组成员间关系好，这种方法可以有很好的成效；如果总经理过分注意个人权威，则不可能取得良好效果。

九、战略计划的制订程序

在多元化经营的大型企业里，企业战略管理在三个层次上展开，即企业总部、经营单位和职能部门，因而就会有企业总部的总体战略目标与计划、经营单位的业务战略目标与计划和职能部门的职能战略目标与计划。为了保证这三个层次的战略目标与计划相互衔接、密切配合，一般都采用一定的程序来制订企业的战略计划。

(一)企业总部与经营单位的沟通

企业总部的决策者与所属经营单位的管理者之间的初次沟通，主要完成两方面的工作。

1. 初步确定企业总体目标与计划

首先，在制订计划的最初阶段，企业总部的决策者与经营单位的管理者进行初步的对话，企业总部的决策者将企业初步的总体目标的设置情况作一说明，共同探讨如何落实企业的总体目标。在双方探讨的过程中，允许各经营单位的管理者对企业总体目标内容所涉及的范围与程度提出自己的见解，补充和完善企业总体战略目标和计划。其次，在双方积极对话和沟通的基础上，企业总部为各经营单位管理者制定各个经营单位的战略目标和计划，规定方向和相应的要求，以便各经营单位在企业总体战略目标和计划的指导下制订自己的战略目标和计划。最后，企业总部的决策者在完成与各个经营单位管理者的初步沟通和总体目标初步落实的基础上，准备下一步的各项资源的筹措和配置工作，为再次的沟通、落实做准备。在这一层面的战略计划制订过程中，企业的总体战略目标和计划主要取决于该企业的多种经营程度。一般来讲，企业的多元化经营程度越高，企业总部为各个经营单位提出战略目标的指导性越小。企业只有在各个经营单位形成自己的战略目标和计划方案后，才能真正阐明企业的总体战略目标和计划。

2. 制订经营单位的战略目标与计划

根据企业总部的战略目标与计划的方案，各个经营单位的管理者组织班子，详细研究本经营单位的经营活动范围以及战略目标与计划安排。在整个计划过程中，这一步工作相当重要。因为一个清晰的战略目标和计划能使各个经营单位更加明确自身的经营范围、所需资源的配备，避免企业所属各经营单位之间竞争的风险。各个经营单位的战略目标和计划制订完毕后，各个单位的计划，由企业总部决策层进行审核和平衡。

(二)经营单位与职能部门的沟通

各个经营单位管理者与各个职能部门管理者之间的沟通，是保证企业总部的战略目标和计划得到贯彻的重要条件。在这个过程中，各个职能部门管理者的认识和理解是一个关键，经营单位的管理者只有依靠各职能部门管理者的协同工作，方能把企业目标和计划转化成各职能部门内部的指挥与协调活动，以确保企业总部的战略与计划的具体落实。因此对职能部门来讲，本身的职能战略和计划要求尽可能制定得具体和详尽，对所需资源应有较为切实可行的预算，报上级审核和批准。按照通常的做法，在进行经营单位与职能部门沟通的过程中，经营单位的管理者一开始不明确下达销售目标和利润目标。这一方面是因为过细的计划会约束职能部门管理者的作为，使他们失去了创造性地实现经营单位的经营目标和计划的积极性；另一方面是因为只有在企业总部同意了经营单位的战略目标和计划并给予相应的资源以后，各经营单位的战略目标和计划才能最后确定下来。由此可见，这个层面的沟通实质是领会上级指令，将指导各部门上情下达的传递过程，转为充分酝酿、逐步深化的下情上递的过程。

(三)经营单位与企业总部的沟通

这次沟通，是各个经营单位做好了充分准备后与企业总部进行的再次沟通，重点工作是围绕企业总部下达的战略目标和计划，研究经营单位在贯彻中所涉及的资金预算和资源的配置。一般情况下，只有企业总部基本上认可了各个经营单位的资金预算和资源配置后，各个经营单位的经营战略目标和计划才能正式确定下来。作为企业总部在处理这类关系时，常常会考虑以下两个方面：第一，即使认可了资源的配置，也不一定会马上一步到位，企业总部会根据企业经营活动的进展，将资源分配规定在一定的时间内，以便更灵活地运用现有的资源和潜在的资源；第二，在企业总部资源分配上，既要考虑满足每个经营单位的要求，也需要有个通盘的安排，以确保企业整体的平衡。

需要指出的是，在制订战略计划的过程中，尽管公司领导成员经常举行正式的会议进行分析是很重要的，但仍应十分注意所涉及的时间与场合问题。在这里，不存在某种适合于所有公司的制定战略的唯一方式；相反，许多大企业的战略设想都是分散地来自公司内部或外部的某些事件、对环境变动的预期认识，或是管理人员的实际活动。例如，个人经历、所搜集的信息、对遇到困难的认识、战略方式的选择、对原先未料到的危机或难题做出的反应、与社会公众进行沟通、对战略实施有关因素及其相互影响的调研工作等。

因此，公司战略的制定并非在任何时候都要采取全面、深入的研讨方式，因为这种方式需要耗费大量时间。根据许多企业的实际情况来看，公司战略的制定是一个在较长时期内进行的缓慢过程。其通常的方式为：公司总经理在做出必要的战略决策以前，先确定一个涉及范围较广的主题，由战略设计班子根据所搜集的信息，对这一主题进行反复酝酿与修改，并增加具体内容；其次，通过各层经理的正式会议分析，对上述内容进行确认或予以变动；最后，经公司领导成员讨论决定应当采取的战略及其相应行动。在整个战略拟定过程中，公司总经理都将自己的注意力集中于那些综合反映公司发展意图、目标及其战略的少数关键问题上。

专题拓展

如何在未来取胜？教你用三步法制订战略计划

第二节 战略的控制

一、战略控制的概念及特征

控制是一项重要的管理职能,指管理者按照计划标准去衡量计划的完成情况,纠正计划执行过程中的偏差,从而确保计划目标的实现。战略控制,就是指企业战略管理者及参与战略实施者根据战略目标和行动方案,对战略的实施状况进行全面的评审,及时发现偏差并纠正偏差的活动。

战略控制是企业控制的一个层次。除战略控制外,企业控制还包括战术控制和作业控制,战略控制主要是公司级和事业部级的控制,侧重于对发生或即将发生战略问题的重要部门、项目、活动所进行的控制,保证企业内部各项活动以及企业外部环境之间的平衡,改善企业的竞争地位。与战术控制和作业控制相比,战略控制具有以下主要特征。

1. 保证适宜性

判断并保证企业战略是适宜的,首先要求这个战略具有实现公司既定的财务和其他目标的良好的前景。因此,适宜的战略应处于公司希望经营的领域,必须具有与公司的战略相协调的文化,如果可能的话,必须建立在公司优势的基础上,或者以某种人们可能确认的方式弥补公司现有的缺陷。

2. 保证可行性

可行性是指公司一旦选定了战略,就必须认真考虑企业能否成功地实施。公司是否有足够的财力、人力或者其他资源、技能、技术、诀窍和组织优势。换言之,企业是否有有效实施战略的核心能力。如果在可行性上存在疑问,就需要将战略研究的范围扩大,并将能够提供所缺乏的资源或能力的其他公司或者金融机构合并等方式包括在内,通过联合发展达到可行的目的。特别是管理层必须确定实施战略要采取的初始的实际步骤。

3. 保证可接受性

可接受性强调的问题是:与公司利害攸关的人员是否对推荐的战略非常满意,并且给予支持。一般来说,公司越大,对公司有利害关系的人员就越多。要保证得到所有的利害相关者的支持是不可能的。但是,所推荐的战略必须经过最主要的利害相关者的同意,而在战略被采纳之前,必须充分考虑其他利害相关者的反对意见。

4. 调节整体利益和局部利益、长期利益和短期利益的不一致性

企业的整体是由局部构成的。从理论上讲,整体利益和局部利益是一致的,但在具体问题上,整体利益和局部利益可能存在着一定的不一致性。企业战略控制就是要对这些不一致性的冲突进行调节,如果把战略控制仅仅看作一种单纯的技术、管理业务工作,就不可能取得预期的控制效果。

5. 适应多样性和不确定性

战略具有不确定性。公司的战略只是一个方向,其目的是某一点,但其过程可能是完

全没有规律、没有效率和不合理的，因此这时的战略就具有多样性。同时，虽然经营战略是明确的、稳定的且是具有权威的，但在实施过程中由于环境变化，战略必须适时地调整和修正，因而也必须因时因地地提出具体控制措施，这就是说战略控制具有适应多样性和不确定性的特征。

6. 保持弹性和伸缩性

战略控制中如果过度控制、频繁干预，容易引起消极反应。因而针对各种矛盾和问题，战略控制有时需要认真处理，严格控制，有时则需要适度地、弹性地控制。只要能保持与战略目标的一致性，就可以因有较大的回旋余地而具有伸缩性。所以战略控制中只要能保持正确的战略方向，尽可能地减少干预实施过程中的问题，尽可能多地授权下属在自己的范围内解决问题，对小范围、低层次的问题不要在大范围、高层次上解决，反而能够取得有效的控制。

二、战略控制的基本原则

1. 发展性原则

制定战略是为了企业的长期发展，在实施过程中应避免追求短期目标。在衡量一个战略的结果时，不应以其短期目标为准，而应以长远的眼光来看其对企业的作用。往往许多对企业长期发展有好处的战略在短期内效益不好，因此要以发展的眼光看战略。

2. 适应战略方向原则

战略控制的根本目的是保证企业的经营管理活动符合企业的战略方向，使企业战略得到顺利的实施。所以当企业战略变化后，对原有的与企业战略矛盾的控制措施应尽快改进。

3. 战略重点原则

在战略实施控制中，面临的事件非常多，战略实施控制应优先选择对实现战略起着关键作用的事件进行重点控制，分清轻重缓急。不能事无巨细，面面俱到。

4. 控制趋势原则

有时问题出现后再纠正为时已晚，所以要及早发现问题的苗头，观察企业活动运行的趋势，对早期出现的不良趋势及时纠正。例如，质量管理中的统计过程控制就是典型的控制趋势。

5. 自我控制原则

通过建立奖惩制度、目标管理、培训职工、适当授权等方法鼓励企业内各部门和人员主动地寻找偏差、纠正偏差，则控制的效果会好得多。

三、战略控制的内容、作用和条件

(一)战略控制的内容

对企业经营战略的实施进行控制的主要内容如下。

(1) 设定绩效标准。根据企业战略目标，结合企业内部人力、物力、财力及信息等具体条件，确定企业绩效标准，作为战略控制的参照系。

(2) 绩效监控与偏差评估。通过一定的测量方式、手段、方法，监测企业的实际绩效，并将企业的实际绩效与标准绩效对比，进行偏差分析与评估。

(3) 设计并采取纠正偏差的措施，以顺应变化着的条件，保证企业战略的圆满实施。

(4) 监控外部环境的关键因素。外部环境的关键因素是企业战略赖以存在的基础，这些外部环境的关键因素的变化意味着战略前提条件的变动，必须给予充分的注意。

(5) 激励战略控制的执行主体，调动其自控与自评的积极性，以保证企业战略实施的切实有效。

(二)战略控制的作用

企业经营战略的控制在战略管理中的作用主要表现在以下几个方面。

(1) 企业经营战略实施的控制是企业战略管理的重要环节，它能保证企业战略的有效实施。战略决策仅能决定哪些事情该做，哪些事情不该做，而战略实施控制的好坏将直接影响企业战略决策实施的效果好坏与效率高低，因此企业战略实施的控制虽然处于战略决策的执行地位，但对战略管理是十分重要、必不可少的。

(2) 企业经营战略实施的控制能力与效率的高低又是战略决策的一个重要制约因素，它决定了企业战略行为能力的大小。企业战略实施的控制能力强、控制效率高，则企业高层管理者可以做出较为大胆的、风险较大的战略决策；相反，则只能做出较为稳妥的战略决策。

(3) 企业经营战略实施的控制与评价可为战略决策提供重要的反馈，帮助战略决策者明确决策中哪些内容是符合实际的、是正确的，哪些是不正确的、不符合实际的，这对于提高战略决策的适应性和水平具有重要作用。

(4) 企业经营战略实施的控制可以促进企业文化等企业基础建设，为战略决策奠定良好的基础。

(三)战略控制的有效条件

企业经营战略具有以下条件才是有效的。

(1) 必须有经营战略规划和实施计划。企业经营战略控制是以企业的经营战略规划为依据的，战略规划和实施计划越明确、完整和全面，其控制的效果就有可能越好。

(2) 健全的组织机构。组织机构是战略实施的载体，它具有能够具体地执行战略、衡量绩效、评估及纠正偏差、监测外部环境的变化等职能，因此组织结构越是合理、明确、全面、完整，控制的效果就有可能越好。

(3) 得力的领导者。高层管理者是执行战略控制的主体，又是战略控制的对象，因此要选择和培训能够胜任新战略实施的得力的企业领导人。

(4) 优良的企业文化。企业文化的影响根深蒂固，如果有优良的企业文化能够加以利用和诱导，这对于战略实施的控制是最为理想的，当然这也是战略控制的一个难点。

四、战略控制的方式及过程

(一)战略控制的方式

1. 从控制时间来看

从控制时间来看,企业的战略控制可以分为如下两类。

1) 事前控制

在战略实施之前,要设计好正确有效的战略计划,该计划要得到企业高层领导人的批准后才能执行,其中有关重大的经营活动必须通过企业领导人的批准同意才能开始实施,所批准的内容往往也就成为考核经营活动绩效的控制标准,这种控制多用于重大问题的控制,如任命重要的人员、重大合同的签订、购置重大设备等。

由于事前控制是在战略行动成果尚未实现之前,通过预测发现战略行动的结果,可能会偏离既定的标准,因此,管理者必须对预测因素进行分析与研究。一般有三种类型的预测因素。

(1) 投入因素,即战略实施投入因素的种类、数量和质量,将影响产出的结果。
(2) 早期成果因素,即依据早期的成果,可预见未来的结果。
(3) 外部环境和内部条件的变化,对战略实施的控制因素。

2) 事后控制

事后控制发生在企业的经营活动之后,将战略活动的结果与控制标准相比较。这种控制方式工作的重点是要明确战略控制的程序和标准,把日常的控制工作交由职能部门人员去做,即在战略计划部分实施之后,将实施结果与原计划标准相比较,由企业职能部门及各事业部定期地将战略实施结果向高层领导汇报,由领导者决定是否有必要采取纠正措施。

事后控制方法的具体操作主要有联系行为、目标导向和随时控制等形式。

(1) 联系行为,即对员工的战略行为的评价与控制直接同他们的工作行为挂钩。他们比较容易接受,并能明确战略行动的努力方向,使个人的行动导向和企业经营战略导向接轨。同时,通过行动评价的反馈信息修正战略实施行动,使之更加符合战略的要求;通过行动评价,实行合理的分配,从而强化员工的战略意识。

(2) 目标导向,即让员工参与战略行动目标的制定和工作业绩的评价,既可以看到个人行为对实现战略目标的作用和意义,又可以从工作业绩的评价中看到成绩与不足,从中得到肯定和鼓励,为战略推进增添动力。

(3) 随时控制,即过程控制,企业高层领导者要控制企业战略实施中的关键性的过程或全过程,随时采取控制措施,纠正实施中产生的偏差,引导企业沿着战略的方向进行经营。这种控制方式主要是对关键性的战略措施要进行随时控制。

应当指出,以上三种控制方式所起的作用不同,因此在企业经营当中它们是被随时采用的。

2. 从控制主体的状态来看

从控制主体的状态来看,战略控制可以分为如下两类。

1) 避免型控制

避免型控制,即采用适当的手段,使不适当的行为没有产生的机会,从而达到不需要控制的目的。例如,通过自动化使工作的稳定性得以保持,按照企业的目标正确地工作;通过与外部组织共担风险减少控制;或者转移或放弃某项活动,以此来消除有关的控制活动。

2) 开关型控制

开关型控制又称为事中控制或行与不行的控制,其原理是:在战略实施的过程中,按照既定的标准检查战略行动,确定行与不行,类似于开关的开与关。

开关控制方法的具体操作方式有以下几种。

(1) 直接领导。管理者对战略活动进行直接领导和指挥,发现差错及时纠正,使其行为符合既定标准。

(2) 自我调节。执行者通过非正式的、平等的沟通,按照既定的标准自行调节自己的行为,以便组织成员间的默契配合。

(3) 共同愿景。组织成员对目标、战略宗旨认识一致,在战略行动中表现出一定的方向性、使命感,从而达到殊途同归、和谐一致、实现目标。

开关控制法一般适用于实施过程标准化的战略实施控制,或某些过程标准化的战略项目的实施控制。

3. 从控制的切入点来看

从控制的切入点来看,企业的战略控制可以分为如下五种。

(1) 财务控制。这种控制方式覆盖面广,是用途极广的非常重要的控制方式,包括预算控制和比率控制。

(2) 生产控制。生产控制是对企业产品品种、数量、质量、成本、交货期及服务等方面的控制,可以分为产前控制、过程控制及产后控制等。

(3) 销售规模控制。销售规模太小会影响经济效益,太大会占用较多的资金,也影响经济效益,为此要对销售规模进行控制。

(4) 质量控制。质量控制包括对企业工作质量和产品质量的控制。工作质量不仅包括生产工作的质量,还包括领导工作、设计工作、信息工作等一系列非生产工作的质量,因此,质量控制的范围包括生产过程和非生产过程的其他一切控制过程。质量控制是动态的,着眼于事前和未来的质量控制,其难点在于全员质量意识的形成。

(5) 成本控制。通过成本控制使各项费用降低到最低水平,达到提高经济效益的目的。成本控制不仅包括对生产、销售、设计、储备等有形费用的控制,还包括对会议、领导、时间等无形费用的控制。在成本控制中要建立各种费用的开支范围、开支标准并严格执行,要事先进行成本预算等工作。成本控制的难点在于企业中大多数部门和单位是非独立核算的,因此缺乏成本意识。

(二)战略控制的过程

战略控制主要有以下六个过程。

1. 成立战略领导小组

为了保证公司战略的有效实施,除了战略委员会负责公司战略方向的重大决策外,公司需要建立战略领导小组，负责公司战略具体的推进、实施与监控，以保证公司战略目标的有效实现。

2. 建立战略控制系统

战略控制是以企业高层领导为主体，它关注的是与外部环境有关的因素和企业内部的绩效。这一部分战略控制职能由战略领导小组的战略规划分组负责，主要是对公司业务战略的目标和标准的完成情况及战略环境进行监督和审计。

业务控制系统是指对企业的主要下属单位及主要战略职能的控制，包括战略业务单位和职能部门两个层次，他们关注的是企业下属单位在实现构成企业战略的各部分策略及计划目标中的工作绩效，检查是否达到了企业战略为他们规定的目标，并提出改进措施。

作业控制是对具体负责作业的工作人员的日常活动的控制，他们关注的是员工履行规定的职责和完成作业性目标的绩效，作业控制由各层级主管人员在日常工作中进行，战略领导小组只是负责检查和监督。

3. 设定战略绩效指标和绩效标准

在制订公司战略实施计划时，战略领导小组要提炼出战略绩效指标，并确定这些指标的绩效标准，主要从五个方面进行。

(1) 业务战略指标，包括公司在各战略方向上业务的开展情况、在各战略区域内的业务开展情况等。

(2) 财务指标，包括公司各项业务的项目数量、收入金额、毛利率、成本控制、款项回收等指标。

(3) 管理指标，包括管理标准的制定、管理体系的完善、管理制度的创新、新管理方法的应用等。

(4) 市场与客户指标，包括客户的满意度、新客户的开发、老客户的流失、项目投标成功率等指标。

(5) 人力资源指标，包括人才的招聘、培养、规划、培训、激励、考核等指标。

设定了以上方面的战略绩效指标和标准之后，就可以根据绩效指标的完成情况来检验公司战略的阶段性目标的完成情况，并结合其他方面的因素来对公司战略的实施进行评估和审计。

4. 设定考核方法与激励模式并进行适时的绩效考核

为了激励各级人员积极努力地实施公司的战略计划，公司需要建立战略实施考核办法和激励制度。为了保证在作业层面对公司战略的控制，需要将公司日常管理的绩效考核与激励体系和公司的战略实施计划相结合，以保证公司战略的有效实施。而这种有效的结合主要是通过将战略实施计划细化为公司工作计划的过程来实现的。通过将公司的战略目标转化为日常工作目标，并在日常工作中考核和激励，达到对战略实施的保证目的。

5. 定期召开年度战略评估及推进会

战略领导小组以年度战略评估及推进会的形式作为自己的常规性工作方式。战略领导小组每年召开公司战略评估与推进会，检查公司战略的实施情况、研究外部环境及公司内部环境的变化情况、评估公司战略及其实施计划的适应性,并根据以上分析对公司的战略及其实施计划、激励方式和相关内容进行调整,以推进公司战略的实施。

1) 战略评估方式

以年度工作会议的形式进行,由战略领导小组及有关行业的专家对企业的战略及其环境进行评审与评估。

2) 进行战略环境扫描

战略强调组织和环境的相互关系,外界环境是企业组织的重要信息源,所以战略控制必须对环境进行扫描。一切企业组织为获取外界环境正在发生的现象和变化的知识,都需要对环境进行扫描。每当决定企业战略和长期计划时,最高经营层都力求预测和理解企业环境的变化。

3) 审计战略实施计划的完成情况

审查公司各项战略绩效指标的完成情况,并结合环境情况对战略实施计划的完成情况进行客观的分析与研究,主要是将各项绩效指标和标准与实际值进行对比研究,并分析其原因。

4) 战略误差原因评价

评价工作成绩是将实际的成果与预定的目标或标准进行比较。通过比较就会出现三种情况:第一种是超过目标和标准,即出现正偏差,在没有做特定要求的情况下,出现正偏差是一种好的结果;第二种是正好相等,没有偏差,这也是好的结果;第三种是实际成果低于目标,出现负偏差,这是不好的结果,应该及时采取措施纠偏。

战略发生偏差(负偏差)的主要原因可以归纳为以下几个方面。

(1) 目标不现实。

(2) 为实现企业目标而选择的战略措施错误。

(3) 用以实施战略的组织机构存在问题。

(4) 主管人员或作业人员不称职或玩忽职守。

(5) 缺乏激励。

(6) 组织内部缺乏有效的信息沟通。

(7) 环境压力。

战略控制的管理人员应该根据以上原因,结合控制过程中的实际情况,采取相应的措施。

6. 战略调整

战略领导小组根据对战略实施情况的评估调整企业的战略,包括对公司总体战略内容的调整和对公司战略实施计划的调整两个方面。在把调整方案报给公司战略委员会审批确认后,战略领导小组要指导各业务部门和管理部门把调整的结果细化到公司的年度工作计划乃至季度和月度工作计划当中,开始公司新的战略年度计划的实施。

五、战略控制的系统设计

(一)控制系统

企业的经营战略和经营计划的实施离不开控制,但企业要对其实施战略的全部生产经营活动进行全面而严密的控制是不可能的，也是不必要的。首先，根据最少干预的原则，系统内的各个子系统应具备必要的自我控制和自我调节的机制；其次，一个良好的控制系统应合理地确定系统各环节中的控制对象、控制程度以及采取调整措施的权限，从而在耗费较少的情况下达到系统的有效控制。

控制可分为行为控制和产出控制。行为控制基于对个人的直接观察，管理人员对下属进行密切的个人观察，就是在使用行为控制。产出控制基于对定量数据，如销售额、财务或生产记录的测定。研究表明：管理者不是使用行为控制就是使用产出控制。从这个意义上讲，这两类控制是不能相互代替的。事实上，一方面产出控制是用来提供工作成绩的证明。另一方面，当工作成绩的要求已众所周知而需要用个人观察来提高效率时，就应该采用行为控制。

在确定大型、复杂的组织及这些组织内部主要的下属单位的工作成绩时，最常使用产出控制。产出控制可以使一个组织将其工作成绩与其他组织的工作成绩相比较，也可以比较其内部各下属单位的工作成绩。例如，它使最高管理层能比较公司内各战略事业单位或事业部的成绩。不过，在下层单位一级，仍有必要实行行为控制，以提高效率和对组织内各成员给予指导。这样，由于产出控制和行为控制各自满足组织不同需要，各组织可将它们结合起来加以运用。

各组织最常犯的错误之一，是认为设置了控制系统就可以解决问题。事实上，控制系统本身并不能解决问题，而只有通过明智地理解和使用控制系统产生的信息，并借助有效的控制方法，才能最终解决问题。再者，如果不能正确地管理控制系统，它可能是有害的。因此，不应把控制系统和控制方法等同于问题的解决，而应将它们视作有助于解决问题的手段。

(二)控制系统的设计原则

正如前文所述，控制系统的类型和方法虽然多种多样，但都应遵循一些共同的基本原则。

(1) 控制系统必须是经济节约的。这就是说控制系统的设置，应考虑其存在的必要性和经济上的合理性。控制并非越多越好，相反，不必要的控制不仅会造成人力、物力、财力的浪费，而且会因其所提供的过多不必要的信息而影响管理者决策的正确性，并扰乱正常的工作秩序。

(2) 控制系统应该是易于理解的。很难想象一个十分复杂而令人费解的控制系统在实际工作中能够发挥作用，它不是为使用者所忽视，就是因不懂其使用方法而导致错误的结论。须知，控制系统的有效性往往与其复杂性成反比。

(3) 控制系统要有早期预警性。控制系统不能总是在偏差发生后才发现问题，而且应尽可能地在重大偏差出现以前就能发出相应的预报，提高对可能发生的重大问题的预见能力，以便及时采取预防性措施。

(4) 控制系统应具备环境适应性。控制系统应能随着企业内外环境条件的变化而进行相应的调整，以避免经营环境变化给实施控制带来的不利影响。例如，在预算控制系统中采用弹性预算，就能在一定程度上提高环境适应性。

(5) 控制系统要有相对独立性。就是说执行控制职能的部门工作应尽可能地不受外界干扰，独立地根据有关控制原则和标准进行工作。在实际工作中，管理者不可随意根据自己的主观意志来干涉控制部门的工作。只有这样，才能保证控制过程中反馈信息的客观性和准确性。

(6) 控制系统应能提供有效的调整措施。如果控制系统的设立只是为了提供有关实施偏差的信息，那么即使这些信息再及时、准确，这个控制系统的存在仍然是毫无意义的。有效的控制系统不仅应能及时反映实际工作中存在的问题，而且应能分析产生问题的原因，并向高层管理者提供有效的调整措施以供决策参考。

(7) 控制系统应具有总体优化性。控制必须坚持全面的观点，要从企业的全局利益来考虑控制系统的设计与运行，这样才能保证各个局部控制目标间的协调一致，避免从局部次优化的角度来考虑问题，通过控制实现企业总体优化。

(三)战略控制系统的组成

在战略实施的控制系统中有三个基本的控制系统，即战略控制系统、业务控制系统和作业控制系统。

(1) 战略控制系统，是以企业高层领导为主体，它关注的是与外部环境有关的因素和企业内部绩效。

(2) 业务控制系统，是指企业的主要下属单位，包括战略经营单位和职能部门两个层次，它们关注的是企业下属单位在实现构成企业战略的各部分策略及中期计划目标的工作绩效，检查是否达到了企业战略为它们规定的目标。业务控制由企业总经理的下属单位的负责人进行。

(3) 作业控制系统，是对具体负责作业的工作人员(包括职工及班组)日常活动的控制，它们关注的是作业人员履行规定的职责及完成作业性目标任务的绩效。作业控制由各基层主管人员进行。

(四)战略控制的设计

1. 战略控制设计的要求

在正常的情况下，企业应对受过良好训练、得到高度激励的员工给予较高的期望，相信他的自觉性，不必采取更多的控制手段。如果企业认为除了人员控制以外，还应采取其他的控制手段，则首先要审核各种可供选择的控制的可行性。然后根据可行性研究的结果，管理人员再决定是采取具体活动控制还是成果控制，或者两者结合使用。战略控制系统设计的要求如下。

(1) 控制标准必须与整个企业的长远目标和年度目标相联系。有效的战略实施的控制与评价必须将控制目标与各特定系统的绩效标准相联系，与资源的分配导向相联系，与外部环境的关键因素相联系，这样做有利于明确战略计划和人们的行为目标之间的联系。

(2) 控制要与激励相结合。一般来说，当人们的行为取得符合战略需要的绩效时会得到激励，但在平时人们的行为期望目标不是十分清楚，而有效的战略实施的控制提供了控制的标准，使人们的行为期望目标明朗化、具体化，它提供了人们行为的期望与战略目标之间的清晰联系，这时的控制与评价就具有激励性的特点，这对有效地实施战略十分有用。

(3) 控制系统需要有"早期预警系统"。该系统可以告知管理者在战略实施中存在的潜在问题或偏差，使管理者能及早警觉起来，提早纠正偏差。

2. 战略控制设计需考虑的要素

战略控制的设计必须考虑三项基本要素：战略评价标准、工作成绩评价和反馈。

1) 战略评价标准

通常情况下，企业战略管理者往往采用一系列的指标来评价企业战略实施的情况。这些指标既可以是定性的，也可以是定量的，但应与企业战略目标保持一致，应能反映企业内部的各种组织关系、企业变化和发展、企业的竞争地位及其在行业中的地位。这些指标具体包括如下几个。

(1) 投资收益率。它等于税前收入除以总资产，常用来测定企业综合效益。其作用主要是：能够全面反映企业经营活动状况的综合性指标；鼓励企业有效地使用现有资产，而不是扩大投资；可说明企业投资决策是否正确及企业利用其资产获得利润的程度；它使企业确信获得新的资产会增加利润时，才会做出增加投资决策。

(2) 附加价值指标。它由以下几个部分组成：①附加价值，即企业产品的新增价值。它等于销售收入减原料及所购部件的总成本。②附加价值收益率，它等于税前净利除以附加价值。

(3) 股东价值。它是一定时期内分红和股价升值部分的总和，是股东财富。它可评价一个企业是否以超过股东要求的利润率增长。

(4) 高层管理人员评价指标。通过对企业获利情况的评价来评价高层管理人员。例如，通过投资利润率、销售利润率、市场占有率、净利润额或增长率、资本收益率、每股盈利和股东价值等指标来评价高层管理人员。

(5) 关键表现域指标。关键表现域是指对企业战略的成功具有举足轻重作用的那些方面，它反映了企业的主要战略目标，是建立行之有效的、合理的控制系统的前提条件之一。

2) 工作成绩评价

工作成绩评价是指将实际成绩(即控制系统的输出)与确立的评价标准相比较，找出实际活动成绩与评价标准的差距及其产生的原因。这是发现战略实施过程中是否存在问题和存在什么问题，以及为什么存在这些问题的重要阶段。

在评价工作成绩时，企业不仅将实际成效与评价标准或目标相比较，而且也应当将自己的实际工作成绩与竞争对手相对照。这样的比较更能发现自身的长处或弱点，以采取适当的纠正措施。对于竞争对手以及同行业平均的绩效水平，可以从统计年鉴或行业协会所发表的季度或年度报告中获取。

评价工作成绩中的主要问题，是要决定将在何时、何地以及间隔多长时间进行一次评价。为了提供充分而及时的信息，工作成绩应当经常地评价。但是，如果做得过分，员工一方面感到对他们的工作评价过于频繁，可能会产生负面影响；另一方面，如果评价过于频繁，也使得评价过程的费用变得过高，消耗许多资源。因此要根据所评价问题的性质及对战略实施的重要程度，确定合理的评价频度。

此外，紧迫性是工作成绩评价中要考虑的另一个重要问题，必须及时地识别问题，并采取纠正措施。

3) 反馈

在设计控制系统的过程中,反馈是一个重要的因素。反馈对加强成果责任制十分必要。即使反馈不能用于调整输入量,也表明整个过程的结果受到监控。在环境变化重复发生时,反馈可以根据对成果的评价,指出创新的需要。如果要进一步保证反馈的效果,则需要有一个学习的过程。企业管理人员应认真分析不同组合的输入所产生的结果,把握好输入与结果的关系。这是一个比较复杂的反馈系统。管理人员如果很好地掌握了输入与结果的关系,他们的着眼点就会从成果控制系统转向具体活动控制系统,从而有效地发挥整个控制系统的作用。

值得注意的是,管理人员要有效地使用反馈模型有一定的先决条件,即环境变化要有重复性或至少有部分的重复性。如果环境变化只是一次性地发生,则反馈回去的信息在管理上用处不大。在这种情况下,管理人员即使了解成果的问题,也不可能有更大改动的可能性。此外,从成本角度来考虑,设计、实施、维护一个反馈系统,代价一般是比较昂贵的。因此,在设计控制系统的过程中,应有反馈的意识,但如何采取反馈手段,则应根据企业的具体情况决定。

案例分析

海尔的网络化战略

本 章 小 结

战略的实施和控制是战略管理中的重要环节。只有经过切实的实施,制定好的战略才是有意义的。同样,成功的战略控制是战略实施的保障。当企业的外部环境发生变化时,需要战略控制来约束战略实施。战略控制虽不能保证企业成功,但它能指引企业前进,使越来越多的企业能明确自身的发展方向。

本章重点讲述了企业战略实施的主要任务、战略实施的主体及其职责、战略实施的步骤及问题的诊断、战略实施的几种模式以及战略计划的内容及其制定程序。对于战略控制,主要讲述了控制的基本原则、内容及作用,战略控制的类型及其过程,以及如何对战略控制进行系统的设计。

复 习 思 考 题

1. 如何对战略问题进行诊断?
2. 战略实施有几种模式?各有什么优缺点?
3. 战略计划是如何制订的?
4. 战略控制的基本原则是什么?
5. 结合具体企业,分析其战略控制的类型及过程。
6. 战略控制系统是怎样进行设计的?

第六篇　战略管理拓展篇

第十一章　企业国际化经营战略

本章导读

ABB 中国的环保谋略

学习目标

通过本章的学习，应了解国际化经营战略的概念、特征和类型，理解企业国际化经营的动因、主要收益及影响因素；理解国际化经营战略模式的优缺点和适用条件，在此基础上掌握这些战略模式如何选择；了解企业国际化经营战略规划的含义、内容及国际企业战略体系的构成，掌握国际化市场的战略进入模式；掌握国际化经营战略的控制手段。

关键概念

经营战略(Business Strategy)　　　　竞争优势(Competitive Advantage)
技术授权(Licensing)　　　　　　　　合资(Joint Venture)
特许经营(Franchising)　　　　　　　相互持股投资(Equity Investments)
许可证协议(Licensing Agreement)

第一节　企业国际化经营战略概述

企业国际化经营是当今国际经济联系日益密切和企业自身发展的必然趋势。面对经济全球化和国内外竞争日益激烈的环境，积极地采取国际化经营战略去整合国际资源、增强企业竞争力、努力抢占国际市场是企业发展的战略选择。

一、企业国际化经营战略的内涵

企业国际化经营战略是指从事国际化经营的企业通过系统地评估自身的经济资源及经营使命，确定一个较长时期内企业的主要任务和目标，并根据变动的国际环境拟定必要的行动方针，为求得企业在国际环境中长期地生存和发展所做的长远的、总体的谋划。

通常，企业国际化经营战略应当表明以下几点。

(1) 企业的经营领域。企业要明确出售何种产品或服务，目标市场定位在哪儿，为哪一类消费者服务。

(2) 找出企业经营领域方面的差别优势。了解企业提供的产品及劳务，在什么基础上可以取得超过竞争对手的优势。例如，是较容易获得原材料的途径，还是具备更优秀的人才；是掌握特殊技术，还是有较低的成本与价格优势等。

(3) 指出企业战略推进步骤及大体的时间安排。

(4) 期望取得的目标成果。

二、企业国际化经营战略的特征

企业国际化经营战略是国际企业日常经营活动的指导原则，它具有区别于一般企业战略的特点。

(1) 其战略规划的范围以全球规划为目标，并把全球经营活动作为一个总体。

(2) 以全球范围为出发点合理配置企业资源，包括自然资源、人力资源、技术资源、资本资源以及品牌资源等。

(3) 运用全球观点规定各个子公司的职能和经营范围，协调母公司和各个子公司之间的关系。

总之，企业国际化经营战略是一种全球战略。为了实施和实现全球经营战略，国际企业在经营决策时，所考虑的不是某个子公司的局部得失，而是整个公司的最大利益；不仅要考虑公司的存在，更要考虑整个公司未来的发展。也就是说，国际企业实现其全球战略目标的活动，已不是简单化地对市场有利机会和不利条件的直接反映，而是对公司所处的竞争环境和公司本身的资源条件认真分析后，经过周密策划的有计划的行动。这种全球战略目标和全球战略部署，包括各种可能的抉择，明确的地区、产品发展规模和优先顺序，以及向新地区、新领域扩张的步骤等。

三、企业国际化经营战略的类型

企业实行国际化经营，离不开经营战略的指导。按照不同的标准，可将经营战略分为不同的类别。

(1) 按战略覆盖的地域范围分类。根据国际化经营所覆盖的地域范围，国际经营战略可以分为国内战略、地区战略和全球战略三种。

(2) 按战略的指导与约束作用分类。按经营战略对子公司的指导与约束作用，国际经营战略可以分为简单一体化战略和复杂一体化战略两种。

简单一体化战略是指子公司的经营活动高度服从母公司的经营战略，母公司对子公司具有"硬约束"，以保持整个国际企业行动上的"一体化"。

复杂一体化战略是指随着现代化通信技术和交通工具的发展，母公司有可能在更广阔的范围内协调更多的子公司的生产经营活动，这种协调更多的是采用"软约束"的办法，即给予公司以较大的自由度。

(3) 按企业对外部环境的反映方式分类。按企业对外部环境的反映方式，国际经营战略可以分为规模扩展战略、市场竞争战略、风险回避战略、行为合理化战略。

规模扩展战略又称为产出增长战略，具体可细分为地域扩展战略和市场渗透战略。

市场竞争战略包括市场领袖战略、市场挑战者战略和市场跟随者战略等。

风险回避战略包括产品市场分布战略、多样化经营战略、收购与兼并战略等。

行为合理化战略可细分为适度规模战略、主动收缩战略、降低成本战略、主动撤退战略等。

(4) 按企业发展趋势分类。按企业追求的发展趋势进行分类，国际经营战略可以分为扩张型战略、巩固型战略和紧缩型战略。

扩张型战略是企业通过国际化经营，提高市场占有率和市场覆盖率，从而实现企业进一步扩张的战略。

巩固型战略是企业通过国际化经营来巩固已有的经营成果，并适时进一步发展的战略。

紧缩型战略是企业在国际化经营过程中，维持现有的利润，并适时从目前的战略经营领域和基础水平收缩和撤退的战略。

专题拓展

阿里巴巴国际化经营案例分析

第二节 企业国际化经营战略的动因与影响因素

一、企业国际化经营战略的动因

(一)传统的动因

传统的国际化战略动因主要包括以下几点。

(1) 获得关键要素供给的需求，尤其是企业对能源、矿物和稀缺原材料的需求。例如，固特异公司到马来西亚发展橡胶种植园，标准石油公司在加拿大、中东和委内瑞拉开拓新的油田都出于这样的动因。

(2) 为了追逐市场份额。对那些已经取得某些竞争优势或著名品牌的企业表现更为明显，因为在国外市场增加的销售额可以使它们能够拓展其经济规模和势力范围，从而为企业提供了超越竞争对手的竞争优势，毕竟狭小的本国市场难以容纳其大批量的加工制造能力。雀巢、拜尔和福特等公司国际化扩张的主要原因就是不断寻求新的目标市场。

(3) 在全球范围内优化资源配置，从而降低获取生产要素的成本。例如，20世纪80年代，随着关税壁垒的降低，纺织、服装以及电子、家电制造业或其他劳动密集型产业的欧美公司纷纷在远东、拉美等可以获得大量廉价劳动力的地区设立生产基地。不久就发现劳动力并非是来源于海外的唯一的更经济的生产要素。比如，获得低成本的资金亦成为企业国际化的一种驱动力。

(二)现代的动因

国际化经营战略的现代动因包括以下几点。

1. 利用技术领先的地位

当一个企业开发出一种新产品，起初会有明显的竞争优势。随着这种产品的逐渐传播和成长，在国内市场上会失去其独特性和所具有的竞争优势，这时企业通常会将这种产品向国外市场拓展。因为同一产品在不同市场上的生命周期是不一样的。在一个国家的市场上已经进入成熟期或衰退期的产品，在另一个国家的市场上可能刚刚进入成长期，而在其他国家的市场上则可能处于投入期。因此，将产品向不同的市场扩散，就可保持产品技术领先的地位。

2. 利用卓越而强大的商标名称

当一种产品的品牌在国内具有良好的声誉时，它通常诱使企业在全球范围内设立生产系统。也许是由于人们普遍存在的"崇洋"心理，或者是其优异的产品质量，洋品牌通常被认为比国内产品要好。这种情况在服装、汽车、家用电器中尤为明显。反过来，进行国际化的竞争，活跃于几个大的主要国际市场上，也进一步巩固和加强了企业的声望和信誉。

3. 利用规模经济优势

当存在超越本国市场容量的规模经济时，企业为了降低产品成本，取得规模经济所带来的效益，就不得不向新的市场渗透，将企业的储运、采购、生产和市场营销等活动转向国际化。特别是国际范围内的纵向一体化是实现规模经济的关键，因为国际纵向一体化系统的有效规模较之国内市场规模要大得多。

4. 利用低成本的资源

当生产成本成为产品生产的关键因素时，企业会把生产转移到资源或劳动力价格相对较低的地区，在世界范围内规划生产系统的最佳配置，并向全世界销售产品。只有这样，企业才能保证降低其产品成本，增加其产品的竞争能力，保证企业经营的最佳整体效益。

5. 转移核心竞争力

核心竞争力是由企业的创新、效率、质量以及顾客的忠诚度等组成的，并构成企业竞争优势的基础。企业将其在国内拥有的核心竞争力以及创新产品转移到海外市场，可以获得更大的利润。例如，微软、可口可乐等公司就是运用这种方式在全球推行其核心竞争力。

6. 获得区域经济效益

获得区域经济效益是指在交易成本与贸易壁垒允许的情况下，企业将其创造价值活动放在最适合此活动的地点，跨国公司会在全球范围内搜寻此地点，实质上就是企业资源在全球范围内优化配置的过程。这样做至少有两个效果：一是降低创造价值的成本，有利于企业达到成本领先；二是使企业形成差别化，获得超过平均水平的利润。

二、企业国际化经营战略的主要收益

有效地实施一项或多项国际化战略可以为公司带来三种主要收益，这些收益将促进公司获得战略竞争力。

1. 扩大市场规模

公司可以通过国际化战略的实施，在本国以外的市场上建立强有力的市场地位，扩大潜在市场规模，有时这种规模是相对客观的。国际市场的整体规模也对公司实施国际化战略获得的收益有潜在影响。一般来说，国际市场规模越大，潜在回报越高，公司投资的风险越小。另外，公司参与竞争的国际市场的科技设施如何也非常重要，因为科学知识以及知识利用所需的人力资源，可以促使公司更有效地销售产品和服务，从而为顾客创造价值。

2. 规模经济和学习氛围

通过增加参与竞争的市场数量，公司可以享受到规模经济的好处，尤其是在生产运营方面。更广泛地说，公司可以将不同国家的产品生产、销售、分销以及售后服务进行标准化，从而强化公司持续降低成本的能力，同时有可能增加顾客的价值。例如，竞争对手空中客车公司和波音公司拥有大量的生产设备，并且还将一部分活动外包给全球各地的公司，原因就在于，这两家公司希望将规模经济作为顾客创造价值的源泉。

公司在各种国际化市场的运作为其创造了许多新的学习机会，尤其是研发活动。研发能力的提高又可以进一步加强创新，这对于公司获得短期和长期成功都是非常关键的。然而，研究显示，想要从国际研发投资中获利，公司必须具有过硬的研发系统来吸收有效的研发活动产生的各种知识。

3. 地域优势

把工厂设到海外市场有时可以帮助公司减少成本。当工厂所处的位置更容易获取低廉劳动、能源和其他资源时，公司则更容易获得这一优势。其他的地域优势还包括获得重要的供应商和客户，一旦占据了有利的地理位置，公司就必须通过有效的管理来获得最大化的地域优势。

公司的成本，尤其是生产和分销过程中产生的成本，以及国外顾客的需求特征，都会对地域优势产生影响。另外，文化也会影响地域优势。如果公司在实施国际化战略的过程中，涉及不同国家的文化融合，那么公司在进行国际业务交易时遇到的困难就会更少。最后，物理距离也会影响公司的地域选择，以及在所选择的区域管理工厂的方式。

三、企业国际化经营战略的影响因素

企业的国际化经营是在一定的环境内进行的，而环境由许多因素组成，每个因素都有自身的运动方式和轨迹。企业必须准确、细致地把握这些环境因素，监视环境的发展变化，从而达到利用机会、避开威胁的目的。

一般来说，企业国际化经营环境由企业所处的东道国的环境、母国对企业的政策环境和国际经营环境三部分组成。

(一) 东道国的环境分析

对企业来讲，东道国的环境一般包括该国的政治、经济、法律、社会和文化等方面与本国的差异。只有熟悉东道国环境，才能为制定完善的国际化经营战略奠定基础。

1. 东道国的政治环境

东道国的政治环境包括东道国的政治状况、政府对国外投资的政策以及由此可能产生的政治风险等因素。东道国政治状况包括国家安全性与政治稳定性、政治体制、政府机构的清廉与效率以及公众利益群体与社会舆论机构等方面。政府对国外投资的政策又包括鼓励政策与限制政策两方面。鼓励政策是在降低关税、减少国内税收、提供设施与服务等方面的优惠待遇；而限制政策是在股权、国产化、收益分配、投资领域等方面的限制。

2. 东道国的经济环境

东道国的经济环境包括东道国的经济发展状况及企业在东道国面临的直接市场。由于企业面对的直接市场从研究对象来看(如消费者、供应商、竞争者等)与国内市场无大的区别，所以在"经济环境"中，主要分析东道国的经济发展状况，即分析东道国的经济增长状况、通货膨胀、国际收支与国际债务、贸易战略、自然条件、技术发展水平、产业结构特点、经济基础结构等。

3. 东道国的法律环境

影响国际企业生产经营活动最经常、最直接的因素是东道国的基本法律体系，包括适用于该国所有企业的一般法律规范和针对在该国的外国企业的特定法律规范。在各国的法律条款或先例中，有很多法规是针对产品的，包括对产品的品种、质量、包装、标签、保单、品牌、商标以及售后服务的要求。在价格方面，各国法律有很多规定，有的国家的法律宗旨就是要控制和管理各行业的定价原则；有的国家的法律则对某些产品直接干预，控制并实行一个价格政策；有的国家限制企业产品在生产、销售各环节的利润率；有的国家禁止上门推销等。此外，东道国的法律制度还从生态环境、雇佣制度、工作保障、社会保障、分配制度等方面影响着企业的生产经营活动。

东道国针对外国企业制定的特别法规，构成国际企业特定的法律环境，关于这一点，已在前面论述的东道国政府对国外投资的鼓励政策与限制政策两方面进行了说明。

4. 东道国的文化环境

文化的内涵是十分丰富的，这里是指一定区域内人们所共同持有的思想、情感和行为的总和，包括语言、教育、价值取向、宗教信仰、审美观念、风俗习惯等基本因素。在特定的社会中总是包含着较小的群体，他们因其共有的生活经验和环境而共有相似的信仰与价值观念，被称为次文化。次文化可分为四种类型：民族次文化、宗教次文化、种族次文化和地理次文化。了解文化环境的基本方面，对国际企业的生产经营活动具有重要的影响。国际企业在不同国家的活动应当与每个社会的文化特质保持一致，产品分销渠道也应根据当地条件进行不同的规划。在促销方面，尤其要注意广告内容与各国文化背景的协调，广告色彩与各国的偏好相一致。在价格策略方面，应注意各国消费者对品牌的不同偏好，选好产品所使用的品牌商标、厂商名称和产地名称。

专题拓展

吉利汽车跨国经营的环境分析

(二)母国对企业的政策环境分析

对跨国公司来说,母国对企业的政策环境研究也主要集中在母国对跨国公司的鼓励与选择政策上。

1. 母国对跨国公司的鼓励措施

母国对跨国公司的鼓励措施主要有:政府对外直接投资的保证与保险制度,用于担保私人企业在海外经营时因被东道国政府征用、没收、战争以及无法转移利润而蒙受的政治风险损失;签订投资保护条约或双边征税协议,投资国政府为本国国民在国外投资的财产,防止他们的财产被东道国没收或征用,与东道国政府签订能有效保护私人国外投资者的双边协议;制定奖励性纳税制度,投资国政府对海外投资采取低税、免税及特别折扣税等措施减少国外投资者的税赋;提供资金贷款,有些国家为支持本国企业的国外投资,通过政府银行或其他金融机构为投资者提供贷款,或给予补贴,甚至直接参与股权投资。

2. 母国对跨国公司的限制措施

跨国公司在海外投资活动中,有时会产生与其本国政府利益相矛盾的行为,为减少跨国公司可能带给本国的负效应,母国一般会采取以下限制性的措施:审查海外投资,保护本国就业机会及增加税收,限制技术外流等。

(三)国际经营环境分析

国际企业面临的国际环境是多方面的,其中最主要的有国际经济法律环境、国际金融环境。

1. 国际经济法律环境

国际企业的生产经营活动是超越一国范围的活动,必须受到国际经济法律的制约。目前的国际经济法包括国际私法、国际惯例和国际公约。而目前在国际上影响较大的国际公约又包括保护消费者公约、保护生产制造者与销售者公约、保护公平竞争公约与调整国际经济贸易行为的公约等。

2. 国际金融环境

国际金融环境包括国际外汇市场、货币市场、资本市场以及国际金融组织。国际外汇市场是指外汇交易场所(有形的外汇市场)或交易网络(无形的外汇市场),由外汇需求者、外汇供应者以及外汇买卖的中介机构组成;国际货币市场又称短期金融市场,是以商业银行为主体,经营一年以下短期资金借贷业务活动的市场;国际资本市场又称长期金融市场,是指经营一年以上资金借贷业务的市场;国际金融组织,是指那些为稳定和发展世界经济或区域性经济而进行国际金融业务的跨国组织机构。目前,国际货币基金组织、世界银行与世界贸易组织,已成为管理国际金融、国际投资和国际贸易的三大支柱。

(四)国际经营环境的评估方法

国际经营环境的复杂性迫使企业要做出正确的分析和评估,以此作为制定国际化经营战略的基础。如果掌握的信息不够准确,有可能事倍功半甚至损失惨重。不同的行业、企业，所采用的国际经营环境的评估方法有所不同。常用的评估方法有经营环境等级评分法、机会-威胁分析法、国别冷热比较法等。

1. 经营环境等级评分法

美国经济学家罗伯特·斯托鲍夫认为，在国际经营环境中有八个因素是最主要的，对环境的评价应集中在这八个因素上，评价时，设定不同的等级。对每个因素按其实际情况划分出等级并给予一定的分值，最后汇总得出某国环境的综合评价。这八个主要因素是：①资本回收限制；②外商股权比例；③对外商的管制和态度；④货币稳定性；⑤政治稳定性；⑥关税保护倾向；⑦当地优惠措施；⑧近5年的通胀率。

2. 机会-威胁分析法

国际经营活动中的风险远比国内大，主要有政治风险和外汇风险，尤其要注意对外汇风险的预测和回避。外汇风险有三种类型：交易风险、换算风险和经营风险。对不同类型的风险应采取不同的办法进行管理。

3. 国别冷热比较法

美国学者伊西阿·利特法克和彼得·拜廷根据从美国、加拿大、埃及和南非等国大批工商界人士那里搜集到的大量有关影响海外经营活动因素的资料，归纳分析，从中选出了影响外资企业经营的七个主要因素，并据以判定一国的经营环境。他们认为，各国经营环境有"冷""热"之分，而一国经营环境的"冷""热"程度则取决于该国七个因素的"冷""热"情况，他们还站在美国投资者的立场上，对10个国家经营环境的"冷""热"状况进行了评价。这七大因素具体如下。

(1) 政治稳定性。在政局稳定、政府得民心、鼓励私人经营时，此因素则为"热"因素。

(2) 市场机会。在市场容量大、顾客购买力强并欢迎本公司产品或劳务时，此因素为"热"因素。

(3) 经济发展水平与成就。当一国经济发达、效率高时，则该因素为"热"因素。

(4) 文化一体化程度。当国内文化差异小，各阶层所信奉的处世哲学、人生观与目标接近，消费习惯与产品偏好等方面接近时，该因素为"热"因素。

(5) 法律阻碍。当国内法律繁杂，对外资有限制性条款时，该因素为"冷"因素。

(6) 自然阻碍。当国内地形复杂，交通不便时，此因素为"冷"因素。

(7) 地理和文化与投资国的差距。两国距离远，文化差异、社会观点和语言差异大时，此因素为"冷"因素。

表11-1所示的是伊西阿·利特法克和彼得·拜廷当时根据10国七个因素的"冷""热"情况，站在美国投资者的角度对各国经营环境的优劣排的位次，以加拿大最佳，埃及最次，日本居第4位。由于母国与东道国之间的地理与文化差距是影响经营环境优劣的因素之一，并且不同行业、不同企业投资者的眼光有或多或少的差异，因而对于同一东道国，不同国家的企业所评价的结果会有出入，同一母国不同行业、不同企业的评估结论也可能不一致。例如，就德国和新加坡而言，美国企业可能认为德国较佳，而日本企业可能认为新加坡的环境优于德国。

表 11-1 美国企业对 10 国环境的冷热评价

国 别		政治稳定性	市场机会	经济发展水平与成就	文化一体化	法律障碍	自然障碍	地理文化差异
加拿大	热冷	大	大	大	中	小	中	小
英国	热冷	大	中	中	大	小	小	小
德国	热冷	大	大	大	大	中	小	中
日本	热冷	大	大	大	大	大	中	大
希腊	热冷	小	中	中	中	小	大	大
西班牙	热冷	小	中	中	中	中	大	大
巴西	热冷	小	中	小	中	大	大	大
南非	热冷	小	中	中	小	中	大	大
印度	热冷	中	中	小	中	大	大	大
埃及	热冷	小	小	小	中	大	大	大

从以上几种分析方法可知，企业在对环境的分析中需要收集大量的资料和信息，大的跨国公司可以自己建立一套完善的信息网络并随时随地对环境进行监测；中小企业则可以通过一个公共的咨询机构获取有关信息，如美国 Planning Review 杂志每年公布各地区的政局稳定指数、商务风险指数、国际政治风险预测等数据。

第三节 企业国际化经营战略的模式与选择

完成了对国际经营环境分析之后，便要进行战略规划。企业实行国际化经营往往在全球有多个目标市场，如何对多个目标市场的经营战略进行规划，会成为一件极为关键的事情。

一、企业国际化经营战略的模式

总的来说，国际化经营战略规划一般有以下四种模式。

1. 国际市场组合战略模式

国际市场组合战略模式是由哈雷尔(G.D.Harrell)和凯尔弗(R.O.Kiefer)提出的，如图 11-1 所示。

国际市场组合战略模型纵坐标为"国家吸引力"，表示一国的市场规模、市场发展速度、政府管制的类型及程度以及经济、政治等多种因素综合而成的吸引力；横坐标为"产品竞争优势"，指的是产品的市场份额、适应性、边际贡献及市场支持等优势。通过矩阵组合，可得到四种战略：①投资-成长战略；②控制-多元合资战略；③选择战略；④丰收-多元组合-许可证战略。

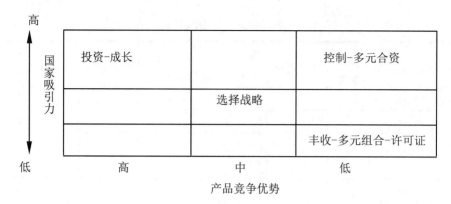

图 11-1　国际市场组合战略

需要指出的是，这个模型对于全球性市场的行业不太适用，而比较适用多国市场的行业。

2. 盈利-合法性模式

与上述思路不同的是，盈利-合法性模式主要考虑盈利性和合法性两个指标。横坐标盈利性是指国际经营活动能为公司带来的收益增加、成本减少或稳定性；而纵坐标合法性则是指国际经营活动与东道国的法规、政策、文化、习俗等环境要素的适应程度。该矩阵组合后形成四种战略，如图 11-2 所示。

		盈利性	
		首要	次要
合法性	首要	地区中心主义	多中心主义
	次要	本国中心主义	全球中心主义

图 11-2　盈利-合法性战略组合

这四种战略分别如下。

(1) 本国中心主义：以本国为核心，集中控制本国管理人员与技术等，完全当地化。
(2) 多中心主义：努力使分公司或子公司适应当地的经营环境，管理分散。
(3) 地区中心主义：按一定的区域划分和配置资源，管理既集中又分散。
(4) 全球中心主义：在全球范围内配置资源，管理既集中又分散，但是形成网络。
由于这四种战略的英文单词的首字母可以连起来，所以又称为 EPRG 模式。

3. 价值链模式

(1) 价值链和国际分工。由于价值链中各环节所要求的市场要素差异很大，而各国之间的生产要素禀赋又不一样，因此就有必要将价值链各个环节放在拥有其所需的生产要素的国家中。例如，汽车产品的研究和开发环节需要高等教育人才，而装配环节则需大量普通工人，于是出现了美国向墨西哥出口汽车零件，然后从墨西哥进口整车。

(2) 企业要控制价值链上的关键环节，并保持在该环节的竞争优势。这样企业必须将有些环节保留在企业内，多数环节通过各种形式放在企业外部。因而在有些环节企业必须采取直接投资或控股的形式生产，而有些环节可以通过技术转让、市场采购等形式。

(3) 一个国际企业必须决定哪些可以安排在国内，哪些应安排在国外；哪些该集中，哪些该分散，即在全球范围内如何布点。集中布点有利于降低成本，最大限度地利用特定国家的比较优势以及获得"经验曲线"效应。分散布点的好处是灵活性强，有助于降低风险，但是协调比较困难。

4. 横向、纵向和混合发展模式

横向发展是指国际企业将其在母国生产和经营的同类产品转移到别国生产，即母公司和子公司在世界各地生产经营同种或同类产品。采用横向发展的国际企业一般拥有著名品牌或单一产品和技术，追求产品在世界的市场占有率。例如，雀巢咖啡，在世界许多地方都生产、销售咖啡产品。

纵向发展是指母公司和子公司产品和业务不同，但是都处在同一生产链上。纵向发展对国际企业具有如下优点。

(1) 确保资源供应的稳定性。
(2) 生产过程内部化，可降低交易成本。
(3) 提供转移定价、灵活生产的机会。
(4) 降低政治风险，防范国有化。

混合发展是上述两者的结合，其优点在于寻找更多机会和分散经营风险。

二、企业国际化经营战略的选择

以上介绍的战略模式均有自己的利弊和适用条件，选择何种模式取决于国际企业所处的环境以及自身的实力，一般需要从以下几个方面考虑。

1. 国际企业所处的发展阶段

一般来说，处于初级发展阶段的国际企业多选择横向发展模式，以本国为中心，其原因在于企业处于国际化的初期，尚需借助母公司的现有生产技术和经营管理经验。而中级发展阶段的国际企业则倾向于选择纵向发展模式以及多中心主义，因为此时企业一方面在国内的业务有比较稳固的销售地区，另一方面也有一定的海外经营的经验和基础，有条件向相关的部门和行业发展，同时由于海外事业的发展，总公司倾向于给子公司更多的自主权，倾向于多国中心。高级阶段的国际企业一般选择混合发展模式，以及地区中心或全球中心，因为对于这样的国际企业来说，本国、本地区和本行业已无多大的发展空间，而相关的行业或部门不是已经具有了一定的优势地位，就是因为缺乏吸引力而不想进入，因而选择其他不相关或关系不大但有前景的部门和业务就成为必然的选择。当然，其相对雄厚的技术资金、管理经验和人才也提供了这种可能性。

2. 企业实力

企业实力是企业资金、技术、生产、管理和人才开发的综合。实力强的国际企业，倾向于选择混合发展模式和纵向发展模式，而实力较弱者则选择横向发展模式。

3. 企业所在行业或部门的特点

企业所在部门或行业的特点以及企业目前业务和产品性质也会影响对战略模式的选择。例如，有的行业或部门拥有较大的经营发展空间，而该行业或部门又符合社会发展趋势，在此情况下，国际企业在原有业务上打下较好的基础以后，会倾向于选择横向发展战略，在相近的业务领域内寻求发展，从而也增加了成功的可能性。反之，如果企业原来所在的行业或部门已无大的经营发展空间，且该行业或部门无大的发展前景可言，则企业会倾向于选择混合发展或纵向发展战略。

4. 国际经营环境

当国际经营环境比较宽松，经济处于较景气的发展阶段时，国际企业会更多地选择更富有扩张性的混合发展模式，以求把握更多的发展机会。而当经济处于不景气时期，国际企业则倾向于选择自己较熟悉的行业或部门进行横向发展，以等待时机，再图发展。

5. 进入其他行业障碍及有关法律法规限制

当进入其他行业或部门开展经营的障碍太多，或者难以克服，此时，国际企业会倾向于选择横向发展模式。但是，当国际企业采用横向发展模式在相邻的产品或业务领域拓展，受到本国法律或反垄断法限制时，它会转而考虑纵向发展模式或者混合发展模式。

第四节　企业国际化经营战略的规划与控制

一、企业国际化经营战略的规划

企业国际化经营战略规划，是指企业在全面评估自身拥有的各种资源、基本使命和目标的基础上，根据变化着的国际环境采取相应的对策，以实现企业目标的系统程度和方法。

(一)企业国际化经营战略规划的内容

1. 内部环境分析

内部环境分析是规模企业未来发展的起点和基础，包括企业内部对实现企业目标有意义的各种资源，具体如下。

(1) 人力资源。企业现有各类人员的数量、质量、结构、增减变动等。
(2) 管理能力。管理思想的科学性、管理组织的高效性、管理手段的现代性。
(3) 技术资源。如技术现状、发展潜力等。
(4) 财务资源。如筹资能力、资金转移能力、财务管理先进性等。
(5) 市场营销能力。如本企业市场占有率及增长率、分销渠道、销售促进手段等。
(6) 物质资产。
(7) 社会形象。
(8) 对信息的敏感性及信息沟通的能力。

对以上企业资源分析和评估产生的结果，可依据一定的方法用来评估各业务的吸引力，从而决定对各业务的战略，这些方法主要有波士顿矩阵分析法、战略性业务规模方格分析法、利润效果分析法(PIMS 法)等。

2．外部环境分析

外部环境分析以纵向和横向两个方向来展开，具体如下。

(1) 纵向分析，包括三个层次：①全球性一般环境分析，主要指全球政治、经济、科技、国际分工等状况和动向的分析和把握；②区域性的环境分析，如区域经济集团对外的政策、成员之间关系等的分析研究；③特定国家、具体市场环境的专门分析。

(2) 横向分析，主要指从政治、法律、社会、文化、市政设施、自然地理条件等不同侧面来分析全球及某一具体国家的环境情况。

3．目标分析

目标分析主要包括以下三个层次。

(1) 企业的根本性目标，即企业的宗旨或基本使命。

(2) 长期目标，即用粗线条描绘企业未来发展的主要方向和主要发展阶段，以及各阶段的主要任务和完成任务的途径。

(3) 年度目标或短期目标，它较之以上两种目标具体，具体指明了企业在某时期内、某个具体领域内要达到的目的。

4．经营战略和策略

为将以上目标贯彻落实，必须制定经营战略和策略，要求其必须既能充分利用和发挥企业的资源优势，又能适应环境变化的要求。

5．组织实施计划

组织实施计划内容主要有两项：①确定整个战略规划实施上的整体安排，如实施的时间、阶段、分阶段目标、资源调配等；②建立对战略规划实施过程的检查、监督和调控机制。

(二)国际企业战略体系的构成

国际企业要实现战略规划中提出的各种目标，必须在战略上解决以下问题：一是产品战略；二是竞争和联合战略；三是成长战略；四是公共关系战略。这些内容和市场进入战略、人事战略、财务战略等一起构成了一个完整的国际企业战略体系。

1．产品战略

国际企业产品战略的任务是决定究竟是生产一种适合于所有市场的标准化产品有利，还是根据各个细分市场的具体要求生产差别化的产品更为有利。

1) 产品标准化

产品标准化是指企业只生产一种主要产品，将这种开发生产成功的产品原封不动地推广到其他国家和地区的市场上，即产品不变，销售地变。

以下情况采用产品标准化策略会带来利益。

(1) 产品的寿命周期比较短。在这种情况下，如果采取差别化策略，则在产品差别化上的投资或费用支出较大，在产品有限的寿命周期之内有可能难以回收投资；而如果实行标准化，则可以降低投资费用，在短时期内投资者可以尽可能地获得利益。

(2) 消费者对产品的功能要求是一致性的。在这种情况下，实际上有可能以标准化的产品来满足不同的市场，使不同地区或不同层次的消费者需求都能得到满足。

(3) 产品在世界各地有标准一致的商标或品牌。消费者确信该品牌产品质量的一致性。

(4) 在产品需要大量的售后服务的情况下，采用标准化产品可以大大减轻售后服务负担的复杂性，使企业有可能组织起更有效的售后服务，并通过售后服务使自己区别于其他企业。

(5) 产品在技术上适用于大规模生产，存在规模经济利益。

2) 产品差别化

产品差别化战略就是国际企业根据各个目标市场的不同特点和要求，开发、生产相应的产品，推向不同的市场。产品差别化是保持竞争优势的重要手段之一。

影响和决定国际企业采用产品差别化的因素主要有以下几个：①生产力发展水平的高低；②各国自然地理方面的差异；③各国或地区社会文化方面的差别；④各国或地区消费水平的差别。当然，采用产品差别化战略除了要考虑市场和消费者的影响外，还要充分考虑企业自身实力等因素，以选择合适的产品战略。

3) 产品标准化和差别化战略的选择

选择产品标准化或差别化战略时，必须考虑如下因素。

(1) 公司资源的充足程度。当资源不足时，厂商采用产品标准化，能达到降低成本的效果。

(2) 产品的同质性。对于同质性产品，如水泥或钢铁，较适于采取标准化战略，而对于那些可作不同设计的产品，如照相机、汽车等，则更适宜产品差别化。

(3) 市场的同质性。如果购买者均有大致相同的口味，而且每一时期内采购相同的数量，对营销刺激的反应也基于一致，则适于采用产品标准化战略。

(4) 产品在生命周期中的不同阶段。在产品寿命周期的介绍期，该产品在市场上是新颖的，应采用产品标准化战略，是谓"人无我有"。在成长期前阶段，市场上竞争对手少，仍应用产品标准化战略，向全球推广。在成长期后阶段，竞争对手开始发出挑战，此时应考虑产品的优质和质量的稳定性，是谓"人有我优"。在产品成熟期以后，由于竞争开始激烈，竞争对手样式多变，此时就应采用差别化战略，根据各细分市场的情况设计生产不同特色的产品，以满足市场需求，是谓"人优我新"。

(5) 竞争对手的产品战略。当竞争对手均在积极地进行产品差别化以适应各细分市场需要时，仍沿袭产品标准化无异于置身于危险之地。相反，当竞争对手都实行产品标准化时，推行差别化的厂商将会获利。

2. 竞争和联合战略

1) 国际企业的竞争战略

迈克尔·波特在其《竞争战略》一书中，把公司可推行的基本战略分为四种：三种取胜战略和一种失败战略。如果公司获得成本领先、产品高度区分或市场集中的优势，则它们就能得到一个高的报酬率；如果公司推行一种中间道路的战略，即样样都做一点，但没有一样是突出的，则它们只会得到平均或低于平均的报酬率。

竞争战略取决于公司的规模以及它在行业中的地位，大公司可以采取的某些战略小公司可能负担不起，而小公司在审时度势之后同样能找到与大公司相媲美甚至更胜一筹的战略。在这里可依据各公司在行业中的表现，把它们分为市场领先者、市场挑战者、市场追随者和市场补缺者。

(1) 市场领先者战略。绝大多数行业都有一个被公认的领先者，这个公司在相关的产品市场中占有最显著的份额。它通常在价格变化、新产品引进、分销渠道和促销上，对其他公司起着示范和领导作用。例如，通用汽车公司、柯达公司、可口可乐公司、吉列公司、国际商用机器公司在各自的行业中，都是公认的市场领先者。作为一个市场领先者公司，如果想要保持领先地位的话，必须从扩大总市场、保持市场份额、扩大市场份额三个角度去选择其竞争战略。

(2) 市场挑战者战略。一些在行业中位居前列、实力强大而又不是市场领先者的居次者公司，可以采取以下两种姿态中的一种：一是可以攻击市场领先或者其他居于其前列的公司，以夺取更高的市场份额，这类公司可命名为市场挑战者；第二类是参与竞争但不扰乱市场局面，并不强烈希望竞争位次，这类公司可命名为市场追随者。

市场挑战者在选择经营战略时，应考虑以下问题。

① 确定竞争目标。一个挑战者可以在以下三种类型的公司中选择一种作为竞争目标：一是选择市场领先者。这是一个既有高度风险又有潜在高报酬的战略，如果市场领先者相对优势较为微弱，或者市场上消费者未被满足的需要或不满很多，这种战略将很具吸引力。二是选择目前经营过程有一定困难(如顾客意见集中)、规模与自己相仿的公司。这需要充分摸清对方的实力，把握消费者动态，抓住机会，务求取胜。三是选择规模和实力比自己薄弱，尤其目前经营过程中存在困难的小公司。

② 国际企业在选择对手和确定目标时，需要做系统的竞争分析。在考虑全球范围内的竞争对手时，需了解全球范围内的竞争对手，尤其是与之相仿的其他同行业国际性企业的状况和表现。在考虑某国或某地区的竞争对手时，需了解该国或该地区现在的主要竞争对手的状况和表现，同时还要考虑到该市场潜在的，尤其是有明显意图的进入者的状况，以便通过分析，确定竞争目标，制定竞争战略。

③ 选择进攻战略。在清楚了对手和目标以后，就要选择一种或一种以上的挑战方式，即进攻战略。主要有以下五种。

一是正面进攻战略。挑战者集中兵力正面指向其对手，如富士向柯达挑战，它攻击的不是对手的弱点，而是其实力所在。因此，除非实力较对手有优势，起码和对方实力相当，否则一般不采取这种战略。其具体的竞争手段有：针对对方出价，出一个更低的价，迫使对方降价，打"价格战"；进行研究开发以降低成本，取得竞争优势；大规模做广告，以促销取攻势。

二是侧翼进攻战略。挑战者集中进攻对方的侧翼或后方的弱势部位。这种弱势部位可以是本国或世界上对手表现不佳的某个地域，还可能是未被市场领先者或其他强有力的公司所覆盖的市场。

三是包围进攻战略。挑战者在几条战线上同时发动进攻，使对方必须同时防守其前方、边线和后方。包围进攻只能在与对手相比有资源优势，并相信包围可以有效地瓦解对方的防线时，包围战略才有意义。

四是绕道进攻战略。绕道进攻是最间接的进攻战略，即绕道寻找并攻击较容易进入的市场，以逐渐扩大自己的市场基础。

五是游击进攻战略。它对资本不足的小公司适用，对对手的不同领域进行不同形式的、断断续续的攻击，以骚扰对方，使其士气低落，并借此获取据点。

(3) 市场追随者战略。并非所有的行业中有实力者都会向市场领先者发起挑战，往往有许多有实力的公司，由于考虑到自身定位、竞争代价和可能导致的报复等原因而选择做出市场追随者的战略。市场追随战略有以下几种。

① 紧紧追随。追随者在尽可能多的细分市场和营销组合中模仿领先者，但避免直接冲突。

② 保持一段距离地追随。追随者保持一定距离，但又在主要市场和产品创新、价格和分销上追随市场领先者。

③ 有选择地追随。这类公司在有些方面紧跟领先者，但在有些方面、有些时候又走自己的路。

市场追随者成功的关键在于主动细分市场和集中精力，着重于盈利而不注重市场份额与有效的研究开发。

(4) 市场补缺者战略。几乎每一行业都有许多小公司为市场的某些部分提供专门的产品或服务，它们避免同大公司冲突。市场补缺者战略的关键思路是"专门化"，公司必须在市场、顾客、产品或营销组合策略上实行专门化，以获得同实力强的公司相比较的相对优势。

2) 国际企业的联合战略

在一些特定的条件下，国际企业之间也可以寻求一定的联合。国际企业的联合主要是基于以下考虑中的一种或多种。

(1) 由于高新技术的发展，企业研究和开发一种新产品，或进入一新领域的费用巨大，因此一些大的国际企业经常联手进行开发。

(2) 有的国际企业基于经营多样化的考虑而进入一个新的领域，由于对该领域的技术、市场等把握不大，因而多个国际企业以战略合作方式进入。国际企业之间的联合战略方式有技术开发联盟、合作生产联盟、市场营销与服务联盟、多层次合作联盟及单边与多边联盟等。

① 技术开发联盟。这种联盟的具体形式有多种，如在大企业与(中)小企业之间形成的技术商业化协议。即由大企业提供资金与市场营销力量等，而由小企业提供新产品研制计划，合作进行技术与新产品开发。又如合作研究小组，将各方面研究与开发的力量集中起来，在形成规模经济的同时也加速了研究开发的进程。与此类似的还有联合制造工程协议，即由一方设计产品，另一方设计工艺。

② 合作生产联盟。合作生产联盟即由各方集资购买设备以共同从事某项目生产。这种联盟可以使加盟各方分享到生产能力利用率高的益处，因为各参与方既可以优化各自的生产量，又可以根据供需的不同对比状况，及时迅速地调整生产量。

③ 市场营销与服务联盟。合作各方共同拟订适合合作者所在国或某地特定市场的市场营销计划，从而使加盟各方能在取得当地政府协助的有利条件下，比其他潜在竞争对手

更积极、更迅速地占领市场；加盟各方也可以经由这种联盟形成新市场，使竞争不至于因各方力量相差悬殊而趋于窒息。

④ 多层次合作联盟。这种联盟实际上是各种联盟形式的组合，即由加盟各方在若干领域内开展合作业务。企业加入这种联盟可采取渐进方式，从一项业务交流发展到多项合作。

⑤ 单边与多边联盟。它是按所处地域以及合作网络的形式而区分的战略联盟。市场营销与服务联盟大多为单边联盟，即两国、两企业的联合，因为市场营销协议总是针对某个特定国家的消费及其市场的。

3. 成长战略

国际企业的成长战略，是指国际企业在发展、改组和联合等方面采取的方法和手段。国际企业的成长战略与企业成长战略模式基本相同，在此不再赘述。

4. 公共关系战略

1) 构成公共关系战略的三个要素

(1) 姿态。国际企业采用何种姿态出现在公众面前，是十分值得研究的。高姿态容易引发对方的民族主义情绪，产生反效果。而如果采取低姿态，则又贬低了自身的地位和实力，不利于在当地开展竞争。

(2) 影响渠道。国际企业可以由自己执行公共关系策略，也可以通过非商业性的中间机构(如大学、研究所或公共传播媒介)来执行公共关系策略。有时企业直接面对社会公众开展公关活动会给人以自我吹嘘之感，不如由中间机构去进行更显得公正、客观，从而比较容易为社会公众所接受。

(3) 沟通的手段。实行公共关系战略的方法可以多种多样，主要有下列几个：①参与或支持外界的调查和研究，以证明某项公共政策的利益或成本可行性；②向公众团体及有影响力的个人表达意见；③在刊物、电台或电视台购买定位与时间，就某一公共争端提出自己的意见；④向慈善事业、医院等非营利性机构捐赠资金与物资；⑤与公、私团体磋商、谈判，以改善国际企业的处境；⑥重组国际企业的结构，以适应大环境的变化；⑦主动提供援助，以解决某些公共问题或帮助当地社会的发展；⑧对国际企业内部和外部的"公众"发表政策声明，或对企业的业绩、社会活动以及对当地经济的贡献提出说明，或出版公司内部刊物。

2) 国际企业所采取的主要公共关系战略

(1) 与东道国政府的公共关系战略。国际企业对东道国政府的公共关系战略目标包括：避免国有化，避免歧视性待遇，企业的合法活动能得到东道国政府的理解、合作和支持。

为了实现这一目标，国际企业在处理与东道国政府的关系时必须注意以下几点。

① 必须全面了解和深入分析东道国政府的有关法律和政策，把企业在东道国的活动严格限制在东道国法律和政策允许的范围之内，避免因触犯东道国的法律政策而受到制裁。

② 密切注意东道国的政局变化、各党派的政治经济主张以及东道国的民族主义情绪，在上述方面发生不利于本企业的变化时，企业在东道国的经营活动应采取低调处理方式。

③ 企业经营业务的选择，在考虑本企业发展战略的前提下，应尽量符合东道国政府的产业发展政策。本企业对东道国政府的吸引力越大，与之打交道时的地位也就越高。

④ 在可能的情况下，为东道国的社会公益事业做出贡献，这有助于缓和与消除东道国当地人民对外来者的排斥心理，争取他们在感情上的认可，并由此影响东道国政府的态度。

⑤ 与东道国政府的有关部门保持经常的联系与接触，增强双方的理解与沟通。这样做一方面可以随时了解东道国政府的态度及其目前所存在的困难，另一方面也可以让东道国了解本企业的生产经营状况，解除其存在的疑虑。

⑥ 将在东道国投资的外国企业联合起来，建立类似于"外商投资企业协会"的组织，这样可以提高企业在与东道国政府对话中的地位。

(2) 对东道国当地竞争者的公共关系战略。在与东道国的当地竞争者的关系上，从竞争优势这个角度看，国际企业的优势一般体现在技术、管理、资本、销售、成本等方面，而当地竞争者的优势主要是天时、地利、人和。在一般情况下，国际企业可以击败对手获得竞争的胜利。但是，在这种情况下的竞争胜利对国际企业来讲并非是最佳结果，它有可能带来负面影响。当地竞争者可以利用东道国民众的民族主义心理，进行排外宣传，对东道国政府施加压力，迫使政府采取措施以对国际企业在当地的经营活动加以限制，在极端的情况下甚至会导致国有化。

有效的公共关系策略是把与当地竞争者之间的竞争关系转变为协作关系，把对立的利益主体转变为利益共同体。如果不能实行这一转变，必须展开直接竞争时，可行的战略是：在业务上尽可能发展与无竞争关系的东道国的其他企业的协作关系，以此来制约东道国当地的竞争者，这种协作关系对东道国的其他企业越是需要和重要，对当地竞争者的制约也就越有效。

除此之外，还可通过建立和发展良好的社区关系作为辅助策略。

东道国的社区对国际企业在当地经营的影响主要体现在以下两个方面：①社区向企业提供市政设施服务；②社区向企业提供社会生活环境，如公共卫生、社会治安、文化教育、商业服务等。

由于社区是国际企业在东道国的主要活动场所，而企业所雇用的当地职工的家庭也大多在社区里，因此社区与国际企业在当地的生产经营活动有多方面的联系。国际企业在当地社区的社会形象应该是：是社区社会规范的模范执行者，是社区建设的热心支持者和参加者，是社区发展的积极推动者。为了实现这一公共关系战略目标，国际企业须做到以下几点：①要了解、适应和执行社区已形成的社会文明规范；②积极参加社区建设，为社区发展做出贡献，使社区的公众感到他们能够分享企业发展的利益；③在可能的情况下，企业的业务经营要照顾到本社区，以对本社区的经济发展做出直接的贡献。

(三)国际市场进入的战略

所谓国际市场进入是指国际企业将其产品、技术、资金、管理、人才、品牌等有形的和无形的资源打入国外市场的一种规范化的部署。按照美国麻省理工学院福尔曼和里奇曼的分类法，根据是否享有海外经营管理权，把国际市场进入的方式分为两大类：第一类为不享有国外管理权的经营活动，包括进出口贸易、证券投资、对东道国政府的贷款、技术授权、合同性安排、国际租赁、国际咨询；第二类为享有直接国外管理权的经营活动，包括对外直接投资、国际性服务经营、工业合作、战略联盟。从趋势上看，直接投资正取代间接投资成为最主要的国际市场进入方式。

1. 国际市场进入的战略模式

1) 商品出口

商品出口是国际经营活动的初级形式。商品出口可分为直接出口和间接出口：间接出口是通过本国的各种外贸机构或国外企业设在本国的分支机构出口；直接出口则是指企业将产品出口给国外客户，这些客户可能是最终用户，也可能是中间商。

(1) 直接出口中，企业对出口产品的经营管理保留部分或全部的控制权，企业要参与国际营销活动，如市场调查、寻找客户、办理出口手续等。

其优点是企业可加强控制，更有效地按企业自身的意图实施出口战略，有利于积累国际营销经验，培养营销人才。但是这种方式要求企业投入的资源也较多，风险也较大。直接出口形式有直接卖给用户和直接卖给国外中间商(如代理商、经销商、零售商等)两种。

(2) 间接出口中，企业的产品走出了国界，而企业的营销活动仍在国内进行，企业并不直接参与该产品的国际营销活动。

间接出口的优点是风险最低，资金、人力等资源投入较少，但是企业控制海外营销活动的能力较差。一般适合中小企业，或把间接出口作为进一步发展跳板的企业。即使像IBM和通用电气等巨型跨国公司也采用间接出口的方式渗透到某些次要市场。间接出口的方式主要有：①外贸收购；②外贸代理；③委托出口管理公司代理；④联营出口等。

2) 技术转让

技术转让又称技术授权或许可证贸易(License)，是指授权人(Licensor)与受权人(Licensee)签订合同，提供使用专有的工业产权或技术，并收取相应费用和报酬。授权的内容有专利使用权、专有技术和商标。许可的方式有独占许可、排他许可、普通许可、可转售许可等。技术转让一般比较适合中小企业，但是大公司也用来进行市场测试或占领次要市场。例如，美国安氏啤酒公司就用此战略在以色列、韩国、菲律宾等国经销百威啤酒。其缺点是可能培养出新的竞争对手，所以企业绝不能将专有技术转让于有明显竞争倾向的受权人，或必须紧紧将核心技术控制住。

3) 合同安排

合同安排又称非股权安排或契约式合营，这种方式是两国合作者建立在契约基础上的各种形式合营的总称。合同安排主要包括交钥匙工程、管理合同、国际分包合同、制造合同、工程项目合同、劳务输出合同等。

(1) "交钥匙"工程。它是指国际企业将工程项目的设计、安装、测试甚至产品销售等步骤都做好后，一揽子转让给当地企业管理。工程的客户通常是政府机构或代理人。例如，意大利菲亚特公司曾为俄罗斯建了一家汽车工厂，用的是菲亚特老车型，但品牌却是俄罗斯牌子(拉达)。这类公司一般是生产工程机械设备的，既为东道国提供设备，也提供更新部件及维修服务等。

(2) 管理合同。某国的一个企业由于缺乏技术人员和管理经验，通过签订合同交由另一国的企业进行经营管理，所签合同即称为管理合同。例如，国际希尔顿酒店承担了世界上众多国家高级酒店的管理工作，此外还有香格里拉、喜来登等。

(3) 国际分包合同。它通常指发达国家的总承包商向发展中国家的分包商订货，由分包商负责生产部件或组装成品，总承包商出售最终产品，这种合同一般为短期合同。

4) 直接投资

直接投资是指企业用股份控制的办法，直接参与目标国市场厂商的生产，并对该企业的经营管理拥有一定程度控制权的投资活动。直接投资是国际经营活动的高级形式，也是企业国际化成熟的标志，但是其风险较大，而且灵活性差，一旦受挫，可逆转性差。同时由于全面介入，管理难度更大。

从投资方式看，直接投资有以下几种常见方式。

(1) 全资子公司。跨国母公司至少持有 95%以上的股权，它是直接投资中母公司介入程度最大、控制性最强的方式。全资子公司的效率一般比合营企业高，能保守技术秘密，保证产品质量，有利于贯彻母公司的企业文化。

(2) 分公司。分公司是母公司在海外的分支机构，无独立法人地位，一般授权东道国的某公司或个人担任法律上的代理人。

(3) 合营子公司。合营子公司指母公司拥有非全部股权的子公司。母公司可能占多数股权，也可能占少数股权。一种形式是合资经营，合营双方确定股权比例，双方按股权比例共担风险、共负盈亏；另一种形式是契约式合营企业，双方不按股权，而是通过契约来规定双方的权利和义务。合营可以使双方优势互补，分散经营风险。据统计，国际合营企业与独资企业大约已达 4∶1，合营内容从合作生产原材料、零配件到合作科研，甚至合作营销。但是，合营企业的困难和问题也很多，如双方经营目标不一致、管理方式上的摩擦、文化上的冲突等都有可能使合营失败。据调查，发达国家之间合营企业的失败率高达 50%以上。合营方式适宜企业进入那些限制股权比例的国家，以减少被征用风险，并获得当地支持。

合营企业在建立方式上有两种：收购和新建。

收购方式是指通过购买另一个现有企业从而接管该企业。收购的优点在于能迅速获得生产经营所需的资源，如人才、技术和设备；另外，如果收购的是一家生产完备且具有良好营销网络的企业，则可带来很强的"协同效应"。但是，在许多国家收购企业非常困难，主要是因为很难获得候选对象的信息。美国在航空业限制外商最多只能拥有 49%无投票表决权的股票和 25%有投票表决权的股票，这也限制了收购。

新建方式是企业自己重新建立生产经营设施、安排人事，其进入市场速度缓慢，工作也比较复杂。但是可使国际企业在工厂设计、供应商选择、人员雇用等方面拥有更多的自由。例如，丰田和本田都在英国农村建立自己的汽车工厂，并雇用和培养了许多毫无经验的年轻工人。

上述几种进入战略的风险及可控程度是不一样的。间接出口风险和可控程度最低，而全资子公司的风险和可控程度最高。

专题拓展

并购为主，万达开辟国际化之路

2. 国际市场进入的战略选择

针对某个具体市场，进入战略选择可依据英国著名学者邓宁教授的"国际生产折中理论"，他认为跨国经营活动要有三个优势：①资产垄断优势；②市场内化优势；③区位优势。如果企业只具备第一种优势，宜选择非股权转让方式；如果企业具备第一、第二种优势，宜选择出口方式；只有具备了所有的三种优势，企业才能对外直接投资。因此，可得出一个市场进入战略选择的流程图，如图 11-3 所示。

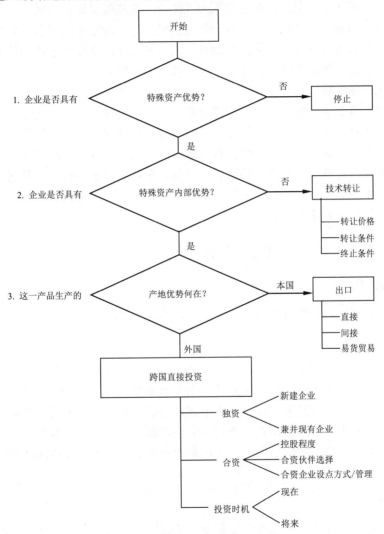

图 11-3　国际市场进入流程图

从实践来看，针对全球多个市场，国际企业进入一般采用以下三种模式。

1) 单一进入战略

许多企业的管理人员在选择市场进入方式的过程中，常常不自觉地采用一种简单化的"一刀切"方法，即不管目标市场环境如何，一律采用单一的进入方式。例如，"我们公司只考虑出口方式"，或者"我们公司的技术一概不转让"，或者"要么让我们控股，要么终止合营谈判"。这种战略方式简单,不必对环境做出细致的调查,决策过程简单明了,"以不变应万变";但是也有缺点,即可能使企业丧失许多机会,也可能在某些国家采用了错误的方式,造成"不该进的进了,该进的却进错了"的后果。

2) 循序渐进战略

循序渐进战略主张对不同的市场采取"先近后远,先易后难"的进入方式。从目标市场的选择来看,应遵循"由近及远,先熟悉后陌生"的顺序。通常是:本国市场→相邻国家市场→区域市场→全球市场;而从进入方式来看,是从低风险到高风险,从低控制程度到高控制程度,随着经验的积累,一步一步地发展。这种战略相比而言比较能适应具体环境,花费的时间和费用较少。但缺点是忽视了对企业长期战略的竞争优势的考虑,过于按部就班,有可能丧失最佳的时机,造成很大的机会成本损失。

3) 系统选择战略

系统选择战略要求管理人员对全球市场和企业本身可供选择的方式作系统分析,然后综合比较做出选择。尽管理论上比较完美,但实践中很难实施。因为这种调查分析工作量很大,对管理人员素质要求高,一般企业很难做到。例如,选择市场进入方式有时要考虑多种因素,结果各有利弊,很难直接比较。另外,在环境因素中有许多数据不完全,如消费者偏好、汇率走势等,而且估计也是非常不确定的。不过,这既是对一个高素质管理人员的挑战,也是进行创新的天地。

二、企业国际化经营战略的控制

(一)控制手段

国际企业对国际化经营战略的控制手段主要有以下几种。

1. 所有权控制

一般来说,对公司所有权的控股多少意味着对公司控制程度的大小。通过控股,使母公司在董事会成员中占绝对多数,从而控制企业重要事项的决策,使子公司的运行更能符合母公司的战略意图。但是所有权也是东道国政府敏感的问题,东道国政府会采用各种手段进行干预。这是因为,东道国担心企业被外资控制,使本国企业得不到发展。因此,所有权控制虽然是很强硬的控制手段,但并不是都能实施,要考虑东道国法规政策限制等因素的影响。

2. 人员控制

国际企业通过培养子公司忠实的经营者,加强与公司经理人员的感情交流,以及通过"文化熏陶"来实现对国外子公司的控制。主要有两种形式:个人控制和私访控制。个人控制是指国际企业让国外子公司的关键人物参与母公司的正式或非正式的组织活动,从而达到控制子公司的目的。这些管理人员一般来自东道国,他们把母公司的战略与政策更有效地同当地实际情况结合,有利于战略的实施,有利于信息的沟通和交流。私访控制则是通过旅行、考察、个人接触等私访活动,使企业内人人感到同处一个和睦的大家庭,这不仅有利于国外子公司与母公司之间的感情联络,而且有利于对国外子公司进行监督和控制。

3. 信息控制

可把国际企业看作由不同国家企业之间的资本、产品和知识交易所构成的网络，信息不断地从一个子公司流向其他公司又反馈回来，结果，国际企业越来越依赖于国际信息网络来协调它们的国际经营活动，以及实现对子公司的控制。例如，罗尔家电公司通过卫星和计算机网络与欧洲的子公司联系，欧洲每天的生产和经营状况都能反映到母公司进行分析。

4. 财务控制与评价

对国外子公司的经营业绩进行评价主要有三种技术方法：投资回报分析、财务预算分析和历史比较分析。在一项研究中，95%的企业对国外子公司采用了上述三种方法。它们指出投资回报率是最为重要的指标。

另外，转移定价也是国际企业进行财务控制的方法。据对 79 家跨国公司的研究表明，转移定价不主要用于业绩评估而是使税收最小化。例如，许多在美国有业务的日本公司，通过有意识地提高原材料的进口价格以减少在美国的利润，从而减少所得税。

对国外子公司的控制和奖励因不同性质的跨国公司而异。属于多国中心的国际企业对国外公司采取松散式的控制，对这些企业采用利润和回报率指标是不可靠的。国际企业总部主要是通过预算和非财务的业绩指标来控制，如市场占有率、生产能力、公共形象、雇员素质以及与东道国政府的关系等。而属于全球中心的国际企业则对国外公司控制得较严，为了谋取全球竞争优势，国际企业努力将一些标准化产品的生产和营销设施分散到世界各地，因而一些关键的经营决策必须集中化。国外子公司通常被视为成本中心、收入中心或费用中心，而不是投资和利润中心，因而全球性产业并不是在每个销售地区都有一套完整的生产设施。

(二)控制机制

通过对上述控制手段的组合使用，可以建立起一套国际企业对国际经营战略的控制机制。控制机制包括三个方面。

(1) 数据资料的控制机制，主要负责收集和提供与国际经营有关的数据资料。

(2) 管理人员的控制机制，负责把管理人员的愿望和自身的利益观念从对子公司自主权力的要求转变为对国际经营活动的关心。

(3) 解决争议的控制机制，负责解决设在各个国家的子公司实行必要的交易时所引起的争议。

上述三类机制的强度、可选择性、连续性及需要高层管理的支持程度各不相同，应根据企业的具体情况采用适合自己的控制机制。

狼的视野：华为国际化战略透视

本 章 小 结

本章在介绍国际化经营战略基本概念的基础上,对国际化经营战略的动因与影响因素进行了分析,探讨了国际化经营战略的模式及其选择,并详细介绍了国际化经营战略的规划与控制。

现代企业进行国际化经营主要出于利用技术领先的地位、利用规模经济优势、利用低成本的资源等六个方面的原因;企业在进行国际化经营时要分析其面临的影响环境(东道国的环境、母国对企业的政策环境、国际经营环境),并对其进行评估。常用的评估方法有经营环境等级评分法、机会-威胁分析法、国别冷热比较法等。

企业国际化经营战略规划一般有国际市场组合战略模式、盈利-合法性模式、价值链模式、横向(纵向、混合)发展模式四种模式。在选择这些模式时要从国际企业所处的发展阶段、企业实力、企业所在行业或部门的特点、国际经营环境以及进入其他行业障碍及有关法律法规限制等几个方面考虑。

企业国际化经营战略规划的内容主要有内部环境分析、外部环境分析、目标分析、经营战略和策略、组织实施计划等。要实现这些目标,必须在战略上解决以下问题:产品战略,竞争和联合战略,成长战略,公共关系战略。这些内容和市场进入战略、人事战略、财务战略等一起构成了一个完整的国际企业战略体系。

国际市场进入的模式主要有商品出口、技术转让、合同安排、直接投资等,企业在进行国际化经营时要选择合适的进入战略模式;在实施国际化经营战略时,要加强对战略的控制,可以通过所有权控制、人员控制、信息控制、财务控制与评价等控制手段的组合运用,建立起一套国际企业对国际经营战略的控制机制。

复习思考题

1. 企业进行国际化战略的原因有哪些?
2. 企业国际化经营需要分析哪些环境因素?如何对环境进行评估?
3. 企业国际化经营有哪些战略模式?如何选择其模式?
4. 企业国际化经营战略规划的内容有哪些?国际企业战略体系由哪些内容构成?
5. 企业国际化经营有哪些市场进入方式?

第十二章 企业技术创新战略

本章导读

Google 的创新之路

学习目标

通过本章的学习，应理解技术创新战略的概念及特征，掌握四种技术创新战略类型的特征及适用条件；理解选择企业技术创新战略的影响因素以及企业制定技术创新战略的基本步骤，并且能根据目前形势分析我国企业制定技术创新战略应注意的问题。

关键概念

技术创新(Technical Innovation)　　　领先者战略(Leader Strategy)
跟随领先者战略(Follow-Leader Strategy)　技术模仿战略(Technical Innovation Strategy)
细分市场战略(Subsection Market Strategy)

第一节 技术创新的概念及其基本特征

一、技术创新的概念

(一)国内外关于技术创新定义的主要观点

自 1912 年美籍奥地利经济学家熊彼特在其成名作《经济发展理论》中提出创新理论以来，国内外学者从不同角度赋予技术创新以不同的内涵，归纳起来主要有以下几种不同的观点。

1. 将技术创新视为技术或发明的商业应用的观点

这种观点以熊彼特的创新理论为代表。根据这一理论，所谓"创新"就是建立一种生产函数，把一种从未有过的关于生产要素与生产条件的"新组合"引入生产体系，其目的在于获取潜在的超额利润，他将创新的内容概括为五个方面。其问题的核心在于技术发明的市场价值，即一项创新可以看作对技术发明的商业或社会应用。熊彼特还指出先有发明，后有创新，发明创造新工具或新方法，创新是新工具或新方法的实施。只要发明还没有得到实际上的应用，那么在经济上就是不起作用的。这种看法被此后研究创新的学者所继承。比如英国苏塞克斯大学科学政策研究所所长弗里曼(C. Freeman)明确指出："创新本身可定义为将新制造品引入市场，新技术工艺投入实际应用的技术的、工艺的及商业的系列步骤……其中最关键的步骤是新产品或系统的首次商业应用。"美国经济学家曼斯菲尔德认为，创新就是"一项发明的首次应用"。厄特巴克也指出"与发明或技术样品相区别，创新就是技术的实际采用或首次应用"。我国学者傅家骥在《技术创新与企业发展》一文中说："创新就是将科技成果变成商品，并在市场上销售实现其经济价值，进而获得经济效益的过程和行为。"陈文化在《中国科技体制改革的关键：强化技术创新环节》一文中写道："技术创新是企业按照市场需求将科技成果转化为商品，并首次实现其商业价值，它是由技术创新构想、技术开发和试生产、首次实现其商业价值三个阶段相继或交织进行的动态过程。"

上述关于技术创新的观点的重要贡献体现在四个方面。

(1) 把技术创新与发明创造相区别。创新研究强调发明和设想的商业化应用及其经济价值，而创造研究关注的是如何获取具有首创性的创造发明成果。

(2) 对技术创新的过程作了明确的表述。即按照发生的先后次序，创新过程可分为三个阶段：新构想的产生、技术开发、商业价值的实现。

(3) 提出了创新是一种创造性破坏的构想。

(4) 揭示了技术创新与经济发展的密切关系，阐述了技术创新对经济增长的作用，指出技术创新是决定资本主义经济发展周期运动的关键因素。

2. 将技术创新看作由新概念的构想到形成生产力并成功进入市场的全过程

这种观点认为，技术创新包括科学发现和发明到研究开发成果被引入市场、商业化和应用扩散的一系列科学、技术和经营活动的全过程，它包括从最初的发现，直到最后商业上的成功。例如，有的学者认为，技术创新作为一种社会、经济现象，包括两种相互重叠又相互作用的要素的综合过程，即发明、首次商业应用和扩散。

这种关于技术创新的观点同前一种观点一样明确指出了技术创新以成功的市场开拓为目标导向，以新技术的设想引入为起点，体现了融科技与经济为一体的思想。但认为创新仅是创造的同义语，把科学发现、技术发明和技术扩散也纳入技术创新范畴，将技术创新拓展为整个科技活动，又是不恰当的。因为：①创新不同于创造；②技术创新不等同于整个科技活动，或者说技术创新只是整个科技活动的一个特殊阶段。1988 年联合国经济合作与发展组织（OECD）在《科技政策概要》中就曾指出："技术进步通常被看作一个包括三种互相重叠又相互作用的要素的综合过程；第一个要素是技术发明，即有关新的或改进的技术设想，发明的重要来源是科学研究；第二个要素是技术创新，它是指发明的首次商业化应用；第三个要素是技术扩散，它是指创新后被许多使用者采用。"

3. 把技术创新理解为技术与经济和社会的有机结合的观点

这一观点主要以 20 世纪 80 年代美国经济学家罗默（P. Romer）提出的新经济增长理论为代表。它明确提出："新技术是经济的内在要素，经济增长内含着技术创新的基本过程，正是这一过程，才能保持经济的增长。"技术进步在很大程度上是经济的内生变量而决不是什么外生变量，因而完全可以直接作经济分析。最有代表性的是索洛（R. Solow）用总量生产函数的方法对技术的变迁在经济增长中的贡献所做的定量研究。美国管理学家德鲁克（P. F. Drucker）则进一步发展了创新理论，他认为创新有两种：①技术创新。它在自然界为某种自然物找到新的利用，并赋予新的经济价值。②社会创新。它在经济与社会中创造一种新的管理机构、管理方式和管理手段，从而在资源配置中取得更大的经济价值和社会价值。我国著名学者陈昌曙也指出"必须把技术创新看作科技成果向社会生产力转化的社会化过程"，技术的体系化与社会化是技术创新的本质特征。所谓技术的体系化就是技术发明的成果必须与其他一系列技术相匹配，形成产业技术，才能生产出产品和商品；所谓技术的社会化即是技术创新的活动与目的必须在一定的社会经济条件下才能实现。这样，技术创新就不仅仅是一个纯技术的过程，而又必然是社会的和经济的过程，也就是一个技术与经济和社会相结合的过程。

这种关于技术创新的理解阐明了技术创新是技术发明同社会经济相结合的过程。它告诉人们，技术发明只是提供了实现技术目的的可能性，这种可能性要转为现实性，必须满足社会经济性的要求，即一项发明只有在一定的经济社会条件下才能变为产业技术。由于他们从经济的社会条件出发时对技术创新作了较充分的阐释，从而摆脱了技术作用于经济的线性模式。

(二)本书对技术创新的定义

综合以上各种观点，并结合我国目前的国情，本书对技术创新的定义为：技术创新，是指企业应用创新的知识和新技术、新工艺的过程，采用新的生产方式和经营管理模式，提高产品质量，开发生产新的产品，提供新的服务，占据市场并实现市场化的一系列活动。

理解时应把握以下几点。

(1) 该定义强调了企业作为创新主体的地位。要使企业真正成为技术创新的主体，就必须使企业成为技术创新的决策主体、资金投入主体和获取利益的主体。

(2) 该定义对技术创新的手段也作了界定。技术创新的手段是创新主体认识活动和实践活动依赖的方法和技术，即应用创新知识、新技术、新工艺、采用新的生产方式和经营管理模式。

(3) 该定义还体现了技术创新的目的。提高产品质量，开发生产新的产品，提供新的服务，占据市场并实现市场价值。技术创新是发展高科技、实现产业化的重要前提。

二、技术创新的基本特征

技术创新作为一种技术经济活动，主要具有以下几个基本特征。

(一)连续性

由于技术创新是一个涉及不同内容、经过若干阶段的过程，而且在这一过程中，各个阶段、各个环节有着内在的联系，其表现为不同环节相互有机联系，不同阶段彼此衔接。因此，从技术创新的发展来看，任何技术创新活动都是以前面的创新成果为基础，呈现出创新的连续性。一旦技术创新的连续性受到阻碍，技术创新的风险就将增大，甚至导致技术创新活动的失败。当一项技术创新成果之后没有新的技术创新成果出现，经济的发展就将进入停滞状态并导致经济衰退。

(二)跳跃性

技术创新的跳跃性是指在技术创新过程中，由于新技术代替了旧技术，新技术原理相对旧技术原理发生本质变化,使技术功能及其实现程度发生质的飞跃。技术创新的这种跳跃性往往导致技术升级,呈现技术发展的阶段性。例如,电子管代替晶体管,使电器性能大大提高,出现了所谓"袖珍时代"。在此之后,集成电路代替普通晶体管电路,使有关电器设备性能又有很大提高,而体积迅速下降,出现了"微型化时代"。

(三)风险性

由于技术创新活动具有试验性质,其中各个阶段与环节都包含着不确定性因素,从而使技术创新呈现出高风险性。世界各国的技术创新实践表明,创新成功的概率往往小于失败的概率。即便是工业发达国家,技术创新项目在进入市场之前,夭折的比例也远远高于成功的比例。国外学者曾对 91 项技术创新进行了调查,其情况见表 12-1,成功的项目为 29 个,约占总数的 1/3,失败的项目为 62 个,约占总数的 2/3。由此可见,技术创新成功率低是其风险性的主要特征,这就使相应的技术创新投资带有较大的风险性。

表 12-1 91 项研究项目成功与失败情况

项目	调查的研究开发项目	成功的项目	失败的项目	
			技术性失败	非技术性失败
数量(个)	91	29	15	47
比例(%)	100	32	16	52

(四)资产性

技术创新作为一种科技开发与生产经营活动相互渗透的交叉性实践活动,不管其层次规模如何,都需要有一定数量的资金投入,用于添置、更新改造设备和设施,购买原材料等;否则,难以实现预期的目标。所以,从这一意义上讲,技术创新具有资产性。但是,技术创新的资产性不仅表现为在研究开发与商业化生产上投入大量的资金,而且成功的新技术本身就是一笔宝贵的无形资产。

(五)高效性

每一次成功的技术创新,伴随着一定人力、物力和财力的投入,都能取得较大数量的物质、信息或货币收益。一般来说,技术创新的投资与其收益相比是非常有利可图的,研究与开发的支出和直接收入之差也是非常可观的。事实上,研究与开发的收入只包括技术本身的转移(如专利、产品制造、许可证、技术诀窍等)和技术服务(如培训、咨询等),如果把技术扩散所带来的间接经济效益和社会效益估算进去,研究与开发或技术创新的收益会更大。

专题拓展

格兰仕:从规模优势向品牌与技术优势突破

第二节 技术创新战略的概念、特征和类型

一、企业技术创新战略的概念

所谓技术创新战略是指企业在正确地分析自身的内部条件和外部环境的基础上所做出的企业技术创新总体目标部署，以及为实现创新目标而做出的策划和根本对策。它是整个竞争战略的一部分，并且必须与其他战略协调起来。

企业的技术创新战略主要解决以下几个问题：①应研究开发何种技术；②应在哪一领域寻找技术领先地位；③技术转让的方式；④技术创新合作的方式。

当然，在不同层次的经营单元之间，企业的技术创新战略有所不同。在同一层次的经营单元之间，由于面向的市场、顾客、技术成熟度、地理位置的不同，技术创新战略也会各不相同。

在最小的企业经营单元，如某一产品分部，技术创新战略的基本要素有：①集中技术资源；②鼓励在特定产品领域确立领先地位；③在短期与长期的项目之间保持平衡；④购买其他部门和应用本部门技术的政策；⑤融资和人员配备。

对企业整体而言，技术创新战略的构成要素有所不同，它应具备以下内容：①有一个更远的经营眼光；②致力于开发对各经营单元通用的技术；③确定核心技术对公司的重要性；④预测企业的技术需要；⑤确定知识产权的重要程度和制订保护措施；⑥考虑技术如何在企业内各个部门间转移。

二、企业技术创新战略的特征

企业技术创新战略一般有以下几个特征。

(一)长远性

技术创新战略虽然立足于企业当前的状况，但它所规定的是较长时期内企业技术未来发展的方针、政策和措施，不仅影响企业近期效益，而且可对长期竞争力、效益产生深远影响，因此，具有较深远的意义。处理好技术上当前与长远的关系是技术创新战略的一个重点。

(二)全局性

技术创新战略规定了对企业发展有全面影响的技术发展目标和措施，会导致企业较大范围甚至整体性的技术变化，对企业全局有重大影响，对企业竞争力、发展前途起着重大的作用，需要企业所有部门、全体员工共同努力完成。

(三)协调性

企业的技术创新战略是企业战略的一部分，与企业总体战略密切关联，是实现企业战略的技术保证，还需要其他职能(如营销、生产运作、财务等)战略的支持和配合，同时也影响其他职能战略的实现。因此，技术创新战略必须与企业的所有战略相互协调、配合、

协作，而不是孤立、单纯的技术创新战略。

(四)风险性

机会与风险是并存的，制定技术创新战略的目的就是要减少创新的风险。但未来的市场、需求等环境因素具有不确定性，技术本身也具有很大的不确定性。技术创新战略需要较长的时间才能呈现出结果，可能成功也可能失败，从而可能出现战略错误或战略失误，而技术创新战略的全局性特点则会使战略失误的损失放大，这就决定了技术创新战略面临较大的风险。

三、企业技术创新战略的类型

技术创新战略决定企业创新的具体行为，因此对技术创新战略的分类是正确选择创新战略的首要条件。对技术创新战略可以从不同的角度进行划分：按技术来源分类，可划分为自主创新战略、合作创新战略和模仿创新战略；按技术竞争态势分类，可划分为领先者战略、紧随领先者战略和技术模仿战略；按市场竞争策略分类，可划分为市场最大化战略、市场细分化战略和成本最小化战略；按行为方式分类，可划分为进攻型战略、防御型战略和游击型战略。

(一)按照技术来源分类

1. 自主创新战略

自主创新战略是指以自主创新为基本目标的创新战略，是企业通过自身的努力和探索产生技术突破，并在此基础上依靠自身的能力推动创新的后续环节，完成技术的商品化，达到预期目标的创新活动。自主创新基本上都是率先创新。

(1) 技术突破的内生性。自主创新所需的核心技术是企业内部的技术突破，是企业依靠自身力量，通过独立的研究开发活动而获得的。这样不仅有助于企业形成较强的技术壁垒，而且很可能会导致一系列的技术创新，形成创新的集群现象，推动新兴产业的发展。

(2) 技术与市场的率先性。只有在技术与市场方面都具有领先的优势，才能发挥自主创新的优势，因此率先性是自主创新的目标。这种率先性不仅有利于积累生产技术和管理方面的经验，获得产品成本和质量控制等方面的竞争优势，取得超额利润，而且企业所制定的产品标准和技术规范可演变为本行业或相关行业统一认定的标准，增强企业的知名度和市场竞争力。

(3) 知识和能力支持的内生性。创新与知识和能力之间具有相辅相成的关系。知识和能力支持是创新成功的内在基础和必要条件，技术创新的主体工作及主要过程都是通过企业自身知识与能力支持实现的；自主创新过程本身也为企业提供了独特的知识与能力积累的良好环境。

(4) 高投入和高风险性。企业为保证始终有占据市场优势地位的创新产品，必须能够持续进行创新的研究与开发活动，将创新贯穿于企业整个生产经营活动中，这就要求企业必须有较高的资金和强大的人力投入。同时，由于新技术领域的探索具有较高的复杂性和不确定性，资金投入具有很强的外溢效果和较强的迟滞性，所以进行自主创新的企业必须承受巨大的风险。

2. 合作创新战略

合作创新是指企业间、科研机构、高等院校之间的联合创新行为，通常以合作伙伴的共同利益为基础，以资源共享或优势互补为前提，有明确的合作目标、合作期限和合作规则，合作各方在技术创新的全过程或某些中间环节共同投入、共同参与、共享成果、共担风险。

(1) 合作主体间的资源共享，优势互补。全球性技术竞争的不断加剧，使技术创新活动中面对的技术问题越来越复杂，技术的综合性和集群性越来越强。因此，以企业间合作的方式进行重大的技术创新，通过外部技术资源的内部化，实现资源共享和优势互补，成为新形势下企业技术创新的必然趋势。

(2) 创新时间的缩短，企业竞争地位的增强。合作创新可以缩短收集资料、信息的时间，提高信息质量，降低信息费用；可以使创新自愿组合趋于优化，使创新的各个环节能有一个比较好的接口环境和接口条件，从而缩短创新过程所需的时间；合作创新可以通过合作各方技术经验和教训的交流，减少创新过程中因判断失误造成的时间损失和资源浪费；合作创新的成功能够为参与合作的企业赢得市场，提高企业在市场竞争中的地位。

(3) 降低创新成本，分散创新风险。合作创新对分摊创新成本和分散创新风险的作用与合作创新的规模和内容有关，一般来说创新项目越大，内容越复杂，成本越高，风险越大，合作创新分散风险的作用也就越显著。

3. 模仿创新战略

模仿创新是指企业通过学习率先创新者的创新思路和创新行为，吸取率先者成功的经验和失败的教训，引进购买或破译率先者的核心技术和技术秘密，并在此基础上进一步开发。

(1) 模仿的跟随性。企业最大程度地吸取率先者成功的经验与失败的教训，吸收、继承与发展率先创新者的成果。当然这种战略不是简单模仿的战略，而是巧妙地利用跟随和延迟所带来的优势，化被动为主动，变不利为有利的一种战略。

(2) 研究开发的针对性。模仿创新的研究开发不仅仅是对率先者技术的反求，更是对率先者技术的完善或进一步开发。该战略的研究开发活动主要偏重于破译无法获得的关键技术、技术秘密以及对产品的功能与生产工艺的发展和改进。

(3) 资源投入的中间聚积性。集中力量在创新链的重要环节投入较多的人力、物力，也就是在产品设计、工艺制造、装备等方面投入大量的人力、物力，使得创新链上的资源分布聚积于中部。

(4) 被动性。这主要是指竞争的被动性，包括技术积累、营销渠道和实施效果等方面的被动，这是由模仿创新者只做先进技术的跟进者决定的。

(二)按技术竞争态势分类

1. 领先者战略

领先者战略又称技术领先战略，其战略目标主要着眼于未来市场的潜在需求，力求成为技术和市场的先驱。这是一种主动型却又是高投入、高风险的战略。采用这种战略的企业必须有很强的独立研究开发和市场开拓能力，从而利用自己的专利和技术诀窍(Know—

How)作为补偿研究开发投资和独自获取垄断利润的策略和手段。

1) 领先者战略的优势

领先者战略的优势主要体现在以下五个方面。

(1) 通过学习和积累的经验而获得成本优势。

(2) 网络外部性的存在(如软件等产品)使新技术采用者所获得的收益随现有用户和预期的近期用户的增多而增加,领先者会借此拥有较大的顾客基数。

(3) 领先者容易获得独特的市场信誉,使自己与用户能够建立起良好的关系。例如,施乐是第一个普通纸复印机的商标,今天,它已成为所有普通纸复印机的代称,并深入人们的头脑中。

(4) 领先者具有市场比较优势地位。领先者率先建立起来的较为完善的销售网络使后继者的进入成本增长。另外,消费者对领先产品往往会产生依赖性,若消费者转向其他类产品的消费,会增加学习的交易费用。

(5) 领先者制订的技术标准也成为后继者的市场进入成本的一部分。

2) 领先者战略的缺点

领先者战略的主要缺点在于其高投入和高风险性。在技术方面,新技术领域的探索具有较高的复杂性。为了获得有效的技术突破,企业必须具备雄厚的研究与开发实力。这对企业而言,一方面固然是一种人力资源储备优势,另一方面也是一种较为沉重的财务负担。

3) 领先者战略的条件

选择该战略的企业必须具备以下条件。

(1) 有大量的研究开发投入,并具有很强的技术研究和开发能力。

(2) 企业后续部门具有快速反应和配合的能力,能够迅速将研究开发成果产品化。

(3) 企业具有较强的市场营销能力,能够迅速打开市场。

(4) 企业必须有很强的知识产权保护意识,因为越是创新产品,越容易被人模仿。

著名的日本卡西欧公司就是采取领先者战略。该公司主要生产电子产品,产品更新换代速度特别快,它们在一定时期推出一些主导产品,过两年就推出新一代产品,人为地使原有产品加速折旧,以保持自己在该种产品领域的领先地位。该公司每年都制定明确的新产品目标,并规定下一代产品的功能必须比现有产品提高20%,而价格必须下降20%。

有时候,处于落后技术状态的中小企业,也可以通过领先者战略来实现跨越式发展,北大方正就是这方面的典型代表。1975 年北京大学开始研究汉字照排系统,当时日本流行的是光学机械式第二代照排机,欧美流行的是阴极射线管式的第三代照排机。第三代照排机采用数字化形式储存字型,由于汉字字数多,储存量大,所以三代机当时并不成功。经过反复比较和研究,以王选为首的北大研究人员决定绕过第二代、第三代照排机在机械、光学、材料和底片方面的一系列技术困难,直接研制第四代激光照排系统。其原理是用激光来扫描匀速前进部件,并通过轮廓描述与参数描述相结合的方法大大压缩了字型信息量,又采用软硬件相结合的方法使得汉字字型复原速度达到每秒 700 字以上,从而跟得上激光扫描输出速度。这项排版技术的突破,使得我国跨越了第二代、第三代照排机,跨越了照排机输出毛条后再由人工来剪贴成页的阶段,从铅排一下子跨入了最先进的整页组版和整页输出的激光照排技术,并导致了报业和印刷业淘汰铅字的技术革命,北大方正的照排系统也因此受到了广泛欢迎。由此可见，处于落后技术状态的中小企业，一旦抓住最先进、最有前途的技术方向并有所突破，就会产生应用和市场方面的飞跃，并拥有接踵而来的经济效益。

4) 领先者战略优势的保持

在动态化的竞争环境中，企业成为技术领先者之后要保持这种战略的优势，必须关注以下几个因素。

(1) 复制成本。如果领先技术具有较高的复制成本，则领先企业往往可拥有较长时间的技术领先地位，一般而言，新产品比新工艺更易被人复制。

(2) 技术来源。技术来源也影响企业领先优势，依赖企业内部资源而获取的技术领先地位常常要比通过购买技术等方式而获取的技术领先地位更易保持，因为技术供应方可以选择向多方转让技术。这就是技术引进难以使引进企业保持长久技术优势的重要原因。

(3) 企业的持续创新能力。这对保持竞争优势来说极其重要，因为竞争对手对本企业创新技术的复制、模仿和超越需要一定的时间，如果本企业能够在此时间内持续创新，推出新一代产品，就往往能保持这种技术领先地位。

专题拓展

大疆——无人机从中国起飞

2. 紧随领先者战略

紧随领先者战略，是指企业不以抢先研究和开发新技术、新产品为技术战略中心，而是采取追随方式，对市场上已出现的新技术、新产品通过逆向工程等方式进行迅速跟进，通过开发出类似的新产品而迅速占领市场，以减少技术领先企业对其造成的威胁。

采用紧随领先者战略并不意味着企业的研究开发力量会低于领先创新者。跟随者认为，首次将新产品推向市场的做法是有技术和市场风险的。作为跟随者，它密切地注视领先者的行动，若领先者失败，就不跟随；若领先者成功，就迅速跟上。

1) 紧随领先者战略的优势

紧随领先者战略的优势主要体现在以下两个方面。

(1) 将市场风险留给领先者，同时通过学习技术领先者的经验和长处，可以减少技术研究和开发的投入，降低成本水平。

(2) 通过分析技术领先者的不足之处，可以寻求更好满足市场需要的解决方案，有可能获得"后来居上"的差异化竞争优势。

2) 紧随领先者战略的缺点

紧随领先者战略的缺点主要体现在以下三个方面。

(1) 采用这一战略的企业，当其跟进产品或技术推向市场时，已经比领先者企业"落后"一步，由于对手"先入为主"已经取得品牌形象和产品声誉，而改变消费者的这种心理定式需要花费巨大的代价，企业只有克服这种进入障碍才有可能进入市场。

(2) 采取这一战略的企业，由于比竞争对手慢了一两个节拍，如果这种技术或产品的市场容量有限，则很难取得足够高的市场占有率以享受规模效益。

(3) 领先者的技术和产品可能进行专利保护，不允许随便仿制。

3) 紧随领先者战略的条件

选择该战略的企业必须具备以下几个条件。

(1) 企业必须拥有很强的技术情报能力，能够随时了解其他企业的研究动向和成果。企业获取情报能力越强，越能缩短其跟进产品与领先者产品的时间差，为企业赢得宝贵的市场机会。

(2) 要求企业有一流的研究开发力量，能够迅速地对竞争对手的新产品进行消化、吸收和创新，巧妙地对别人的研究成果加以利用、改进和提高，迅速研制出更具有市场吸引力的新产品来。

(3) 企业具有较强的管理能力，不但可以集中企业的资源对竞争对手推出的产品进行研究，而且能够做到自己迅速推出的跟进产品的质量、成本、性能、功能和外观设计等各方面优于竞争对手的产品。

3. 技术模仿战略

技术模仿战略是指通过购买领先者的核心技术、专利许可或反向工程等方式仿造领先者产品的技术创新战略。

采取该战略的大都是发展中国家的企业，它们与技术领先者相比技术差距较大，难以直接与之竞争。因此，技术模仿一般通过购买专利或技术诀窍，并投入少量资源于技术服务、培训，继而将模仿创新的商品投放市场参与竞争。模仿者既可以在领先创新者的产品还没有扩展到的地区开拓市场，也可以利用自己价格低的优势开辟市场。

1) 技术模仿战略和紧随领先者战略的区别

技术模仿战略和紧随领先者战略都是以领先者为目标，但两者有所不同，主要体现在以下几个方面。

(1) 紧随领先者战略从时间上对领先者采取迅速紧跟的方式；而技术模仿战略不一定在时间上紧跟，只要有市场，即可进行模仿开发。

(2) 技术模仿战略是对领先者的产品原型进行仿造开发；而紧随领先者战略不一定仿造领先者的产品，它是跟随领先者的技术和创新思想而开发类似的产品。

(3) 紧随领先者战略的采用者通常技术力量也比较强大，只是为了避免领先的风险而采取时间上的紧跟战略，其迅速开发出来的产品能够和领先者的产品在同一市场内相互较量；而技术模仿战略的采用者通常是技术相对较弱的企业，其通过模仿而生产的产品一般利用地区性的市场隔离等因素在领先者还没有拓展的本地销售。

(4) 紧随领先者战略由于直接危及领先者的市场地位，因而很难从领先者手中购买到核心技术或专利许可，紧随者更多是根据技术情报，利用自己强大的研究力量通过反向工程等方式来开发新产品；而模仿者由于技术力量较弱，更多的是采用购买的方式从领先者手中获得已经退居二线的技术，再进行仿造。

2) 技术模仿战略的优势

技术模仿战略的优势主要体现在以下三个方面。

(1) 技术模仿战略不仅通过模仿创新产品为企业带来直接经济利益，而且会引起企业诸多内质的变化，给企业带来超越产品的、深层次的竞争力。

(2) 竞争力是企业参与竞争、从事技术创新，并在新产品市场上取胜的根本保证。因此，竞争力的提高对企业长远发展，特别是对技术落后企业追赶先进企业具有特别重要的意义。

(3) 技术比较落后的企业和不发达地区企业采取技术模仿战略，大力开展模仿创新，可以加速先进技术在国内市场中的扩散。所以，国内有条件的企业应对国外先进技术开展模仿创新，加速世界发达国家先进技术向我国的转移，缩小与世界先进水平的差距。

3) 技术模仿战略的缺点

技术模仿战略的主要缺点是被动性。由于技术模仿创新者不做研究与开发方面的广泛探索和超前投资，而是做技术的跟进者，因此，在技术方面有时只能被动适应，在技术积累方面难以进行长远的规划；在市场方面，被动跟随和市场定位经常性的变换也不利于营销渠道的巩固和发展。

因此，采用技术模仿战略的企业，必须在引进、模仿的同时努力吸收其中的先进技术，在模仿中实现技术的持续积累，并在新推出的产品中越来越多地加进自己拥有知识产权的技术，以不断增强竞争力。

专题拓展

比亚迪的模仿创新体系

上面介绍了领先者战略、紧随领先者战略和技术模仿战略，不同的战略类型具有不同的特征，如表 12-2 所示。

表 12-2　企业技术创新战略特征比较

战略类型	企业的特征	市场的特征	财务方面的特征
领先者战略	在技术能力(包括人力、设备等)、营销力量等方面有足够的保证，并且领导重视	市场对于新产品需求迫切、推销费用低	成本较高，但潜在利润大
紧随领先者战略	研究能力一般，但开发能力很强；有灵活的组织能力和敏捷的反应	市场容量大，非领先进入市场的企业所独占	成本相当高，但比领先者的成本低很多
技术模仿战略	研究力量很小，有一定的开发能力；善于低成本生产；研究与开发费用低	进入市场时，有能力在价格上进行竞争	低成本和薄利；在短期内仍可获得较大利润

(三)按照市场竞争策略分类

1. 市场最大化战略

市场最大化战略是指企业为追求最大的市场占有率而采取的战略，其在技术创新上的体现是，或以领先的技术不断开发出新产品抢先占领市场、巩固和扩大市场阵地，或以优势的(但不一定是领先的)技术降低成本、提高性能并辅以优势的配套资源开拓和扩大市场份额。

市场最大化战略的优点是能提高企业的市场占有率和利润,促进企业的长期发展等;缺点是对技术和资源的要求高,容易受到竞争者的攻击。这种策略主要适合于技术实力强、配套资源雄厚的企业,或新兴技术领域中的领先企业。

2. 市场细分化战略

市场细分化战略又称为实用工程战略,是一种将基本技术专门用来为少数特定需求服务的技术创新战略。该战略要求有较强的设计与工艺力量,并要求制造力量有较强的适应性。

1) 市场细分化战略的优点

市场细分化战略的优点主要体现在以下两个方面。

(1) 适用于综合实力不是太强,没有足够能力来介入整个市场的中小型企业。

(2) 可以通过不断积累提高整个市场的能力。

2) 市场细分化战略的缺点

市场细分化战略的缺点体现在以下两个方面。

(1) 经营受细分市场的影响,风险大。

(2) 竞争激烈,产品更新速度快,不容易形成核心产品。

3. 成本最小化战略

成本最小化战略是指利用规模经济和制造技术的优势,大力降低成本以取得价格竞争优势。其技术上的体现是优化产品设计,在生产系统上采用优势制造技术,实现专业化,并降低管理费用。

成本最小化战略的特征,就是构建的产品概念及其设计技术系统所形成的产品,比现有同类产品性能好、价格低,更能满足消费者的需求,其进入时间一般在产品生命周期处于成长期为宜。实施这类战略企业应具备的条件:有较强的设计能力,产品概念定位准确,实行规模化生产。

(四) 按照行为方式分类

1. 进攻型战略

进攻型战略是指在一个竞争性的市场上,主动挑战市场竞争对手的战略。采取进攻型战略的既可以是行业的新进入者,也可以是那些寻求改善现有地位的既有公司。进攻性行动的中心可以是一项新技术、一项新开发出来的核心能力、一种具有革新意义的产品,新推出的某些具有吸引力的产品性能特色,以及在产品生产或营销中获得的某种竞争优势,也可以是某种差别化的优势。

在机遇-优势的情况下,我们可以采取进攻型战略。进攻型战略的目的是使企业在现有的战略基础水平上向更高一级的目标发展,该战略宜选择在企业生命周期变化阶段的上升期和高峰期,时间为 6 年。进攻型战略的行为特征是通过竞争主动地向前发展,可分为产品进攻型战略、成本进攻型战略和营销进攻型战略。

2. 防御型战略

防御型战略是企业应付市场可能给企业带来的威胁，采取一些措施企图保护和巩固现有市场的一种战略。在某个有限的市场中，防御型组织常采用竞争性定价或高质量产品等经济活动来阻止竞争对手进入它们的经营领域，以此来保持自己的稳定。需要明确的是，防御型战略并不完全排斥进攻。和"战略"一词来源于军事一样，"防御型战略"也来源于军事。在军事中，防御型战略是指作战中的一方由于实力较弱，出于长期考虑，在较长一段时间内，采取不主动进攻战略。

防御型战略的适用条件如下：
(1) 宏观经济严重不景气、通胀严重、消费者购买力很弱。
(2) 企业的产品已进入衰退期，市场需求大幅度下降，企业没有做好新产品的投入准备。
(3) 企业受到强有力的竞争对手的挑战，难以抵挡。
(4) 企业的高层领导者缺乏对市场需求变化的敏感性，面对危机束手无策，被动地采取防御战略；企业高层领导者面对困境，主动地选择前景良好的经营领域，进行投资，实施有秩序的资源转移。

3. 游击型战略

游击型战略也叫切入型战略，是指处于技术和市场劣势的企业，为了打破现有的技术和市场竞争格局，通过分析竞争者的弱项和自己的相对优势，推出一种新的技术来取代现有的主导技术，从而打乱优势企业的阵脚，以求重新瓜分市场。一旦目的达到，就转而采取其他战略。因此，这是一种特定时期采取的短期性战略。

游击型进攻行动所秉承的原则是"打一枪换一个地方"，游击行动特别适合小的挑战公司。发动游击型战略的方式有这些特点：追寻那些对主要竞争对手很不重要的顾客和对竞争对手品牌忠诚度最弱的顾客；对竞争对手鞭长莫及且资源分布很稀薄的地区集中资源和精力；运用一些策略对竞争对手进行小型、分散、随机的攻击；出其不意地采取一些临时但是集中的促销活动，抓住那些如果不采取促销活动就会选择竞争对手的顾客。当然，如果竞争对手采取了一些不符合道德规范或者不合法的竞争战略，对此要给予关注。

第三节 技术创新战略的选择与制定

技术创新战略是按照企业实际情况制定的，因企业具体情况不同而不同。因此，不存在普遍适用的企业技术创新战略，各企业要结合自身实际情况和不同技术创新战略的适用条件，因地制宜地选择和制定最合适的技术创新战略。

一、企业技术创新战略的选择

企业选择何种技术创新战略，应根据技术、经济和社会环境(技术和市场机会)，企业的目标和战略，企业的技术能力，竞争态势等因素进行综合评判后做出自己的选择。

(一)市场、技术和社会环境

技术创新来自两种基本力量：一是需求拉动技术创新，二是技术推动技术创新。对人的需要和欲望的研究，是创新管理的出发点之一。研究表明，在一些行业，约 80% 的创新构思来自需要。需要是构成市场的基础，所以进行技术创新首先应研究市场到底有哪些潜在的真实需要。当然，新技术的发现也可能会创造出一系列的需要。例如计算机技术的出现，创造出无数新的生产、工作方式和需求，给生产方式和生活方式带来了巨大的变化。研究和关注每一项新技术的出现及其潜在的应用领域，给企业技术创新提供了想象和施展空间。现有的技术群及其发展动态也为企业特定的技术创新提供了基本的技术背景和条件。

目前，世界范围内对自然资源和环境保护的呼声越来越高，世界各国陆续推出相应的法规和标准，对企业的要求越来越苛刻，这种背景无疑也为企业技术创新提供了新的途径并提出了更高的要求。

世界发达国家的政府都十分注重制定科技与产业政策，以支持和鼓励企业的技术创新活动。我国政府近年来也制定了国家鼓励企业研究与开发活动的法律与政策，并在产业政策方面做出了相应的规定。国家对企业技术创新的政策引导和支持，已成为企业进行技术创新的一个重要保证。政府政策主要是为现代企业的技术创新活动提供良好的环境和起到引导及鼓励作用。企业可以在政策指导下选择相应的技术创新战略，取得政府的支持和帮助，成功地进行技术创新。

(二)企业的目标与战略

现代企业都必须确定自己的宗旨，它规定了组织的目的和存在的意义，回答了"我们从事什么？"的基本问题。由此，企业确定自己的产品和服务的内容。企业目标是企业宗旨的具体展开，指出企业奋斗的方向和任务，它们直接或间接地影响着企业技术创新战略的选择。

在企业宗旨和目标指导下形成企业战略，对企业生存与发展的全局性的、长期性的谋划，规定着企业整体资源配置和使用的方向及方式。这为相关的技术创新战略规定了基本的方向与方式。只有明确了企业战略的类型，才能决定技术创新战略的基本方式，因而企业战略是技术创新战略的前提。通常情况下，企业如果选择成本领先战略，在技术创新方面必须以工艺创新为重点，着重解决降低成本和扩大规模方面的流程改善问题；如果选择别具一格战略，则要以产品创新为技术创新战略的基本目标，积极开发新产品，使产品系列化、多样化；而如果选择集中一点战略，其技术创新战略的重点是针对目标市场形成本企业独特的技术优势或产品专利。

(三)企业技术能力

企业技术能力是指企业拥有技术资源的数量、质量及其对资源管理的能力。企业技术能力对企业创新战略的影响很大。一般而言，企业技术能力越大，技术创新能力越强，有利于选择领先者技术创新战略；反之，企业技术能力越小，技术创新能力也较差，则选择紧随或模仿型技术创新战略较为合适。

企业技术能力可分为三个层次。

(1) 现有技术能力，即企业现具备的技术能力水平，包括在同行业中的技术地位和与国际先进水平的差距等。

(2) 可挖掘的技术潜力，即在不增加或少量增加投入的条件下，经过内部调整可增加的技术能力。

(3) 可获得的新的技术能力，即通过技术硬件的投资、人力资源的引入、新技术的引进，以及合作、联合、兼并等方式获得的开发、生产的整体性能力。

企业技术能力高低的本质是创造新的技术并把它运用到经济现实中的能力，反映在以下三个方面。

(1) 技术监测能力，即了解、掌握技术发展动态，并对其评价和获取的能力。

(2) 技术学习能力，即理解与利用技术机会，尽快掌握与获得创新所需技术，并将其转化成实际创新的能力。

(3) 创造能力，即从技术上创造性地解决问题的能力以及提出技术新构思的能力。

对于技术创新能力较差或落后的企业，技术引进是获得技术能力的主要手段之一，其创新活动通常是一种逆向式创新过程。

(四)竞争态势

市场竞争是企业进行技术创新的一种重要推动力，企业取得竞争优势的一个基本手段，就是进行技术创新——创造新产品、提高质量、降低成本、减少上市时间等。因此技术创新战略的制定直接与竞争态势关联。

竞争者主要来自产业内的其他企业，竞争也主要是产业内企业之间的竞争。竞争势态是指产业内现行竞争者数量、战略利益、产业增长空间和进入或退出壁垒状况。一般来说，竞争者数量越多、战略利益越有诱惑、产业增长空间越小、进入壁垒越低和退出壁垒越高，企业之间的竞争越激烈，企业技术创新的压力也就越大。

当竞争者数量多、进入壁垒低、产品较为成熟、产业增长空间较大时，企业可以选择以降低成本为中心的工艺创新战略，或选择模仿型或紧随型战略。

当竞争者数量多、进入壁垒低、产品已成熟、产业增长空间小、市场利益诱惑小时，企业可以选择产品创新战略，以向市场提供全新的产品。

当竞争者数量少、进入壁垒高、市场利益诱惑大、产业增长空间大时，企业要在竞争中长期获得有利地位，就必须努力提高企业产品或服务的差异化程度，以形成市场垄断；获得产品或服务方面的专有技术和知识产权，取得主导设计的地位，以形成技术垄断。为此，企业应更多地采用领先者技术创新战略。

二、企业技术创新战略的制定

企业技术创新战略的制定，一般应遵循以下基本步骤。

(一)分析企业外部环境和内部条件

这个阶段至关重要，关系到企业技术创新战略的成功与失败，因为企业内外部环境、条件是制定企业技术创新战略的前提和出发点。所以企业必须细致、周全地进行调查、预测。调查和预测的内容主要有：技术发展、经济和社会发展趋势及机遇、挑战；竞争者的情况和竞争压力；企业战略对企业技术创新战略提出的要求，企业技术能力等。

在调查和预测的基础上，还必须进行机会分析，为企业创新战略提供依据。机会分析包括优势分析和劣势分析。

1. 优势分析

企业开拓新的技术领域时，需要分析本企业在一定时期内可以形成何种技术优势，或者可以在多大程度上保持技术优势。把握了本企业的优势，就能在一定程度上把握本企业最有可能的发展方向。当然，要发展地看问题，优势都是暂时的、变化的。有些方面可能现在正处于优势，但这种优势必将会丧失。忽略潜在优势，往往会贻误时机，人为减少本企业的选择空间；寄希望于"虚假优势"，往往会将企业发展的前景建立在并不存在的空中楼阁上。

2. 劣势分析

决策者应对本企业的不利条件及今后发展进程中的制约因素进行分析，进行这一分析的基本目的，是避开本企业的短处，减少战略决策的风险。这一分析需要注意企业劣势发展变化的趋势，有些劣势可能变成不是劣势，甚至变成优势；有些劣势可能在一定时期内不会发生变化，也可能会变得更糟。对劣势估计不足，则容易头脑发热、盲目冒进；相反，对劣势估计过高，则容易束缚决策者的手脚，使企业丧失有利的发展机会。

(二)确定技术创新战略目标

在进行前述分析之后，就需要权衡利弊，初步确定本企业技术创新战略的目标。企业技术创新战略目标规定了企业技术创新活动的长期任务和阶段任务的要求以及应达到的水平。技术创新战略目标是企业创新活动的方向，也是企业技术创新活动对内外部环境变化所做出的恰当反应。目标不宜定得太高，也不宜定得过低。

技术创新战略首先应有一个长期的目标，即必须经过长期努力才能实现的目标，指出企业长期奋斗的技术创新方向，激励企业不断努力去达到一个崭新的技术境界；其次还应有若干阶段战略目标，它们是长期目标按战略阶段分解的具体目标，是企业在某个阶段要达到的目标，具有较强的可操作性。长期战略目标通常包括：在未来十年或更长时间内要在世界或某个范围内成为技术领先者，拥有一流的技术开发能力、先进的制造技术和手段、高技能的技术开发队伍等。阶段战略目标通常包括：在预定期限内要达到的技术能力和技术水平，要进入的产业，要开发或制造出的新产品的种类、规模、成本水平等。

(三)拟定技术创新战略方案

技术创新战略方案是在战略目标指导下的技术创新行动方案或实现技术创新目标的途径。拟定技术创新战略方案的基本过程如下。

(1) 探索可能的技术创新方案。
(2) 比较分析和评价技术创新方案。
(3) 选择合适的技术创新方案。

对战略方案进行分析论证是其中一个非常重要的环节，应广泛征求意见，以便及时修改与完善。对战略方案的论证应通过以下两种方式：一是将初步制定的战略方案交有关专家学者，征求他们的意见；二是征求本企业各职能部门的意见。专家学者在本专业范围内有渊博的知识和丰富的经验，对本专业的发展趋势有较多的了解，听取他们的意见，可使企业的战略方案更为严密、合理和科学。企业技术创新战略最终要靠各职能部门付诸实施，并且各职能部门对本企业的基本情况也更为了解，更有能力判断初步战略方案是否适合本企业的实际状况和未来趋势。

一个技术创新方案应包括以下基本内容。
(1) 采用的技术创新战略模式。
(2) 技术性质、重点、主要技术发展方向。
(3) 对相关资源(人力、物力、财力)的需求性质、数量和时间。
(4) 职责分配、组织形式。
(5) 人员素质要求、培训计划。
(6) 支持体系等。

(四)实施技术创新战略方案

技术创新战略实施就是执行选定的技术创新战略方案。技术创新战略方案必须首先分解为具体的分战略、战术和作业，形成行动计划，才具操作性，最终才能组织实施。其次是具体落实技术创新的任务，确保资源的需要，在实施活动中予以正确的领导和控制。具体内容如下。
(1) 把战略目标层层分解为各相关部门、各时间段的具体分目标。
(2) 根据分目标确定分战略和行动计划。
(3) 根据战略要求分配所需的人力、物力和财力。
(4) 加强领导，实行及时和合理的激励，调动创新人员的积极性。
(5) 及时根据新的情况，对创新活动进行适当控制，保证技术创新战略的最终完成。

另外，在实施企业技术创新战略过程中，随时注意收集反馈信息和外部环境信息，还能对目前正在实施的战略目标及方案的适当性或有效性做出判断，审时度势，对企业技术创新战略进行必要的调整、补充，以保证企业创新战略的有效性。

三、我国企业技术创新战略的选择和制定

在当前形势下，我国企业所面临的市场实质上就是国际市场，其竞争压力非常大，不进行技术创新就难以生存下去，更谈不上发展。新的环境条件，给企业制定技术创新战略提出了新的问题。我国企业在制定技术创新战略时，一定要从自己面临的竞争形势和自身能力与特点出发，确定合适的技术创新战略，做出恰当的战略选择。

(一)模仿创新战略是我国大多数企业的现实选择

我国是发展中国家，企业技术水平普遍落后于国外先进企业，这种技术差距的战略含义是我国多数企业尚不具备与国外同行企业进行正面冲突、争夺市场的技术能力，更不具备技术领先的能力；但从另一方面看，这意味着我国的企业有相当大的技术创新空间。对外开放，为我国企业提供了学习改进的窗口和机会。引进学习国外技术将是今后较长时间内提高我国企业技术能力的主要途径，模仿和紧随战略模式将是我国企业主要采用的技术

创新战略模式。

日本、韩国等国家成功的经验表明，引进技术是缩短差距、节省投资、争取时间的捷径。在近期及相当长的时间内，引进技术对我国企业更有取得竞争优势地位、占领国内市场、挡住外企大举入侵的现实意义。

在现阶段，模仿创新战略是我国大多数企业的现实选择，主要有以下几个方面的原因。

1. 模仿是技术发展的一个必经阶段

许多国际研究表明，一个国家的技术发展要经历引进、模仿吸收和创新三个阶段。我国技术发展正处于第一、第二阶段。从国际上看，美国的工业发展起步于模仿欧洲国家的先进技术；日本在第二次世界大战后的迅速崛起得益于对美国和其他先进国家的技术模仿；当今韩国和其他新兴工业国又在模仿美国、日本及其他发达国家的技术。事实证明，只有成功地吸取率先者的技术成果、经验和教训，积累自己的技术能力，才有可能赶上或超过发达国家。

2. 资源条件限制了企业技术创新战略的选择空间

自主开发和率先创新对资金和人才资源的要求很高，而我国在这两项关键资源上都相当紧缺。清华大学经济管理研究所、中科院政策与管理研究所、国务院发展研究中心分别对不同地区和对象的样本调查表明，"缺乏资金"和"缺乏人才"分别排在企业技术创新障碍的第一和第二位。

3. 模仿创新有利于企业降低风险，提高投资效益

目前我国企业的基础和能力还很薄弱，承担风险的能力不强。模仿创新可减少研究开发探索的投资，选择经济和技术效果好、可靠的技术进行模仿，可减少技术创新自身的不确定性，从而降低技术风险；模仿还可降低市场风险，回避市场开发的不确定性。但要明确，采取模仿创新战略的最终目的是通过及时和有效的消化吸收实现进一步的改进和创新。消化吸收是掌握国外技术，使其发挥效益的条件，又是改进、创新的基础，也是积累技术的必经途径。有关资料表明，日本在技术模仿时期，引进的技术经改进和创新后，比单纯引进技术的效率可以提高30%或更多。目前，我国企业在这方面还做得很不够，须大力加强。只有改进和创新才能适应国际市场的需求，才能形成自己的特色，才能使企业具有持久的竞争力。

（二）我国企业已具备一定的技术能力和经济实力

虽然从总体上看我国企业与国外先进企业存在较大的技术差距，但改革开放已使我国企业具备了一定的技术能力和经济实力，可以对一些先进技术进行消化、吸收和模仿，甚至还能独立地进行一定的技术创新。在某些技术领域和某些具体技术方面，我国企业已进入国际先进行列。这就是说我国企业在制定技术创新战略时，不能一味地都采用模仿和跟随战略模式，而要树立信心，正确估量自己，采用积极的领先战略模式。

(三)我国企业在技术创新过程中应注意的问题

1. 选择好技术创新战略的时机

由于科学发明、技术发明，会有一种基于新原理的新技术出现，它将代替原来的技术。技术替代破坏了技术发展的连续性，产生了"技术跳跃"。

历史表明，几乎在所有的技术变革中，原先的领先者都让位于新的领先者，大批的领先者衰落甚至消亡，代之以新起者。例如，处于电子元件真空管制造商世界前 10 名的企业，在 20 世纪 50 年代中期开始的晶体管代替真空管的技术跳跃中，无一幸免地败落下来，如今在世界巨大的半导体市场中，这些企业已微不足道。这一现象的重要启示就是：把握好基础创新的时机至关重要。对领先者来说，要正确认识"技术跳跃"的性质，正确对待将会给企业带来的挑战，此时要忍痛快速地抛弃即将过时的老技术，而大胆地拥抱新技术；对落后者来说，要及时抓住技术跳跃提供的机会，趁势成为新的领先者。

技术创新要适时，不要晚，太晚将会失去领先机会和主导地位；但也不要太早，太早也可能导致失败。19 世纪中期开发的"大东方"蒸汽船，其动力比当时的船大 100 倍、重 7 倍多，但因当时港口和服务设施不能适应它，最终导致商业上的失败；现在常见的水加热器、电动机在 1883 年的维也纳展示过，然而在几十年后，继普通发电机和电力系统出现后，这些创新才予以实现。

当今世界技术发展快速，新技术层出不穷。在新技术面前，所有企业都是平等的，谁能及时抓住机会，谁就将成为领先者和成功者，这为我国企业进行技术创新创造了一个绝好的条件，可通过技术创新成为世界一流企业。

2. 技术创新要以市场需求为导向，创新成果要能够尽快商品化

将创新成果形成商品，推向市场，并取得超额利润，是技术创新的根本目的。在市场竞争日趋激烈、新技术的寿命周期越来越短、产品更新换代速度加快的今天，"快字当头，捷足先登"尤为重要。为提高技术创新的成功率，获得较好的经济效益，企业应根据自身的条件，围绕和立足于市场需求，进行准确的产品定位，然后确定企业技术创新的主攻方向和具体内容。围绕产品快速进行技术引进、技术改造、产品开发生产和快速更新，从而不断保持产品在技术上的优势和稳定的市场占有率。

技术创新要警惕研发过程中的"工程师导向"。所谓"工程师导向"，是和市场导向对立的一种说法，一般指的是研发过程中过于注重对技术、产品本身性能的开发，而忽略了市场的需求。在这种导向下生产出来的产品，往往是技术过硬、质量可靠，但是却不符合消费者的口味和需求，没有市场。这种倾向很容易在技术人员、工程师组成的研发队伍中出现，其结果往往是"技术领先，市场落后"的研发成果纷纷出炉，这是失败的研发。在目前的买方市场，企业研发获取自主知识产权时，应该采取市场导向，更多研究消费者心理，掌握市场需求，然后有针对性地研发相应的技术产品。

企业技术创新是一个非常复杂的过程，一些新技术是否成功，关键看其是否能成功实现商业化。一个技术水平高的企业，它的技术创新却未必会取得成功。许多创新活动最后的失败，并非是企业在技术上的缺陷，而是没有把握市场的信息与动态，没有及时跟踪客户需求的变化，或是企业没有考虑到产品的经济实用性。这些都是由于企业在创新时没有

以客户需求为导向，不考虑市场的变化，没有实行以客户需求为导向的营销策略。因此，企业的创新必须立足市场，关注客户的需求，及时把客户的需求信息反馈到企业的技术创新过程中。

我国大多数科研单位一般进行的是纯技术研究，这肯定有其必要性。但是，对于企业来说，脱离了市场和客户需求的技术创新是不可能获得市场认同的，企业也就无法因技术创新而获益。

3. 技术创新不是一朝一夕，而是永无止境

按照熊彼特的观点，经济社会的发展是一个创造性的毁灭过程，技术创新是指把一种新的生产要素的组合方式引入到生产中去。随着经济社会的发展和竞争的日益加剧，技术创新已成为企业的生命之源与市场竞争的制胜法宝，没有创新就意味着死亡。然而，我国大多数企业却常常忽视了技术创新的一个重要特性：连续性，因为市场的需求在不断变化，企业只有进行不断的创新才能满足客户的需求。换言之，技术创新的连续性可以把创新带来的短期高额利润连续保持下来，从而维持较高利润的持续增长。如果一个企业没有较强的连续性技术创新能力，那么它的产品在市场上就不会有长久的竞争力，即使由于一两次成功的创新使企业占有了一定的市场份额，但是这种优势也会随着企业技术创新能力的减弱而消失。在我国为什么会有那么多的企业做不大、做不长，其中很重要的一点是，这些企业大都缺乏持续创新的能力或根本就没有意识到连续性技术创新的重要性。有些企业在整个生命周期内几乎没有进行创新或只经营一种产品，这样的企业难道还有竞争力吗？随着网络经济的到来，人们的需求越来越趋于个性化，产品的生命周期在不断缩短，企业要想提升自己的竞争力，始终处于市场的领先地位，就必须进行持续性的技术创新。

企业要进行持续性的技术创新，必须考虑人才投入的连续性及其结构的合理性。技术创新是一个永无止境的过程，人力资源是技术创新过程中的一项重要要素，对技术创新起着决定性的作用。美国之所以能够长期处于世界技术的领先地位，是因为它拥有大量高素质人才。因此，要想实现技术创新的成功，并使技术创新持续进行，就必须有源源不断的人才投入。由于企业的人才在不断的流动，因此人才结构也会发生变化。企业为了长期保持一个较合理的人才结构，那么就必须在基础研究、应用研究和开发研究等多个层次的科技人才方面保持合理的比例，避免企业人才的断层，只有这样，企业才能进行连续性的技术创新。

技术创新作为一种科学实践与生产实践相互渗透的交叉性活动，必须有大量的资金注入，没有资金投入的连续性，就不可能有技术创新的连续性。因此，企业在技术创新过程中必须把研究与开发的投入作为长期发展战略的因素来考虑。企业在技术创新过程中研究与开发的投入不断地增加，可以保持企业在技术创新上的优势，维持企业的竞争力。

(四)中小企业在技术创新过程中应注意的问题

就中小企业而言，在制定技术创新战略模式时更应当注意以下问题。

(1) 应当区分非科技型中小企业与科技型中小企业对于不同性质的行业，企业综合实力和技术创新能力对技术创新战略模式选择的影响是不相同的。在传统技术产业中，非科技型企业的综合实力、技术创新能力与企业规模一般成正比，其对技术创新战略模式的选择如前面所述。在新兴技术产业中，科技型企业的综合实力尤其是技术创新能力与企业规

模相关性不强，而与人才素质、技术创新机会的把握和拥有自主技术产权的技术成果密切相关，科技型企业往往比较适合于选择自主型和领先型技术创新战略。所以，本文的研究对象只涉及非科技型中小企业。

(2) 应当注重中小企业技术创新战略模式选择的灵活性。一方面，中小企业所处的行业、市场和竞争地位等外部环境千差万别，中小企业自身的内部条件也各不相同；另一方面，企业技术创新战略模式也多种多样，不仅仅局限于本文所列的类型。因此，本文所研究的只是中小企业成长阶段技术创新战略模式一般性的选择策略。事实上，中小企业在不同成长阶段，可以根据自己的具体内外环境状况和技术创新水平，选择不同的技术创新战略模式甚至组合模式，至于选择既定技术创新战略模式下的技术创新具体战略的灵活性则就更大了。

案例分析

摩拜单车的创新之道

本 章 小 结

本章在介绍技术创新基本概念的基础上，对企业创新战略的概念、特征以及战略类型进行了详细的介绍，并对企业如何制定技术创新战略进行了分析，目的在于对目前我国企业技术创新战略的选择和应注意的一些问题提供参考和建议。

技术创新是指企业应用创新的知识和新技术、新工艺的过程，采用新的生产方式和经营管理模式，提高产品质量，开发生产新的产品，提供新的服务，占据市场并实现市场化的一系列活动。它具有连续性、跳跃性、风险性、资产性、高效性等特征。

企业技术创新战略是企业经营战略的一部分，意在通过创新调整企业的原有经营格局，以在变化的环境中争取全局的主动性。企业技术创新战略有长远性、全局性、协调性和风险性的特征，在与经营相联系时主要分为四种战略类型，即领先者战略、紧随领先者战略、技术模仿战略和细分市场战略，每种类型的创新战略具有不同的优势和缺点，具有不同的特征。

不同的技术创新战略适用于不同的情况、条件，不同的企业具有自身的优势和特点，并面临不同的市场，因此不存在普遍适用的企业技术创新战略。企业在选择技术创新战略时需要考虑到技术、经济和社会环境、企业目标和战略、竞争态势和压力、企业的技术能力和条件等因素的影响，按照一定的步骤制定符合本企业的技术创新战略。针对我国企业发展现状，选择技术模仿战略是我国大多数企业的现实选择，对于具备一定的技术能力和经济实力的企业来说，也可以采用领先者战略，我国企业一定要把握好时机，积极、及时地选择好技术创新战略，参与国际市场竞争，通过技术创新成为世界一流企业。

复习思考题

1. 什么是技术创新？它有什么基本特征？
2. 什么是企业技术创新战略？讨论其研究的目的和意义。
3. 企业技术创新战略的类型有哪些？各自的优势和缺点是什么？
4. 选择企业技术创新战略需要考虑哪些影响因素？如何制定企业技术创新战略？

第十三章　企业战略与组织结构

本章导读

阿里巴巴集团战略调整与组织架构演变

学习目标

通过本章的学习，应理解组织结构的概念和基本类型，掌握战略和组织结构的基本关系，了解企业在不同发展阶段和市场条件下的战略调整及相应组织结构的特点；理解组织设计的理念和基本原则，掌握组织设计的程序和内容；掌握职能式、事业部式、区域式、多维立体式及其他组织结构设计基本模式的特点及适用性。

关键概念

组织结构(Organizational Structure)　　机械式组织(Mechanistic Organization)
有机式组织(Organic Organization)　　职能式结构(Functional Structure)
事业部式结构(Divisional Structure)　　矩阵式结构(Matrix Structure)
区域式结构(Regional Structure)　　多维立体式结构(Hybrid Structure)
网络式结构(Network Structure)

第一节　战略与组织结构概述

在形成了发展战略之后，企业开始考虑战略的实现，即选择一种最有效的生产和管理方式，来达成组织的战略目标。生产和管理方式之所以成为影响组织战略实现的重要因素，在于其直接影响达成组织目标的效率，决定了企业的发展速度，从而最终决定企业生存的价值。而组织结构及其设计实现，是生产和管理方式的物质载体。

组织结构是帮助管理者实现组织目标的手段，而组织目标产生于组织的总战略。因此，组织结构必须服从组织战略，二者只有在生产和管理实践中紧密结合才能实现组织效益的最大化。

一、组织结构的内涵

有组织的工作方式可以提高工作的效率。因此，组织的产生是为了解决效率问题。所谓有组织的工作就是通过劳动分工的方式，以有效的组织职能划分，通过分工与协作，最终达成组织的目标。

(一)组织结构的基本定义

组织是企业的主体，企业由不同利益、不同思维方式、不同沟通习惯和行为特点的各种不同类型的人员组成，由此而搭建了企业的利益结构、知识结构和组织结构，形成了组织的价值取向、思维方式、沟通和运作风格。组织的价值取向和思维方式是企业生存发展的主导力量，决定着组织的目标、产品及服务定位、资源配置规划，从而确定了企业的基本业务流程和组织结构模式，决定着企业的实际运营能力。

2000版ISO 9000标准的质量管理体系术语中，组织的定义为：职责、权限和相互关系得到有序安排的一组人员及设施；组织结构的定义为：人员的职责、权限和相互关系的有序安排。

组织可以被分解为三种成分：复杂性、正规化和集权化。

(1) 复杂性指的是组织分化的程度。一个组织越是进行细致的劳动分工，具有越多的纵向等级层次，组织单位的地理分布越广泛，则协调人员及其活动就越困难。

(2) 组织依靠规则和程序引导员工行为的程度就是正规化。有些组织仅以很少的这种规范准则运作，另一些组织可能规模还很小，却具有各种规定指示员工可以做什么和不可以做什么。一个组织使用的规章条例越多，其组织结构就越正规化。

(3) 集权化考虑决策制定权力的分布。在一些组织中，决策是高度集中的，问题自上而下传递给高级经理人员，由他们选择合适的行动方案。而另外一些组织，其决策制定权则授予下层人员，这被称为分权化。

企业的组织结构，是企业全体员工为实现企业目标，在工作中进行分工协作，在职务范围、责任和权利等方面所形成的结构体系。这一定义说明以下几点。

(1) 组织结构的本质是员工的分工协作关系。
(2) 设计组织结构的目的是实现企业的目标。
(3) 组织结构的内涵是人们在职、责、权方面的结构体系。

通常，组织结构体系包括以下内容。

(1) 职能结构，即完成企业目标所需的各项业务工作关系。
(2) 层次结构，即各管理层次的构成，又称为组织的纵向结构。
(3) 部门结构，即几个管理部门的构成，又称为组织的横向结构。
(4) 职权结构，即各层次、各部门在权利和责任方面的分工及相互关系。

(二)组织结构的类型

由于管理环境的复杂多变，对于组织结构类型的普遍认识是：并不存在唯一的理想组织结构适合于所有的情况。取决于多种权变因素的组织结构类型大体上可以分为两种：机械式组织和有机式组织。其特点如图13-1所示。

1. 机械式组织

机械式组织也称为官僚行政组织，是综合适用传统设计原则的自然产物。坚持统一指挥的结果也就产生了一条正式的职权层级链，每个人只受一个上级的控制和监督。保持较窄的管理跨度，并随着组织层次的提高而缩小管理跨度，这样就形成了一种纵长的、较为刚性的结构。当组织的高层与底层距离日益扩大时，高层管理会增加使用规则条例，因为他们无法对低层次的活动通过直接监督来进行控制并确保标准作业行为得到贯彻，所以高层管理者要以规则条例来代替。通过部门化的方法而产生的进一步专业化使组织的非人格化特征增强，同时也提出了以重叠的管理层次来协调专业化部门的需要。

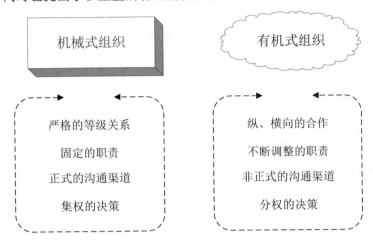

图 13-1 机械式组织与有机式组织的结构特点

2. 有机式组织

有机式组织也称为适应性组织，与机械式组织对比，它是低复杂性、低正规化和分权化的。有机式组织是一种松散、灵活的具有高度适应性的形式，而机械式组织是一种僵硬、稳定的结构。因为不具有标准化的工作和规则条例，所以有机式组织是一种松散的机构，能根据需要迅速地进行调整。有机式组织也进行劳动分工，但工作多不是标准化的。员工的多职业化，使得他们经过训练，具有熟练的技巧来处理多种多样的问题。员工教育已经涵盖了职业行为的标准，所以不需要多少正式的规则和直接的监督。有机式组织保持低程度的集权化，就是为了使职业人员能对问题做出迅速的反应，同时能够拥有辅助高层管理者做出必要决策的能力。

3. 两种组织类型的差异

机械式组织和有机式组织代表着一个连续统一体的两个极端，它们之间实际上存在无数的中间过渡状态，可以有多种变异，或者表现为多种不同的具体形式。两种组织的特征和适用条件有很大的差异。

(1) 组织特性的差异。机械式组织具有以下特征：任务被划分为独立的专业化部分，职责范围受严格限定，有明确的职权等级和许多程序规则，有关工作的知识及对任务的监控集中在组织上层，强调上级对下级的纵向沟通，协调和控制倾向于采用严密结构的层级组织。有机式组织则具有以下特征：员工围绕共同的任务开展工作，职责范围在相互作用中不断修正，权力等级和程序规则少，有关工作的知识及对任务的监控分散在组织之中，强调上下级双向的沟通及横向和斜向的沟通，协调和控制经常依靠相互调整和具有较大灵活性的组织系统。

(2) 适用条件的差异。机械式组织的适用条件为：环境相对稳定和确定，企业可以采取近于封闭的方式来运作；任务明确且持久，决策可以程序化；技术相对统一而稳定；按常规活动区以效率为主要目标；企业规模相对较大。有机式组织的适用条件为：环境相对不稳定和不确定，企业必须充分对外开放；任务多样化且不断变化，使用探索式决策过程；技术复杂而多变；有许多非常规活动，需要较强的创造和革新能力；企业规模相对较小。

二、战略与组织结构的关系

生产力水平决定了企业组织结构的模式和发展趋势，在一定的生产力水平制约下，企业采用什么组织结构，是与其决定采取什么样的企业行为密切相关的。而决定企业行为的正是企业所制定的战略。企业组织结构的调整，就是寻找、选择与经营战略相匹配的组织结构的过程。对于特定战略或特定类型的企业来说，都应当有一种相对理想的组织结构。

企业总是处在一个复杂多变的生态环境中。所谓企业的生态环境，是指企业生存与发展所处的自然与社会环境，包括市场环境、政策环境、科技环境、地域环境、地缘政治环境等。因为企业本身是一个开放的系统，不断与其生态环境发生物质、能量、信息的交换，企业生态环境的复杂性使得企业与其环境的相互作用也异常复杂。企业对周围环境的反应速度和企业本身组织结构的适应性，成为企业能否持续生存和发展的关键所在。企业面临的生态环境随时都发生着变化。当环境变化仅是细微的、不影响全局的时候，企业可以通过对战略行为的微调，使其在运行中达到平衡；一旦这种环境对企业有重大影响，那么制定新战略在所难免，此时创建与新战略相匹配的组织结构就成为战略顺利实施、企业快速发展的重要保障。

(一)战略与结构关系的研究及结论

企业的组织结构犹如人体的骨架，当企业从创业期逐渐向成长期发展时，企业的组织架构也要随着企业的发展及时调整，否则会影响企业的正常发展与运营。同理，在企业战略要求的背景下，战略需要相应的组织结构来支撑，企业组织结构对企业战略的反作用同样不容小觑。

1. 战略决定结构

"战略决定结构"的提出者钱德勒(美国麻省理工学院教授。作为企业史学者，钱德勒不是管理学家，但他的贡献对于管理学不可或缺)的解释是，公司战略的变化导致了组织结构的变化。而"战略"是如何决定结构的呢？

首先，不同的战略要求不同的业务活动，从而决定组织结构中部门的设置、核心职能的设计、岗位的设置、责权利的分配等。

其次，战略重点的改变会引起企业工作的重心改变，从而导致各部门及岗位在企业中重要程度的改变，并最终导致各管理职务以及部门之间关系的相应调整。

最后，稳定战略需要规范组织结构。当企业持续地向同类型顾客提供同样的产品或服务，维持市场份额并保持一贯的投资报酬记录时，所采取的就是稳定的战略，此时需要规范组织结构，由此进一步降低成本，实行标准化操作和高度正规化经营，集中决策，提高决策的时效性。

诚然，只有当企业战略与组织结构形成相辅相成的局面时，才可以迅速提升竞争优势。例如，海尔集团于 2007 年 6 月 15 日关闭微波炉生产线，宣布退出微波炉市场。海尔是微波炉市场的后来者，据统计数据显示，格兰仕和美的在微波炉市场的占有率之和在 80%以上，海尔微波炉规模较小、成本优势不足、盈利状况不佳。于是，海尔集团宣布退出这个市场，及时调整了企业组织结构，这就是集团发展战略的要求。最终，海尔成就了另一个奇迹。

2. "结构"对"战略"的反作用

在战略要求的背景下，企业组织结构必须进行相应的调整，因为不同的战略要求，需要不同的组织结构。

组织结构是围绕企业的战略目标、功能实现形成的组织分配或者资源分布。在管理实践中往往会出现这种情况：一个企业现有结构的优势(禀赋)反而成为制定与实施某一战略的主要参照。这说明"结构"对"战略"的反作用也不容忽视。

组织结构最重要的功能就是要为贯彻总体战略提供一个实施平台，有什么样的战略就需要相应的组织来实施。当组织与总体战略相匹配的时候，就会起保证和促进作用，反之就会起到阻碍和破坏作用。但是，当企业的战略方向发生了失误，即使通过组织调整来弥补，也很难解决由于战略失误带来的问题。这就是我们说的战略错误不能依靠组织结构调整来弥补。例如，一度处在金融风暴中心的花旗集团经过大规模重组，强调其核心业务，基本结束了为其带来灾难的房贷衍生品部门，经营由此出现转机，其新的战略是将精力集中在传统强项上，将不断赔钱的部门逐步卖掉或者关闭。花旗集团通过做"减法"的战略对组织架构的分析和收缩，是危机中面临问题所做出的正确的战略抉择和组织调整。

由此可见，企业战略的实施必须有与其相适应的组织结构来支持，企业战略的转变必然会引起其组织的变革。柳传志有个著名观点：拐大弯，凡事看准了，踩实了再做，这个"看准了"其实是对战略的思考成熟，而"踩实了"就包括人才和组织的准备妥当。

3. 企业组织结构应根据企业战略设计，并随战略调整而调整

企业中经常出现的一个管理问题是组织设计以及企业的人力资源配置和企业的战略脱节。而企业组织结构建设的目的是使实现组织目标必须开展的各项工作能够得到切实的落实，因此，我们在设计组织结构、配置人力资源时，应保持人力资源配置、组织结构设计与企业发展战略重点的一致。组织结构的设计必须以战略为出发点，围绕着战略重点配置人力资源。

在企业战略转型时，其发展的重点会与以前有所不同，其人力资源的配置重点也应做相应调整。为此，当企业进行战略转型时，为保证将企业战略转型所带来的工作重点转移并落到实处，也必须同步进行组织结构的调整。

企业的组织结构也应随着企业所处发展阶段不同而及时调整。正如，一个人从幼儿发育为少年、成长为青年时，随着体重增长，其骨架也要随之扩张，否则就会导致佝偻病，影响人体的正常发育。

企业在进行组织结构框架设计的过程中，首先是从战略出发来考虑需要增设哪些业务部门，具有战略意义的关键业务和新业务，原则上都应当在组织上有一个明确的负责部

门。根据各业务特点和组织经营理念，确定各业务采用集权还是分权等方式，由此决定部门的层次。根据企业发展过程中出现的问题和组织结构上的不适应性，结合各业务管理需要，确定需要设立和调整的职能管理部门。由业务部门的调整和职能部门的调整即可组合形成组织结构框架设计或调整方案。

(二) 战略的前导性与组织结构的滞后性

组织结构的建立是保证战略实施的必要手段。通过组织结构的设计，企业的目标和战略转化成一定的体系或制度，融入企业的日常生产经营活动中，发挥指导和协调的作用以保证企业战略的完成。

企业战略与组织结构的关系基本上是受产业经济发展制约的，在不同的发展阶段，企业应当有不同的战略，企业的组织结构也要进行相应的调整。应当指出，企业最先对经济环境做出反应的是战略，而不是组织结构，即在反应变化的过程中，存在着战略的前导性和结构的滞后性。

1. 战略的前导性

企业战略的变化先于企业组织结构的变化。企业一旦意识到外部环境和内部条件的变化提供了新的机会和需求时，首先会在战略上做出反应，以此谋求经济效益的增长。而当企业自身积累了大量的资源后，也应该据此提出新的发展战略。一个新的战略需要新的组织结构来支持，至少在一定程度上要调整原有的组织结构；否则，如果没有新的组织结构或组织变革作为支持，企业所实施的新战略就难以取得预期的绩效。

2. 结构的滞后性

在经济快速发展的环境中，企业组织结构的变化往往滞后于战略的变化，这是组织结构的惯性使然。结构滞后性会使组织内部各部门和机构的职责在变革过程中出现模糊性。例如，组织新、旧结构的交替有一定时滞性，原有的结构在新战略制定后还有一定的惯性，原有的管理人员仍习惯运用旧的职权和沟通渠道去管理新、旧两种经营活动；又如，管理人员对新的战略、新的结构会有抵触情绪，尤其是在感到组织结构的变化威胁到个人地位、权力，甚至威胁到心理上的安全感时，往往会以行政管理的方式去抵制需要做出的变革。

从战略的前导性和结构的滞后性可以看出，在经济快速发展的环境中，企业应当把握机会，制定与发展氛围相适应的经营与发展战略，而一旦制定出新的战略，还要正确认识组织结构滞后性的特征，努力缩短结构滞后的时间，促使组织结构尽快变革，使之尽早适应新的战略。

(三) 组织的战略类型

企业战略作为一个时期内较为稳定的发展思路，具有一定的弹性，要求组织运用资源去适应外部环境和内部条件的变化。这种适应是一个复杂的、动态的调整过程，要求企业不断完善适应环境的、有效的组织结构。根据成功企业的经验，企业在适应环境进行战略选择的过程中，最常用的有防御型、开拓型、分析型和反应型四种组织结构。

1. 采用防御型战略的组织结构

防御型组织寻求维护自己的细分市场，努力奋斗防止竞争者进入。防御型组织追求一种稳定的环境，要解决的一个关键性问题就是"稳定性"，它要以价格、质量或服务作为竞争手段，通过对细分市场的渗透和有限开发得以成长。

采用防御型战略的组织，一旦选定有限的一组产品和整个(或潜在)市场的一小部分后，就应该用大量的资源解决自身的工程技术问题，尽可能有效地生产、销售产品或提供服务。一般来说，防御型组织需要开辟一种可以预见的、经久不衰的市场，因而技术效率是成功的关键，所以该组织应创造出一种具有高度成本效率的核心技术。有的防御型组织会通过纵向整合来提高技术效率，即将从原材料供应到最终产品销售的整个过程合并到一个组织系统中。

在组织结构上，防御型组织的行政管理要掌握严格控制效率的结果，为此，它往往采用"机械式"组织结构。机械式组织结构具有由生产与成本控制专家形成的高层管理，注重成本和其他效率问题的集约式计划，有广泛分工的职能结构、集中控制、正式的沟通渠道等，最终形成明显的稳定性。

防御型组织比较适合于环境稳定的行业，所面临的危险是，在与市场环境互动的过程中处于被动地位，不能对市场环境做出重大的改变。

2. 采用开拓型战略的组织结构

开拓型组织追求创新，在更为动态的环境中运用自己的实力发现、发掘新产品和新的市场机会。开拓型组织要解决的关键问题是"灵活性"，即在寻求新机会的过程中必须具有一种从整体上把握环境变化的能力。

因为要拥有对环境条件、变化趋势具备分析和预测并付诸实践的能力，开拓型组织需要在技术和管理两方面都具有很大的灵活性。在工程技术方面，它必须根据现在和将来的产品结构确定技术能力，常常要通过开发机械化程度很低、例外性的多种技术和标准技术来解决问题；在管理方面，因为它奉行灵活性的基本原则，就需要在大量分散的单位和目标之间调度和协调资源，这就导致了组织的结构必须采用"有机式"的机制，即包括由市场、研究开发方面的专家组成的高层管理，注重产出结果的指导性计划、分散式控制以及横向和纵向的沟通。

在动荡的环境中，开拓型组织可以减少环境变化给组织带来的冲击。但这类组织所面临的风险是，较低的利润和资源的分散——在工程技术问题上，由于多种技术同时存在，很难发挥总体"合力"而将生产效率提到很高的水平；在管理上，由于涉及较多的"点"和"面"，常常出现错误配置人力、物力和财力的问题，导致组织难以提高工作效率和获得最佳效果，从而难以保证更高的利润。

3. 采用分析型战略的组织结构

分析型组织靠模仿生存，它们"复制"开拓型组织的思想。分析型组织拙于创新，只是在竞争对手证实了市场之后推出性能更优越的产品。所以，分析型组织要解决的关键问题是"快速响应"，即总是对各种战略进行理智的选择，试图以最小的风险、最大的机会来获得利润。

分析型组织的市场转变是通过模仿开拓型组织开发成功的产品或市场完成的，同时还依靠一批相当稳定的产品和市场保证其收入的主要部分。因此，成功的分析型组织必须紧随领先的开拓型组织，同时又要在自己原有的、稳定的产品和市场上保持较高的生产效率。

分析型组织的工程技术具有明显的"两重性"特点，即技术的灵活性和稳定性。要在这两种不同的特性之间寻求平衡，企业必须将生产活动分成两部分，同时形成一种双重的技术核心。其稳定的技术核心与防御型组织类似，按职能组织起来，使技术达到高度的标准化、例行化和机械化，获得成本优势；其所具有相当的灵活性的技术核心则与开拓型组织相仿，分散控制较多例外性的技术，它会采用一个应用研究小组来模仿新技术，而不是像开拓型组织那样付出大量的研究开发成本。

在管理方面，分析型组织必须适应既有稳定又有相当大变化的业务，使两种业务达到相对的平衡。所以它一般会采用矩阵式结构来达到目的。因为矩阵式结构可以在市场和生产的各职能部门之间制订集约式的计划，而在新产品应用研究小组和产品经理之间制订粗放式的计划。同时，矩阵结构在职能部门中实行集权控制机制，而对产品开发小组使用分权式控制。

分析型组织稳定性与灵活性并存的状态，在一定程度上限制了组织的应变能力，它不得不建立双重的技术中心，还要管理并不完全一致的计划系统、控制系统和奖惩系统；如果一个分析型组织不能保持战略与结构关系的必要平衡，最严重的后果就是既无效率又无效果。

4. 采用反应型战略的组织结构

反应型战略是一种相当被动的战略，当一家企业实施上述三种战略均不能取得成效时，只好"随波逐流"。这种类型的组织结构对环境和竞争所做出的反应总是"慢一拍"，而且在具体实施战略时又会犹豫不决。

在外部环境发生变化时，反应型组织基本上不能形成一种稳定一致的调整模式，往往不能随机应变，在犹豫不定后做出的反应又"生不逢时"，这种被动应变也会因为对战略含义不能彻底理解而采取不适当的经营活动。所以，反应型战略是企业适应环境获取优势的最差战略，只有在上述三种战略都无法运用时，才不得已考虑使用。

采用反应型战略的组织，其结构必然是处于不稳定的状态。因为没有战略上的"主见"，又不能随机应变，只能不断调整，结果导致组织无法取得战略与结构的相对平衡。

当企业战略不够明确，组织结构不能适应战略的要求或者不注重对外部环境条件变化的分析时，很多企业不得不采取反应型战略的组织结构。而如果企业不能在一定时期或一定范围内形成行业垄断，或者不是生存于被某种力量高度操纵的行业内，一般不要考虑形成反应型战略组织结构。即使已经采用了这种战略，也应尽快在对外部环境进行详细分析的基础上明确战略，并根据战略逐步调整组织结构，创建新的战略组织形态。

专题拓展

组织变革直接决定战略成败。

第二节　企业组织设计过程

所谓组织设计，是指进行专业分工和建立使各部分能够相互有机协调配合的系统的过程。具体来说，组织设计的任务是建立组织结构和明确组织内部的相互关系，提供组织结构图和职务说明书。组织结构是组织设计的结果之一，这是指组织内部的结构框架，可用结构图来表示。

组织设计是企业实现目标的一种手段。企业目标可以具体表现在许多方面，但归纳起来分为两类：一是稳定运行中的效率；二是动态适应中的创新。任何企业的组织设计都必须提供某种程序的稳定性，以使生产经营活动处于有秩序、可预见的受控状态中，促进工作关系的改善和工作效率的提高。稳定性是确保企业现行业务高效率运作和近期目标实现的客观要求。但是，稳定性并不是僵硬性，任何僵化的组织势必难以确保企业在动态变化的环境中求得长久的生存和发展。面对外部环境可能出现的变化，企业必须使组织设计具有足够弹性，以不断提高其灵活应变能力，促进企业经营业务的创新和长远目标的实现。

组织设计可能有三种情况：一是新建的企业需要进行组织设计，二是原有组织结构出现较大的问题或企业目标发生变化，三是组织结构需进行局部的调整和完善。

一、企业组织设计的原则

(一)组织结构设计的基本理念

1. 组织结构有效性标准的多重性

判断组织结构有效性的基准可能包括以下几个方面。

(1) 以其他企业为标准，即是否模仿其他企业的组织设计。

(2) 是否需要管理人员的认同。认同感是组织作为一个团体的工作基础，是组织结构设计的重要影响因素。

(3) 对绩效的贡献、对竞争优势发挥的贡献。它取决于与环境、战略、技术、人员、规模等的整合性，是组织结构设计的根本标准。

2. 组织结构的动态性和稳定性

组织所处的环境在变化，组织结构必定也要随之改变，因此，没有最好的组织结构，没有一成不变可适应所有环境、适应企业发展过程中所有阶段的组织结构，只有适宜的组织结构。判断组织结构优劣的标准以是否能促进企业的发展为基准。同时，组织结构也不宜频繁调整，要保证一定程度的稳定性。

3. 组织结构的必要性

必须认识到，一个精心设计的组织架构可能有利于组织的成功，但不是组织成功的充分条件，组织成功还受到其他重要因素的影响，如组织战略、人力资源状况、制度设计和管理、文化建设等。

(二)组织设计的基本原则

在生产和管理实践中,组织形式多种多样,而无论管理者决定采用何种组织形式,都应当遵循组织结构设计的基本原则,即对各种组织形式普遍适用的要求,它也是评价组织设计合理与否的一般性标准。

1. 目标一致性原则

组织结构的设计和组织形式的选择必须有利于组织目标的实现。任何组织都有其特定的目标,而组织设计必须有利于组织目标的实现,否则就失去了存在的意义。同样道理,每一个机构又有自己的分目标来支持总目标的实现,这些分目标又成为机构进一步细分的依据。因此,目标层层分解,机构层层建立,直至每个组织成员都了解自己在总目标的实现中应完成的任务。只有这样,建立起来的组织机构才是一个有机整体,才能为保证组织目标的实现奠定基础。

2. 分工协调原则

分工就是按照提高管理专业化程度和工作效率的要求,把组织的目标分成各级、各部门以至各人的目标和任务,使组织的各个层次、各个部门、每个人都了解自己在实现组织目标中应承担的工作职责和职权。协调则包括部门之间的协调和部门内部的协调。因此,分工协调原则可以这样表述:组织结构的设计和组织形式的选择越是能反映目标所必需的各项任务和工作的分工以及彼此间的协调,委派的职务越是能适合担任这一职务的人的能力与动机,组织结构和形式就越有效。

3. 管理幅度与管理层次相结合的原则

主管人员有效地监督、指挥其直接下属的人数是有限的。管理跨度的限度取决于多方面的因素,如下属的成熟度、工作的类型等。由于管理幅度的大小影响和决定着组织的管理层次以及主管人员的数量等一些重要的组织问题,所以,每一个主管人员都应当根据影响自身管理幅度的因素来慎重地确定自己理想的管理幅度。

在服从由组织目标所决定的业务活动需要的前提下,力求减少管理层次,精简管理机构和人员,充分发挥组织成员的积极性,提高管理效率,更好地实现组织目标。一个组织只有机构精简、队伍精干,工作效率才会提高;如果组织层次繁多、机构臃肿、人浮于事,则势必导致浪费人力,滋长官僚主义情绪,办事拖拉、效率低下。

对于资源有限的组织来说,管理幅度和层次是相互制约的。要注意管理幅度与管理层次的合理搭配。

4. 权责匹配原则

在进行组织结构的设计时,既要明确规定每一个管理层次和各个部门的职责范围,又要赋予其完成职责所必需的管理权限。职责与职权必须协调一致。要履行一定的职责,就应该有相应的职权。如果只有职责,没有职权或权限太小,那么职责承担者的积极性、主动性就必然受到束缚,实际上也不可能承担起应有的责任;相反,只有职权而无任何责任,或责任很小,必将导致滥用权力、产生官僚主义等。

5. 集权与分权相结合的原则

为了保证有效的管理，必须实行集权与分权相结合的体制，这样才能够加强组织的灵活性和适应性。如果事无巨细，把所有的权力都集中在最高管理层，不仅会使最高层主管淹没于烦琐的事务当中，顾此失彼，而且还会助长官僚主义、命令主义和文牍主义作风，忽视组织有关战略性、方向性的大问题。过分分权又往往会造成管理失控，因为毕竟下属的能力也是有限的，下属的素质不同，其完成任务的质量与及时程度也不相同。如果对分权的权力与职责不加以控制，往往又会使高层管理者对一些事务缺乏了解与控制，进而影响到管理的全局。因此，必须做到集权与分权相结合。

6. 动态性与稳定性相结合的原则

组织结构及其形式既要有相对的稳定性，不要总是轻易变动，但又必须随组织内外部条件的变化，根据长远目标做出相应的调整。一般来说，组织要进行实现目标的有效的活动，就要求必须维持一种相对平衡的状态，组织越稳定，效率将越高。组织结构的大小调整和各部门职权范围的每次重新划分，都会给组织的正常运行带来有害的影响。因此组织结构不宜频繁调整，应保持相对稳定。但是，组织自身所赖以生存的环境是在不断发生变化的，当组织无法适应变化的情况时，组织本身就会发生危机，组织的调整与变革就不可避免。

7. 有利于人才成长和合理使用的原则

人是组织中的灵魂，组织设计只是为组织目标的实现创造了一定的条件，但是如果没有组织成员的努力工作，也是不可能实现组织目标的。因此，组织设计要有利于人员在工作中得到培养、提高和成长，有利于吸引人才，发挥员工的积极性和创造性。

二、企业组织设计的程序

组织设计是一个动态的工作过程，包含了众多的工作内容。科学地进行组织设计，并根据组织设计的内在规律性有步骤地进行，才能取得良好的效果。

(一)确定组织设计的基本方针和原则

根据企业的任务、目标以及外部环境和内部条件，确定企业进行组织设计的基本思路，规定一些组织设计的主要原则和主要维度。例如，公司一级的管理跨度是宽些还是窄些？本公司要不要设置"公司"机构？部门分工形式是采用职能制还是事业部制？是实行集中统一管理还是分级分权管理？等等。这些都是进行组织设计的基本依据。

(二)进行职能分析和职务设计

这一步骤的内容包括：确定为了完成企业任务、目标而需要设置的各项经营职能和管理职能，明确其关键性职能；不仅要确定全公司总的管理职能及其结构，而且要分解为各项具体的管理业务和工作；在确定具体的管理业务时，还应进行初步的管理流程总体设计，以优化流程，提高管理工作效率。

(三)设计组织结构的框架

设计组织结构的框架,即设计承担这些管理职能和业务的各个管理层次、部门、岗位及其权责,是组织设计的主体工作。框架设计可以有以下两种方法。

1. 自下而上的设计方法

自下而上的设计方法,即先具体确定企业运行所需的各个岗位和职务,然后按一定的要求,将某些岗位和职务组合成多个相应独立的管理部门,再根据部门的多少和设计的幅度要求,划分出各个管理层次。

2. 自上而下的设计方法

自上而下的设计方法即先根据企业的各项基本职能及集权程度的设计原则,确定企业的管理层次,再进一步确定各管理层次应设置的部门,最后将每一个部门应承担的工作分解成各个管理职务和岗位。

由于职务、部门、层次三者是相互联系、相互制约的,所以在实践中这两种方法一般是结合起来使用,相互修正,经过多次反复才能最后将框架设计确定下来。

(四)沟通方式设计

这一步是设计上下管理层次之间、左右管理部门之间的协调方式和控制手段。组织沟通方式的设计工作非常重要。如果说框架设计的重点在于把整个企业的经营管理活动分解成各个组成部分,那么,沟通方式设计就是要把各个组成部分联结成一个整体,使整个组织结构能够步调一致地、有效地实现企业管理的整体功能。

(五)管理规范设计

这一步骤是在确定了组织结构的框架及联系方式的基础上,进一步确定各项管理业务的管理工作程序、管理工作应达到的要求(管理工作标准)和管理人员应采用的管理方法等。以上这些工作通过管理规范的形式表现出来,成为各管理层次、部门和人员的行为规范。它是组织结构设计的细化,使设计出来的组织结构合法化和规范化,起到巩固和稳定组织结构的作用。

(六)人员配备和管理

完成上一步任务后,组织结构本身的设计工作可以说已经完成。但是组织结构最终要通过人来实施和运行,所以组织结构运行的一个重要问题是配备相应的人员。一般来说,结构设计时先暂不考虑企业现有人员的具体情况,而是在设计实施时按设计要求的数量和质量配备各类人员。

(七)各类运行制度的设计

组织结构的正常运行还需要有一套良好的运行制度来保证,这一步工作包括管理部门和管理人员的绩效评价和考核制度;管理人员的激励制度,包括精神激励和物质激励。

(八)反馈和修正

完成了上一步任务后,组织设计的一个完整过程可以说是完成了。但组织设计是个动态的过程,在组织结构运行的过程中,会发现前述步骤中尚有不完善的地方,新的情况也会不断出现,这就要求对原设计做出修改。因此,企业要将组织结构运行中的各种信息反馈到前述各个环节中,定期或不定期地对原有组织设计做出修正,使之不断完善,不断符合新的情况。

组织设计的程序可以概括如表 13-1 所示。

表 13-1　组织设计的程序及主要内容

顺序	程序	主要内容
1	设计原则的确定	根据企业的目标和特点,确定组织设计的方针、原则和主要维度
2	职能分析和设计	确定经营、管理职能及其结构,层层分解到各项管理业务工作中,进行管理业务的总体设计
3	结构框架的设计	设计各个管理层次、部门、岗位及其责任、权力,具体表现为确定组织系统图
4	联系方式的设计	进行控制、信息交流、综合、协调等方式和制度的设计
5	管理规范的设计	主要设计管理工作程序、管理工作标准和方法,作为管理人员的行为规范
6	人员配备和训练	根据结构设计合理配备各类人员
7	运行制度的设计	设计管理部门和人员绩效考核制度,设计精神鼓励和工资奖励制度,设计管理人员培训制度
8	反馈和修正	将运行过程中的信息反馈回去,定期或不定期地对上述各项设计进行必要的修正

第三节　企业组织设计的基本模式

由于每一个组织的目标、所处的环境、拥有的资源是不同的,因此其组织结构也必然会有所区别。上一节中,对组织类型进行了简单的说明,现实中,很少有纯粹的机械式或有机式的组织,有许多组织设计既可以是机械式的,也可以是有机式的。

在企业实践中,不同企业在部门分设、权力划分、运作流程等方面千差万别,但是各种组织结构之间也具有一定的相似性,也就是说,它们的基本构成形式是差异不大的。本节将介绍几种常见的基本组织设计模式。

一、职能式结构

职能式结构起源于 20 世纪初法约尔在其经营的煤矿公司担任总经理时所建立的组织结构形式,故又称"法约尔模型"。它是按职能来组织部门分工,即从企业高层到基层,均把承担相同职能的管理业务及其人员组合在一起,设置相应的管理部门和管理职务,如图 13-2 和图 13-3 所示。

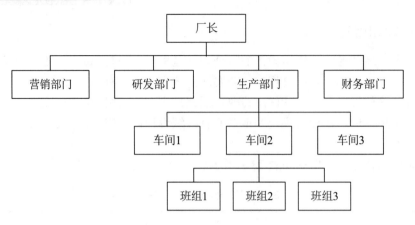

图 13-2　职能式组织结构

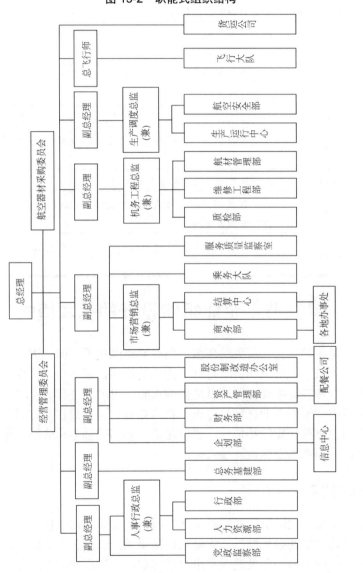

图 13-3　某航空公司的组织结构

职能式结构及其变体的主要特点是：各级管理机构和人员实行高度的专业化分工，各自履行一定的管理职能，因此每个职能部门所开展的业务活动将为整个组织服务。实行直线-参谋制，整个管理系统划分为两大类机构和人员，一类是指挥机构和人员，对其直属下级有发号施令的权力；另一类是参谋机构和人员，其职责是为同级直线指挥人员出谋划策，对下级单位不能发号施令，而是起业务上的指导、监督和服务的作用。企业管理权力高度集中。由于各个职能部门和人员都只负责某一个方面的职能工作，唯有最高领导层才能纵观企业全局，所以，企业生产经营的决策权必然集中于最高领导层，主要是经理身上。

职能式结构形式的主要优点是：由于按职能划分部门，其职责容易明确规定；每一个管理人员都固定地归属于一个职能结构，专门从事某一项职能工作，在此基础上建立起来的部门间联系能够长期不变，这就使整个组织系统有较高的稳定性；各部门和各类人员实行专业化分工，有利于管理人员注重并能熟练掌握本职工作的技能，有利于强化专业管理，提高工作效率；管理权力高度集中，便于最高领导层对整个企业实施严格的控制。

职能式结构形式的缺点是：高度的专业化分工以及稳定性使各职能部门的眼界比较狭窄，他们往往片面强调本部门工作的重要性，使职能部门之间的横向协调比较困难；由于人们主要关心自己狭窄的专业工作，这不仅使部门之间的横向协调困难，而且妨碍了相互间的信息沟通，高层决策在执行中也往往被狭窄的部门观点和利益所曲解，或者受阻于部门隔阂而难以贯彻，整个组织系统不能对外部环境的变化及时做出反应，适应性差；不利于培养素质全面的、能够经营整个企业的管理人才。

职能式结构的适用性如下。

(1) 在各种企业里，职能式结构主要适用于中小型的、产品品种比较单一、生产技术发展变化较慢、外部环境比较稳定的企业。具备以上特性的企业，其经营管理相对简单，部门较少，横向协调的难度小，对适应性的要求较低，因此职能式结构的缺点不突出，而优点却能得到较为充分的发挥。

(2) 当企业规模、内部条件的复杂程度和外部环境的不确定性超出了职能式结构所允许的限度时，固然不应再采用这种结构形式，但在组织的某些局部，仍可部分运用这种按职能划分部门的方法。例如，在分权程度很高的大企业中，组织的高层往往设有财务、人事等职能部门，这既有利于保持重大经营决策所需要的必要的集权，也便于让这些部门为整个组织服务。此外，在组织的作业管理层，也可根据具体情况，不同程度地运用设置职能部门或人员的做法，借以保证生产效率的稳定和提高。

二、事业部式结构

事业部式结构是对内部具有独立的产品和市场、独立的责任和利益的部门实行分权管理的一种组织形式，如图 13-4 和图 13-5 所示。

这种组织形式的特点是，事业部一般按产品或地区划分，具有独立的产品或市场，拥有足够的权力，能自主经营，并实现独立核算、自负盈亏。这种结构把政策制定与行政管理相分离，政策制定集权化，业务营运分权化。企业的最高管理层是企业的最高决策机构，它的主要职责是研究和制定公司的总目标、总方针、总计划以及各项政策。各事业部在不违背总目标、总方针和公司政策的前提下，可自行处理其经营活动。

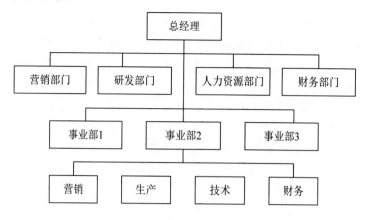

图 13-4 事业部式组织结构

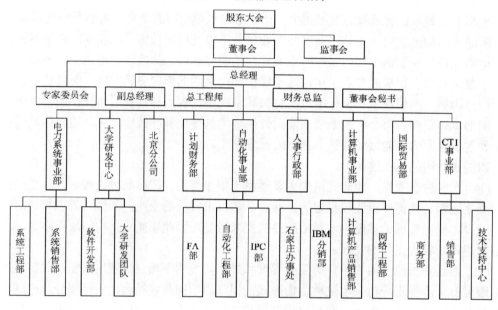

图 13-5 某科技公司的组织结构

这种结构的优点是：既保持了公司管理的灵活性和适应性，又发挥了各事业部的主动性和积极性；可使总公司和最高管理层从繁重的日常事务中解放出来，得以从事重大问题的研究和决策；各事业部相当于公司内部独立的组织，不论在公司内外，彼此都可以开展竞争，比较成绩优劣，从而可以克服组织的僵化和官僚化，同时也有助于培养高层管理人员。

这种结构的缺点是：各事业部往往只重视眼前利益，本位主义严重，调度和反应都不够灵活，不能有效地利用公司的全部资源；管理部门重叠设置，管理费用增加；由于各事业部相当于一个独立的企业，因此对事业部以及管理人员的水平要求较高；集权与分权关系敏感，若处理不当则会削弱组织的协调一致性。

为了克服事业部式存在的问题，使集权与分权更好地结合起来，可在公司最高首脑与各事业部之间增设一个管理层次，形成超事业部式（也称为执行部式）。执行部（相当于分公司）式的特点是，在统辖和协调所属各事业部活动时，是管理制式在分权的基础上又适当地再度集权,从而通过协调各个事业部间的活动,更有效地利用公司的资源,并进一步减轻最高层的日常事务。

事业部式和执行部式都只有在组织规模很大且业务范围广或市场区域大、各事业部采用的技术独立程度较高时才比较适宜。

三、矩阵式结构

矩阵式是为了适应在一个组织内同时有几个项目需要完成,每一个项目又需要有不同专长的人在一起工作才能完成这一特殊需求而形成的,如图 13-6 和图 13-7 所示。

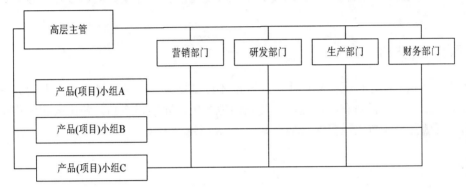

图 13-6　矩阵式组织结构

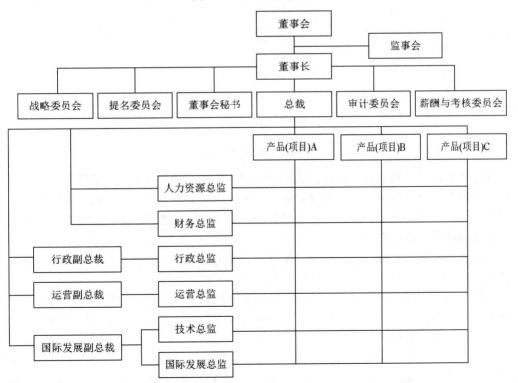

图 13-7　某资本运作公司的组织结构

矩阵式的优点是：组织结构的各个层次集权和分权实现了有效的结合，有利于加强各部门间的配合和信息交换；便于集中各种专门的知识和技能，加速完成某一特定项目；可避免各部门重复劳动，加强组织的整体性；可随项目的开始和结束而组成和撤销项目组，增加了组织的机动性和灵活性。

矩阵式的缺点是：由于各成员隶属于不同的部门，仅仅是临时参加某项目组，项目负责人对他们的工作绩效无法实现足够的奖惩，项目负责人的责任大于权力；由于项目负责人和原部门负责人对于参加项目的人员都有指挥权，因此这种结构只有当双方管理人员能密切配合时，才能顺利地开展工作。

矩阵式一般适用于面临不确定性高的和比较复杂的企业环境、创新性任务较多、生产经营复杂多变的组织。

四、区域式结构

区域式组织结构是根据组织的用户所在的不同地区来对组织的结构进行整合，在结构中，每个地理单位包括所有的职能，以便在该地区生产和销售产品。跨国公司常在世界不同的国家或地区设立自主经营的分部，如图13-8所示。

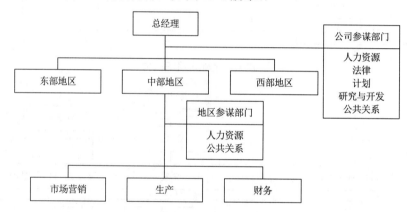

图13-8　区域式组织结构

区域式组织结构的优点与事业部式机构相似。例如，拥有较大的灵活性，能适应各地区的竞争情况；能使各利润中心得到发展，并利于把权力和责任授予下级管理层次；能增进一个地区内市场营销、生产和财务等活动的协调，可节约费用并提高工作效率；为培养经理人员提供了良好的机会。

区域式组织结构的缺点是：增加了保持全公司方针目标一致性的困难；可能需要更多的管理人员；由于某些参谋职能的重复设置，增加了开支。

根据区域式组织结构的特点，它适用于面临各地顾客需求处于变化中、不确定性较高的企业环境且规模较大、各区域的制造技术是常规的、独立性不是很高的技术的组织。

下面用苹果计算机公司的例子来说明区域性的组织结构图。20世纪80年代晚期，苹果计算机公司以基于地理分布的区域式组织结构来代替原来的职能式结构，以便于生产和销售一系列的计算机给世界范围内的广大客户。图13-9所示的是部分组织结构，说明了苹果公司的区域性扩展。苹果公司常用这种结构来将管理者和员工集中在专门的区域性消费者和销售目标上。

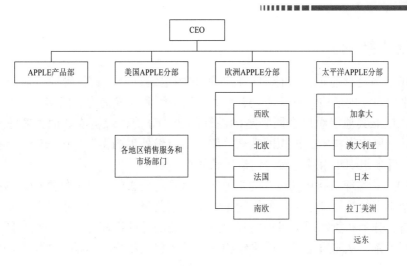

图 13-9　苹果公司的组织结构

五、多维立体式结构

多维立体式组织结构是由美国道-科宁化学工业公司于 1967 年首先建立的，它是将直线职能式、矩阵式、事业部式与地区和时间相结合的复杂的机构形态。

这种结构形式由三方面的管理系统组成。

(1) 按产品(项目或服务)划分的部门(事业部)是产品利润中心。
(2) 按职能划分的部门是职能利润中心。
(3) 按地区划分的管理机构是地区利润中心。

在这种组织结构形式下，每一个系统都不能单独做出决定，而必须由三方代表，通过共同的协调才能采取行动。因此，多维立体式组织能够促使各部门从组织整体的角度来考虑问题，从而减少了产品、职能和地区各部门之间的矛盾。即使三者间有摩擦，也比较容易统一和协调。这种类型的组织结构形式最适用于跨国公司或规模巨大的跨地区公司，如图 13-10 所示。

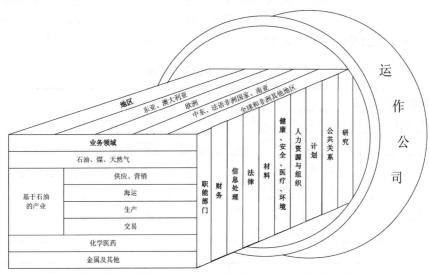

图 13-10　壳牌公司的组织结构

六、网络式结构

网络式结构是目前正在流行的一种新形式的组织设计，它使管理者对于新技术、时尚，或者来自海外的低成本竞争能具有更大的适应性和应变能力。网络结构是一种很小的中心组织，依靠其他组织以合同为基础进行制造、分销、营销或其他关键业务的经营活动的结构。在网络结构中，组织的大部分职能从组织外"购买"，这给管理者提供了高度的灵活性，并使组织集中精力做它们最擅长的事。

图 13-11 是管理当局将其经营的主要职能都外包出去的一种网络结构。该网络组织的核心是一个小规模的经理小组，他们的工作是直接监督公司内部开展的各项活动，并协调同其他制造、分销和执行网络组织的其他重要职能的外部机构之间的关系。图中的虚线代表这种合同关系。从本质上讲，网络结构的管理者将大部分时间都花在协调和控制这些外部关系上。

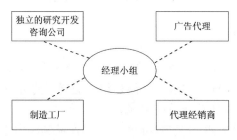

图 13-11　网络式组织结构

网络组织比较适合玩具和服装制造企业。它们需要相当大的灵活性以对时尚的变化做出迅速反应。网络组织也适合那些制造活动需要低廉劳动力的公司。

从不利的方面来看，网络结构的管理者对其制造活动缺乏传统组织所具有的那种紧密的控制力，供应品的质量也难以预料。另外，网络组织所取得的设计上的创新很容易被窃取，因为创新产品要交由其他组织的管理当局进行生产，保密工作无法保障。不过，借助计算机手段，一个组织现在可以与其他组织直接进行相互联系和交流，这样就使网络结构日益成为一种可行的设计方案。表 13-2 反映了网络结构中的八个关键环节。

表 13-2　网络结构中的关键管理环节

管理环节	潜在的问题
网络结构的建立	成员的确定与维系
决策	决策如何、在哪个层次、什么时候、由谁做出
争端的解决	争端如何解决
信息处理	信息如何流通和管理
知识的获取	知识如何整合，并为整个网络的成员所获取和共享
激励　承诺	如何激励成员参加网络和留在网络中
风险　利益共担	如何共同承担风险和分享利益
整合	网络结构中各个成员的代表如何建立和维护相互之间的关系

专题拓展

互联网组织架构四大经典模式

案例分析

小米公司的组织结构管理模式

本 章 小 结

企业为更好地实施战略，都会建立各自合适的组织结构。从原则上来说，当原有的组织结构不能持续提供成功实施企业战略所需的协调、控制和方向时，组织结构就会发生改变。每当企业发展进步并改进其战略时，就需要一个改进的结构来配合整个战略的实施。反之，现有的组织结构也会对企业未来的战略抉择产生影响。

企业战略的变化将导致组织结构的变化，组织结构的重新设计又能够促进企业战略的实施。企业战略与组织结构是一个动态变化的过程。孤立地制定战略或进行组织结构设计都是无效的，也是不可能成功的。只有将两者视为一个有机整体，放在激烈变化着的环境中去考察，才可能有效地促进企业持续健康地发展。

组织结构的设计要以客观理念为指导，遵循一定的原则和步骤。

职能制结构是最早被大公司使用的，并最终与官僚制联系到一起。事业部制结构是组织的下一个创新，这种模式提供了一个方式，将诸如通用汽车公司和西尔斯-罗巴克公司这样的大公司划分成更多的可控利润中心。接着发现了跨职能团队的概念，这种团队以横向方式工作，以便实现跨部门的协调。横向团队演进成为矩阵式结构，这种结构同时具有两个方向的层级制度。随着管理复杂性和多样性的增强，多维立体式结构越来越多地出现在大型组织中。

在新经济条件下，组织设计的创新体现在：由纵向向横向管理的重要转变，业务流程的重新设计以及使用动态网络结构。这种创新通过新的方式开发利用人力资源，给企业的发展带来竞争优势。

复习思考题

1. 组织结构体系包含哪些内容？
2. 组织结构的基本类型有哪些？其适用性如何？
3. 怎样理解战略和组织结构的关系？
4. 企业在适应环境进行战略调整的过程中，常采用哪些战略决策？与其相应的组织结构各有什么特点？
5. 企业组织设计的基本模式有哪些？其结构特点和适用性如何？

第十四章 企业战略与企业文化

本章导读

柳州两面针股份有限公司企业文化助推企业发展

学习目标

通过本章的学习,应掌握企业文化的概念和构成,了解研究企业文化的原因及企业文化的分析方法;理解企业文化的构成要素;掌握战略与企业文化的关系,理解不同战略类型下的企业文化特质;了解企业文化的管理与再造过程。

关键概念

企业文化(Corporate Culture)　　　核心价值观(Core Value)
行为规范(Regulations)　　　　　　形象性活动(Corporate Identity Activity)
企业文化管理(Culture Management)　企业文化诊断(Culture Diagnosis)

第一节 企业文化概述

一、企业文化的概念

企业文化可以定义为在一个组织内形成的独特的文化概念、价值观、历史传统、习惯、作风、价值准则、道德规范和生产观念,并依赖于这些文化使组织内各种内部力量统一于共同的智慧思想和经营哲学下。

企业文化由外而内可以划分为三个层次,即企业的物质文化、行为文化和精神文化。

(1) 企业的物质文化是企业文化的物质层,是由企业的产品和各种物质设施构成的器物文化、表层文化,是企业行为文化和精神文化的外在结晶。企业物质文化包含三部分内容:企业生产经营的结果,即企业生产的产品和提供的服务;企业的厂房、设备等构成的工作环境以及生活环境;企业标识。

(2) 企业的行为文化是企业在生产经营、人际关系中产生的活动文化,是以人的行为为形态的中层文化。行为文化以动态形式存在,一方面影响组织成员的思想意识和价值观念,是企业精神文化的折射;另一方面又不断地物化为企业的物质文化。企业行为包括企业家行为、企业模范人物行为和企业员工行为。

(3) 企业精神文化是企业在生产经营过程中受一定的社会文化背景、意识形态影响而长期形成的一种文化观念和精神成果。它是由企业精神力量形成的一种文化优势,是企业全体成员文化心理沉淀的一种群体意识,是以意识为形态的深层次企业文化,是企业文化的核心，主导和决定了其他文化的变化和发展方向，同时也是其他文化的结晶与升华。企业精神文化包括企业经营哲学、企业价值观、企业精神和企业道德等内容。

二、研究企业文化的原因

对企业文化与企业战略的关系进行研究，是因为管理层注重企业文化是否会影响企业的绩效，尤其是通过影响战略计划中所包含的风险度、管理者参与环境信息收集的程度等影响企业的绩效。

1. 企业文化影响企业战略的制定和实施

企业文化从宏观角度描述企业成员共享的价值观、思想意识等，它为战略管理的实践者和研究者提供了一种新的分析企业行为的方法，有助于企业制定与实施员工易接受的、与企业实力和共有价值观最适应的战略。

2. 运用文化来研究组织是一种依次递进的战略方法

明茨伯格指出，如果我们坚持以一种远距离的、粗略而局部的办法去研究组织的现实，我们将决不会了解它们。通过支配企业成员行动的文化来研究组织，本身就是一种依次递进的战略方法。运用文化研究，可以研究企业成员正在做的事情，研究他们对诸多事物的观点、态度相对周围世界的反应，研究当遇到问题时员工们如何看待、分析并解决问题，这比采用离企业现实较远的调查表、统计数字、总结等形式来研究组织的结构与过程更准确、合理，并且具有战略的高度。

三、企业文化的分析方法

在相关的研究中，学者们提出了文化分析的模式，提出了一些解释与说明不同文化的共同基本变量或因素，并以此为基础进行比较分析。其中，最著名的、主要的文化分析模式有以下几种。

1. 价值观取向模型

价值观取向模型认为，每种文化都是通过形成价值观来解决每个问题。其中最基本的五个问题，即人的本性、人与自然的关系、时间观念、行为方式和人际关系。该模型从这五个基本问题入手来进行分析，并以此为基础探讨其对组织管理的影响。

对于人性问题，不同文化价值观的认识分为本质上是善或恶、是可以改变的还是不可以改变的；在人与自然的关系上，文化价值观取向包括主宰自然、与自然协调以及屈服自然三种，它主要影响管理人员解决战略或经营问题的方式；文化对于时间可以有过去、现在和将来三种取向；对于行为方式，文化可以分为"存在型"和"实干型"；对于人际关系，文化必须以可预期的方式架构人与人之间的关系，包括个人、群体和等级关系三个方面。前两个方面强调的是个人还是群体主导社会关系，后三个方面强调对等级关系的文化考虑，或强调人们之间或群体之间的地位差别。基于以上五个方面所表现出来的文化差异，组织管理的风格与做法将有很大区别。

2. 霍夫斯泰德国家文化模型

为了阐述国家文化，霍夫斯泰德运用了基本文化价值观的五个方面，这些价值观主要强调下列因素：权力距离、男性主义、不确定性规避、个人主义和长期取向。权力距离是指在社会或组织中缺乏权力的成员对不公平的权力分配所接受的程度，它考虑的是文化如何解决不平等问题；男性主义是指一个主要以男性经验为来源与动机的社会理论与政治运动；不确定性规避是指一种文化中的成员对不确定或不了解的情景感觉到威胁的程度；个人主义将每个人视为独一无二的，人们对自己的评价主要依据自己的成就、地位以及其他特征；追求未来长期目标的基本时间取向被称为"长期取向"。

3. 高低情景文化分析模型

美国著名人类文化学家爱德华·T. 霍尔根据人们在沟通过程中的信息传递与接收的准确性和清晰性，提出了高情景文化和低情景文化分析构架，并试图用此构架说明不同文化国家的人们在商业活动中的特点。高情景文化中的沟通过程常常是含蓄的，沟通中重视的是"情景"而不是"内容"；低情景文化的沟通过程中，"内容"备受重视，沟通常常是直接的，不太重视个体之间的关系。在谈判过程中，人们重视时间和效率，但却不太重视形式。

4. 川普涅尔与特纳的文化分析模型

荷兰管理咨询顾问冯斯·川普涅尔与英国学者查尔斯·汉普登·特纳花费了大约 15 年的时间，在 40 多个国家中对大约 3 万人进行了调查，在 20 世纪 90 年代中期发表了其合作的跨文化比较研究成果，提出了国家文化的 7 个基本方面：普遍性与具体性、个人主义与共有主义、中性与情感性、特殊性与扩散性、成就文化与归因文化、持续性与同时性时间取向、"内在控制"和"外在控制"的环境价值取向。

第二节　企业文化的构成要素

企业文化是企业历史发展过程中形成的传统，是一种心理文化或观念文化，是其构成要素经过长时间相互影响、相互作用、相互适应、相互结合而形成的动态系统。

一、核心价值观

价值观是企业文化的核心，是企业成功哲学的精髓。共同的价值观可以为企业树立成就标准，奠定企业的风格，对企业文化的性质起着决定性的主导作用。

核心价值观是全体企业成员"共同的心理程序"，是关于"企业是什么"的一种普遍看法。价值观不同，企业的发展及其文化的本质也不尽相同。价值观念是一个企业长期实践经验的概括，是企业成员在特定的环境中进行尝试后对实践的认知。

从发展过程来看，价值观念是企业文化发展变化的内在机制。追求价值、创造价值、实现价值是企业存在和发展的基本准则。这一准则的基本内容就是组织按照自身的需要和尺度去认识客体、改造客体，通过企业的经营哲学、宗旨、信念和道德风尚等一系列价值选择和价值评价表现出来。企业的结构、需要和能力是多方面的、多层次的。

价值观念一经形成，就以相对定型的观念模式存在，影响或规范着企业认识和实践活动的指向，抑制或推动着企业活动的发展。价值观念的变化，也或迟或早地引起企业经营哲学、宗旨、信念、道德、人际关系等各方面的变化。企业生存发展的动力就在于开拓进取，永不满足，不断地追求创造、实现新价值，从而使企业的价值观念也不断地得到更新和完善。

专题拓展

华为公司的七大核心价值观

二、行为规范

行为规范是指企业员工群体所确立的行为标准，可以由企业正式规定，也可以是通过非正式形式形成的。行为规范一旦确立，就成为企业调整各种关系的基本准则，是企业价值观在行动上的一种重要表现形式。行为规范作为一种强大的精神力量、企业群体意识和信念，使企业有一种无形的巨大的吸引力和制约力。

在一个具有优秀企业文化的企业中，这种行为规范实际上就成为一种道德准则，个人和所有正式、非正式组织必须使自己的行为符合这种行为规范，否则就要受到道德舆论的谴责。一般来说，企业为了独具特色，都需要规范自己的行为，这必然影响企业的决策与行动。所以，企业管理者要开发与培育企业的文化，以按照所期望的方式影响员工的行为。

专题拓展

美的崛起背后是狼性文化的支撑

三、形象与形象性活动

简单来说，企业形象是社会各类公众对企业整体的印象和评价，企业文化形象则是指表达有关本企业的基本文化与哲理的含义。一个企业的形象可以用来表示企业的共同信念、价值与理想。企业形象也是企业文化、企业行为、企业绩效等各个方面的综合反映。

要塑造良好的形象，企业应当明确不同的传播对象，有针对性地向他们传播企业期望的形象。其中，针对员工进行的形象塑造，也是培育优秀企业文化，并通过企业文化影响员工行为，从而加强公众对企业文化的认同，提高企业形象塑造效果的过程。

专题拓展

企业文化与企业形象的关系

第三节 企业文化的管理

企业文化的管理，就是要通过有意识的行动来设计和巩固符合企业环境的基本文化，塑造优秀的企业文化，增强企业运行与实施战略的文化动力。企业文化管理是一个系统而完整的过程，要做出长期的努力。整个过程可以分为分析影响因素、进行文化诊断、确定企业文化内容和培植企业文化等几个阶段。

一、分析影响因素

对于企业文化的建设和管理，必须有长远的战略考虑。企业文化的形成受多种因素的影响，为了制定企业文化战略，就需要对这些因素进行透彻的分析，以确定对策。优秀的企业文化，必然融优秀的传统文化、时代精神和本组织的特点为一体。影响企业文化的因素可分为外部因素和内部因素两部分。

(一)影响企业文化的外部因素

1. 民族文化

民族文化是一个民族在长期的历史发展过程中形成的独具特色的价值观、心理特征、行为规范等的总和，它的定型与变迁取决于广泛意义上的社会历史条件。企业文化则是民族文化在一个企业内的综合反映。民族文化对企业文化有强烈的约束和控制作用，往往在不知不觉中支配着企业成员的行为。企业文化很难脱离民族文化而存在。

2. 社区文化

企业总是处于一个特定的社会区域，而每一个特定的社会区域都有其自身的文化，即社区文化。社区文化是人们所处的生活区域的价值观、行为规范等的综合反映，是民族文化的特殊表现。社区文化往往直接影响人们的行为方式，影响企业文化。

3. 政治和市场环境

政治是在一定的社会物质基础上产生的属于上层建筑领域的精神现象，是人的态度、信仰、感情和价值观念的总和，是社会一般文化的一部分，是一种特殊形态的文化。政治环境对企业文化的影响是必然的，在一个企业中，不仅存在社会关系、经济关系，而且存在着文化关系和政治关系，要理顺这些关系，就必须建立企业良性的政治运行机制，因此，必然会受到外部政治环境的影响。

一个企业的文化是否具有生命力，主要是看这个企业能否创造出一种以顾客为导向的竞争文化。为此，企业必须时刻注视市场环境的变化，以便预先在企业内部创造相应的环境与文化，使企业获得并维持竞争优势。

4. 科学技术因素

科学技术的发展，将会对企业运营产生多方面的影响，使组织文化发生变革。例如，日本田中制造所为每一个推销员都配备了微型传真机，每天早晨通过传真机把当天的工作任务传给每个推销员，推销员不用到公司上班，只根据传来的指示推销商品，每周向公司汇报一次。这样，不仅使企业的组织结构发生了深刻变化，而且影响管理层的领导风格以及上下左右之间的关系，影响企业的各种文化关系和员工的心理结构。总之，技术稳定或技术改变的程度，对企业员工的态度和行为都会产生深远的影响，继而影响企业文化的设计和塑造。

(二)影响企业文化的内部因素

1. 人员构成

不同类型的人以及不同人的组合方式会产生不同的文化。企业员工文化素质的高低、年龄与性别构成、在企业中的地位以及个性心理特征等，无不影响着企业文化的设计和形成。

2. 企业性质

企业文化常常因企业的性质差异而有所不同。在企业文化设计和管理过程中，不考虑企业自身的性质，而去照搬别人的价值观、精神标语等，势必湮没企业的个性，弱化企业的生命力。

3. 组织结构

企业的组织结构会影响到人的行为。在一个小型的分权单位中工作的人，所表现出来的行为与一个在大型集权组织内工作的人显然会有所不同。创新行为、冒险、所有权的感受以及个人的参与，大多出现在分权化的单位中；而集权化组织则容易造成一致的行为、严密的控制以及各种各样的模范人物，从而塑造出不同的企业文化。

4. 组织氛围

组织氛围即企业内部对风险、情感、奖惩等的基本倾向。就一个企业而言，管理者必须确定企业的哪些部门和员工必须冒何种风险，有哪种制度或习惯能帮助阻止哪种不必要的冒险，以及未来如何加以改变，这些都涉及企业文化的设计和塑造。企业内的情感交流、奖罚规则等也会影响企业文化。

5. 企业领导者的能力、风格和企业家形象

这些也是影响企业文化设计和管理的关键性因素。企业文化的形成，既是企业成员互动的结果，更与领导者的行为密切相关。例如，领导者通过自己的感召力和整合力，把企业的价值观念等传导给全体成员，促进大家对企业文化的认同，引导其思想和行为；企业内部各种人际关系的摩擦，会因领导者的整合而趋于和谐，这本身就是一项巨大的文化系统工程，对企业文化管理必定产生重大影响；领导者的企业家形象，会在员工中产生模仿效应，促进企业文化的创新和发展。

二、企业文化诊断

在分析企业文化影响因素的基础上，还要进一步分析、确认在现有的文化因素中哪些是积极有效的，哪些是无效的，以便为企业文化设计创造适宜的前提条件。

(一)企业文化诊断的内容

企业文化诊断的内容主要是根据影响因素来确定，可以通过表 14-1 来识别基本的企业文化标志和要点。

表 14-1　企业文化的识别标志和要点

识别标志	计划标志		组织标志		激励标志		作风标志	
识别要点	企业目标	社会效益	责任	明确、含混	标准	绩效	待人	谦和、热情
		企业发展		个人、集体		年薪		傲慢、冷淡
		当前收入	权力	集中	重点	创新	做事	认真、高效
	企业方针	质量取胜		分散		达标		马虎、拖拉
		价格取胜	沟通	正式	对象	集体	开支	铺张浪费
	公共关系	欺诈		非正式		个人		勤俭节约
		公平	人际关系	等级森严	手段	物质	语言	文明、真实
	资源	物		和谐		精神		粗野、虚夸
		技术	制度	严、细	时间	随时	衣着	整洁
		人		粗、松		定时		随便
	预算及标准	高、低	用人	人情	方向	合作	决策	民主
		硬、软		效率		竞争		专断

(二)企业文化诊断的方法

1. 观察

通过对企业建筑风格、工作现场装饰、办公布局、经营秩序，以及员工的衣着、语言、交往方式和精神面貌等的观察，可以收集到有关企业文化的许多信息。

2. 阅读

通过阅读企业各种文件，特别是规划草案、年度预算、总结报告、规章制度、会议记录、历年统计资料等，可以了解到企业在计划、组织、激励、作风、发展历程等多方面的情况。例如，预算中培训费用的多少可以反映企业对人力资源的重视程度；资金分配统计表可以反映出企业的激励政策等。

3. 会晤

与企业各层次人员的直接会晤是了解企业文化的重要手段，尤其在了解人们的价值观念和信念方面是其他方法难以比拟的。

4. 问卷

通过问卷调查可以了解群体的目标、价值观、信念、行为准则的一致性及倾向，了解一定数量员工的工作、社交及生活的一般态度。设计问卷时必须详细确定询问的项目，把握现有文化的特点。

三、确定企业文化内容

通过上述分析诊断，可以发现企业创建以来已形成的传统、现有文化中应发扬光大的因素、应该摒弃的部分，并可以根据变化了的环境，设计新的文化并加以完善和提高。

1. 塑造共有的价值观体系

塑造共有的价值观体系对指导员工的努力方向、帮助决策层进行选择、确定员工行动的自主权范围有极大的作用。比如，某些企业的价值观体系中包括：人的价值高于一切，为社会服务的价值高于利润的价值，集体的价值高于自我的价值等。

2. 培养良好的工作作风

员工的工作作风是其行为模式和精神面貌的具体表现，也是企业文化的一项重要组成部分。紧张、认真、务实、文明的工作作风是一个高效、高员工满意度的企业所必需的。

3. 树立优秀的企业形象

企业形象是企业在社会公众中的印象和评价，也是企业全体员工对企业各方面的综合认识和总体印象。因此，设计并树立优秀的企业形象是企业文化设计和管理的一项基本内容。

反映企业运行中的主要矛盾是确立企业文化的基本原则。不同的企业要根据自身的具体情况、特点，抓住本企业的主要矛盾。企业文化要配合企业战略的需要，要为促进企业发展服务。同时，对于经营多年的老企业，往往有据以自立和发展的良好传统。在确立企业文化内容时，一定要着力挖掘具有积极意义的因素，结合现实存在的问题，赋予新的含义。

专题拓展

阿里巴巴是如何培育其企业文化的

四、培植企业文化

企业文化的内容确立以后，就要采取各种方法和手段使员工接受这种文化。这就要求设计企业文化时要考虑两个层次的问题，便于企业文化的培植。

1. 沟通与激发

设计企业文化要求企业的高层管理者将企业理念与员工进行有效沟通，激发他们的工作积极性，在企业内部形成一致的价值观，最终形成完整优良的企业文化。

2. 管理者身体力行

企业管理者本身就应当是企业文化的化身，要通过自己的行为向员工传达、灌输企业的价值观。因此企业的管理者应当理解企业日常生产经营活动的重要性，管理好企业文化。从实践来看，当管理人员的日常行为与企业的价值观一致时，企业文化就会得到加强。

五、"互联网+"时代企业文化的塑造

1. "互联网+"时代的两大文化特征

(1) 网络化。按管理大师德鲁克的说法，互联网最大的影响是消除了距离。网络拉近了世界的距离，甚至是"零"距离。没有企业(人)可以左右用户的知情权，大家可以瞬间知道全球的信息。比如用户要买一部手机，瞬间就能在网上查到最适合自己的款式和价格。4G+、云计算+、智能终端+、各种业务+平台，连接了虚拟世界和实体世界。

(2) 平台化。所谓平台，是指可以快速配置资源的框架。企业对员工而言不仅仅是管理者，还应该是员工的平台，能够创造机会、创造价值的平台。企业对供应商和用户而言不仅仅是商家，还应该是个性化满足用户需求、成就供应商的平台。因为所有的资源都能以最快的速度配置，平台已经成为驱动互联网时代前进的原动力。

2. "互联网+"时代企业文化建设的途径

(1) 让"用户"参与企业文化建设。谁是企业文化最主要最大的用户？毫无疑问是员工。员工是最了解企业的人，他们能够从自己的工作岗位角度出发提出许多有益的意见。"互联网+"连接起了一切，但其最核心的还是用户，"得用户者得天下"，文化建设的核心就在于广泛地让员工自主参与企业文化建设。

这是需要花费心思来设计的，常用的方法包括征文、演讲、座谈、劳动竞赛等形式，当然还可以借助新媒体手段。微信公众号是当前常见的方法，除了通过微信平台发布活动信息，还要注意吸引员工参与，提高员工的主人翁意识，并以积极健康向上的信息引导员工思想。例如，中国移动终端公司福建分公司利用微信公众平台"我的终端我的家"在 2015 年春节开展的"喜迎羊年"晒图秀风采活动，活动操作简单，充分利用了年轻群体随拍随传的"秀"心态，也因此得到了全省员工的热情支持和参与，仅七天时间，微信平台就收到来自基层各地市分公司员工发送的过年风俗图片 100 多张。

从传播学的角度看，参与的人越多，他们越会对结果投入更多关注。只有企业所有员工参与其中并共同认定的文化，才能做到发自内心相信并接受，才能愿意去实践和传播，才是真正的企业文化建设。

(2) "持续迭代"的文化落地方法。"入脑""入耳""入心"是企业文化理念落地的三个要求。过去，我们常用的手段包括贴标语、背理念、做演讲等。在"互联网+"时代，可以借鉴新时代的传播、沟通方式，比如基于员工频繁使用手机的习惯，可以建立飞信、微信的企业聊天群，相关管理者可加入其中与员工交流；对不好公开说的不满情绪，可以专设一个匿名信箱接收，再辅以 EAP 等线下活动，必能以疏代堵，形成线上线下并行的多维度、多方位的沟通。正如"敏捷开发"是互联网产品开发的典型方法论，文化落地的方法还可以通过对员工参与程度及评价数据的分析找到最有效的方式。例如，Zynga 游戏公司每周对游戏进行数次更新、小米 MIUI 系统坚持每周迭代，文化落地方式也是一样的，可以允许有所不足，但要有充分的活动评估，争取一次比一次有效，在持续迭代中得以完善。

(3) 充分发挥非正式组织的作用。"互联网+"时代，营销体系中官方说法的影响力越来越弱，相同背景、相同消费能力的人群直接营销变得越来越重要。在一个企业中，除了官方组织外，员工因相同兴趣自发形成的小圈子，就是交流、抒发自己的感想与情感的非正式组织。在某种意义上，其作用将大于官方的正式宣导，如果有意识地加以利用，将能很好地引导员工提振士气。比如阿里组建的"阿里十派"（诸如电影派、杀人派、美食派、宠物派、精舞门、足球派等），公司在给予一定支持的同时，委派了被称为"政委"的人与员工共同管理。"政委"的人选通常是既懂业务又代表公司政策、担负价值观宣导职能的同志。

管理学家巴纳德认为，非正式组织能够提供包括"从事正式组织所不便沟通的意见、资料和信息，通过组织成员的热诚服务以及对权威的认同感而维持组织团结，借助于非正式组织的互动关系，避免正式组织控制过多、过滥"等不同的积极作用。

(4) 用平台型组织驱动利益机制。利益在人们的思想形成中起着重要作用。根据马克思的利益理论，利益以人的需要为前提和基础，是人与人之间因对需求对象的依赖而产生的相互关系。所以马克思说"人们奋斗所争取的一切都同他们的利益有关"。在经济学中，"利益机制"指以利益为杠杆，调节人们的价值取向和工作状态的机制和功能。当然这里所指的"利益"，包含了物质利益、政治利益、精神利益等在内的"利益"。

传统的做法包括通过对工作表现好的员工采取多种物质鼓励，以及用表扬、学习培训等精神利益来协调物质利益关系等方式。而在"互联网+"时代，借鉴"平台思维"可以更好地驱动利益机制。平台思维就是开放、共享、共赢的思维。企业可打造一个内部"平台型组织"，并设置一个合适的利益激励机制，把外在的强制变为内在的驱动。例如，海尔提出"员工创客化"，将8万多人分为2000个自主经营体，让员工成为真正的"创业者"，让每个人成为自己的CEO。又如中航国际在2015年5月新推出了"微创新"大赛，鼓励年轻人大胆表达，勇于分享，借大赛充分展示自己，也为企业找出了一批令人眼前一亮的"微创新"项目。

"互联网+"已经快速扩展、全面渗透到各个领域，这使得企业发展也将面临新环境、新问题、新挑战，员工的价值取向、行为方式和人际关系都发生了深刻的变化。唯有与时俱进，用互联网的思维建设企业文化，引导员工把思想统一到企业发展上来，才能为企业基业长青发挥软实力的作用。

第四节　战略与企业文化的关系

企业文化是随着企业生存的内外环境不断发展和完善的。当一种文化形成时，不仅反映了企业员工群体共同的动机和价值观，而且可以据此建立有关制度和工作秩序，提供企业获得成功所必不可少的行为方式。

生产力是推动社会发展的根本力量，是最活跃的要素。企业是生产力的直接组织者，在生产经营活动中产生的企业文化，相对于社会文化是超前的，往往最先反映时代的新观念、新思想和新气息。因此，植根于企业文化的这种超前性上的企业战略，决定了企业的社会价值。另外，企业文化相对于科学技术的飞速发展，具有一定的滞后性，可能会与形势、企业战略的发展需要不相适应，因此要及时推动企业文化的变革与进步。

企业发展的新的突破点在于形成企业的文化力，进而形成企业的核心竞争力，文化竞争已经成为经济竞争的核心。

一、企业文化是企业战略的基石

企业文化在一定的观念指导下和一定的文化氛围中运行，主要取决于整个企业的精神面貌和文化基础，而企业战略应当建立在顺应现代市场经济发展和企业自身要求的企业文化基础上。当企业面对复杂多变的情况时，如果企业领导者和其他成员不能确立和保持正确的价值观和信念，就难以制定出正确的战略，而只有正确的战略，才是企业获得健康发展的目标和策略选择。因此，积极而健康的企业文化对于正确制定决策是至关重要的，企业文化决定着企业战略。

二、企业文化是维持企业战略优势的条件

企业文化是一种无形的经营资源，它通过企业的优质产品、优良信誉、真诚服务和员工的精神风貌，以及企业家和员工的外表举止、企业的建筑风格等，在社会上形成一定的影响，从而提高企业的知名度，为企业赢得并维持竞争优势。这种优秀的企业文化往往体现了这个企业的历史积累，必须是特有的而且是不易被模仿的。

美国的理查德·帕斯卡尔在比较了日本和美国的企业文化之后指出，两国企业最主要的区别不在它们的整体战略上，因为它们的战略非常相似；也不在企业的组织结构上，因为它们的组织结构几乎也是完全相同的；更不在它们的制度上，因为两国企业都有非常详细的计划和财务报表。真正的区别在其他因素上，即管理作风、人事政策以及最重要的精神或价值观。可以如此认为，日本企业的崛起、制胜之道在于企业文化。

企业能够充分挖掘并催生企业文化，赋予其时代特色和个性，使其成为推动企业发展，继而获取并维持企业竞争优势的强大的内部驱动力。

三、企业文化与战略的适应及协调

英国《经济学人》杂志报道说，企业并购最关键的问题就是企业文化的融合，即企业文化与战略的适应和协调问题。

一个企业的文化一旦形成，要对企业文化进行变革难度很大，也就是说企业文化具有较大的刚性，而且它还具有一定的持续性，在企业发展过程中有逐渐强化的趋势。因此从战略实施的角度来看，企业文化要为实施企业战略服务，又会制约企业战略的实施。当企业制定了新的战略要求企业文化与之相配合时，企业的原有文化变革速度非常慢，很难马上对新战略做出反应，这时企业原有的文化就有可能成为实施新战略的阻力。

随着经济的发展，企业组织规模越来越大，新成员的加入无疑会给企业带来新的文化元素。尤其是价值观念的冲突，必然会使企业承担融合几种文化元素而形成一种新文化的任务。事实上，如果有新的成员加入到企业中就意味着战略必然有所变更，这时制定的新战略，要求企业文化在原来的基础上有所改变与发展，以便与新的战略配合、协调。但是企业文化的培育和变革往往具有滞后性，因为企业文化作为一种意识形态，具有较强的历史延续性。因此，企业文化既可以成为实施战略的动力，也可能成为阻力。

因此在战略管理的过程中，企业内部新旧文化的更替和协调是战略实施获得成功的保证。

四、企业战略的稳定性与文化的适应性

企业战略的稳定性是指当企业实施一种新的战略时，企业的各种组织要素发生变化的程度。如果很多要素发生变化，则稳定性较差；发生变化的要素少，则稳定性较好。这些组织要素包括企业结构、技能、共同价值观、生产作业程序等。

企业文化的适应性，是指企业所发生的变化与企业目前文化是否具有潜在的一致性，以及一致性的程度。一致性强，文化对新的战略较为适应；一致性弱，文化对新的战略不能很好地适应。

研究表明，企业的战略调整必将引起企业文化的变革，而这种变革又是基于企业文化基础上的变革。企业文化的各个方面渗透到公司的各职能领域。如果企业的战略可以利用自身的文化优势，那么管理者往往可以迅速和容易地实施战略。若企业的文化不能提供支持，战略的转变则可能无效而达不到目的。

企业战略只有与企业文化相互协调才能促使企业战略的顺利实施，所以在企业制定发展战略时要充分考虑其现有的文化以及文化的发展趋势，使二者相互包容、相互协调，才有利于企业的发展。

图 14-1 可以表示企业战略稳定性与企业文化适应性的关系。以纵轴表示企业战略的稳定性，可以将"各种组织要素的变化"分为多、少两个维度；以横轴表示企业文化的适应性，可以将"潜在的一致性"分为有、无两个维度。这样就可以将企业新的战略与现有企业文化之间的关系划分为四个部分，并通过分析诊断出企业新的战略实施与现有企业文化之间存在的问题，对症下药，最终使企业新的战略使命与员工的价值观念达成一致，促进企业的发展。

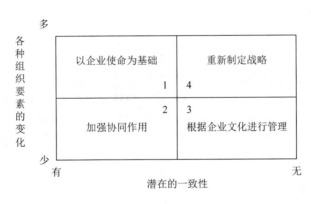

图 14-1　企业战略稳定性与企业文化适应性的关系

1. 以企业的使命为基础

第一部分由"很多组织要素发生变化"和"企业新战略与文化有潜在的一致性"两个维度构成，表明企业实施一种新的战略时，重要的组织要素会发生很大变化，但这些变化与企业目前的文化具有潜在的一致性。在这种企业中，固有的文化观念是崇尚创新，追求发展，一般对企业所实施的利用重大机会、适应市场环境、进行产品改良和市场拓展的战

略给予很大的支持，实行新的战略措施没有阻力。在这种情况下，企业战略与企业文化关系的重点如下。

(1) 利用目前的有利条件，巩固和加强企业自身的文化建设。
(2) 利用企业文化相对稳定及持续性的特点，充分发挥企业文化对企业战略实施的促进作用。

2. 加强协同作用

在企业实施新战略时，发生变化的组织要素不多，而且整个企业所发生的变化与企业现有文化又有很大程度的一致性，这当然是企业制定、实施新战略时较为理想的情境，介于图 14-1 中的第二部分，常常发生在企业采用稳定型战略(或维持不变战略)时。处在这种地位的企业应当加强"企业变化"和"文化影响"二者的协同作用，形成"合力"，最大限度地激发企业和员工的潜能。

在上述情况下，企业处理战略与企业文化关系的重点如下。

(1) 企业进行重大变革时，必须考虑与企业的基本性质、地位的关系问题，即企业的基本性质与地位是确定企业文化的基础。高层管理人员在处理战略与企业文化关系的过程中，一定要注意到企业的任务可以发生变化，但这时战略的变化并没有从根本上改变企业的基本性质和地位，因而仍然与企业原有文化保持着不可分割的联系。
(2) 要发挥企业现有人员的作用，由于这些人员保持着企业原有的价值观念和行为准则，这样可以保证企业在原有文化一致的条件下实施变革。
(3) 在必须调整企业奖惩制度的时候，要注意与目前企业的奖励措施相连接。
(4) 企业高层管理者要着重考虑与企业原有文化相适应的变革，不要破坏企业已经形成的行为准则。

3. 根据企业文化的要求实施战略管理

位于第三部分的情境是这样的：当企业实施一种新的战略时，虽然主要的组织要素变化不大，但是与企业目前的文化一致性程度较低。实际上，这时企业的组织要素包括企业结构、技能、共同价值观、生产作业程序等并没有根本性的变化，但是由于与原有文化存在冲突，因而企业新战略的实施必定会遭到来自企业文化的阻力。

在这种情况下，企业的高层管理者宜在生产经营中，在不影响企业总体文化一致的前提下，对某种经营业务实施不同的文化管理，但同时要注意加强全局性协调。因此，企业要对与企业文化密切相关的因素进行变革时，根据文化的不同要求进行分别管理是一个重要手段。

4. 重新制定战略

有时，企业在处理战略与文化的关系过程中，会陷入一种"两难"的境地：企业实施一种新的战略，组织要素会发生重大变化，这种变化又与现有文化的一致性非常低，甚至受到现有文化的抵制。"组织要素发生重大变化"和"极低的潜在一致性"两个维度一起构成了第四部分。

企业难以抉择的原因是，无论遵循哪个方向，都必须做"大动作"——要么重新制定战略，要么变革甚至再造企业文化。在这种情况下，企业就必须考虑采取以下四方面的措施。

(1) 企业的高层管理层要下定决心进行变革，并向全体员工讲明变革企业文化的意义。

(2) 为形成新的企业文化，企业要招聘一批具有新的企业文化意识的人员，或在企业内部提拔一批与新企业文化相符的人员。

(3) 企业要奖励具有新企业文化意识的分部或个人，以促进企业文化的转变。

(4) 要让全体员工明确新企业文化所需要的行为，要求企业员工按照变革的要求工作。

企业高层管理者应该认识到改变企业文化的难度是相当大的。原有企业文化持续时间越久，则企业文化变革就越困难；企业规模越大、越复杂，则企业文化的变革就越困难；原有企业文化越深入人心，则企业文化变革就越困难。但不管改变企业文化的难度如何，如果实施的战略与原有的文化不相匹配，就必须考虑对策。企业高层管理者应该认识到，急剧、全面地改变企业文化在多数情况下难以办到，但逐步的调整也不是不可能的，当然，这是一个费时费力的过程。

五、不同战略类型下的企业文化特质

每个行业都存在行业文化，而且行业之间的文化往往有着较显著的差异。因此企业在制定战略时，特别是考虑行业选择时，必须以目前本企业的文化现状为基础。不同的企业具有各异的文化特质，企业想改变原有的企业文化需要付出代价。同时，积极而有效的企业文化的培育必须以企业战略为基础，所以研究不同企业战略下的文化特质就显得很重要。

1. 增长型战略下的企业文化特质

部分企业(以高新技术行业企业为代表)以高速成长作为指导，强调企业的超速发展。这种类型的企业战略一方面需要市场作基础，一方面需要有相应的企业文化作支撑。增长型企业领导和员工的工作热情高，可促进生产效率的提高，但也可能会造成企业的盲目发展、过度开发企业资源及社会资源，造成激进式的发展，无法正确实施企业战略。

2. 稳定型战略下的企业文化特质

选择稳定型战略的企业一般采取稳步前进、逐步扩张的发展模式，其市场需求稳定，企业机制成熟。这种企业倾向于稳中求胜，内在的文化以保守作为主要基调。此类文化对一些行业(如保险业、银行业等需要谨慎的行业)是有利的，企业可以在稳定中求发展。但是对一些具有高速成长要求的高科技产业行业来说，这种防御性的文化特质可能影响企业的快速发展，导致企业丧失斗志，经受不住冲击。企业管理者及战略制定者思想保守都可能导致企业的保守，对有风险和不熟悉的领域不敢进行尝试。

3. 紧缩型战略下的企业文化特质

当企业所处环境出现问题或是欲撤出某领域的时候会采取紧缩型战略，一般认为这是消极的企业文化影响下的战略形式，采取此策略的企业很可能处于衰败期。因为对前景的不看好，企业领导者及战略制定者的行为会对公司的文化有消极的影响，而这种文化的消极与紧缩型战略又相互作用。

专题拓展

什么样的企业文化能够引领战略

案例分析

企业文化造就了令世界瞩目的"华为现象"

本 章 小 结

一般认为,企业文化是"企业信奉并付诸实践的价值理念",是企业发展过程中逐渐形成的具有典型和指导性的理念积累。强调企业文化对于战略的重要意义,在于把企业的价值观念变成企业成员共有的价值观念,通过共有的价值观念进行内化控制,使得企业成员以这种共有的价值观念为准则,自觉监督和调整自己的日常行为,借以增强企业的内聚力、向心力和能动力,齐心协力地去实现企业的战略目标。

企业战略实施的每个阶段都是为了实现企业该阶段的战略目标,而企业每个阶段战略目标的实现,最终都是为了完成企业的使命。因此,企业文化中的企业使命为企业战略的制定提供了基础性依据。从企业战略管理的框架来说,使命引导战略目标,而战略目标引导整个战略方案的最终确定。

企业需要培育良好的企业文化,制定合适的企业战略。在企业的发展中一旦二者有冲突,就要对文化或者战略进行变革。重视和保存现有企业文化中那些优秀的、利于企业长久发展的部分,为企业提供良好的发展环境,将使企业最终取得更高效益。

企业文化对企业的健康发展具有举足轻重的作用。在企业文化逐渐成为企业核心竞争力的时代,加强企业文化建设,培育适合企业发展的文化氛围对企业有着至关重要的作用。

复习思考题

1. 企业文化包含哪几部分内容?
2. 企业文化的分析方法有哪些?
3. 企业文化由哪几个要素构成?
4. 怎样理解战略与企业文化的关系?
5. 增长型、稳定型、紧缩型战略下的企业文化一般具有什么特性?
6. 简述企业文化管理的过程。

参 考 文 献

[1] 刘平. 企业战略管理流程与方法[M]. 大连：东北财经大学出版社，2010.
[2] 瞿思慧. 荆州输变电工程公司企业文化建设案例研究[D]. 华北电力大学(北京)硕士毕业论文，2011.
[3] 谭力文，吴先明. 战略管理[M]. 武汉：武汉大学出版社，2011.
[4] 陈德智. 战略管理精品案例[M]. 上海：上海交通大学出版社，2011.
[5] 哈里森，圣约翰. 战略管理精要[M]. 大连：东北财经大学出版社，2010.
[6] 丁宇. 企业战略管理[M]. 北京：北京交通大学出版社，2012.
[7] 姚莉，李巍，李金波. 企业战略管理[M]. 武汉：武汉大学出版社，2010.
[8] 廉志端. 公司战略管理[M]. 北京：经济科学出版社，2010.
[9] [美]汤姆森，斯迪克兰德. 战略管理：概念和案例[M]. 10版. 段志华，王智慧，译. 北京：北京大学出版社，2000.
[10] 王玉. 企业战略管理——理论与方法[M]. 上海：上海财经大学出版社，2000.
[11] 董大海. 战略管理[M]. 大连：大连理工大学出版社，2000.
[12] 席酉民. 管理研究[M]. 北京：机械工业出版社，2000.
[13] 任文超. 企业战略管理理论的演变及发展趋势研究[J]. 中国管理信息化，2016，19(12)：91～92.
[14] 唐东方. 战略选择框架、方法、案例(第二版)[M]. 北京：中国经济出版社，2015.
[15] 罗玉明，等. 企业战略管理(理论、实务、案例、实训)[M]. 北京：中国传媒大学出版社，2015.
[16] 汪泓，等. 企业战略管理[M]. 北京：清华大学出版社，2015.
[17] 吕洪雁，等. 企业战略与风险管理[M]. 北京：清华大学出版社，2016.
[18] 国家行政学院经济学教研部. 中国供给侧结构性改革[M]. 北京：人民出版社，2016.
[19] 毛基业，等. 理论在案例研究中的作用——中国企业管理案例论坛(2009)综述与范文分析[J]. 管理世界，2010(2)：106～113.
[20] 张蕾，等. 企业管理——理论与案例[M]. 北京：中国人民大学出版社，2015.
[21] 中国企业管理研究会，中国社会科学院管理科学与创新发展研究中心编. 互联网时代的中国企业、战略转型与管理创新[M]. 北京：经济管理出版社，2016.
[22] 蓝海林. 企业战略管理[M]. 北京：中国人民大学出版社，2015.
[23] [美]菲利普·科特勒，等. 战略管理精要——企业生存之道[M]. 上海：格致出版社，2015.
[24] 宋铁波，等. 新形势下中国企业战略管理实践与展望——"全面深化改革与中国企业战略管理实践研讨会"会议综述[J]. 管理学报，2014，11(5)：669～674.
[25] 张玉. 战略评价综述：内容、步骤与方法[J]. 中山大学研究生学刊：社会科学版，2010(2)：95～106.
[26] 孙丽君. 孙子兵法与现代企业的战略管理[J]. 中国文化研究，2013(3)：200～203.
[27] 贾旭东，等. 虚拟企业战略管理基础问题研究——范式与主体[J]. 华东经济管理，2013，27(7)：102～107.
[28] 陈西川，等. 管理学经典案例[M]. 北京：知识产权出版社，2010.
[29] 于秀娥. 企业战略管理[M]. 北京：中国商业出版社，2014.

[30] 李丹，等. 企业战略管理[M]. 北京：清华大学出版社，2016.

[31] 宋宝莉，等. 企业战略管理[M]. 成都：西南财经大学出版社，2016.

[32] 张新国. 企业战略管理(第 3 版)[M]. 北京：高等教育出版社，2015.

[33] Margaret A. White，怀特. 技术与创新管理：战略的视角[M]. 北京：机械工业出版社， 2012.

[34] 赵顺龙. 企业战略管理(第 2 版)[M]. 北京：经济管理出版社，2015.

[35] 蓝海林. 企业战略管理(第 2 版)[M]. 北京：科学出版社，2013

[36] 唐飞，等. 企业战略管理[M]. 北京：北京大学出版社，2015.

[37] 丁宁. 企业战略管理(第 3 版)[M]. 北京：清华大学出版社，2014.

[38] 王德中. 企业战略管理(第 4 版)[M]. 成都：西南财经大学出版社，2016.

[39] 武常岐. 中国企业国际化战略：案例研究[M]. 北京：北京大学出版社，2015.

[40] 蔡继荣. 战略联盟的动态稳定性与协同机制研究[M]. 成都：西南财经大学出版社，2016.

[41] 郭炎. 战略管理案例——模块化撰写理论及应用[M]. 天津：天津大学出版社，2014.

[42] 蓝海林. 企业战略管理[M]. 北京：中国人民大学出版社，2015.

[43] 张旭. 战略管理[M]. 北京：清华大学出版社，2010.

[44] 金成哲. 战略运营管理咨询[M]. 鲜红霞，译. 北京：人民邮电出版社，2010.